ŒUVRES COMPLÈTES

DE

LAMARTINE

PUBLIÉES ET INÉDITES

HISTOIRE

DE LA RESTAURATION

I

TOME DIX-SEPTIÈME

PARIS
CHEZ L'AUTEUR, RUE DE LA VILLE-L'ÉVÊQUE, 43

M DCCC LXI

ŒUVRES COMPLÈTES

DE

LAMARTINE

TOME DIX-SEPTIÈME

HISTOIRE

DE LA

RESTAURATION

I

PRÉAMBULE

I

La rapidité du temps supplée à la distance. Quand on est séparé par beaucoup d'événements du point sur lequel on reporte sa pensée, on croit qu'on en est séparé par beaucoup de siècles. Les années sont pleines de vicissitudes, d'écroulements, de règnes, d'empires, de républiques depuis ma naissance. Il n'y a plus d'histoire contemporaine. Les jours d'hier semblent déjà enfoncés bien loin dans l'ombre du passé. Les perspectives reculent par la grandeur et la multitude des choses qui s'interposent entre l'œil et la mémoire.

Je dépasse à peine le milieu de la vie, et j'ai vécu déjà sous dix dominations, ou sous dix gouvernements différents en France. J'ai assisté, de l'enfance à la maturité, à dix révolutions : gouvernement constitutionnel de Louis XVI, première République, Directoire, Consulat, Empire, première Restauration de 1814, second gouvernement des Cent-Jours par Napoléon, seconde Restauration de 1815, règne de Louis-Philippe, seconde République ; dix cataractes par lesquelles l'esprit de la liberté moderne et l'esprit stationnaire ou rétrograde ont essayé tour à tour de descendre ou de remonter la pente des révolutions.

II

J'ai palpité de ces émotions, j'ai vécu de cette vie des choses de mon temps, je me suis affligé ou réjoui de ces chutes ou de ces avénements, j'ai souffert de ces renversements, je me suis instruit à ces spectacles. Mon temps a végété, a retenti, s'est fait homme, a vieilli, s'est renouvelé en moi. J'ai compris ou j'ai cru comprendre où allait le monde sur le courant de Dieu. Une dernière vicissitude m'a jeté un moment moi-même à la tête d'un de ces mouvements, entre un gouvernement qui s'abîmait et une société qu'il fallait recueillir, sauver, constituer sur de nouvelles bases. La seconde République est née. C'était pendant une longue période, au moins, la seule base qui pût rallier et porter le peuple. Les monarchies s'étaient écroulées tour à tour sur lui, quelles que fussent les modifications qu'elles eussent essayé de faire à leurs principes pour vivre. Les dynasties en guerres civiles pour le trône n'étaient plus elles-mêmes que des occasions et des causes de guerres civiles entre leurs partisans dans la nation. Les droits à la couronne étaient devenus des factions. La nation seule était une, ses prétendants étaient divisés. Le pays seul pouvait régner.

Il avait de plus à faire, pour la défense des fondements de la société, de ces efforts qui veulent la force et l'unanimité d'un peuple. Enfin il avait et il a à opérer dans ses lois, dans ses idées, dans ses rapports de classe à classe, dans sa religion légale, dans son enseignement, dans sa philosophie, dans ses mœurs, des transformations énergiques que la main d'aucune monarchie n'est assez forte et assez dévouée pour accomplir. Les révolutions se font par les républiques. C'est le gouvernement des peuples debout dans leurs grandes expériences sur eux-mêmes. Ce siècle a de trop grandes choses à faire et de trop grosses questions à remuer pour ne pas rester longtemps ou pour ne pas redevenir souvent république. Je suis donc républicain par intelligence des choses qui doivent naître, et par dévouement à l'œuvre de mon temps. Sans me dissimuler aucun des inconvénients et des dangers de la démocratie, je crois qu'il faut l'accepter héroïquement. Elle est l'instrument qui blesse et qui brise la main de l'homme d'État, mais elle est l'instrument des grandes choses. Il faut renoncer aux grandes choses, il faut se recoucher dans le lit des habitudes et des préjugés, ou il faut hasarder la république. Voilà ma foi.

III

C'est de ce point de vue que j'entreprends d'écrire l'histoire des deux règnes de la Restauration. Qu'on se rassure cependant : ce point de vue ne me rendra pas injuste. J'aurai plutôt à me défendre d'un excès d'impartialité pour les choses de ma première époque. Il y a deux hommes dans l'historien : l'homme de ses impressions et l'homme de ses jugements. Mes jugements peuvent être sévères; mes impressions sont émues, presque attendries pour la Restauration. En la condamnant souvent, je ne puis m'empêcher de la plaindre. Pourquoi? murmurent les républicains austères. Je vais le dire. C'est que ce fut l'époque où le sentiment et l'imagination eurent le plus de place dans la politique; c'est que les écrivains ont été injustes depuis contre cette phase de notre temps ; c'est qu'on a fait la satire plutôt que l'histoire de la Restauration; c'est qu'on marche aisément sur ce qui tombe ; c'est qu'entre l'enthousiasme de la gloire servile de l'Empire et l'utilité vulgaire du règne de Louis-Philippe, on a écrasé deux princes, deux règnes, deux générations d'hommes politiques dignes d'être plus regardés ; c'est qu'enfin mon cœur est du parti de cette génération oubliée, bien que mon intelligence soit du parti de l'avenir.

IV

Je sortais de l'enfance, je naissais à la pensée, j'étais de sang royaliste; j'avais été bercé dans la maison paternelle par ces récits domestiques des drames encore tout saignants de la Révolution. Une reine jeune et belle arrachée à son lit, et poursuivie à demi vêtue par le poignard du peuple dans son palais aux 5 et 6 octobre; ses gardes tombant pour la sauver sur le seuil de sa chambre, sous la pique des assassins; une famille royale fuyant, ses enfants dans les bras, des Tuileries à l'Assemblée nationale, le 10 août; les tours du Temple pleines des mystères de leur captivité; l'échafaud d'un roi, de sa femme, de sa sœur; son fils abruti par la solitude, jouet d'un féroce artisan; sa fille restée seule pour pleurer toute sa race sous les voûtes d'une prison pire que le sépulcre, puis libérée la nuit de son cachot à condition d'un éternel ostracisme; des princes autrefois célèbres par leur esprit, leur grâce, leur légèreté même, errant de cour en cour, de retraites en retraites, sans qu'on sût où ils cachaient leurs misères; il y avait là de quoi remuer toutes les fibres d'un enfant. Le cœur est toujours, quand il est noble, du parti de l'infortune. L'imagination est le véritable complot des restaurations.

V

Et puis cette restauration coïncidait avec ma jeunesse ; son aurore se mêlait à celle de ma vie et s'y confondait. C'était l'heure de l'enthousiasme. Elle était poétique comme le passé, miraculeuse comme une résurrection. Les vieillards rajeunissaient, les femmes pleuraient, les prêtres priaient, les lyres chantaient, les enfants s'émerveillaient et espéraient. L'Empire avait opprimé les âmes. Le ressort de tout un peuple se redressait au mot de liberté dix ans proscrit. Les républicains, vengés par la chute du destructeur de la République, embrassaient les royalistes comme dans une réconciliation dont la liberté constitutionnelle devait être le gage. Ce retour paraissait être celui de la monarchie corrigée par l'exil, de la liberté purifiée par l'expiation. C'était une époque de renaissance pacifique, intellectuelle et libérale pour la France. La poésie, les lettres, les arts oubliés, asservis ou disciplinés sous la police de l'Empire, paraissaient sortir du sol sous les pas des Bourbons. Il semblait qu'on eût rendu l'air au monde asphyxié depuis dix ans. On respirait à la fois à pleine poitrine pour le passé, pour le présent, pour l'avenir. Jamais le siècle ne reverra une pareille époque. On ne voyait pas les lendemains. On oubliait, à force d'espérances, les malheurs et les humiliations de la patrie. Les soldats seuls de Napoléon baissaient la tête en déposant leurs armes brisées, car ses courtisans avaient déjà passé au parti vainqueur.

VI

Il est naturel qu'un pareil spectacle, et les spectacles qui suivirent le premier jour de cette restauration, la liberté de la presse, la liberté de la tribune, les mouvements des élections qui remuaient enfin un peuple longtemps immobile et muet, les livres ajournés par la censure impériale qui sortaient en foule pressés comme des catacombes de la pensée, les brochures, les journaux multipliés et libres, les récits de l'exil et de l'émigration; les grands écrivains, les publicistes, les philosophes, les poëtes, les Staël, les Bonald, les Chateaubriand, les de Maistre; les grands orateurs qui s'essayaient à la discussion, les Lainé, les de Serre, les Foy; la vue de ces princes et de ces princesses devant qui la France composait son visage pour leur rendre la patrie douce et hospitalière; les salons, les théâtres, les fêtes, les sociétés d'une aristocratie pressée de jouir, les femmes enthousiastes, belles, lettrées, groupant de nouveau autour d'elles les illustrations de l'Europe, de la guerre, de la tribune, des lettres, de l'art; il est naturel, dis-je, que les impressions d'une telle période de la vie d'un peuple restent profondément gravées dans la mémoire d'un jeune homme, et prédisposent plus tard l'homme mûr à je ne sais quelle partialité de souvenir pour ce crépuscule prestigieux de ses opinions.

VII

Telle est, je l'avoue, ma tendresse ou ma faiblesse d'esprit envers la Restauration. Ses fautes et ses malheurs n'ont point altéré en moi ces premières impressions. Je me suis interdit de servir et encore plus d'aimer la monarchie sans passé, sans prestige et sans droit, qui succéda en 1830 à ce gouvernement de mes souvenirs. L'oncle était seul impardonnable de remplacer le neveu. La nature est, du moins, une légitimité pour ceux qui ne reconnaissent pas de légitimité politique. La république pouvait, dès cette époque, écarter ce trône. Aucun autre prince que le peuple ne pouvait s'y asseoir. La révolution de juillet eût été un progrès alors, elle ne fut qu'un bouleversement. Elle ne remplaça pas le trône, elle ne couronna pas la nation. Elle ne fit qu'ajourner le temps. Bien que je n'aie jamais ni ébranlé ni insulté le gouvernement de Louis-Philippe, de peur d'ébranler le pays lui-même, j'avais l'instinct de son instabilité. Il en est des gouvernements comme des métaux : rien de faux n'est fort; une vérité est le principe de vie de toute chose. Rien n'était vrai, dans cette royauté, qu'un trône et un peuple également frustrés. Tôt ou tard, il devait s'anéantir comme il avait surgi, dans un souffle. Ni les hommes éminents, ni les ministres, ni les orateurs, ni les habiletés, ni les talents, ni même les vertus privées ne manquèrent à ce règne. Ce qui lui manqua, c'est ce qui fait durer les institutions, les plus jeunes comme les plus vieilles, le respect. Quand on lui demandait qui il était, il ne pouvait attester ni Dieu ni le peuple; il ne pouvait dire qu'une chose : Je suis la négation du droit divin, qui fait régner héréditairement les princes, et je suis la négation du droit des nations de nommer leurs rois. Entre l'hérédité qu'il avait bannie et l'élection nationale qu'il avait éludée, que pouvait-il faire? Manœuvrer, négocier, atermoyer, capter, corrompre; gouvernement à deux visages, dont aucun ne disait une vérité.

VIII

Sa chute, en laissant le palais vide, a fait place au droit absolu, le droit national, le droit naturel, le droit de chaque homme venant en ce monde d'avoir sa part de suffrage, d'intelligence et de volonté dans le gouvernement, le vote universel. Le vote universel, c'est le vrai nom de la société moderne aujourd'hui. Ce vote universel a fait de la France une république. Il ne pouvait en faire autre chose. Dans l'état d'incrédulité, d'anarchie et de lutte où le principe monarchique personnifié dans trois dynasties se trouvait avec lui-même, donner la France de 1848 à la monarchie, c'était la donner aux factions. Le pays devait prendre sa dictature. La dictature du pays, c'est la république. Il l'a prise, et il la conservera tant qu'il sera digne du nom de peuple. Car un prince ou une dynastie qui abdiquent sont remplacés par une autre dynastie ou par un autre prince. Mais une nation lassée ou incapable de la liberté, qui abdique, qu'est-ce qui la remplace? Rien qu'une lacune dans l'histoire, rien que la honte, la servitude ou la tyrannie. On regarde la carte du monde, et on dit : Il y avait là un grand peuple; il n'y a plus qu'une grande tache sur la dignité des nations.

IX

Après avoir payé notre tribut de sincérité au temps, nous devons payer notre tribut de reconnaissance aux écrivains qui ont éclairé et jalonné pour nous cette route de l'histoire. Nous devons beaucoup à deux d'entre eux surtout : M. Lubis, qui a su se défendre de ses préventions de cœur pour les Bourbons, en racontant avec une impartialité courageuse et avec une lumineuse appréciation les fautes et les malheurs de sa cause; M. de Vaulabelle ensuite, qui, selon nous, a trop puisé ses renseignements dans des mains hostiles, mais qui a disposé et écrit avec une conscience de talent et un art de grouper les événements qui lui assignent un rang remarquable parmi les historiens. Nous avons écrit, nous, à un autre point de vue, parce que nous étions plus loin qu'eux de l'impression du drame; mais sans eux nous n'aurions pu écrire. M. Lubis a écrit le sentiment de la Restauration; M. de Vaulabelle le sentiment et souvent l'opposition du libéralisme. Nous essayons d'écrire sans esprit de superstition et sans esprit d'opposition : la vérité.

HISTOIRE

DE LA

RESTAURATION

LIVRE PREMIER

Coup d'œil rétrospectif sur le règne de Napoléon.—Napoléon en 1813.— Son retour à Paris. — Les armées coalisées sur le Rhin. — Convocation du Conseil d'État le 11 novembre.—Le Conseil d'État décrète une levée de trois cent mille hommes. — État de la France militaire. — Ouverture du Corps législatif.—Discours de l'empereur au Corps législatif.—Propositions de Francfort.—Fixation d'un congrès à Manheim. — Choix des commissaires chargés par le Sénat et le Corps législatif de l'examen et du rapport des négociations. — Choix hostiles et opposition du Corps législatif. — M. Lainé. — M. Raynouard. — Adresse de M. de Fontanes. — Cambacérès. — Adresse de M. Lainé. — Indignation de Napoléon. — Savary. — Suppression de l'adresse du Corps législatif. — Sa dissolution. — Réception du 1er janvier 1814. — Discours de l'empereur au Corps législatif. — Reconstitution de la garde nationale de Paris. — Présentation de Marie-Louise et de son fils aux officiers de la garde nationale. — Allocution de Napoléon. — Marie-Louise. — Départ de Napoléon pour l'armée le 23 janvier. — Schwartzenberg et Blücher passent le Rhin le 31 décembre. — Situation respective des alliés et de l'empereur. — Lassitude de la France. — Arrivée de Napoléon à Châlons le 25 janvier.

I

Le règne de Napoléon se rétrécissait. On peut le définir en ces termes : le vieux monde reconstruit par un homme nouveau. Il recrépissait de gloire les siècles usés. Son génie était un génie posthume. Il fut le premier des soldats, non des hommes d'État; très-ouvert au passé, aveugle à l'avenir. Si l'on trouve ce jugement trop rude, on peut se convaincre d'un coup d'œil de sa justesse. Les hommes se jugent non à leur fortune, mais à leurs œuvres. Il a eu dans la main la plus grande force que la Providence ait remise dans la main d'un mortel pour créer une civilisation ou une nationalité; qu'a-t-il laissé? Une patrie conquise et un nom immortel. Il fut le sophisme de la contre-révolution.

Le monde demandait un rénovateur, il s'en était fait le conquérant. La France attendait le génie des réformes, et il lui avait donné le despotisme, la discipline et l'uniforme pour toute institution. A la liberté de conscience il avait répondu par un couronnement, un pacte simoniaque avec Rome, un concordat.

L'impiété couvait sous les pompes officielles de son culte. Au lieu de chercher la religion dans la liberté, il s'était trompé de huit siècles en parodiant le rôle de Charlemagne, sans avoir ni la foi jeune ni la sincérité héroïque de ce Constantin des Gaules et de la Germanie. Au besoin d'égalité de droits, il avait répliqué par la création d'une noblesse militaire et d'une féodalité de l'épée; aux besoins de la pensée libre, par la censure et par le monopole de la presse; au besoin de la discussion, par le silence des tribunes, au pied desquelles une représentation muette du peuple n'avait conservé d'autre droit que le droit d'écouter et d'applaudir les organes de l'empereur. L'intelligence languissait, les lettres s'avilissaient, les arts s'asservissaient, les idées mouraient à ce régime. La victoire seule pouvait contenir l'explosion de l'indépendance des peuples et de l'esprit humain. Le jour où elle cesserait de dorer ce joug de l'univers, il devait paraître ce qu'il était : la gloire d'un seul, l'humiliation de tous, le reproche à la dignité des peuples, l'appel à l'insurrection du continent. Elle avait cessé; l'esprit humain, le génie refoulé de la Révolution, l'indépendance des peuples, le remords des nationalités détruites, l'orgueil des souverains humiliés, étaient revenus sur les pas du conquérant vaincu du monde, et l'avaient suivi de revers en revers jusqu'au delà du Rhin, pour lui arracher non-seulement l'Espagne, l'Italie, la Hollande, la Belgique, la Prusse rhénane, l'Allemagne, la Suisse, la Savoie, mais la France même, longtemps l'instrument, maintenant le champ de bataille de la dernière lutte de son héros.

II

Napoléon, dans les dernières années de sa domination, avait cédé aux séductions de sa fortune. Il avait semblé baisser d'intelligence et d'activité à mesure que son empire s'était agrandi. Séparé des hommes par la cour servile dont il s'était entouré, toujours drapé dans son empire, comme s'il eût eu peur d'oublier lui-même que le parvenu de son génie, circonvenu d'étiquette et d'adulations de bas-empire, l'empereur, avait diminué l'homme. Sa campagne d'Espagne avait ressemblé à une campagne de Darius ou de Louis XIV, voyant tout de loin, commandant d'un geste, ne faisant rien que par ses lieutenants. Sa campagne de Moscou avait embrassé le monde sans pouvoir l'étreindre. Il l'avait dirigée avec mollesse, poursuivie avec aveuglement, achevée avec insouciance, expiée avec insensibilité. Il n'y avait pas un officier de son armée qui n'eût mieux conduit ou mieux ramené ces restes de sept cent mille hommes dignes d'un autre Xénophon. Il était revenu en poste de la Bérésina aux Tuileries, sans jeter un regard derrière lui. Il avait semblé tout céder à la fortune du jour où elle ne lui accordait pas l'univers. Joueur qui avait engagé le continent, et qui ne disputait plus rien après le grand coup perdu. Sa diplomatie n'avait pas été moins aveugle et moins hésitante que sa campagne. Il avait compté à la fois, en aventurant ses légions sous la menace de l'hiver jusqu'à Moscou, sur la guerre et sur la paix : sur la guerre, pour arracher la paix à l'empereur Alexandre ; sur la paix, pour arracher son armée aux hasards où sa témérité l'avait engagée. Accoutumé aux peuples énervés de l'Orient et du Midi, qu'il avait facilement domptés, il s'étonnait de trouver une nation décidée à incendier ses foyers plutôt que de les assujettir à un maître. Il ne croyait pas à la résistance, à peine croyait-il au climat. Il avait perdu au Kremlin les jours que l'automne laissait à sa retraite. Ses généraux lui disaient : Restez-y avec l'élite de vos troupes pendant ce long hiver, ou hâtez-vous de vous replier sur une ligne d'opérations en communication avec votre empire et vos renforts. Il n'avait su prendre ni le parti de ce hardi cantonnement, ni le parti d'une prudente retraite. Trompé par les illusions de paix dont il s'obstinait à s'endormir lui-même, il n'était parti que chassé par les premières neiges, flanqué par les Russes, harcelé par les Cosaques, exténué par la faim, séparé de ses auxiliaires désaffectionnés, laissant chaque nuit sur la route des lambeaux de son armée mourante. L'Allemagne, témoin de cette fuite, s'était dérobée à sa main. Ses auxiliaires n'étaient que des vaincus. Sa déroute les rendait au patriotisme. Il avait été assez fasciné de son propre prestige pour croire à la fidélité de ses alliés après les revers. Il n'était pas encore entré aux Tuileries que le faible noyau de son armée laissé par lui au commandement de Murat était évanoui, et que Murat lui-même avait quitté son commandement pour aller à Naples méditer sa défection pour sauver son trône.

III

Son audace plus que son génie avait paru se ranimer dans la campagne d'Allemagne de 1813. Dresde et Leipzig avaient été des victoires et des revers dignes de son nom. Une paix était encore dans ses mains. Mais une paix humiliée ne pouvait satisfaire un homme dont la renommée de général invincible était le titre au respect de l'Europe et au trône absolu de la France. Il avait compté encore sur l'impossible. Il avait négligé de faire revenir d'Espagne et d'Italie ses vieilles légions aguerries, de peur de paraître abandonner une seule de ses pensées de monarchie universelle. Se replier et se concentrer, c'était avouer qu'il était vaincu et qu'il sentait sa faiblesse. Il ne la sentait pas, ou il ne voulait pas en faire l'aveu à la France. Il l'avait sans cesse entretenue de miracles, il lui en promettait de nouveaux; il s'en promettait à lui-même. Il s'était tant fait diviniser par ses flatteurs qu'il avait fini par croire à la divinité de son nom. De là la rupture de toutes négociations sérieuses avec le continent, la dissémination de ses armées de Madrid à Amsterdam, la faiblesse et l'inexpérience de ses troupes en France au moment où les armées confédérées passèrent le Rhin.

IV

Alors il cessa d'être dieu et redevint homme. La honte d'avoir amené les armées de l'Europe sur le sol de la patrie pour unique résultat de tant de victoires payées par le sang français, la douleur de régner sur cet empire dont chaque habitant pouvait lui demander compte de ses foyers violés, le respect de son nom militaire, l'habitude invétérée des prodiges, le patriotisme souffrant de ce grand peuple qui, tout en accusant son souverain, se personnifiait encore dans son général, le dévouement de ses vieux lieutenants et de ses jeunes troupes, fières de combattre sous les ordres et sous les yeux du génie de la guerre, les illusions tombées qui lui rendaient la vue claire du péril et des ressources, le champ de bataille de la France si bien étudié et dont chaque ville, chaque village, chaque sillon allait lui rappeler qu'il combattait pour le foyer national ; enfin cette femme, cet enfant, ce trône à leur laisser ou à perdre, le désespoir de la nature et de l'ambition dans son cœur, lui rendirent tout ce qu'il avait perdu dans le long vertige de la prospérité. Il oublia les dix années de toute-puissance et d'orgueil, il jeta son sceptre et son manteau de parade, il reprit son uniforme et son épée. Il se refit soldat pour reconquérir l'empire ou pour succomber avec toute sa gloire. Ce fut le jour de son caractère, les autres n'avaient été que ceux de sa fortune. L'historien le plus prévenu le salue grand dans cet effort suprême pour retenir la fortune qui s'en allait. Il rajeunit de dix ans. Son âme engourdie par le trône triompha de l'affaissement de son corps. On ne revit pas le Bonaparte de Marengo, mais on revit en lui un autre Napoléon.

V

L'empire l'avait vieilli avant le temps. L'ambition satisfaite, l'orgueil assouvi, les délices des palais, la table exquise, la couche molle, les épouses jeunes, les maîtresses complaisantes, les longues veilles, les insomnies partagées entre le travail et les fêtes, l'habitude du cheval qui épaissit le corps, avaient alourdi ses membres et amolli ses sens. Une obésité précoce le chargeait de chair. Ses joues autrefois veinées de muscles et creusées par la consomption du génie étaient pleines, larges, débordaient comme celles d'Othon dans les médailles romaines de l'empire. Une teinte de bile mêlée au sang jaunissait la peau, et donnait de loin comme un vernis d'or pâle au visage. Ses lèvres avaient toujours leur arc attique et leur grâce ferme, passant aisément du sourire à la menace. Son menton solide et osseux portait bien la base des traits. Son nez n'était qu'une ligne mince et transparente. La pâleur des joues donnait plus d'éclat au bleu des yeux. Son regard était profond, mobile comme une flamme sans repos, comme une inquiétude. Son front semblait s'être élargi sous la nudité de ses cheveux noirs effilés, à demi tombés sous la moiteur d'une pensée continue. On eût dit que sa tête, naturellement petite, s'était agrandie pour laisser plus librement rouler entre ses tempes les rouages et les combinaisons d'une âme dont chaque pensée était un empire. La carte du globe semblait s'être incrustée sur la mappemonde de cette tête. Mais elle commençait de s'affaisser. Il l'inclinait souvent sur sa poitrine en croisant les bras comme Fréderic II. Il affectait cette attitude et ce geste. Ne pouvant plus séduire ses courtisans et ses soldats par la beauté de la jeunesse, on voyait qu'il voulait les fasciner par le caractère inculte, pensif et dédaigneux de lui-même, de son modèle dans les derniers temps. Il moulait la statue de la réflexion devant ses troupes, qui l'avaient surnommé le Père la Pensée. Il se donnait la pose du destin. Quelque chose de brusque, de saccadé, de sauvage dans les mouvements révélait son origine méridionale et insulaire. L'homme méditerranéen éclatait à tout instant sous le Français. Sa nature, plus grande et plus forte que son rôle, débordait de toutes parts en lui. Il ne ressemblait à aucun de ces hommes dont il était entouré. Supérieur et différent, homme du soleil, de la mer, des champs de bataille, dépaysé jusque dans son palais, et étranger jusque dans son empire. Tel était à cette époque le profil, le buste, la physionomie extérieure de Napoléon.

VI

Depuis deux ans, son retour à Paris, autrefois triomphal, était soudain, nocturne, triste. Il arrivait sans être attendu, comme s'il eût voulu surprendre ou devancer une révolution. Il était rentré ainsi, vaincu mais non atterré, la nuit du 9 novembre 1813. Ses armées étaient évanouies; les armées coalisées touchaient au Rhin. Elles semblaient s'arrêter indécises et comme étonnées de leurs victoires, sans savoir encore si elles oseraient le franchir. La France n'était réellement plus gardée que par l'ombre de ses légions détruites, par ce fleuve, par ses places fortes et par les montagnes des Vosges. Mais la police de l'Empire était si implacable, et le silence de l'opinion si imposé, que la masse de la population ignorait toute vérité, même dans les faits, et que l'écroulement de l'Europe sur nous ne se révélait dans l'intimité que par un sourd et vague chuchotement à voix basse. L'espionnage et la délation étaient devenus deux institutions du despotisme. Les physionomies mêmes craignaient de se trahir. Annoncer une défaite de l'empereur eût été un crime de lèse-majesté contre sa fortune. Il y avait un arrière-souvenir de la terreur de 1793 dans le gouvernement de cet homme, qui avait vécu, grandi et pratiqué les hommes de ce temps. Les promptes justices, les cachots, les prisons d'État, les conseils de guerre, le sang même, n'étaient pas des habitudes de gouvernement si loin de ses ministres qu'on n'eût plus à les redouter. On allait le voir peu de semaines après dans la capitale de la Champagne.

VII

Napoléon donna le lendemain à sa femme, à son fils, à sa famille, à ses confidents. Il était résolu à prévenir le murmure par l'audace, et à dompter l'opposition naissante par un redoublement d'exigence et de tyrannie envers l'opinion. De peur d'être accusé il arrivait accusateur. Il convoqua le 11, aux Tuileries, son Conseil d'État. Ce conseil était composé d'hommes habiles, spéciaux, rompus aux affaires, roides aux subordonnés, souples au maître. La plupart étaient des hommes de lumière et de talent sans caractère trempé dans la résistance; beaucoup des hommes de la Convention, quelques-uns de la terreur, un petit nombre régicides. Mais ceux-là s'étaient trop vendus à l'Empire et ils avaient trop renié la liberté pour pouvoir reculer jamais dans la révolution. Napoléon les tenait par l'apostasie; il les montrait au peuple comme des enseignes de démocratie et comme des gages de révolution; mais lui les regardait sans crainte, comme des instruments de domination incapables désormais d'un autre rôle que de populariser la servitude. Quelle que fût leur habitude de sourire au maître et de féliciter la circonstance par une banale affectation de joie, les ministres et les conseillers d'État n'avaient pas eu le temps de composer leurs visages. Leur physionomie et leur silence trahissaient leur embarras. Ils ne savaient pas encore si Napoléon voulait des condoléances ou des encouragements. Ils commençaient aussi à accuser tout bas une fortune qui, en s'obstinant ainsi, compromettait leur propre fortune. Ils étaient indécis et mornes. Napoléon savait leurs dispositions par son ministre de la police. Il avait résolu de les étonner par la rudesse de ses aveux et de dépasser leurs craintes par l'exagération des désastres. L'Europe armée, qui arrivait sur ses pas, ne permettait plus la dissimulation. Il affecta la confiance, l'abandon, la plainte contre le destin et contre les hommes. Il s'appliqua à jeter la terreur dans l'âme de ses courtisans liés à son sort, pour que cette terreur leur inspirât le courage désespéré des conseils qu'il voulait d'eux.

VIII

Il commence par adresser, en termes injurieux, des reproches sévères et inattendus à quelques-uns de ses ministres de second ordre, comme un sacrifice à la colère des événements, et pour que la foudre tombée sur ceux-là rassurât et ralliât les autres. Il demande que les impôts soient doublés. Un léger murmure l'irrite. « L'impôt, répond-il avec audace, n'a point de limites. Il peut suivre les proportions du danger de la patrie. Il n'a de mesure que les besoins du gouvernement. Les lois qui disent le contraire sont de mauvaises lois. » On se tait et on accepte.

Il propose de lever sur les populations une nouvelle conscription de trois cent mille hommes déjà exemptés du service et rentrés depuis quatre ans dans leurs familles. Un silence lui révèle l'étonnement du conseil devant cette nouvelle décimation de la jeunesse. Un seul, plus servile que ses collègues, s'incline en attestant le salut de l'Empire. Napoléon, pour qui tout ce qui n'est pas l'enthousiasme paraît résistance, contracte ses sourcils et pâlit. Il ne veut pas être obéi seulement, il veut être approuvé. Un autre approbateur se trouve ; il ose reprocher courageusement à l'empereur de parler de *frontières envahies*, comme si l'aveu même d'un revers était un attentat à l'inviolabilité de son étoile. L'évidence de l'invasion lui paraît plus irrespectueuse à avouer qu'à subir. La France, même conquise, doit croire encore que son maître ne peut être vaincu.

Napoléon, préparé à cette obséquiosité de ses courti-

sans, affecte de repousser avec dédain cette réticence :
« Pourquoi, dit-il, ces ménagements envers la vérité? Il
faut tout dire. Wellington n'est-il pas entré dans le Midi?
Les Russes ne menacent-ils pas le Nord? Les Autrichiens,
les Allemands, mes provinces de l'Est? » Puis, avec un accent qui simulait l'accent de la *Marseillaise* de 1792, qu'il
aurait voulu réveiller : « Wellington est en France!... Quelle
honte!... Et on ne s'est pas levé pour le chasser! » Comme
s'il eût laissé pour se lever en France autre chose que le
sol lui-même. « Tous mes alliés m'ont abandonné, reprit-il en paroles entrecoupées et avec des regards de reproche
au ciel. Les Allemands m'ont trahi! Ils ont voulu me couper ma retraite... Aussi comme on les a massacrés!... Non,
point de paix que je n'aie brûlé leur capitale... Un triumvirat s'est formé dans le Nord... le même qui a partagé la
Pologne... » (Comme s'il n'avait pas assuré lui-même les
lambeaux de cette Pologne partagée et de Venise asservie
à l'Autriche.) « Point de trêve que ce triumvirat ne soit
rompu! Je veux trois cent mille hommes; je formerai un
camp de cent mille hommes à Bordeaux, un à Lyon, un à
Metz... J'aurai ainsi un million d'hommes! Mais je veux
des hommes faits et non des enfants qui encombrent mes
hôpitaux et meurent sur mes routes.

» — Oui, Sire, dit un conseiller, il faut que l'ancienne
France nous reste. » Napoléon s'indigne d'être si peu compris et de voir la résignation de son conseil le borner à ce
cœur de l'Empire. « Et la Hollande donc! s'écrie-t-il en
frappant du poing le bras de son fauteuil; s'il me fallait
abandonner la Hollande, j'aimerais mieux la rendre à la
mer!... Conseillers d'État, il faut de l'élan! Il faut que
tout le monde marche! Vous êtes pères de famille, vous êtes

les chefs de la nation : c'est à vous de lui donner l'élan... »

Aucun élan ne se trahit dans leur attitude. Napoléon les regarde et reprend comme s'il eût entendu le mot qui l'obsède, bien que personne ne l'eût prononcé : « On parle de paix, je crois; je n'entends que ce mot de paix quand tout devrait crier guerre ! »

Son conseil décréta sans observation les trois cent mille hommes. Napoléon les congédia avec le mot d'ordre de l'enthousiasme. L'abattement y répondit. Il s'occupa, avec son activité fiévreuse, de rassembler autour des faibles noyaux de corps qu'il avait laissés sur le Rhin, en Belgique et en Hollande, les restes de troupes aguerries qu'il avait sous la main, les détachements de sa garde et les nouvelles levées en dépôt dans les garnisons de l'intérieur. Mais, à l'exception de ses vieilles bandes, réduites à environ quatre-vingt mille hommes, tout résistait à sa main par l'épuisement et l'inertie de l'Empire. Il donnait des ordres au néant. Il dirigeait des contingents chimériques. Il comptait des hommes sur ses routes d'étape et dans ses camps ; il n'avait que des chiffres sur ses états. Ses nuits, consommées ainsi, étaient stériles pour le jour. Il se donnait dans ses conseils, dans sa capitale et dans son palais, le même mouvement qu'à l'époque où il remuait le monde du fond de son cabinet, et il ne remuait plus que lui-même. La France militaire était morte sur les champs de bataille de l'Allemagne, de l'Espagne et de la Russie. Elle n'avait plus que son général. Il continuait de parler à des légions qui n'existaient plus. Son palais était devenu le palais de ses rêves. Il était seul avec l'ombre de son ancienne toute-puissance et avec son invincible volonté. Il marchait : rien ne le suivait.

IX

Dans ses paroles à son Sénat, il fut aussi impératif qu'aux jours de ses victoires. Sûr d'avance de la servilité de ces hommes usés par la Révolution et vieillis dans l'adulation, il leur intima ses volontés. Ils se hâtèrent de les convertir en sénatus-consultes. Il appela le Corps législatif à Paris pour le 19 décembre; mais il craignit que ces représentants muets des départements, trempés de plus près dans la désaffection générale, n'élevassent par l'organe de leur président une voix importune. Il prévit qu'ils pourraient choisir pour les présider un homme indépendant. Il leur enleva le droit de nommer leur propre président. M. Molé était ministre de la justice; jeune, d'un nom illustre, d'un talent précoce, d'une opinion adaptée au temps, poussant le zèle de la monarchie jusqu'au paradoxe du despotisme, osant beaucoup pour plaire, tout pour servir, il se chargea de justifier aux yeux de l'opinion ce caprice du maître. Il parla des regards de l'empereur, qui pourraient être étonnés par le visage d'un président inconnu. Il allégua le danger, pour un homme nouveau, d'ignorer ou d'enfreindre les *étiquettes* consacrées du *palais*. L'Empire, dans sa décadence, s'attachait, comme l'empire byzantin, aux dernières puérilités du trône. On ne savait lequel s'avilissait davantage, dans de pareilles audaces, du despotisme ou de la nation. On jouait avec des institutions de dix ans aux excès d'orgueil des vieilles monarchies. La dignité humaine riait de sa propre dégradation.

Le Corps législatif s'ouvrit.

X

La nation espérait peu de cette ombre de représentation. La constitution la condamnait au silence. Voter d'un vote muet sur les projets de lois présentés par le gouvernement, donner la sanction à des ordres était toute l'attribution de cette assemblée. Napoléon lui-même avait eu soin de la définir un *Conseil législatif*, non une représentation souveraine. Ce serait une prétention criminelle, avait-il dit, de croire représenter la nation avant l'empereur. Cependant la nation attendait plus du Corps législatif que du Sénat. Si un murmure pouvait s'échapper de tant de contrainte, c'était de là. Ces hommes apportaient au moins à Paris l'impression des souffrances et des humiliations du pays. Napoléon épiait et surveillait ce murmure. Jusque-là il avait été couvert par les perpétuelles félicitations. Cette fois, il voulait plus : il demandait des obéissances et des dévouements suprêmes. En les arrachant, il pouvait arracher un cri de douleur. Il avait tout combiné pour l'étouffer avec ses complaisants.

Il désigna pour présider le Corps législatif un jurisconsulte éminent, assoupli à sa main par les faveurs et les dignités, Régnier, duc de Massa. Il parut avec une pompe toute militaire à la séance d'ouverture. Il lut un discours dont les mots étaient calculés pour être entendus à double sens, par le peuple comme des gages de paix, par les corps constitués comme des sommations de concours énergique à la guerre. Il affecta à la fin une abnégation d'ambition et un esprit de père de famille de nature à faire bien espérer de sa longanimité dans les négociations. Il y eut de la sagesse de l'homme mûr et de la lassitude du soldat fatigué dans son accent. Il y eut même une mélancolie qui rappelait celle de sa jeunesse et qui attendrissait le ressentiment.

« J'avais conçu, dit-il, et exécuté de grands desseins pour la prospérité et le bonheur du monde !... » Ici il s'arrêta, comme pour laisser à la pensée le temps de parcourir en silence ses revers et de mesurer sa chute. Puis il reprit avec gravité : « Monarque et père, je sens ce que la paix ajoute à la sécurité du trône et à celle des familles. Des négociations ont été entamées avec les puissances coalisées. J'ai adhéré aux bases préliminaires qu'elles ont présentées. J'avais donc l'espoir qu'avant l'ouverture de cette session le congrès de Manheim serait réuni. Mais de nouveaux retards, qui ne peuvent être attribués à la France, ont différé ce moment que presse le vœu du monde. Mes orateurs vous feront connaître ma volonté sur cet objet. Les pièces relatives aux négociations vous seront communiquées. »

Il sortit. Une profonde incrédulité, cachée sous une feinte confiance, avait accueilli ses paroles. On savait que les négociations n'étaient que le rideau derrière lequel l'Europe et lui voilaient les préparatifs d'une guerre suprême. Une fois levée contre lui, l'Europe ne pouvait se rasseoir obéissante sous sa main. Une fois dépouillé aux yeux de la France de son prestige et de ses conquêtes, il ne pouvait plus la gouverner. Couronné par les victoires, les défaites le découronnaient. Il le savait ; il ne présentait à la France l'idée de paix que pour lui arracher les derniers moyens de guerre. Il ne pouvait reconquérir son trône que sur de nouveaux champs de bataille. Une fois vainqueur, il ne pouvait s'arrêter. Toute paix était une déchéance pour un soldat qui avait possédé le continent. Ce n'était pas une paix, c'était une seconde toute-puissance qu'il rêvait. Deux ou trois journées heureuses suffisaient pour la lui rendre. La fortune ne pouvait-elle pas refaire ce qu'elle avait fait ?

Les négociations n'étaient sérieuses ni aux Tuileries ni au quartier général des alliés. On amusait des deux côtés les regards : les alliés, de l'Europe ; Napoléon, de la France.

XI

Au moment où les armées des puissances coalisées touchaient au Rhin sans oser encore le franchir, le prince de Metternich, ministre tout-puissant en Autriche, se souvint que l'impératrice Marie-Louise était la fille de son empereur. Le Rhin une fois franchi, le détrônement de Napoléon devenait une des conséquences de la victoire. En détrônant Napoléon, elle pouvait entraîner le trône de Marie-Louise. C'était un danger pour la politique autrichienne, qui perdrait ainsi l'alliance intime de la France, les bénéfices d'une régence dans sa maison, le patronage autrichien d'un enfant, empereur des Français. Ce serait de plus une honte de famille et un déchirement pour le cœur de l'empereur François. Le prince de Metternich, longtemps mêlé à la cour de Napoléon, tour à tour brusqué ou caressé par les princesses du sang de Napoléon, ne partageait pas contre cette cour des parvenus de la victoire les antipathies de la vieille Europe. Il craignait de plus le désespoir d'un homme de génie placé par un refus d'accommodement entre le trône et la mort. Enfin il était diplomate ; il aimait à attirer le destin à lui. Il fit une ouverture à M. de Saint-Aignan, un des ministres les plus accrédités de l'empereur Napoléon en Allemagne. Arrêté à Weymar, M. de Saint-Aignan fut amené au quartier général. M. de Metternich l'appela à Francfort. Là, il lui dicta une note qui disait à Napoléon à quelles conditions l'Europe traiterait encore avec lui. Les ministres des différentes puissances donnèrent leur adhésion aux principes de cette négociation. M. de Metternich était sincère, car il était intéressé. Les autres feignirent de croire à la possibilité d'une telle paix. Ils étaient trop éclairés pour l'espérer ou pour la craindre. L'âme de Napoléon vaincu ne pouvait pas se contenir dans les limites qu'on affectait de lui tracer.

Ces limites étaient celles de l'ancienne France. Napoléon devait renoncer à toute souveraineté en Allemagne, au delà du Rhin, en Espagne, en Italie, en Hollande. A ce prix on traiterait ; mais on ne suspendrait pas les opérations militaires pendant les négociations.

XII

C'est à cette note que Napoléon avait répondu en désignant Manheim comme lieu de réunion du congrès. Cette acceptation d'une retraite générale de l'Europe sur le sol de la vieille France, trop étroit pour porter l'empire, annonçait assez que ce congrès n'était pour Napoléon qu'une illusion qu'il voulait laisser à son peuple. Il n'y avait pas six mois qu'il avait refusé à Dresde la moitié du continent. Il fit plus, il adhéra quelques jours après aux bases mêmes énoncées dans la note des puissances. Les lettres et les réponses se croisèrent avec une lenteur qui indiquait des deux côtés la crainte de s'engager plus étroitement. Le congrès de Manheim ne s'ouvrit pas. Les jours et les événements avaient marché. Ce sont ces lettres échangées pour la fixation d'un centre de négociation que Napoléon appelait les pièces de la négociation. Il les fit remettre au Sénat et au Corps législatif à la fois. Ces deux corps nommèrent des commissaires pour faire le rapport de ces documents et pour exprimer l'opinion des sénateurs et des députés sur la situation. Les ministres, les conseillers et les courtisans s'efforcèrent de diriger les voix sur des hommes sûrs, c'est-à-dire sur des esprits énervés et sur des caractères vendus.

XIII

Le Sénat nomma sans délibérer ceux de ses membres que leurs antécédents diplomatiques et leur mérite éminent semblaient désigner le mieux pour cette étude de l'Europe. M. de Talleyrand, homme à deux faces, dont aucune ne trahissait l'autre, capable de cacher un sous-entendu à l'Europe sous une déclaration ambiguë à Napoléon. Il commençait à pressentir la chute, et cherchait de l'œil un terrain nouveau, sans abandonner encore du pied l'ancien sol. M. de Fontanes, poëte élégant et médiocre, orateur d'apparat, habile à draper de phrases antiques les rudes volontés de son maître, Cicéron habituel du nouveau César, mais Cicéron après sa prostration devant la fortune. Il n'aimait pas la liberté, qu'il confondait avec la démagogie révolutionnaire. Poursuivi par elle en 1793, il s'était jeté sous le sabre de l'empereur. Il osait tout de cet asile contre toute liberté. Il avait fait une dignité de la flatterie. La sienne était souple, mais jamais basse; esprit droit et âme littéraire, en qui le métier d'adulateur avait éteint l'indépendance, non l'honnêteté. Le général Beurnonville, vieux soldat des guerres de la république, espèce de Dumouriez sans la trahison. Des souvenirs de liberté se mêlaient en lui à l'habitude de discipline d'esprit du militaire. M. de Saint-Marsan, d'une haute noblesse de Turin, Français par les services, Italien par l'esprit : un de ces hommes que Napoléon avait nationalisés par leur mérite, compromis dans sa destinée, et qui ne retrouveraient plus de patrie après l'Empire. Barbé-Marbois enfin, vieillard indépendant et hardi, député jadis du 18 fructidor, délivré de la proscription par le Consulat, et qui décorait le Sénat de la probité de son caractère et de l'illustration de ses malheurs. On pouvait attendre d'une telle élite de commissaires un juste mélange de liberté d'opinion et de déférence de volonté sous une grande décence de langage. Le Sénat ne pouvait plus flatter, il n'osait pas encore avertir.

XIV

Les choix du Corps législatif signifièrent un autre esprit. L'opinion encore sourde n'osant pas s'exprimer par des paroles, s'exprimait du moins par le scrutin. Ce scrutin élimina pour la première fois tous les noms notoirement serviles. Les adulateurs habituels frémirent et s'indignèrent d'être écartés, ils allèrent porter leurs plaintes à Cambacérès et au duc de Rovigo, ces oreilles de l'empereur. MM. Lainé, Raynouard, Gallois, Maine de Biran, Flaugergues, sortirent à une immense majorité du scrutin. Ces noms, qui auraient été un gage de sagesse et de force aux yeux d'un gouvernement tempéré, parurent une menace à la cour de l'empereur. Ils étaient indépendants, donc ils étaient une révolte.

M. Lainé était de Bordeaux. Digne par son éloquence de ce forum illustré par Vergniaud, il avait la grandeur d'âme de l'orateur girondin. Il n'aurait eu ni son indolence, ni sa faiblesse. Né dans les Landes, homme rural, vivant dans une médiocrité stoïque au milieu des champs et loin des bassesses, absorbé dans la contemplation des grandes choses, élevé par le spectacle de la nature à l'adoration du type divin, nourri de l'histoire, trempé dans les préceptes des stoïciens et dans les mépris de Tacite pour les vices de son temps, M. Lainé avait sa fierté sans avoir rien de son amertume. C'était l'orateur et le philosophe antique transplanté avec la douceur d'âme du chrétien dans les choses modernes. Son courage n'était jamais le bouillonnement de la colère, mais l'intrépidité du devoir. La nature avait fait cet homme et l'avait tenu en réserve pour porter la première atteinte au despotisme. Il n'était point du parti des Bourbons, il était républicain de nature et d'inclination. La raison seule le fit plus tard servir des rois. Pour qu'il condescendît à s'approcher des cours, il fallait que sa conscience lui montrât dans le trône la patrie. Je ne flatte pas sa tombe, je la vénère. Elle enferme un grand vestige de l'humanité.

XV

M. Raynouard était de Toulouse. Une tragédie mémorable, *les Templiers*, avait illustré tard son nom. C'était un poëte austère, studieux, un peu rude. Ses vers avaient la rigidité de son caractère. Son caractère avait la naïveté, la simplicité et l'élévation de son talent. Il ne séparait pas le génie de la vertu. Homme d'un aspect inculte, peu fait pour plaire, incapable de flatter, il nourrissait contre le despotisme de Napoléon la haine sourde mais âpre qui vient du respect pour la dignité d'une nation. Le despotisme lui paraissait moins une oppression qu'une insulte à la nature humaine. Estimé de ses collègues, il parlait avec une liberté mâle, il écrivait avec une sauvage rudesse d'expression. Les trois autres étaient des hommes d'opposition philosophique et calme, comme il convenait à une opposition sans tribune, sans orateurs et sans journaux.

XVI

M. de Fontanes, à la fois confident de l'empereur et rapporteur du Sénat, satisfit le trône et l'opinion par une de ces phrases où l'opinion trouvait le mot de paix, où l'empereur trouvait l'absolution de la guerre. « La paix, disait le Sénat, est le besoin de la France et de l'humanité. Si l'ennemi persiste dans son refus, eh bien ! nous combattrons pour la patrie entre les tombeaux de nos pères et les berceaux de nos enfants. » Quand de telles paroles ne sont scellées que par la défection à deux mois de distance, elles se conservent dans l'histoire des peuples, non comme des serments, mais comme des parjures de l'éloquence.

Le Corps législatif fut plus lent. Le murmure avait besoin d'éclater et peine à sortir. Il éclata enfin malgré les menaces de M. Regnier, duc de Massa, et les caresses de Cambacérès. Cambacérès, un des muets de la Convention pendant la terreur, avait laissé dans une ambiguïté favorable à son caractère son vote dans le procès de Louis XVI. Après la Convention, il s'était voué à Bonaparte avec le pressentiment de la faiblesse qui cherche un appui. Bonaparte estimait sa capacité et ne redoutait rien de son courage. Nul ne savait mieux que Cambacérès se plier aux seconds rôles. Il enlevait ainsi toute jalousie au premier. Napoléon l'avait élevé aussi haut que possible sans craindre de le rapprocher. La subordination de caractère chez Cambacérès faisait partie de la flatterie. Il y avait de l'Alcibiade vieilli dans ce prince de nouvelle date, archichancelier de l'Empire, sorte de vice-roi civil que le souverain laissait à Paris pendant ses campagnes lointaines pour le représenter à la tête du Conseil d'État et lui répondre de la France. Cambacérès affectait quelques ridicules pour donner à l'empereur des gages contre son ambition. Un homme ainsi jeté aux railleries de la cour et aux rires du peuple pouvait être utile, jamais dangereux. Cambacérès acceptait et semblait rechercher ces ridicules. Il se promenait tous les soirs en costume de la vieille cour, accompagné de deux chambellans grotesques, la tête découverte, coiffés et poudrés comme nos pères, dans les galeries du Palais-Royal. Les filles perdues, les enfants et les étrangers suivaient ce groupe de leurs regards et de leurs huées. Il recherchait la célébrité d'Apicius, il exigeait l'étiquette, les génuflexions et les titres des plus vieilles aristocraties autour de lui. Il était le génie suranné du cérémonial dans une monarchie de parvenus. Il essayait les costumes de l'Empire. Mais sous ces futilités de courtisan Cambacérès cachait une âme honnête, un caractère humain, une science réelle, un ferme esprit de gouvernement. On le raillait, mais on l'estimait. Voilà l'archichancelier.

XVII

Il n'essaya pas dans les discussions secrètes du Corps législatif de nier la lassitude de la nation, mais d'en amortir l'expression dans l'adresse. Le fantôme de la Révolution l'avait fait reculer jusque dans l'avilissement et dans l'adoration du despotisme. Il craignait tout ce qui ressemblait à une sincérité, de peur de donner jour à une liberté. Il conjura les députés de penser tout bas. Il accorda le besoin général de paix ; mais il contesta à la commission le droit d'élever la voix, même pour exprimer une souffrance du peuple.

M. Lainé avait l'attitude modeste et réfléchie de son caractère. Son geste contenu et sobre semblait, en approchant ses bras de sa poitrine, attester les convictions consciencieuses de son cœur. Sa tête inclinée n'avait rien du défi du tribun. Sa voix avait la gravité et le tremblement nerveux de ses pensées. Il s'indigna de tant de sous-entendus commandés aux organes d'un peuple devant son maître. « Non, s'écria-t-il avec douleur, non, il faut relever enfin le Corps législatif si longtemps déprimé ; il faut faire entendre le cri du peuple pour la paix ; il faut faire éclater ses gémissements contre l'oppression! » A l'exception d'une cinquantaine de députés rivés par les dignités au despotisme, ou tremblants de lâcheté devant la colère de l'empereur, tous les cœurs avaient parlé par la voix de M. Lainé. On le chargea du rapport. Il fut adopté. C'était à mots couverts le rappel à la constitution, une timide insurrection des âmes contre l'excès de l'asservissement, le droit de plainte, le dernier droit des peuples revendiqué, au moins, par ses représentants, un souvenir lointain de l'assemblée du Jeu de Paume à Versailles, mais sous le sceptre d'un maître en armes et dans un palais entouré de prétoriens.

XVIII

M. Lainé osait dire au nom du Corps législatif : « On éprouve, au milieu des désastres de la guerre, un sentiment d'espérance en voyant les rois et les nations prononcer à l'envi le mot de paix. Les déclarations des puissances s'accordent en effet, messieurs, avec le vœu si universel de l'Europe pour la paix, et avec le vœu si généralement exprimé autour de chacun de nous dans les départements, vœu dont le Corps législatif est l'organe naturel.

» Cette paix, qui peut donc en retarder les bienfaits ? Nous avons pour premiers garants des desseins pacifiques de l'empereur, l'adversité, ce conseil véridique des rois... Les moyens qu'on nous propose pour repousser l'ennemi et pour conquérir la paix seront efficaces, si les Français sont convaincus que leur sang ne sera plus versé que pour défendre la patrie et ses lois protectrices.

» Mais ces mots de paix et de patrie retentiraient en vain, si l'on ne garantit les institutions qui créent l'une et qui maintiennent l'autre...

» Votre commission pense qu'il est indispensable qu'en même temps que le gouvernement proposera les mesures les plus promptes pour la sûreté de l'État, l'empereur soit supplié de maintenir l'entière et constante exécution des lois qui garantissent aux Français les droits de la liberté, de la sûreté, de la propriété, et à la nation le libre exercice de ses droits politiques. Cette garantie nous paraît le moyen le plus efficace de rendre aux Français l'énergie nécessaire à leur propre défense.

» Nous voulons lier le trône et la nation, afin de réunir leurs efforts contre l'anarchie, contre l'arbitraire et contre les ennemis de la patrie...

» Si la première pensée de l'empereur dans de graves circonstances a été d'appeler autour du trône les députés de la nation, notre premier devoir n'est-il pas de rapporter au monarque la vérité et le vœu du peuple pour la paix? »

Cette expression de *députés de la nation* était une révolution tout entière. Le 18 brumaire réapparaissait et se vengeait dans un mot.

XIX

C'était la première fois que Napoléon rencontrait une âme insurgée contre sa volonté depuis le jour où il avait tout affaissé sous le sceptre. Il eût mieux valu sans doute que ce reproche, contenu dans un cri national, se fût élevé pendant qu'il opprimait le monde, qu'au moment où il déclinait vers sa catastrophe, et où la France elle-même tombait avec lui. Mais M. Lainé n'était coupable d'aucune de ces adulations courtisanesques. Son âme avait été un murmure et une révolte continuelle contre la dégradation civile dans son pays; il avait le droit de tout dire, à toute heure. Il le disait en homme libre, et non en tribun. Les nations, d'ailleurs, envers lesquelles on n'a pas été généreux, ne sont pas généreuses elles-mêmes quand elles se redressent sous la puissance qui déchoit. Elles profitent de la faiblesse de leurs tyrans pour exécrer la tyrannie. Ce n'est pas la magnanimité sans doute, mais c'est le destin.

XX

Napoléon sentait qu'il n'était plus Napoléon si cette voix indépendante de l'orateur du Corps Législatif n'était pas à l'instant étouffée par l'éclat de la sienne. Il poussa un cri de fureur simulée ou réelle. Il remplit son palais, son conseil, ses conversations du retentissement de son insulte. Il s'efforça de faire monter l'indignation officielle de ses courtisans et de la nation à la hauteur de son ressentiment. Il intima à ses ministres et à ses familiers l'ordre d'imiter et de propager les échos de sa colère. La publicité asservie ne fut qu'un cri contre l'insolence de M. Lainé. Le ministre de la police était Savary, duc de Rovigo. C'était un ancien compagnon d'armes de l'empereur. Son mérite était dans un dévouement personnel et aveugle aux caprices et aux intérêts du maître. Ce dévouement sans restriction avait été éprouvé par Napoléon à des services qui perdent l'amitié elle-même. Le duc de Rovigo avait son nom attaché au procès nocturne du duc d'Enghien. Jugé comme un assassin, le jeune prince était tombé dans les fossés de Vincennes, sous les balles d'une commission militaire rassemblée par ordre de Napoléon. Il avait été enlevé sur le sol étranger par un crime contre le droit des gens. Sa captivité avait été semblable à une trahison, sa mort semblable à un forfait. Son sang criait et criera de siècle en siècle contre son meurtrier. Bien que Savary n'eût fait qu'obéir, il y a des obéissances qui s'appellent justement ou injustement des complicités. Cette justice ou cette injustice de l'opinion est la responsabilité des instruments de tyrannie. Il serait trop commode de la servir, si un acte devenait innocent par le seul fait qu'il est commandé. Il n'en est pas ainsi. La responsabilité remonte et descend de la tête aux membres. Rien ne se perd, ni dans la pensée du crime, ni dans son exécution. Chaque goutte de sang répandu se retrouve ou sur le nom ou sur la main, même sur la gloire. Le dernier des exécuteurs en doit compte comme le premier.

XXI

Savary manda chez lui les membres de la commission. Une si insolente injonction du ministre de la police aux représentants d'une assemblée nationale ressemblait à un écrou. Les membres de la commission en recevant cet ordre délibérèrent s'ils y obéiraient. Quelques-uns, pressentant un coup d'État exécuté contre leurs personnes, opinèrent pour écrire une adresse à la nation, pour convoquer le Corps législatif en séance soudaine, et pour se placer sous la sauvegarde de la représentation menacée. Ces avis parurent extrêmes, et ces résolutions dénuées de la force morale nécessaire pour les soutenir. M. Lainé et ses collègues préférèrent se livrer seuls et porter les dangers du temps.

Ils se rendirent chez le ministre de la police. Son visage

portait les reflets de celui de Napoléon. Son accent était un retentissement prémédité du sien. Il fut menaçant comme pour essayer les courages. « Les mécontents, dit-il à M. Lainé, prennent votre nom pour signal de révolte. Ma police retrouve ce nom dans toutes les trames. On n'est point innocent du trouble qu'on suscite par des paroles telles que les vôtres. »

En parlant ainsi, le familier de l'empereur élevait graduellement la voix jusqu'au ton de la menace.

« Ma conscience parle encore plus haut que vous, » lui répondit M. Lainé. Ces mots semblèrent intimider le ministre. Il baissa la voix, et prit l'accent qui caresse après avoir essayé en vain celui qui consterne : « Vous êtes d'honnêtes gens, dit Savary; je serais fier de vous avoir personnellement pour amis. Mais l'empereur est suspendu entre les résolutions extrêmes. Vous l'avez irrité. Vous avez voulu parodier l'insurrection de l'Assemblée constituante. Il ne peut vous laisser siéger en son absence : il va partir pour l'armée; vous le détrôneriez. Il ne veut pas courir ce danger. Ils veulent des Bourbons, m'a dit l'empereur, mais il y aura encore avant des batailles d'Ivry! »

Puis Savary se tournant de nouveau vers M. Lainé : « Où voulez-vous en venir? » lui demanda-t-il avec un regard qui provoquait la confiance en commandant l'aveu.

« Je voulais, répliqua M. Lainé, sauver ma patrie, ou exhaler glorieusement, du moins, pour la nation le dernier soupir de la liberté. — Nous voulions, ajoutèrent ses collègues, que l'empereur tendît la main à une nation prosternée pour la relever. »

Cette humilité même dans la réponse des collègues de M. Lainé et des représentants de l'Assemblée ne parut pas une rétractation suffisante de leur audace. Le ministre leur défendit de se réunir et de se revoir. »

XXII

L'empereur reçut le Sénat. M. de Fontanes, dans l'adresse qu'il avait rédigée, associa à des flatteries accoutumées quelques paroles de vérité dans la proportion juste où l'empereur voulait avoir la magnanimité de l'entendre : « Rallions-nous, disait l'orateur, autour de ce diadème où l'éclat de cinquante victoires brille à travers un nuage passager. »

Il parla de paix aussi, de puissance qui s'affermit en se limitant, de l'art de ménager le bonheur des peuples, mais surtout de voler aux armes.

« Il n'est plus question, répondit Napoléon, de recouvrer les conquêtes que nous avons faites. L'affranchissement du sol et la paix, voilà notre cri de ralliement. Nos provinces sont entamées. J'appelle les Français au secours de la France. »

Après ces paroles, il ordonna la suppression de l'adresse du Corps législatif, et l'ajourna à une autre époque. Savary avait dit sa pensée. Il ne voulait pas laisser une assemblée délibérante derrière lui. La voix seule de M. Lainé lui avait paru un écho de 1789. Il savait qu'en rendant une voix à un peuple on lui rend le souffle de la liberté. Le lendemain, il laissa échapper le flot de colère qui s'était amassé en lui depuis la réunion du Corps législatif.

C'était le 1ᵉʳ janvier 1814, jour où le cérémonial des

cours amène au pied du trône les corps et les dignitaires du pays mêlés aux courtisans de la personne. Les membres du Corps législatif, ajourné la veille, parurent devant l'empereur pour défiler. Sa main les arrêta d'un signe. Il voulait que son ressentiment contre leur témérité retentît dans la France et dans toute l'Europe. Il feignit un accès mal contenu de colère. Le désordre affecté de ses paroles, le geste haché, la voix tonnante, rendaient ce discours plus semblable à une improvisation qu'à un calcul. C'en était un pourtant ; il l'avait médité et accentué huit jours. C'était le discours de la tyrannie affrontée pour la première fois, voulant écraser par l'imprévu et par l'audace l'indépendance qui avait essayé de se montrer.

XXIII

« Députés du Corps législatif, dit-il en concentrant sur eux les foudres de son regard, vous pouviez faire beaucoup de bien et vous avez fait beaucoup de mal.

» Les onze douzièmes d'entre vous sont bons, les autres sont des factieux.

» Je vous avais appelés pour m'aider, et vous êtes venus dire et faire ce qu'il fallait pour seconder l'étranger. Au lieu de nous réunir, vous nous divisiez.

» Votre commission a été entraînée par des gens dévoués à l'Angleterre. M. Lainé, votre rapporteur, est un méchant homme. Son rapport a été rédigé avec une astuce et des intentions dont vous ne vous doutez pas. Deux batailles perdues en Champagne eussent fait moins de mal.

» Dans votre rapport, vous avez mis l'ironie la plus sanglante à côté des reproches. Vous dites que l'adversité m'a donné des conseils salutaires. Comment pouvez-vous me reprocher mes malheurs? Je les ai supportés avec honneur, parce que j'ai reçu de la nature un caractère fort et fier, et si je n'avais pas cette fierté dans l'âme, je ne me serais pas élevé au premier trône du monde.

» Cependant j'avais besoin de consolations, et je les attendais de vous. Vous avez voulu me couvrir de boue; mais je suis de ces hommes qu'on tue, mais qu'on ne déshonore pas.

» Était-ce par de pareils reproches que vous prétendiez relever l'éclat du trône? Qu'est-ce que le trône, au reste? Quatre morceaux de bois revêtus d'un morceau de velours. Tout dépend de celui qui s'y assied. Le trône est dans la nation. Ignorez-vous que c'est moi qui la représente par-dessus tout? On ne peut m'attaquer sans l'attaquer elle-même. Quatre fois j'ai été appelé par elle, quatre fois j'ai eu les votes de cinq millions de citoyens pour moi. J'ai un titre, et vous n'en avez pas. Vous n'êtes que les députés des départements de l'empire.

» Est-ce le moment de me faire des remontrances, quand deux cent mille Cosaques franchissent nos frontières? Est-ce le moment de venir disputer sur les libertés et les sûretés individuelles, quand il s'agit de sauver la liberté politique et l'indépendance nationale? Vos idéologues demandent des garanties contre le pouvoir, dans ce moment toute la France ne m'en demande que contre l'ennemi.

» N'êtes-vous pas contents de la constitution? C'est il y a quatre mois qu'il fallait en demander une autre, ou attendre deux ans après la paix.

» Vous parlez d'abus, de vexations; je sais cela comme

vous. Cela dépend des circonstances et des malheurs du temps. Pourquoi parler devant l'Europe armée de nos débats domestiques? Il faut laver son linge sale en famille. Vous voulez donc imiter l'Assemblée constituante et recommencer une révolution? mais je n'imiterais pas le roi qui existait alors; j'abandonnerais le trône, et j'aimerais mieux faire des peuples souverains que d'être roi esclave. »

XXIV

Ces paroles manquaient de respect à une nation, et manquaient de justice à un homme. *J'ai un titre, et vous n'en avez pas*, dans la bouche du soldat qui avait dérobé tous les titres, l'épée à la main, au peuple français, était la plus insolente dérision qui fût jamais tombée d'un trône sur une représentation souveraine. Mais si de telles injures étaient méprisables dans la bouche d'un triomphateur ivre de victoires et d'autorité, elles empruntaient, du moins cette fois, une certaine grandeur d'audace aux revers qui frappaient Napoléon. Il se redressait devant l'infortune; il disait son dernier mot à l'adversité. Ce dernier mot n'était pas une dégradation de lui-même, mais un redoublement de défi au destin et de mépris à l'opinion. C'était un attentat de plus à la souveraineté et à la dignité du peuple, mais l'attentat, du moins, était courageux. Ses courtisans seuls le trouvèrent sublime. La généralité de l'opinion le trouva brutal et insensé. Il en espérait un grand effet sur l'imagination de la multitude, il ne fit alors qu'un grand étonnement, un grand scandale, un grand soulèvement de dignité blessée dans le pays. Il humiliait la nation au moment où il avait besoin de la susciter. Les nations puisent quelquefois du dévouement dans l'infortune, jamais dans l'humiliation. Ce discours, passant de bouche en bouche dans toutes les parties de l'empire, fit croire à cette *démence* céleste qui précède la chute des hommes égarés. Il avait voulu semer la terreur dans les âmes de ses ennemis, il n'y jeta que l'irritation et le dédain.

XXV

Mais après avoir étonné, il voulut attendrir. La veille de son départ pour l'armée, le 22 janvier, il convoqua au palais les chefs de la garde nationale de Paris. La pénurie de troupes et la nécessité de couvrir quelques jours au moins la capitale, que ses manœuvres pouvaient découvrir, l'avaient contraint à reconstituer cette milice civique que le nom de La Fayette et les souvenirs de 89 lui rendaient suspecte. Armer la garde nationale, c'était, à ses yeux, réarmer la révolution. Mais ne pouvant faire appel au droit, il trouvait moins dangereux de faire appel aux armes des citoyens. Il s'était réservé d'ailleurs le commandement en chef de cette armée du foyer domestique. En son absence, il en avait remis le commandement au maréchal Moncey. Le maréchal Moncey était incapable de manquer à un devoir, aussi maniable et aussi sûr que son épée. La garde nationale était honorée et fière d'obéir à un vieux soldat qui avait partagé la gloire, jamais les torts de la tyrannie.

Napoléon présenta théâtralement l'impératrice Marie-

Louise et son fils aux officiers de la garde nationale. Cette présentation n'avait pas pour objet seulement Paris, mais Vienne. Il voulait rappeler à l'empereur d'Autriche, son beau-père, que les coups dont les armées le menaçaient allaient porter jusque sur sa propre fille. Il lui montrait son petit-fils dans les bras et par-dessus la tête des gardes nationaux. Cette scène était une négociation sourde par laquelle il espérait trouver une complicité dans le cœur de l'empereur François II.

Marie-Louise était peu connue des Parisiens, peu aimée de la France. Enlevée à Vienne comme une dépouille de la victoire, conquise plus que demandée, succédant dans la couche du héros à l'impératrice encore vivante Joséphine, que ses grâces créoles, sa bonté superficielle et sa légèreté d'âme rendaient, par ces défauts mêmes, plus populaire chez un peuple superficiel et léger; étrangère au milieu de la France, parlant avec timidité sa langue, étudiant avec embarras ses mœurs, Marie-Louise vivait renfermée et comme captive dans l'intérieur officiel dont l'empereur l'avait entourée. Cette cour de femmes belles, titrées à neuf, jalouses d'étouffer tout autre éclat que celui de leur rang et de leur faveur, ne laissait percer de la nouvelle impératrice que les naïvetés et les gaucheries naturelles à une femme presque enfant, mais de nature à la dépopulariser dans sa propre cour. Cette cour était la calomnie respectueuse de la jeune souveraine. Marie-Louise se réfugiait dans le cérémonial, dans la retraite et dans le silence contre la malveillance qui l'épiait. Intimidée par la renommée, par la grandeur et par la brusque tendresse du ravisseur dans lequel elle n'osait voir un époux, on ignore si cette timidité lui permettait de l'aimer d'un sentiment sans cortrainte. Napoléon l'aimait par supériorité et par orgueil. C'était le blason de son affiliation aux grandes races. C'était la mère de son fils, la perpétuité de son ambition. Mais bien qu'il n'affichât pas de favorites par dédain plus que par vertu, on lui connaissait des caprices passagers pour de belles femmes de son entourage. La jalousie, sans oser les accuser, pouvait glacer le cœur de Marie-Louise. Le public avait l'injustice d'exiger de Marie-Louise les retours et les dévouements passionnés de l'amour, quand sa nature ne pouvait lui inspirer que le devoir et le respect pour un soldat qui n'avait vu en elle qu'un otage de l'Allemagne et un gage de postérité.

Cette contrainte gênait ses charmes naturels, solennisait sa physionomie, intimidait son esprit, comprimait son cœur. On ne voyait en elle qu'une décoration étrangère attachée aux colonnes du trône. L'histoire même, écrite sous l'ignorance de la vérité et sous les ressentiments des courtisans napoléoniens, a calomnié cette princesse. Ceux qui l'ont connue lui restitueront non la gloire théâtrale et stoïque qu'on exigeait d'elle, mais sa nature. C'était une belle fille du Tyrol, les yeux bleus, les cheveux blonds, le visage nuancé de la blancheur de ses neiges et des roses de ses vallées, la taille souple et svelte, l'attitude affaissée et langoureuse de ces Germaines qui semblent avoir besoin de s'appuyer sur le cœur d'un homme, le regard plein de rêves et d'horizons intérieurs voilés sous le léger brouillard des yeux. Les lèvres un peu fortes, la poitrine pleine de soupirs et de fécondité, les bras longs, blancs, admirablement sculptés, et retombant avec une gracieuse langueur sur la taille, comme lassés du fardeau de sa destinée. Le cou habituellement penché sur l'épaule. La statue de la mélancolie du Nord dépaysée dans le tumulte d'un camp français. La prétendue nullité de son silence cachait des pensées féminines et des mystères de sentiment qui l'emportaient loin de cette cour, magnifique mais rude exil. Dès qu'elle était rentrée dans l'ombre de ses appartements intérieurs ou dans les solitudes de ses jardins, elle redevenait Allemande. Elle cultivait les arts de la poésie, du pinceau, du chant. L'éducation avait perfectionné ces talents en elle, comme pour consoler, loin de son pays, les absences et les tristesses auxquelles la jeune fille serait un jour condamnée. Elle y excellait, mais pour elle seule. Elle lisait et répétait de mémoire les poëtes de sa langue et de son ciel. Nature simple, touchante, renfermée en soi-même, muette au dehors, pleine d'échos au dedans, faite pour l'amour domestique dans une destinée obscure, éblouie sur un trône où elle se sentait exposée au regard du monde comme la conquête, non de l'amour, mais de l'orgueil d'un héros. Elle ne sut rien feindre, ni pendant la grandeur, ni après les revers de son maître ; ce fut son crime. Le monde théâtral de cette cour voulait le simulacre de la passion conjugale dans une captive de la victoire. Elle était trop naturelle pour simuler l'amour, quand elle n'avait que l'obéissance, la terreur et la résignation. L'histoire l'accusera, la nature la plaindra.

Voilà le vrai portrait de Marie-Louise. Je l'ai écrit devant elle dix ans après. Elle avait développé alors dans la liberté et dans le veuvage toutes les grâces contenues de sa jeunesse. On a voulu en faire un rôle ; l'actrice a manqué, mais la femme est restée. L'histoire doit lui rendre ce que la partialité des courtisans de Napoléon lui a enlevé : la grâce, la tendresse et la pitié.

XXVI

Telle était l'impératrice que Napoléon présentait à la garde nationale de Paris, son fils, le roi de Rome, dans les bras. Ce spectacle était une éloquence muette qui toucha le cœur des Parisiens. Des bras levés, des cris et des larmes l'accueillirent. La nature avait son empire, l'orgueil aussi le sien. Cette bourgeoisie armée de la capitale était fière de cette fille des Césars confiée en dépôt à la ville de la Révolution. Cette femme, cet enfant, couverts par l'épée de tous, semblaient devenir un instant le foyer de chacun. Quand le cœur a son rôle rare dans les crises des empires, il éclate et il dompte tout pour un moment. L'opposition universelle se tut devant cette scène. La France se crut un jour napoléonienne, parce que son cœur avait battu pour une femme et pour un enfant. Napoléon prenant son fils dans le sein de sa mère l'embrassa, l'éleva dans ses bras, le remit, les yeux humides, dans les bras des officiers les plus rapprochés de lui, et s'avançant au milieu du cercle immense que les chefs de la ville formaient autour de la salle principale du palais, il leur parla de cette voix tour à tour mâle et attendrie où l'on croyait sentir le mari et le père coupant la parole au soldat. Talma, le grand sculpteur des statues vivantes de l'histoire, l'avait vu la veille. Mais la nature, en ce moment, était un maître d'attitude plus souverain et plus infaillible que Talma. Napoléon n'avait rien à apprendre de la scène que les plis du costume qu'il avait la ridicule faiblesse de draper pour les yeux. Sa destinée le drapait assez, son cœur parlait mieux que son rôle.

Il fut naturel, héroïque, familier. Il ne déguisa aucune des chances de la guerre, aucun des dangers momentanés que pouvait courir la capitale. Il expliqua comment ce danger ne serait qu'apparent, comment il reviendrait, avec ses forces accrues par ses garnisons débloquées, écraser l'ennemi entre Paris et son armée. « Soyez seulement unis, dit-il, résistez aux tentatives qu'on fera pour vous détacher de moi. Je vous laisse l'impératrice et le roi de Rome; ma femme, mon fils. Je pars tranquille en les confiant à votre amour. Ce que j'ai de plus cher au monde, je le remets dans vos mains. »

XXVII

Paris retentit de cet adieu. Il l'émut un moment comme il avait ému le palais. On apprit le lendemain que Napoléon était parti dans la nuit pour Châlons. On savait qu'il ne paraissait à l'armée que la veille du jour des batailles. On n'attendait plus des miracles. Les campagnes de Russie, d'Espagne et de Dresde avaient déshabitué de l'espérance. Mais on écoutait attentivement le bruit des premiers chocs. La dernière campagne allait s'ouvrir. Nous ne la raconterons pas dans ses détails, mais dans ses résultats. Elle mériterait seule tout un historien. Napoléon y redevint plus grand qu'il ne l'avait été dans les années de sa toute-puissance. Ce n'est pas sa gloire comme général, c'est sa chute comme souverain que nous retraçons dans ce récit. Nous n'y touchons qu'autant qu'il est nécessaire pour montrer comment cette chute héroïque fit place à la Restauration.

XXVIII

Un million d'hommes armés par le ressentiment de l'Europe, concertés par le génie de la coalition et encouragés par les revers de celui qu'ils avaient cru longtemps invincible entrait corps d'armée par corps d'armée, sur le sol de la France. Le cercle d'action encore libre pour l'empereur se rétrécissait toutes les vingt-quatre heures. Wellington descendait dès Pyrénées sur le Midi avec l'armée anglaise aguerrie, entraînant avec elle comme auxiliaires les meilleures troupes de l'Espagne et du Portugal. L'armée du maréchal Soult et celle du maréchal Suchet rentraient à la hâte en France pour couvrir le sol de la patrie contre ce reflux de deux nations longtemps provoquées. Bubna et Bellegarde, deux généraux autrichiens, à la tête de cent mille hommes, contenaient le prince Eugène, vice-roi de Napoléon, dans le Milanais, et franchissaient les Alpes pour déboucher sur Lyon par les gorges de la Savoie. Bernadotte, Coriolan moderne sans avoir à venger sur sa patrie les torts du premier Coriolan, s'était vendu à la coalition au prix du trône de Suède. Il guidait cent vingt mille hommes de toutes les nations secondaires du Nord contre la Belgique et le Rhin encore sous notre drapeau. Le prince de Schwartzenberg, généralissime de la coalition, et Blücher, général de la Prusse, passaient le Rhin, la nuit du 31 décembre, et dirigeaient environ deux cent mille hommes de toute race jusqu'au pied des Vosges, notre dernier rempart. Quatre colonnes de quatre cent mille combattants sillonnaient l'Allemagne par quatre routes pour recruter de renforts intarissables les têtes d'armées déjà entrées sur le sol français. Les souverains eux-mêmes, l'empereur de Russie, l'empereur d'Autriche, le roi de Prusse, le roi de Suède, marchent avec leurs troupes, comme pour dire au monde qu'ils ont désormais changé leurs capitales contre un camp, et qu'ils ne vont pas faire une campagne, mais une croisade unanime et suprême contre l'oppresseur du continent.

A ces masses que l'Angleterre solde, que le patriotisme recrute, que les défaites mêmes ont appris à vaincre, Napoléon n'a à opposer que les restes fatigués et tronçonnés de ses armées.

XXIX

La France, malgré les appels faits à son patriotisme par l'empereur et par le Sénat, ne se levait pas. Elle était épuisée de légions. Elle voulait la paix et la liberté. Elle craignait, en se levant, de se lever pour l'empereur et non pour la patrie. Elle était résolue de ne plus fournir de sang à son ambition. Le long despotisme qu'elle avait subi lui avait enlevé jusqu'au respect de son propre sol. On entendait jusque dans les campagnes ce mot impie du découragement poussé jusqu'à l'indifférence de soi-même : « Tyran pour tyran ! » Les préfets décrétaient les levées, les gendarmes conduisaient les conscrits souvent enchaînés sur les routes dans les dépôts. A peine libres, ils reprenaient le chemin de leurs villages et de leurs chaumières. Les provinces les plus belliqueuses, telles que la Bourgogne, l'Autunois, la Bretagne, cachaient dans les bois des bandes de *réfractaires*, dernière ressource de leurs familles, et s'obstinaient au vagabondage plutôt que de rejoindre les régiments.

XXX

De plus, Napoléon, pendant les soixante et dix jours que la lenteur et la timidité des alliés lui avaient laissés pour prendre une grande résolution, n'en avait pris aucune. On avait vu se répéter dans le palais des Tuileries les incertitudes et les indécisions de Moscou. Il avait perdu les heures à délibérer avec lui-même et avec les autres, à lutter avec le Sénat et le Corps législatif, à évaporer d'interminables épanchements de langue avec ses confidents. Il était devenu, depuis quelques années, prodigieusement loquace, signe d'affaiblissement de la volonté et de l'action chez les hommes longtemps heureux. Il perdait plus de temps à convaincre qu'à vaincre. Plus il sentait l'opinion lui échapper, plus il s'étudiait à la retenir en la frappant d'admiration dans des confidences avec le premier venu ou dans des articles dictés pour le *Moniteur*. Il était à lui-même sa propre publicité. Nul ne parlait librement en France que lui. Sa vie intérieure était un continuel monologue; on eût dit qu'il usait le temps. Il semblait attendre, soit de ses négociations qui n'étaient pas même ouvertes, soit de son *étoile* qu'il ne sentait pas encore éteinte, je ne sais quel prodige qui lui rendrait ce qu'il avait perdu. Il avait la prédestination des hommes et des choses qui tombent, l'immobilité de l'homme devant la rapidité du temps.

XXXI

Une ressource invincible lui restait au commencement de décembre. Il n'avait qu'à reconnaître d'un œil ferme sa situation, et, au lieu de rester épars et disséminé sur les restes de ses conquêtes, qu'à se replier et se concentrer au cœur de la France. Il avait en Espagne l'armée de Suchet et celle de Soult formant ensemble quatre-vingt mille hommes trempés au feu, rompus à la guerre, commandés par des généraux sortis comme lui de l'école des guerres de la république. Il avait en Italie l'armée du roi de Naples, et trente mille hommes mêlés alors d'excellents régiments français et d'officiers supérieurs aussi dévoués à la patrie qu'à Murat. Cinquante mille hommes de troupes françaises et milanaises combattaient, en manœuvrant inutilement, pour son royaume d'Italie, de l'autre côté des Alpes. La Hollande et la Belgique, stérilement occupées et péniblement contenues, lui absorbaient pour ses meilleurs généraux de second ordre quarante mille hommes. Enfin il avait laissé, sans prévision, plus de cent vingt mille hommes renfermés hors de la portée de sa main à Mayence et dans toutes les places fortes d'outre-Rhin, comme des jalons perdus sur des routes qu'il ne devait plus revoir. C'était en tout trois cent vingt mille soldats faits, aguerris, disciplinés, armés, munis d'artillerie et de chevaux, qui, réunis aux quatre-vingt mille hommes de l'intérieur, auraient formé sous sa main au cœur de la France une armée de quatre cent mille combattants. Il avait eu quatre-vingt-dix jours, dans une saison favorable à la marche et à la nourriture des troupes, pour rappeler à lui ces tronçons de sa force. Il pouvait les adosser aux provinces fertiles et aux fleuves qui entourent sa capitale, les flanquer de ses places fortes, les lier par ses grandes villes, dépôts et recrutements de ses corps, les remplir de sa présence, les animer de son âme, les mouvoir de son génie. Quatre cent mille hommes ainsi concentrés, ainsi disposés, ainsi remués, toujours attaqués par les points éloignés de la circonférence, toujours rapprochés eux-mêmes du centre qui eût appuyé chaque rayon de la force du noyau, auraient été toujours en nombre égal et souvent supérieur aux colonnes d'attaque des alliés. Chaque victoire partielle des généraux ennemis eût été une victoire stérile, car aucun d'eux n'aurait osé la poursuivre au cœur d'une pareille masse pour venir se briser et s'engloutir contre les murs de Paris. La moindre défaite, au contraire, aurait permis à Napoléon de lancer cent mille hommes entre les flancs ou sur les derrières de ses ennemis. Le temps et la distance, qui affaiblissent les armées d'agression, auraient aguerri, recruté et fortifié celle de la France; la victoire décisive à grands résultats, ou la paix certaine à grandes concessions pour la patrie, était le résultat d'une telle résolution. C'était le 92 discipliné, aguerri et invincible de la France; le patriotisme de la nation dans une seule tête, ses baïonnettes dans une seule main. Que n'eût pas fait une armée désespérée, élite de nos armées de dix ans, commandée par un héros et inspirée par le sol et par le foyer de chaque citoyen sous ses pieds? Napoléon, en prenant un tel parti, eût été aussi prodigieux dans sa concentration que dans ses conquêtes. C'était le grand Frédéric agrandi par l'immensité des forces des ennemis et de la destinée. Napoléon entrevit cette résolution; il fallait pour la prendre non un plus vaste génie, mais une plus grande âme que la sienne. Il fallait sacrifier son orgueil à sa véritable gloire, renoncer à lui-même pour sauver la patrie, sacrifier ses couronnes de famille et les provinces possédées, pour rendre Paris invincible. Cet héroïsme lui manqua. Il disputa avec la nécessité. Elle n'obéit qu'à celui qui va au-devant d'elle. Il donna des illusions à son âme, il prêta des heures au temps contre lui. Il fut timide avec les partis extrêmes dans des circonstances qui lui commandaient les dernières extrémités du caractère et du génie. Le trône l'avait amoindri. Il fut au-dessous du rôle que sa destinée lui offrait. L'homme d'État manqua, mais le soldat restait; il remplaça en lui le général.

XXXII

Soixante-dix mille combattants composaient la seule armée qu'il eût à faire manœuvrer et à faire combattre au centre de la France contre un million d'hommes. La victoire même ne pouvait rien pour un si petit nombre. Elle devait l'user un peu moins promptement que la défaite, voilà tout. Comptait-il sur l'impossible, ou ne voulait-il qu'illustrer sa dernière lutte? Nul ne sait ce qui se passa dans cette âme acharnée depuis quelques années aux illusions. Le plus vraisemblable, c'est qu'il comptait sur quelques succès éclatants, mais passagers, qui auraient servi de prétexte à l'empereur d'Autriche pour négocier avec lui. Il ne crut jamais qu'un père déshonorerait son gendre, et que les rois détrôneraient le vainqueur de la Révolution. Il ne doutait pas au moins que, même vaincu et écarté lui-même du trône, l'empire ne fût pas transmis à son fils.

Il arriva à Châlons le 25 janvier, roulant ces pensées dans sa tête. Des cris de : *Vive l'empereur! A bas les droits réunis!* l'accueillaient partout sur sa route. Le peuple, ému et mécontent à la fois, protestait du même cri de son enthousiasme pour le guerrier et de sa lassitude de la tyrannie.

LIVRE DEUXIÈME

Campagne de 1814. — Plan de Napoléon. — Marche de l'empereur sur Saint-Dizier à la rencontre des alliés. — Napoléon se replie sur Brienne. — Combat de Brienne. — Jonction de Blücher et de Schwartzenberg. — Bataille de la Rothierre. — Combat de Marmont à Rosnay. — Napoléon se rend à Troyes. — Son séjour et ses hésitations à Troyes. — Congrès de Châtillon. — Caulaincourt. — Ultimatum des souverains alliés le 8 janvier. — Correspondance de l'empereur et de Joseph. — Blücher se replie sur Châlons et marche sur Paris. — Napoléon se porte sur Champaubert pour arrêter Blücher. — Combat de Champaubert. — Bataille de Montmirail. — Bataille de Vauchamp. — Napoléon retire à Caulaincourt l'autorisation de signer la paix. — Schwartzenberg menace Paris et descend par la vallée de la Seine. — Napoléon court à lui. — Bataille de Montereau. — Napoléon rentre à Troyes le 23 janvier. — Manifestation royaliste. — Exécution du chevalier de Gouault.

I

Les généraux laissés sans forces suffisantes sur les bords du Rhin avaient d'abord cherché à fermer, au moins, les gorges des Vosges et de l'Alsace, ces avenues de nos plaines. Noyés, tournés et compromis, ils s'étaient repliés à pas lents jusqu'au revers de ces montagnes qui regardent la France. Quatre cent mille hommes, Russes, Prussiens et Autrichiens, les suivaient de près en se grossissant tous les jours des nouvelles colonnes qui passaient le Rhin. Ces quatre cent mille hommes formaient deux armées, l'une sous les ordres de Schwartzenberg, l'autre sous le commandement de Blücher. Après avoir inondé le bassin du Rhin, l'Alsace, la Franche-Comté, les vallées des Vosges, la Lorraine, elles se dirigeaient lentement l'une vers l'autre, pour se réunir, comme les armées d'Attila, à Troyes, capitale de la Champagne. L'empereur s'imitant lui-même, comme il arrive aux génies épuisés, avait résolu de s'interposer hardiment entre ces deux armées, de livrer bataille séparément à chacun de ses ennemis avec cette poignée de combattants désespérés, de les écarter le plus loin possible, l'un à gauche vers ses places du Nord, l'autre à droite vers Lyon, et de profiter, contre chacune de ces armées ainsi aventurées dans l'intérieur, des hasards de la victoire, des paniques de la défaite et des enthousiasmes de l'insurrection nationale sous les pas de l'étranger. Ce plan, bien qu'inférieur à celui de la concentration inspiré aux nations comme à l'individu par la lutte défensive, aurait pu se concevoir si l'empereur avait eu au moins une armée égale de nombre à la moitié ou au quart de chacune des armées qui marchaient à lui. Mais le jour où il arrivait à Châlons, les alliés comptaient déjà quatre cent mille soldats en France. Cinq cent mille autres descendaient, derrière cette avantgarde, des Alpes, des Pyrénées, des Vosges et du Jura. Une campagne ainsi conçue n'était donc plus qu'une aventure héroïque. Elle allait prodiguer le reste du sang de ses braves compagnons, illustrer une chute, anéantir une nation.

Napoléon avait fait pivoter tout ce qui lui restait de sa garde et de ses nouvelles levées sur Châlons.

II

Les têtes de colonne de l'armée russe et prussienne, commandée par Blücher, touchaient Saint-Dizier. Les avant-gardes de l'armée autrichienne de Schwartzenberg arrivaient à Langres. L'empereur n'occupait avec l'armée française que l'espace entre ces deux villes et les plaines de Paris derrière lui. Les vieilles troupes et ses jeunes soldats le reçurent avec un enthousiasme auquel l'infortune de leur général semblait ajouter ce que le cœur ajoute à la gloire, la tendresse désespérée du dévouement. Leurs cris bravaient l'adversité et portaient défi à la mort. Napoléon profita de cet élan que sa présence inspirait toujours dans les camps. Il s'élança avec cette poignée d'hommes au-devant de l'armée prussienne pour lui couper la route de Langres et la devancer au bord de la Marne, que cette armée avait à franchir pour aller à Troyes. Il était trop tard. La moitié de l'armée prussienne avait déjà passé la Marne, et s'avançait en forces vers la capitale de la Champagne. L'autre moitié allait franchir cette rivière, quand Napoléon y arriva. Il eut à choisir d'un regard entre les deux hasards que la fortune lui offrait : couper en deux l'armée de Blücher et en égarer les tronçons sur sa droite et sur sa gauche, ou bien se précipiter à force de marche jusqu'à la tête de la première colonne de cette armée qui le devançait vers Troyes, l'attaquer, la dissoudre, entrer à Troyes avant

Schwartzenberg, et se poser ainsi comme une borne infranchissable au point de jonction assigné pour les deux armées. La nécessité de prévenir les empereurs à Troyes le décida promptement pour ce dernier parti. La timidité de leur marche, l'indécision de leurs premières colonnes en s'aventurant au cœur de la France, pouvait lui offrir une occasion de vaincre. Une victoire, même incomplète, contre les corps d'armée où étaient les souverains, pouvait les frapper d'étonnement, et les décider à rouvrir les négociations. Le général et la politique s'accordaient en lui pour courir au nœud de sa destinée. C'était Troyes.

III

Les rigueurs de la saison semblaient s'ajouter à celles de la campagne. Les longues pluies froides avaient défoncé les routes. Un manteau de neige et de givre recouvrait les ornières et les fondrières où s'embourbaient les pieds des hommes, des chevaux et les roues des canons. L'armée était heureusement légère d'équipages, car unie de cœur au pays, elle trouvait partout du pain et des fourrages. Les dernières chaumières se dépouillaient avec une hospitalité cordiale pour nourrir et chauffer ces derniers défenseurs du foyer français. Peu de traînards restaient sur les chemins. L'enthousiasme ralliait tout et emportait tout à la suite de l'empereur. Le prestige de ses longues victoires semblait s'être retiré dans l'esprit de sa garde et de ces bataillons de réserve. Cette garde se croyait solidaire de son empereur. Elle se croyait obligée à se dévouer jusqu'au dernier homme à la délivrance du sol. La honte d'y avoir amené l'ennemi et la soif de le chasser pesaient sur les rudes physionomies de ces prétoriens. Ils marchaient la tête basse, les sourcils plissés, dans un silence plus belliqueux et plus sinistre que leur ancienne gaieté soldatesque. On sentait que ce n'était plus seulement la victoire, mais la vengeance de la patrie qui marchait invisible devant eux. D'ailleurs la plupart de ces soldats, trempés dans les sables d'Égypte, dans les feux de l'Espagne, dans les neiges de la Pologne et de la Russie, étaient des vétérans endurcis aux marches et insensibles au canon. Véritables machines de guerre animées, qui semblaient ne plus participer aux faiblesses et aux besoins de la nature. La confiance en eux-mêmes, le mépris du nombre, l'indifférence au feu, les multipliaient à leurs propres yeux.

C'est au milieu d'une colonne de ces troupes que Napoléon marchait, tantôt à pied, tantôt à cheval, une partie des jours, ne se jetant dans sa voiture, ou ne se retirant aux haltes dans la première maison d'artisan ou de paysan ouverte à son nom, que pour déployer ses cartes, tracer ses routes, dicter ses ordres à ses officiers et prendre un moment de sommeil au feu du bivouac ou du foyer.

IV

Il rappela donc son avant-garde, qui avait déjà franchi Saint-Dizier, et lança ses colonnes sur Brienne. Blücher, instruit à temps de l'approche de l'armée française, avait massé cette première moitié de l'armée russe et prussienne dans cette ville et dans le château. Napoléon, au dernier terme de sa carrière de soldat, était ramené, comme le cerf poursuivi par la meute, à son point de départ. C'était à l'école de Brienne qu'il avait reçu les premières leçons de l'art des combats. Son enfance obscure lui apparaissait au déclin de sa puissance et de sa gloire. Un abîme d'événements était entre ces deux points de sa vie. Il lui sembla qu'il allait combattre devant ses jeunes souvenirs pour témoins. Cette pensée, disent ses confidents, lui sourit et lui rendit foi dans sa fortune. Il connaissait son champ de bataille par les traces de ses premiers pas gravés dans sa mémoire. Il n'hésita pas à attaquer avec un tiers de ses forces les soixante mille hommes retranchés de Blücher. Les généraux russes Saken et d'Alsafief étaient chargés de défendre la ville; les Prussiens, sous Blücher lui-même, les hauteurs environnantes et la position formidable du château. Napoléon ordonna l'assaut à ses troupes, sans leur laisser le temps de se reposer, de se sécher et de se nourrir. Elles étaient aussi impatientes de combat que lui-même. C'était le premier grand choc sur le sol français; il fut terrible. Napoléon essayait sa fortune, elle lui répondit par des prodiges de ses soldats. Brienne et le château furent emportés par l'irrésistible élan de la garde. Le nombre disparut devant l'intrépidité. Blücher s'engagea, selon son habitude, comme un simple soldat, pour entraîner ou pour retenir ses bataillons. Deux fois enveloppé par des charges françaises, il fut séparé de ses escadrons, et combattit corps à corps, non pour la victoire, mais pour la vie. Deux fois dégagé par son sabre des mains de nos cavaliers, il n'échappa que par les hasards de la mêlée et par l'énergie de son cheval. Avant que cette courte journée d'hiver eût couvert de nuit et de neige les cadavres de dix mille morts qui jonchaient les gradins de Brienne, Blücher, désespérant de rompre ce rempart de baïonnettes, se repliait en silence, et poursuivait par la rive droite de l'Aube sa jonction avec l'armée de Schwartzenberg, du côté de Bar et de Troyes.

Napoléon lui-même ne dut son salut qu'aux ténèbres. Il rentrait à pas lents, après les feux éteints, dans son quartier général, à quelque distance de la ville reconquise. Il marchait seul, à quelque distance de son état-major, qui le laissait livré à ses réflexions. Les corps français et russes étaient encore mêlés çà et là, comme il arrive après les batailles à l'heure où les combattants se séparent. Un escadron de cavalerie russe, errant sur le penchant du coteau pour regagner l'armée en retraite, entendit les pas des chevaux français de l'escorte de l'empereur, le chargea et l'enveloppa dans l'obscurité. Napoléon, un moment enveloppé, est reconnu et assailli par deux cavaliers russes. Le général Corbineau se jette entre l'empereur et un des Cosaques; l'aide de camp de l'empereur, Gourgaud, renverse l'autre d'un coup de pistolet. L'escorte arrive et sauve tout. Napoléon reprit la route de son bivouac, méditant sur la stérilité d'une victoire qui lui coûtait cinq ou six mille morts ou blessés, et qui n'opérait qu'une légère inflexion de route sur l'armée de l'ennemi.

V

Blücher et Schwartzenberg se joignirent en effet le lendemain à Bar-sur-Aube. Ils revinrent ensemble sur leurs pas au nombre de cent cinquante mille hommes attaquer Napoléon affaibli par sa première victoire. Il les attendait à trois lieues de Brienne, au village de la Rothierre. Il ne pouvait déployer que quarante mille hommes dans cette position. Napoléon, désespérant de vaincre, et consommant sans avantage le temps et le sang, conserva inutilement ce champ de bataille à force d'héroïsme de ses soldats. Là, comme ailleurs, il sembla attendre l'impossible, au lieu de se plier, comme Turenne ou comme Frédéric, au rôle d'infériorité numérique et de resserrer l'espace autour de lui. L'habitude de la supériorité de ses armées sur les armées ennemies le trompait lui-même. Il combattait avec un tronçon d'armée comme il avait combattu naguère avec cinq cent mille soldats. Il avait encore le génie du combat, il n'avait plus celui de la situation. Six mille Français restèrent encore dans les sillons de la Rothierre. Douze mille vies en trois jours manquaient à une armée de soixante-dix mille combattants. Napoléon sembla seulement demander à la nuit de cacher pour la première fois la honte et l'humiliation d'une retraite. Pendant la bataille, il faisait établir des ponts sur l'Aube, et, laissant le maréchal Marmont avec six mille hommes en arrière-garde, il profita de l'obscurité pour passer la rivière et pour reprendre comme au hasard la route de Troyes.

VI

Nous disons au hasard, car l'occupation de Troyes, raisonnée avant la jonction de Blücher et de Schwartzenberg, n'avait plus de signification depuis que cette jonction s'était opérée, malgré lui, après les batailles de Brienne et de la Rothierre. Il continuait une route sans but, il errait en France, il ne marchait plus. Marmont le suivait, poursuivi de près par la cavalerie prussienne, et devancé à Rosnay par vingt mille Bavarois. Il mit pied à terre, et, imitant héroïquement l'empereur à Brienne, il fondit avec quelques bataillons sur le corps d'armée qui lui fermait le passage. Il se fit jour à la baïonnette, et parvint à Arcis-sur-Aube à l'heure où l'empereur entrait lui-même à Troyes.

VII

A peine arrivé à Troyes, il se repentit d'y rester. Il ne pouvait ni s'y défendre ni s'en servir comme base d'une opération agressive. La vaine satisfaction d'entrer dans une ville de son empire et d'y rester trois jours lui coûtait douze mille hommes, la lassitude du reste et l'éloignement de vingt-cinq lieues de plus de sa capitale, découverte par son excursion au fond de la Champagne. La route de Paris était ouverte aux deux armées désormais réunies de Blücher et de Schwartzenberg, si, écrasant les faibles corps de Napoléon, elles avaient marché non pour l'éviter, mais pour le poursuivre.

VIII

De sinistres nouvelles de toutes les parties de son empire lui parvinrent coup sur coup pendant les trois jours qu'il resta hésitant à Troyes. Le général Maison, son lieutenant de confiance en Belgique, repoussé par l'insurrection des nationalités sous ses pas, rentrait dans le département du Nord, à peine assez fort pour le couvrir. Le maréchal Soult, le plus consommé et le plus froid de ses seconds, se repliait pas à pas de la direction de Bordeaux qui lui avait été tracée en sortant d'Espagne sur Toulouse. Paris murmurait de ne pas entendre encore le bruit d'une de ces victoires auxquelles il était accoutumé à l'ouverture d'une campagne. Les départements envahis ou menacés ne se levaient pas d'eux-mêmes au bruit des pas de l'ennemi. Les volontaires de 1792 ne couvraient pas les routes au chant de la *Marseillaise*. Le despotisme n'avait pas les miracles de la liberté. La France était froide. On commençait à discuter à voix basse sur la nature du gouvernement qui succéderait à l'empire. Quelques voix se souvenaient des Bourbons oubliés depuis vingt ans. Ce long oubli était favorable à leur cause. Le souvenir lointain a ses prestiges qu'on peut faire apparaître comme des espérances indéfinies aux yeux des peuples. Le passé a des illusions comme l'avenir. Les jeunes populations ignorantes ne répugnaient plus à ces mémoires des anciens rois que leur retraçaient leurs pères. Le ministre de la police Savary disait rudement la vérité à son maître. L'empire commençait à trembler sous ses pas. C'était le moment encore de se résigner à la disproportion de ses forces avec les forces démesurées qui le pressaient, et de former autour de sa capitale une ceinture de deux cent mille hommes rappelés de toutes les extrémités au centre. Il le voulut, il ne le voulut plus ; il se laissa aller une heure à la raison, une heure après à la moindre lueur de son étoile, un peu à la nécessité, un peu à l'illusion, toujours et jusqu'au terme à l'indécision. Son séjour prolongé à Troyes n'était que la prolongation et le symptôme de ses incertitudes.

IX

M. de Caulaincourt, son négociateur intime depuis qu'il se défiait de M. de Talleyrand, était parti de Paris quelques jours avant le départ de Napoléon pour l'armée. Confident de l'empereur, il portait sur son nom la tache d'une complicité involontaire, mais terrible, dans l'enlèvement du duc d'Enghien. Il était une des mains dont Napoléon s'était servi pour amener la victime à l'immolation. Cette douleur pesait sur Caulaincourt. Sa faveur, ses dignités, son titre de duc de Vicence, sa longue familiarité avec l'empereur de Russie, à la cour duquel il avait résidé comme ambassadeur, ne suffisaient pas pour écarter ce nuage de son front. Il avait été trompé ; il se disait innocent ; on le croyait, mais il ne se pardonnait pas à lui-même d'avoir obéi à un ordre qui aboutissait à un crime. Il n'avait de refuge que dans sa conscience devant Dieu et devant les hommes, dans l'excès de dévouement à l'empereur. Un tel négociateur devait désirer passionnément la paix, car la paix écartait définitivement les Bourbons. Le nom de Caulaincourt et le nom de Condé ne pouvaient se rencontrer en France ; leur retour était son exil. Napoléon l'avait choisi à ce signe. Il savait qu'un ambassadeur aussi compromis avec la Restauration ne pouvait pactiser avec elle. Une complicité apparente lui répondait d'une fidélité à tout prix.

X

Caulaincourt arrivé aux avant-postes des armées coalisées y fut retenu quelques semaines. Le Rhin était franchi, les colonnes avançaient, les généraux manœuvraient, les provinces tombaient l'une après l'autre dans les mains de la coalition. Les cabinets étrangers voulaient donner du temps à leurs victoires. Il serait toujours assez temps d'ouvrir un congrès quand les événements se seraient prononcés davantage. A la fin, M. de Metternich, véritable Ulysse de ce conseil de rois, les fit consentir à ouvrir un simulacre de congrès au cœur même de la France. Les alliés choisirent la petite ville de Châtillon, aux confins de la Bourgogne et de la Champagne, au confluent de tous ces courants d'armées qui se disputaient le sol de la France. Ils neutralisèrent Châtillon pour que les vicissitudes de la guerre ne troublassent pas le siége de la négociation. Le 27 janvier, Caulaincourt, retenu à Nancy, reçut du prince de Metternich l'invitation de se rendre à Châtillon. Il y trouva le comte Razumoski, négociateur pour l'empereur Alexandre; le comte de Stadion pour l'Autriche; le baron de Humboldt pour la Prusse; lord Castlereagh pour l'Angleterre. Les conférences s'ouvrirent, sans beaucoup d'espoir des deux côtés, le 4 février. C'était plutôt une conversation officielle entre les représentants des cours et celui de Napoléon qu'une négociation ayant pour base une trêve et pour but une paix. Il était évident que le véritable plénipotentiaire, invisible dans un pareil congrès, était la fortune de la guerre. Les événements militaires, base des conférences, changeaient à toute heure. Comment les discussions auraient-elles un point de départ et une solution?

L'empereur Napoléon lui-même, malgré sa confiance dans son négociateur, s'était gardé de lui donner de véritables pleins pouvoirs et un *ultimatum* décidé. Les premiers jours, il avait ordonné à M. de Caulaincourt de ne consentir qu'aux *limites naturelles*, et dans ces limites naturelles il enfermait les départements de la rive gauche du Rhin, la Belgique, Anvers, Ostende, la Savoie. Quelques jours après, il lui avait envoyé l'autorisation formelle de consentir même au démembrement de ces conquêtes de la Révolution. « Accordez tout, lui écrivait-il, pour sauver la capitale, et pour éviter une bataille suprême qui engloutirait les dernières forces de la nation. »

XI

Des courriers porteurs des résolutions réciproques de Napoléon et des alliés étaient échangés à toute heure entre Châtillon et le quartier général français. A la veille ou à l'issue de chaque combat, Napoléon recevait une dépêche et dictait une réponse. Il combattait et traitait à la fois. En recevant, le 8, l'ultimatum des puissances qui demandait que l'empereur dépouillât la France de toutes les provinces adjacentes dont il avait l'empire, il venait de combattre et d'être vaincu. Il s'enferma des heures entières pour cacher l'humiliation de cet ultimatum et l'anxiété de ses irrésolutions à ses confidents. A la fin, il laissa entrer Berthier et Maret, ses deux compagnons de champ de bataille et de cabinet, et tenant la lettre de Caulaincourt à la main : « Quoi, leur dit-il, on veut que je signe un pareil traité, et que je foule aux pieds mon serment de ne rien détacher du sol de l'empire? Des revers inouïs ont pu m'arracher la promesse de renoncer à mes conquêtes! mais que j'abandonne aussi les conquêtes faites avant moi! que pour prix de tant d'efforts, de sang, de victoires, je laisse la France plus petite que je l'ai trouvée!... jamais!... Que serai-je pour les Français quand j'aurai signé leur humiliation? Que répondrai-je aux républicains du Sénat, quand ils viendront me demander leur barrière du Rhin? Dieu me préserve de pareils affronts! Répondez si vous voulez; dites à Caulaincourt que je rejette ce traité. Je préfère courir les dernières chances des combats. »

A ces mots, il se jette sur son lit et passe des heures sans sommeil à écouter Maret, qui lui conseille la résignation à la nécessité. Maret ayant obtenu enfin l'autorisation de répondre en termes au moins évasifs et par des atermoiements, il sortit, rédigea la dépêche, la remit au courrier, et rentra dans la chambre de l'empereur pour lui annoncer qu'il était obéi et que le courrier volait déjà vers Châtillon.

XII

Mais l'empereur, tourmenté par l'insomnie et cherchant sur la carte des rêves plus doux que les rêves de sa couche, avait quitté son lit de camp. A demi vêtu, il était étendu sur le plancher de sa chambre, les yeux et les mains sur ses cartes toujours déployées devant lui, mesurant les distances avec les pointes d'un compas. Maret y entrait à pas sourds dans la crainte de réveiller Napoléon. Mais Napoléon, relevant la tête au bruit des pas de son ministre : « Ah ! vous voilà, lui dit-il d'un visage animé et souriant. Il s'agit bien maintenant de concessions et de protocoles ! Je suis en ce moment à battre Blücher de l'œil. Il s'avance sur Paris par la route de Montmirail. Je pars ; je le bats demain, je le bats après-demain. Si ce mouvement infaillible a le succès que j'en attends, le sort aura tourné et nous parlerons un autre langage. »

Ainsi, dans une nuit et tous les jours, sa pensée, aussi mobile et aussi indécise que sa fortune, donnait à ses résolutions les vicissitudes des événements et jusqu'aux reflets fugitifs de ses rêves. Sa correspondance avec son frère Joseph, le roi d'Espagne, qu'il avait laissé à Paris à la tête des affaires, comme tuteur de l'impératrice et comme surveillant de ses ministres, n'est qu'un échange de découragements et d'espérances qui suivent la pente de sa destinée, montant et descendant avec ses exaltations ou ses abattements suprêmes; mais on y sent le fond triste de la réalité même à travers les cris de victoire de Napoléon et les adulations de Joseph.

XIII

« Mon frère, écrit l'empereur le 8 février, l'empereur Alexandre paraît avoir fait de fausses dispositions. Je pouvais le vaincre. Mais je sacrifie tout à la nécessité de couvrir Paris. Au reste, par le parti que je prends, nous n'en serons pas à cette extrémité. »

« Sire ! répond Joseph, ne nous dissimulons pas que la consternation du peuple de Paris pourrait amener des résultats funestes à l'impératrice et aux princesses. Les hommes attachés à votre gouvernement pensent que le départ de l'impératrice de Paris pourrait donner une capitale aux Bourbons. Je vois les craintes sur tous les visages. »

« Mon frère, écrit Napoléon, préparez Paris à tout, emmenez les ministres, ne laissez rien de précieux au château de Fontainebleau. »

Deux jours après : « Mon frère, la situation de Paris n'en est pas où le croient les alarmés. On perd la tête autour de vous ; le moment est difficile sans doute, mais cependant, depuis que je vous ai quitté, je n'ai eu que des victoires. Le mauvais esprit de Talleyrand et des hommes qui veulent endormir la nation m'a empêché de faire courir aux armes, et voilà le résultat. Soyons confiants et hardis. »

« Sire ! répliqua Joseph, plus près de l'opinion à Paris que dans un camp, je sauve le trésor. Les fourgons sont remisés, en attendant l'heure de la nécessité, dans la cour du Carrousel. Nous songeons à amener les tableaux et les statues du Musée. Les prières à sainte Geneviève ne relèveront pas l'âme du peuple. Les esprits sont abattus. Le fatalisme religieux, inspiré au peuple par ces recours aux miracles, ne ferait qu'accroître la nonchalance et l'égoïsme insouciant des masses. Nous n'obtiendrons rien des catholiques tant que vous n'aurez pas rendu le pape à la liberté et à Rome... J'ai passé la journée à relever les espérances des hommes, qui ont moins de fermeté que l'impératrice. »

Quatre jours plus tard, Napoléon se décidant enfin, mais trop tard, à se replier pour couvrir la France, écrivait à Joseph :

« Remettez cette lettre à l'impératrice Joséphine pour qu'elle écrive à Eugène de venir à moi et de se réunir à l'armée d'Augereau qui couvre Lyon. »

Une semaine après, contre-ordre.

« Sire ! répond encore Joseph, toutes nos ressources à Paris consistent en six mille fusils. Est-ce avec cela qu'on lève et qu'on arme une armée de quarante mille hommes? Les choses sont plus fortes que les hommes !... » Premier cri de la nécessité reconnue. « Cédez au temps, conservez ce qui peut être conservé encore. Sauvez vos jours précieux à des millions d'hommes. Il n'y a point déshonneur à céder au nombre et à accepter la paix. Il y en aurait à abandonner le trône, parce que vous abandonneriez ainsi une foule d'hommes qui se sont livrés à vous. Faites la paix à tout prix. »

« Mon frère, répliqua Napoléon, le prince de Schwartzenberg vient enfin de me donner signe de vie. Il demande une suspension d'armes. Les lâches! Au premier choc ces misérables tombent à genoux. Non, point d'armistice qu'ils n'aient purgé le territoire. Tout a changé chez les alliés. Alexandre demande à traiter. Une bataille a prononcé entre nous. L'ennemi est abattu. Je ferai une paix plus digne encore que la paix sur les bases de Francfort. »

« Signez, Sire, dit Joseph, signez sur le sol français envahi ce que vous auriez signé également avec honneur de l'autre côté du Rhin. L'ennemi ne vous demande trêve que pour avoir le temps de se rallier en plus fortes masses contre vous. »

« Je n'avais pas besoin de vos sermons, lui dit l'empereur, pour être disposé à la paix, si elle était possible. Les empereurs avaient fait marquer leur logement à Fontainebleau. Ils fuient maintenant vers la Champagne. »

« Sire, les conditions qu'on m'offre ainsi qu'à vous sont plutôt une capitulation qu'une paix. Maintenant qu'ils fuient, leurs idées doivent être changées... Votre bulletin d'aujourd'hui a été mal accueilli par l'opinion publique. On a interprété quelques phrases comme des subterfuges pour éluder la paix. »

Napoléon, exalté par le succès, reprend : « Mon frère, j'entre à Troyes. On m'assiége de parlementaires pour implorer la trêve. Je serai ce soir à Châtillon-sur-Seine... Le ministre de l'intérieur, M. de Montalivet, est un trembleur.

Il a une idée folle des hommes. Ni lui, ni le ministre de la police, Savary, ne connaissent la France. »

« Sire, M. de Montalivet est extrêmement zélé pour votre service, écrit Joseph. Il s'occupe de vous fournir les forces que vous demandez. »

« Mon frère, réunissez les ministres, les grands dignitaires, les présidents du Conseil d'État. Lisez-leur les conditions qu'on me fait (la France dans ses anciennes limites). Ce ne sont pas des avis que je veux, ce sont les sensations que je désire connaître. »

« Sire, j'ai tenu le conseil. On est d'avis de tout accepter plutôt que d'exposer Paris. On regarde l'occupation de Paris comme la fin de votre dynastie et le commencement de grands malheurs. La paix quelle qu'elle soit !... Elle est nécessaire aujourd'hui. Elle pourra cesser un jour, quand la France aura respiré. Faites donc une trêve dans votre pensée réservée, puisque l'iniquité de vos ennemis ne vous permet pas une paix juste. Vous resterez à la France et elle vous restera. Vous serez reconnu par l'Angleterre. Vous sauverez une seconde fois la patrie par la paix, après l'avoir sauvée et illustrée tant de fois par la guerre. La France vous rendra en bénédictions ce que des esprits superficiels croiront que vous aurez perdu en gloire.

» Hier, les rentes de l'État sont tombées à cinquante et un francs, moitié de leur valeur nominale. Macdonald est débordé. Les coureurs ennemis arrivent jusqu'à quelques lieues de Paris. Bordeaux fermente comme un foyer de guerre civile. Soult est assailli par d'immenses forces. Vous êtes vainqueur encore... Signez la paix. Vous ferez oublier aux Français Louis XII et Henri IV. Vous deviendrez le père du peuple. »

Napoléon : « Mon frère, j'ai examiné la position de l'ennemi ; elle est trop forte. Je reviens sur mes pas. Marmont s'est comporté comme un sous-lieutenant. La jeune garde fond comme la neige. Ma garde à cheval se décime aussi, ma vieille garde se soutient... Commandez des redoutes sur Montmartre... »

Voilà le dialogue continu entre l'empereur et son frère pendant les péripéties de cette courte campagne. On y lit le dialogue intérieur de son âme avec ses pensées, la lutte alternative de ses illusions et de ses résignations. Son cœur s'élevait ou se comprimait avec l'événement de chaque journée. Il attendait la France, qui ne se levait pas sous ses pieds. Nul plan que celui de la veille, détruit par celui du lendemain. Chaos dans l'esprit, flottement dans les pensées. Le salut ne pouvait se retrouver pour lui que dans un grand parti raisonnablement adopté, suivi avec unité de vues et constance d'opérations. Il les prenait et il les abandonnait tous. Ces demi-partis ne pouvaient lui donner ainsi que de demi-résultats. Le nombre croissait, l'espace se resserrait, le temps courait, la France se lassait. C'était la campagne du hasard. Nul héroïsme ne pouvait corriger une si perpétuelle vicissitude d'idées. De grandes timidités des alliés donnèrent des retours éclatants aux armes de Napoléon.

XIV

Blücher, refoulé mais non battu à la Rothierre, au lieu de revenir sur la petite armée de l'empereur avec toutes ses forces attendues et réunies, se replia sur Châlons pour aller retrouver son arrière-garde. De là il marcha sur Paris rapidement par la vallée de la Marne. Le prince de Schwartzenberg s'approcha en masse de Troyes, pour tendre au même but par la vallée de la Seine. Napoléon était entre ces deux routes et entre ces deux armées, à six lieues de l'une et de l'autre, fermant à Schwartzenberg la route de Troyes à Paris.

En apprenant par les avis de Macdonald l'invasion de Blücher dans les plaines de Paris, Napoléon résolut de l'assaillir de nouveau, de le rompre et de revenir à temps combattre Schwartzenberg aux abords de Troyes. Il se porta à marche forcée sur Champaubert. Il y prit en flanc l'armée russe, de cent vingt mille hommes, l'écrasa, lui tua cinq mille hommes, la traversa de part en part, en écarta les tronçons, les uns rejetés de nouveau sur Châlons, les autres, sous les ordres des généraux York et Saken, déjà enfoncés dans la plaine de Meaux, et voyant les clochers de Paris. La victoire fut éclatante, mais stérile. Le lendemain, les colonnes russes et prussiennes de York et de Saken revenant de Meaux au bruit du canon, au nombre de soixante mille hommes, se heurtèrent contre l'armée harassée de Napoléon sur les coteaux de Montmirail. Les Français ne comptaient plus que vingt-cinq mille combattants, mais c'était l'élite de la France, éprouvée par dix campagnes, encouragée par la victoire de la veille, et croyant jouer le coup décisif de la patrie. La bataille acharnée sur la pente des plateaux et dans les gorges que Napoléon avait à franchir pour aborder les Prussiens dura depuis le lever du jour jusqu'à la nuit. Le soleil d'hiver le plus éclatant brillait sur les coteaux dépouillés de feuilles. Il étincelait sur les armes et sur les canons. Il dessinait nettement à l'œil les deux armées et leurs mouvements. L'une, immense, reposée, sentant derrière elle l'appui des colonnes nouvelles et inépuisables; l'autre, imperceptible, fatiguée, salie par les boues des doubles marches qu'elle venait de faire depuis quinze jours, de bivouacs et de combats, sentant sous ses pieds le sol de la patrie qui se resserrait et s'abîmait chaque soir, n'ayant devant elle en perspective, même en cas de victoire, qu'un champ de bataille inutile, derrière qu'une seconde armée à combattre le lendemain, et cependant elle bouillonnait d'ardeur. On eût dit que le cap élevé du village de Marchais s'avançant sur la plaine, étagé de batteries, couvert de bataillons russes, prussiens, était les Thermopyles de la France. L'empereur Napoléon, descendu de cheval au bord d'un petit bois labouré par les boulets ennemis, dirigeait de là les assauts de ses troupes. Ce village et les fermes éparses dans les anses des coteaux dont il était flanqué furent pris et repris plusieurs fois par les Français et les Prussiens. De nombreux spectateurs, accourus de Montmirail et des villages voisins, contemplaient, comme des gradins d'un cirque, cette lutte inégale du Nord et du Midi, où la guerre, après s'être disputé le monde, se disputait leur propre patrie. Les visages étaient consternés, émus, les bras immobiles; il n'y avait plus que des vieillards, des enfants, des populations harassées de dix ans de recrutement insatiable. On pleurait sur la patrie, on s'intéressait à ce grand capitaine, à ces bataillons décimés; on ne les rejoignait pas. La lassitude avait produit l'indifférence.

XV

Vers la fin du jour, les Français, pour empêcher les Prussiens et les Russes de revenir se loger dans les hameaux crénelés au pied des promontoires de Montmirail, incendièrent quelques fermes. La fumée de ces incendies et celle des décharges flottèrent longtemps sur les deux armées comme des brouillards au soleil, sans qu'on pût préjuger leur sort. Mais bientôt Napoléon, rallié sur sa droite par Marmont, sortit vainqueur de toutes les gorges, sur toutes les hauteurs du champ de bataille. Les soixante mille Russes et Prussiens de Saken et d'York se précipitèrent une seconde fois vers Meaux, cherchant au hasard le cours de la Marne pour la traverser et s'en couvrir. S'il y eût eu une armée de réserve sous Paris, ils étaient anéantis, et Napoléon, refluant sur Blücher, diminué de la moitié de ses bataillons, l'aurait écrasé sous les Vosges. Mais il ne pouvait plus que vaincre, il ne pouvait ni saisir une victoire, ni poursuivre un corps d'armée vaincu.

XVI

Il le fit cependant, et ce fut sa perte. Il oublia ou il feignit d'oublier que Blücher revenait à lui sur sa droite grossi d'une nouvelle armée de cent mille hommes par la jonction des généraux Kleist et Langeron, venus du blocus de Mayence pour entrer en ligne. Il oublia que Schwartzenberg, avec deux cent mille autres combattants, était derrière lui sur la route de Troyes à Paris. Il fit quelques pas à la poursuite de Saken et d'York. Mais le surlendemain de sa victoire, Blücher, avec toute son armée, déboucha à Montmirail par la route de Châlons, et se répandit jusqu'à Vauchamp, village où Napoléon, indécis, semblait l'attendre. Une seconde bataille, plus inégale, aussi terrible et aussi triomphante pour Napoléon, s'engagea entre cette armée fraîche de Blücher et les restes brisés mais infatigables de Napoléon. Le génie de leur chef, l'intrépidité de leur âme, immortalisèrent une seconde fois les plaines de Montmirail. Blücher, escaladé et enfoncé partout, se porte en vain de sa personne aux avant-postes et aux arrière-gardes de ses colonnes, enivré de cette bravoure de soldat qui substitue le bras à la tête, et qui transforme inutilement le général en héros. Deux fois enveloppé par les Français, combattant de sa main, abattu de son cheval, relevé par ses hussards, délivré par ses lieutenants, il arrosa de son sang ce vaste champ de bataille. Sa fougue sauvage fut déconcertée par le coup d'œil supérieur et froid de Napoléon. La seconde armée russe et prussienne, traversant Montmirail sous les boulets et sous les obus des Français, se dispersa comme la première dans les ombres de la nuit, sur les routes de Châlons qui l'avaient amenée. Ainsi, de sa main gauche, l'empereur avait rejeté York et Saken sur les bords inconnus de la Marne ; de sa main droite, il avait rejeté Blücher, Kleist, Langeron, sur les plaines ravagées de Châlons. Paris pouvait respirer. Napoléon avait de l'espace autour de lui, des jours devant lui. Il reprit de l'élan, mais il reprit aussi son orgueil. Il oublia à Montmirail que cinq victoires en dix jours n'étaient pas une campagne, et que ses coups ne portaient qu'autour de lui. Le flot toujours à distance refluait pour l'engloutir. Napoléon était vainqueur, et la patrie était perdue.

XVII

Dans cet éclair de fortune, il se hâta de revenir sur l'autorisation qu'il avait donnée à Caulaincourt de signer la paix sur la base des frontières réduites au territoire de 1789. « J'ai vaincu ; votre attitude doit rester la même pour la paix, écrivait-il du champ de bataille à son plénipotentiaire ; mais ne signez rien sans mon ordre, parce que seul je connais ma position. » Il était évident qu'il réservait toute la négociation à son épée, et que le congrès n'était qu'un entretien à l'écart pendant les marches et les batailles. Le canon seul négociait.

XVIII

Pendant qu'il s'enivrait ainsi d'espérance courte et d'horizon étroit à Montmirail, en donnant des jours de repos à ses troupes et en relevant ses blessés et ses morts, l'armée des empereurs, sans obstacle devant elle, passait la Seine, en colonnes innombrables, à Nogent-sur-Seine et à Montereau, menaçant Paris par ses plus grandes vallées et par les plaines de l'Est et du Midi. La capitale, un moment rassurée du côté de Meaux, commençait à regarder avec terreur du côté de Melun et de Fontainebleau. Elle n'avait pour se couvrir sur la Seine que deux vétérans de Napoléon, le maréchal Victor et le maréchal Oudinot. Intrépides chefs, mais réduits à des poignées d'hommes, ils ne pouvaient que disputer des routes et des ponts pour l'honneur plus que pour le salut. Ils se repliaient avec lenteur, mais avec désespoir sur Paris, qui ne leur envoyait pas un soldat, laissant, chaque soir, une partie des leurs sur le champ de bataille ou sur les routes. Leur retraite, convergente aux plaines qui entourent la capitale, devait les ramener plus ou moins promptement sous la main de l'empereur, comme à une dernière étape, pour succomber ensemble.

XIX

Napoléon, tranquille pour un jour par l'étonnement dont il avait frappé York, Saken, Blücher, Kleist, Langeron, les Prussiens, les Russes, se retourna avec une armée un peu recrutée par les renforts de Marmont et de Mortier. Il emprunte, pour tripler la rapidité de sa course, les voitures, les chevaux de toutes les campagnes traversées. Ses canons, sa garde, son infanterie, sont transportés en poste; sa cavalerie double les étapes. Il dérobe le temps, il dévore l'espace. Trente heures de jour et de nuit suffisent pour lui faire franchir le diamètre entier de la Marne à la Seine, entre Montmirail et Montereau. Au bruit de ses premiers pas qui s'approchent multipliés par le bruit de ses dernières victoires sur les Russes, le général autrichien Bianchi, lancé avec trente mille hommes jusqu'aux portes de Fontainebleau, recule à Fossard. Le village de Fossard, uni à la ville de Montereau par une chaussée courte comme une rue de faubourg, est le carrefour de la route de Paris à Fontainebleau et de deux routes qui mènent de Paris à Troyes. L'une de ces routes passe par Montereau. Elle y traverse par des ponts fameux dans nos guerres civiles la Seine et l'Yonne près de leur confluent. Napoléon ordonna au maréchal Victor, qu'il retrouvait à portée de ses ordres, de s'emparer de ces ponts indispensables à son plan du lendemain d'attaquer Bianchi à Fossard et de couper en deux l'armée autrichienne comme il avait fait de l'armée russe. Victor, fatigué, obéit mollement, perdit l'heure à faire reposer ses bataillons. Une armée wurtembergeoise, détachée par Bianchi, le devança, franchit Montereau, fortifia derrière elle les ponts, gravit les hautes falaises de craie qui dominent cette ville, se disposa sur les hauteurs de Surville à barrer la descente sur Montereau à Napoléon. Victor, désespéré et invectivé par l'empereur, veut laver dans son sang les reproches de son chef. Il attaque les Wurtembergeois en homme qui veut le passage ou la mort. Il se prodigue tout entier. Le général Chateau, son gendre, est tué à ses pieds. Au bruit de cette lutte sur le revers des collines de Montereau, Napoléon presse ses colonnes, se voit foudroyé par les batteries des Autrichiens au moment où il les croyait au delà des ponts. Il s'irrite, il s'obstine, il lance à l'assaut sa garde, il précipite les Wurtembergeois des hauteurs sur la ville, il pointe de là ses canons de sa propre main sur les ennemis massés dans les rues et sur les ponts. Les feux se croisent, les artilleurs de Napoléon roulent dans la boue et dans le sang à ses pieds. Les survivants le conjurent de s'abriter et de sauver un chef et une pensée à la France. « Allez, mes amis, répond-il en souriant et en regardant d'un œil serein les projectiles qui labourent le sol autour de lui, le boulet qui doit me tuer n'est pas encore fondu ! » Il attend ainsi l'arrivée tardive de ses masses. Il ébranle, en attendant, sous les coups de son artillerie inexpugnable, l'armée découverte entre Fossard et Montereau sous ses yeux. A la fin du jour, il se sent en force derrière lui, lance le général Gérard, un de ses meilleurs lieutenants, à la tête d'un corps de Bretons, contre le faubourg de Montereau, pour balayer la rue qui conduit aux ponts. Pajol, intrépide cavalier, profite du passage ouvert par Gérard ; il marche à couvert et à l'abri des canons de l'empereur jusqu'au tournant du faubourg qui fait coude aux ponts. La cavalerie au galop les franchit pêle-mêle avec les Autrichiens, sabre les fuyards, fait jour à Napoléon, s'avance sur la chaussée jusqu'à Fossard. Napoléon, avec ses quarante mille hommes arrivés pendant la journée, passe les fleuves qui couvraient Bianchi. Victoire éclatante, mais inutile. Pendant qu'il forçait ce passage, Bianchi, repliant rapidement ses trente mille hommes de Fontainebleau sur Sens, échappait au plan de l'empereur et se remettait en communication avec Schwartzenberg. Il échappait, mais il fuyait. Paris, une seconde fois délivré, retentissait des exploits de Montereau. Les empereurs de Russie, d'Autriche, le roi de Prusse, consternés du refoulement de leur avant-garde, hésitaient à avancer ou à reculer. Napoléon, rapide et téméraire comme la surprise, quittait la campagne de Paris, et poursuivait Bianchi en retraite sur la route de Troyes. Le 21, il faisait halte à Bray, dans la chambre que l'empereur de Russie venait de quitter pour suivre le courant de reflux qui ramenait les alliés sur la Champagne. Schwartzenberg faisait déjà rétrograder les bagages jusqu'aux défilés des Vosges. Les Russes de la garde de l'empereur qui le suivaient au quartier général autrichien se retiraient à Langres. Les souverains étaient à Chaumont. Soixante lieues d'espace et de liberté de mouvement avaient été reconquises à Napoléon par le canon de Montereau. Le 23, il rentrait vainqueur à Troyes sur les pas des Russes d'Alexandre. La ville délivrée le recevait en triomphe. Témoin des terreurs de l'ennemi, elle croyait voir dans le retour de Napoléon un retour décisif de la victoire.

XX

Napoléon lui-même partageait la confiance qui renaissait sur les pas de ses invincibles bataillons. La paix, cette fois, était dans ses mains s'il se fût hâté de la saisir. Il perdit du temps à se venger et à repousser dans l'irritation et dans la terreur un parti que ses succès avaient assez puni, les rares partisans de la maison de Bourbon.

Ce parti jusque-là n'était qu'un souvenir, Napoléon, en le frappant, parut le raviver. Il écrivit en lettres de sang le nom des Bourbons qu'il avait intérêt à faire oublier, en dédaignant de vains symptômes sans force encore sur les populations.

Pendant les jours de l'occupation de Troyes par l'ennemi, quelques anciens officiers royalistes de l'émigration, le marquis de Vidranges, le chevalier de Gouault et cinq ou six habitants de la ville, pressés de devancer une opinion encore endormie, se présentèrent à l'empereur de Russie et lui demandèrent la proclamation de la maison royale de leurs anciens maîtres sur le trône de France. L'empereur laissa entrevoir une inclination vague et muette pour le parti de ces souvenirs. Il ne voulut ni préjuger le sentiment de l'empereur d'Autriche son allié, ni engager une parole qu'il aurait à retirer plus tard, ni perdre par une espérance téméraire des hommes aventurés dans l'inconnu. Il répondit que les hasards de la guerre étaient incertains, et qu'il ne se consolerait pas de voir des hommes de bien sacrifiés à une tentative de détrônement de son ennemi. La députation royaliste se retira, secrètement encouragée peut-être par quelques officiers transfuges ou émigrés dans leur enfance, attachés au quartier général de l'empereur de Russie. Tout se borna à un petit nombre de cocardes blanches et de décorations de l'ordre de Saint-Louis rattachées par quelques vieillards ou par leurs fils à leurs habits ou leurs chapeaux. Le marquis de Vidranges partit à la suite de cette timide démonstration pour la Franche-Comté, où le comte d'Artois s'était hasardé de paraître à la suite et sous la sauvegarde des Autrichiens. Les complices de son imprudence étaient restés à Troyes.

XXI

Napoléon, à son entrée dans la ville, demanda qu'on lui livrât les traîtres qui, en répudiant son nom, avaient, disait-il, fait cause commune avec les ennemis de leur patrie. M. de Gouault, envoyé à un conseil de guerre avant que l'empereur se fût assis, jugé, condamné, fusillé, malgré les instances de M. de Mégrigny, gentilhomme du pays, écuyer de Napoléon, expia de son sang la témérité de son enthousiasme pour ses anciens maîtres. On l'avait conduit au supplice la poitrine couverte d'un écriteau où on lisait le mot de traître. Le bruit de cette vengeance sur un homme isolé et sans complices, le lendemain de ces victoires qui rendaient César généreux, excita en France moins de terreur que de murmures. Que pouvait la vie ou la mort d'un vieux royaliste coupable de fanatisme ou d'illusions dans une querelle de l'Europe à son dominateur qui se jugeait non sur un champ de supplice, mais sur dix champs de bataille? Napoléon aurait intéressé par l'indulgence, il attrista et indigna par la rigueur. Ce n'était pas la patrie qu'il couvrait par le sang répandu d'un homme, c'était sa dynastie. On trouva cet égoïsme cruel; on se souvint du duc d'Enghien.

LIVRE TROISIÈME

Demande de suspension d'armes par les alliés. — Conférences de Lusigny. — Prise de Soissons par les alliés. — Blücher réunit tous ses corps d'armée. — Il marche sur Troyes vers Schwartzenberg. — Rencontre de Napoléon et de Blücher. — Combat de Méry-sur-Seine. — Blücher abandonne la vallée de la Seine et s'élance sur Paris par la vallée de la Marne. — Mortier et Marmont se replient sur Paris. — Soissons repris par Mortier. — Napoléon quitte Schwartzenberg et court sur Blücher. — Il l'atteint à la Ferté-sous-Jouarre. — Blücher passe la Marne poursuivi par Napoléon. — Blücher, cerné par l'empereur, Mortier et Marmont, s'échappe par Soissons, abandonne l'Aisne et se retire sur Laon. — Napoléon franchit l'Aisne à Béry-au-Bac, et rencontre à Craonne les corps russes et prussiens qui viennent couvrir Blücher. — Bataille de Craonne. — Bataille de Laon. — Halte de Napoléon à Reims. — Schwartzenberg marche sur Paris et s'avance jusqu'à Provins. — Tactique de l'empereur. — Il retourne à Troyes pour agir sur les derrières de l'ennemi. — Panique des alliés. — Schwartzenberg recule jusqu'à Troyes et Dijon. — Bataille d'Arcis-sur-Aube. — Nouveau plan de campagne de l'empereur. — Décret de levée en masse. — Lassitude de la France. — Marche de Napoléon vers Saint-Dizier. — Traité de Chaumont. — Concentration des armées alliées à Châlons. — Leurs hésitations. — Elles marchent sur Paris. — Situation de Paris et de la France. — Fuite de Marie-Louise.

I

L'ennemi s'écartait partout à marches forcées de Troyes, devenu le quartier général de Napoléon. On ne savait jusqu'où l'entraînerait la panique dont il était saisi à l'approche et au nom de l'empereur. Napoléon, après quelque repos, cherchait, sans vouloir le poursuivre à outrance, à le frapper sur ses dernières colonnes égarées, et à l'intimider assez pour que la terreur tînt sa place pendant qu'il retournerait une troisième fois sur l'armée de Blücher.

Ayant fait halte pour la nuit, le 17, à Nangis, dans la chaumière d'un charron, il reçut en parlementaire le prince de Lichtenstein, envoyé par le généralissime le prince de Schwartzenberg, pour demander une suspension d'armes, dans l'intention, disait le prince de Lichtenstein, de donner du temps à de sérieuses négociations de paix. Napoléon, affectant plus de confiance dans le résultat de ses victoires qu'il n'en avait peut-être au fond de sa pensée, se plaignit des encouragements donnés aux partisans des Bourbons contre lui. « Est-ce donc une guerre au trône, dit-il, au lieu d'une guerre au conquérant qu'on prétend me faire? Le comte d'Artois est à Vesoul au milieu de vos troupes, et on le tolère! Le duc d'Angoulême est au quartier général de lord Wellington, et on lui laisse adresser de là des proclamations au midi de l'empire et à mes propres soldats! Dois-je croire mon beau-père l'empereur François assez aveugle ou assez dénaturé pour conspirer le détrônement de sa propre fille et le déshéritement de son petit-fils? »

Le prince rassura l'empereur, dissipa ses doutes, jura que le séjour de quelques princes de la maison de Bourbon parmi les armées de l'Europe n'était qu'une tolérance, tout au plus une possibilité utile de diversion entre ennemis qui se combattent; mais les alliés, ajouta-t-il, ne voulaient que la paix, non l'empire. Napoléon refusa de s'expliquer avant d'avoir pris conseil de la nuit. De nouveaux courriers pouvaient lui apporter à toute heure de nouveaux droits à être exigeant. Il s'endormit sur ce refus.

II

Rien ne survint dans la nuit qu'un second aide de camp de Schwartzenberg, apportant une demande plus précise d'ouvrir des conférences pour un armistice précurseur de paix. Napoléon en fixa le siége au village de Lusigny entre Vandœuvre et Troyes. Un de ses plus brillants officiers, M. de Flahaut, y fut envoyé par lui. M. de Flahaut y trouva trois généraux des alliés chargés de s'entendre avec lui sur les préliminaires d'un armistice. C'était le général Duca pour l'Autriche, le général Schouwalof pour la Russie, le général Rauch pour la Prusse. Pendant que ces généraux discutaient les bases d'une suspension d'hostilités et les zones de la France sur lesquelles elle devrait s'étendre, Napoléon, plus confiant dans un succès que dans une négociation, reformait ses colonnes d'attaque pour achever la déroute de la grande armée autrichienne. Il avait commencé ses premières marches.

Un bruit de désastre rappela son attention et ses pas derrière lui. Ce bruit venait de l'armée de Blücher.

Les généraux York et Saken, coupés des corps d'armée du général en chef prussien par les batailles de Montmirail et de Vauchamp, s'étaient précipités au nombre de quarante ou cinquante mille hommes dans les plaines ouvertes devant eux, poursuivis par Mortier détaché seulement avec quelques milliers d'hommes. Mais la victoire augmentait leur nombre. Ils suffisaient pour disperser un débris d'armée vaincue, égarée sur un sol ennemi. Ces débris cherchaient à passer l'Aisne à Soissons pour se réfugier vers le Nord et se renouer à l'armée de Belgique. Ils arrivèrent sous les murs de Soissons en même temps que le général Woronsof, commandant de l'armée d'invasion du Nord, y arrivait par une autre route. Le général Rusca, en essayant de défendre Soissons, fut tué sur la brèche. Les deux armées de Saken et de Woronsof firent leur jonction dans la ville conquise. Fortifiées par cette jonction, elles reprirent courage et se replièrent sur Châlons pour rejoindre l'armée refoulée de Blücher, leur général en chef. Blücher ainsi recruté reprit, avec soixante mille hommes, sa route deux fois interrompue vers Troyes pour voler au secours de Schwartzenberg. Il rencontra Napoléon à Méry-sur-Seine. Un choc terrible signala ce confluent de deux armées qui ne s'attendaient pas à se rencontrer. La ville de Méry-sur-Seine s'écroula sous les boulets et s'incendia sous les obus des deux corps d'armée. Elle resta comme une ruine du désert avec ses murailles noircies et ses maisons fumantes sur les bords de son fleuve.

Blücher, repoussé une troisième fois par ce choc inattendu, fléchit, renonça à sa jonction avec les Autrichiens, reprit la vallée de la Marne, et s'élança sur Paris pour rappeler Napoléon de ce côté à la défense de sa capitale.

Mortier et Marmont, avec deux faibles corps de sept mille hommes chacun, égarés entre Paris et la Marne, se repliaient lentement sur Paris. Ils n'avaient pas d'autre but que de disputer des jours et de faire du temps aux grandes manœuvres de l'empereur.

III

A ce bruit, Napoléon, tremblant pour sa capitale et pour son gouvernement, abandonne les Autrichiens à eux-mêmes, traverse avec ses colonnes reposées tout l'espace compris entre Troyes et Sézanne, et se prépare à frapper de nouveau par derrière Blücher aux environs de Meaux, pendant que Mortier et Marmont l'attaqueront de front. Déjà reparti de Sézanne, il touchait à la Ferté-sous-Jouarre, position où Blücher était arrêté par Marmont et Mortier. L'armée prussienne anéantie allait être le trophée de cette course. Délivré d'elle, Napoléon était sûr de triompher facilement des Autrichiens. Son armée partageait son espérance. L'enthousiasme pressait ses pas. La Marne allait dans quelques heures engloutir les débris de Blücher et des Russes. Mais ce général, pressentant la pensée de Napoléon et voulant l'entraîner sur sa trace pour l'éloigner de Schwartzenberg, avait forcé le passage de la Marne et brûlé les ponts avant que Napoléon eût pu l'atteindre. L'empereur, du haut des falaises qui descendent vers la rivière, vit l'armée prussienne défiler en sûreté sur la rive opposée, dirigeant ses longues colonnes du côté du Nord.

IV

Un doute terrible saisit Napoléon. Laissera-t-il Blücher contourner Paris à la tête d'une armée intacte et porter la terreur dans sa capitale? ou perdra-t-il des pas et des jours à le suivre en laissant à Schwartzenberg le temps de revenir en masse et sans ennemi sur Fontainebleau? Paris lui semble encore une fois le cœur de l'empire à couvrir. Il se décide à passer la Marne sur les pas de Blücher. Mais il perd deux jours à rétablir les ponts et à transporter son armée sur l'autre rive.

Là, cherchant sur la carte un point intermédiaire entre Soissons et Reims, il marque du doigt Fismes. Il y arrive le 4 mars au point du jour. Cette marche plaçait Blücher entre Napoléon d'un côté, Marmont et Mortier de l'autre, Soissons et l'Aisne en avant. Soissons avait été reconquis par Mortier et gardait les ponts de l'Aisne. Blücher était prisonnier. Napoléon ne croyait plus avoir qu'à lui dicter sa capitulation.

V

Mais la guerre a des hasards qui déconcertent les plans les mieux réfléchis. L'insuffisance ou l'hésitation de la faible garnison de Soissons avait fait ouvrir les portes de cette ville aux Prussiens du Nord, au moment même où une résistance de quelques heures donnait à l'empereur et et à ses lieutenants toute une armée captive dans leurs mains. Blücher retrouve dans Soissons l'armée de Witzingerode et de Bulan, qui l'accueillent et portent ses forces à cent mille combattants. Mais il redoute tellement un quatrième choc avec l'empereur, qu'il s'éloigne de nouveau de l'Aisne et s'enfonce à grandes marches vers Laon.

Autre doute pour Napoléon. Doit-il rétrograder ou poursuivre? L'élan l'entraîne, il poursuit. Il franchit l'Aisne à Béry-au-Bac. Le 7 mars, il rencontre à Craonne les corps russes et prussiens qui marchaient de Soissons pour couvrir Blücher après l'avoir sauvé. Napoléon les aborde à la baïonnette sur les hauteurs de Craonne hérissées de batteries. Les Russes meurent sur leurs pièces, ils emportent des rangs entiers de nos soldats. Mais ils cèdent aux assauts répétés de Napoléon et fuient en désordre vers Laon. Blücher y était déjà, fatigué, blessé, étonné d'une si infatigable poursuite. L'empereur, qui ne l'avait pas laissé respirer, allait l'atteindre. L'armée prussienne était dans un de ces moments de découragement que donnent les retraites après les défaites. La renommée de Napoléon pesait sur Blücher et sur ses soldats. Tout présageait l'anéantissement de ces trois armées dont les tronçons ne se rejoignaient que sous le canon de leur vainqueur.

VI

Mais une quatrième armée arrivait à Blücher à l'instant où Napoléon se montrait devant lui. C'était celle du roi de

Suède, Bernadotte, ce Murat du Nord, à qui la famille des rois dans laquelle il était entré faisait oublier sa patrie. Il ne la commandait pas en personne. Les conseils et ses contingents combattaient pour lui. Son épée respectait le sang de ses compatriotes.

Napoléon, témoin de cette jonction du corps de Bernadotte avec les deux armées de Blücher et avec celle de Witzingerode, n'hésite pas cependant à aborder ces cent mille hommes avec moins de trente mille combattants harassés de marches, infatigables au cœur. Il lance le maréchal Ney et le général Gourgaud, deux hommes entraînants, sur un défilé cerné de marais qui abritait l'armée de Blücher. Les troupes qui les défendent sont écrasées. La nuit seule ajourne la bataille.

Elle s'engage au point du jour. Aux premiers coups de canon, une nouvelle accablante tombe sur le cœur de Napoléon sans l'abattre. Marmont, surpris la veille par des forces disproportionnées à sa faiblesse, a perdu trois mille hommes et quarante pièces d'artillerie. L'empereur, consterné, cache sa perte et aborde résolûment les cent mille ennemis étagés sous les murs de Laon. En vain ses bataillons escaladent ces gradins de feu à sa voix ; ils les redescendent en lambeaux. L'armée française s'use et se fond contre ces masses que la disposition des lieux rend inaccessibles et que les batteries couvrent de leurs projectiles. C'est l'écueil de Napoléon. Il recule devant l'impossible. Il rallie son armée mutilée et se retire, sans être poursuivi, du côté de Reims, égaré dans son propre empire et y cherchant presque en vain une ville ouverte aux pas de son armée. Le général russe Saint-Priest, Français d'une famille illustre, resté au service de Russie après l'émigration, occupait Reims. Il y périt en disputant l'entrée de cette ville aux Français. Quatre mille Russes y périrent avec lui, laissant des canons et des drapeaux à Napoléon, dernier et stérile trophée d'un reste de lutte.

L'empereur, rentré dans Reims, y séjourna trois jours pour réorganiser ses corps affaiblis. De quelque côté qu'il portât ses regards, il ne voyait de route libre que la route qu'il s'ouvrirait à travers cinq armées. Les dépêches lui arrivaient à peine. Il était réduit aux conjectures. Il errait à tâtons dans ses provinces, se heurtant à chaque pas contre un nouvel ennemi. Conséquence déplorable et fatale du défaut de résolution et de concentration au commencement de la campagne. Son héroïsme même tournait ainsi contre lui. Nul génie et nulle ressource ne suppléent le sens général d'une situation. La guerre offensive dans une guerre essentiellement défensive l'usait, l'égarait, le détrônait.

VII

Pendant ces huit jours perdus dans la poursuite inutile des corps russes et prussiens de Blücher, les Autrichiens, rassurés par l'éloignement de Napoléon, avaient reflué en masse irrésistible vers Troyes, et de là vers Paris. Oudinot et Macdonald n'avaient, comme Marmont et Mortier, que des armées d'avant-postes à opposer à deux cent mille hommes. Le 16 mars, l'avant-garde autrichienne était à Provins. Une journée de marche la portait sous les hauteurs de Montmartre. Un courrier apporta ces nouvelles à l'empereur. Il n'était plus temps de couvrir sa capitale. Il se fia à la défense de ses barrières par une ville d'un million d'âmes, et reprit la route de Troyes pour rappeler Schwartzenberg en arrière par le sentiment d'une armée française, commandée par l'empereur, entre sa base d'opération et lui.

Ce sentiment avait agi sur Schwartzenberg plus fortement et plus rapidement que Napoléon ne l'avait présumé. Aux premières nouvelles du retour de l'empereur en Champagne, l'armée autrichienne, comme saisie d'épouvante devant un seul nom, avait reculé par toutes les routes des murs de Paris jusqu'à Troyes et à Dijon. L'empereur d'Autriche, tremblant d'être cerné même au cœur de ses troupes, s'était réfugié à Dijon. Alexandre et le roi de Prusse avaient dépassé Troyes. Ces souverains, grossissant le danger par le souvenir de tant d'anciennes défaites et redoutant un piége dans le cœur de la France cédée si facilement à leurs pas, se concertaient pour envoyer à leurs plénipotentiaires du congrès de Châtillon des instructions avides de paix. L'empereur, s'il eût connu à temps ces terreurs, pouvait signer un accommodement européen au moment où son propre empire manquait sous lui. Il l'ignora. Épouvanté de son côté des masses qui revenaient sur lui, il s'enfonça vers Arcis-sur-Aube. Il y rencontra, sans le soupçonner, l'armée de Schwartzenberg. Une bataille acharnée s'engagea, à l'insu des deux généraux, entre les Autrichiens et les Français. Napoléon y combattit comme au hasard, sans autre plan que la nécessité de combattre et la volonté de mourir ou de vaincre. Il y renouvela les miracles de sang-froid et d'élan des ponts de Lodi et de Rivoli. Les jeunes soldats rougirent d'abandonner un chef qui se prodiguait ainsi lui-même. On le vit plusieurs fois lancer son cheval au galop sur les canons ennemis et reparaître, comme inaccessible à la mort, après les fumées des décharges. Un obus enflammé étant tombé devant un de ses jeunes bataillons qui s'intimidait et qui flottait en attendant l'explosion, Napoléon, pour les rassurer, pousse son cheval vers le projectile, lui fait flairer la mèche, attend impassible que l'obus éclate, roule foudroyé dans la poussière avec son cheval mutilé, et, se relevant sans blessures aux applaudissements des soldats, demande avec calme un autre cheval et continue à braver la mitraille et à voler aux coups. Sa garde arrive enfin et rétablit le combat.

VIII

La nuit et les masses croissantes de Schwartzenberg forcent l'empereur à se renfermer dans la ville et à la créneler pour défendre son noyau d'armée. Il contint cent cinquante mille hommes pendant cette nuit. Il profita des ténèbres pour faire construire plusieurs ponts de retraite sur l'Aube. Dans l'impuissance de briser ces masses autrichiennes qui lui fermaient le retour sur Paris, le conseil du désespoir lui inspira tardivement l'idée qui l'aurait rendu invincible, s'il l'avait adoptée à temps. Il résolut d'abandonner Paris et le cœur de la France à son sort, de se jeter sur la Lorraine, sur la Meuse, sur le Rhin, de rallier, en les débloquant, les garnisons de Metz, de Verdun, de Mayence, de soulever enfin les départements d'outre-Rhin, qu'on lui disait si dévoués à son sceptre. Il espérait rentrer avec cent mille hommes sur le sol français, se jeter comme un lion à travers les colonnes de l'armée d'invasion, les rompre, les disperser, les frapper en détail, les emprisonner épars entre le Rhin et la Loire, soulever sous leurs pas ses grandes villes, ses campagnes, et donner au monde le spectacle d'un million d'hommes dévorés par la terre qu'ils avaient imprudemment foulée. C'était un rêve héroïque encore, mais c'était un rêve. Pour une campagne pareille, il fallait une nation neuve et non usée par la tyrannie et affaissée par la lassitude. Les Vendées ne se font pas avec des soldats, mais avec des citoyens, des enfants, des vieillards, des femmes, décidés à mourir, et pour qui les défaites mêmes sont des martyres. Les lettres de Jérôme sur l'esprit de paix, la langueur de l'opinion, la désertion dans les dépôts, l'immobilité de la France entière sous les pas de l'invasion, la résignation, la mollesse, les murmures même de ses maréchaux et de ses plus fidèles lieutenants, disaient assez à Napoléon que la patrie ne se réveillerait plus qu'à la voix de la liberté. Le général expiait les fautes du despote. Sa garde le suivait et mourait pour lui, mais elle le suivait par esprit de corps et par souvenir de leur gloire commune plus que par espérance. C'étaient les martyrs de l'honneur militaire. Ils suivaient jusqu'à la mort, non la cause, mais le chef et le drapeau.

IX

Le reste du peuple regardait et gémissait. Napoléon avait en vain décrété des levées en masse, l'armement des gardes civiques, l'insurrection des foyers, le tocsin sonné, les routes coupées, la fusillade courant sur les flancs de l'ennemi. Partout où son canon ne retentissait pas, la France était muette. Tout se bornait à deux ou trois corps de partisans recrutés dans la Bourgogne par trois gentilshommes, intrépides aventuriers de guerre, le comte Gustave de Damas dans les montagnes qui séparent la Loire de la Saône, M. de Moncroc à Mâcon et à Châlons, le comte de Forbin-Janson dans l'Autunois. Chacun de ces corps était composé à peine de quelques centaines d'hommes qui harcelaient l'ennemi sur ses flancs, et qui s'évanouissaient après de courtes expéditions. Aux abords des villages et au moment où les Autrichiens se retiraient, quelques paysans faisaient feu du bord des bois sur les traînards. Là se bornait toute l'insurrection nationale décrétée par Napoléon. Son nom était l'obstacle à l'insurrection. La masse du peuple était si lasse de sa servitude qu'elle craignait le retour de sa puissance presque autant qu'elle détestait l'invasion. Mais la nation, sourde à la voix du chef, s'émouvait et s'attendrissait pour les soldats. Chaque coup de feu de l'ennemi lui retentissait au cœur. C'était un de ses enfants qui tombait. Napoléon croyait réveiller le peuple de cette inertie par un coup d'éclat sur le revers des armées ennemies. Il marchait vers la Meuse, il arrivait le 23 mars à Saint-Dizier. Là, un rayon de paix vint encore le rappeler à la politique.

X

Caulaincourt était tiraillé au congrès de Châtillon entre les instructions contradictoires de l'empereur et les exigences des alliés, qui s'endurcissaient ou qui se détendaient avec les vicissitudes de la campagne. Il accourait donner à son maître un suprême conseil de résignation; il ne voyait plus de salut pour lui que dans une prompte amputation de l'ancien empire pour conserver au moins le trône et la France. Les conférences militaires de Lusigny n'avaient été qu'un entretien de quelques heures entre M. de Flahaut et les généraux alliés. Les puissances dont les plénipotentiaires étaient à Châtillon, après avoir fléchi quelques semaines avec leurs armées, venaient de signer entre elles à Chaumont une coalition plus irrévocable contre l'empereur, s'engageant solidairement à ne déposer les armes qu'après que le conquérant du continent serait rentré dans les limites que la France avait franchies en 1792. L'Angleterre prenait à sa solde dans ce traité cinq cent mille hommes des souverains du Nord. Caulaincourt lui apprenait cet *ultimatum* des puissances. Les généraux et les ministres qui entouraient l'empereur échangèrent entre eux et Caulaincourt ces mots désespérés et amers qui préludent au désespoir des causes perdues. Le succès couvre les fautes aux yeux des courtisans, les revers continus les dévoilent. La responsabilité de la chute commune remonte d'abord en murmures sourds, puis en reproches ouverts, jusqu'à celui à qui ils doivent tout. Ils l'accusent de n'être plus assez heureux pour soutenir leur propre fortune. L'ingratitude prend alors l'accent de la pitié. Quand on commence à plaindre tout haut l'homme qui s'écroule, on n'est pas loin de l'abandonner.

XI

Tel était l'esprit qui régnait aux bivouacs de Napoléon lorsque Caulaincourt y arriva. Lui-même était devenu, malgré sa fidélité, un confident pénible à l'empereur. Il connaissait ses hésitations, il l'accusait tout bas non de ses revers, mais de son obstination à l'espérance. Il y avait longtemps que Caulaincourt n'espérait plus. Le nom des Bourbons, quoiqu'il n'eût jamais été prononcé par les puissances, était déjà dans les entretiens intimes des négociateurs. Ce nom était l'arrière-pensée de l'Europe, si Napoléon s'obstinait à tout conserver ou à perdre tout. Son négociateur le conjurait de pactiser avec la nécessité. Mais Napoléon, enivré du nouveau plan qu'il venait de concevoir, et voyant déjà accompli ce retour victorieux qu'il courait chercher au delà du Rhin, à la tête de ses garnisons délivrées, sourit de pitié à Caulaincourt, et lui dit avec l'accent prophétique dont il avait pris l'habitude dans son commerce avec la fatalité : « Rassurez-vous, je suis plus près de Munich que les alliés ne sont près de Paris. »

XII

Au moment même où Napoléon, incrédule à l'adversité, prononçait ces paroles, les armées ennemies de Schwarzenberg et de Blücher, refoulées de Paris, comme nous l'avons vu, par la marche de l'empereur sur Troyes, se concentraient en masses innombrables dans les plaines de Châlons pour résister au choc qu'elles redoutaient de lui sur le revers de la coalition. Napoléon les croyait aux environs de sa capitale. La présence si rapprochée de ces masses à Châlons fit hésiter Napoléon sur l'exécution du nouveau plan qu'il commençait à appliquer. Il craignit que ce poids concentré ne pesât sur ses derrières. Il médita, il flotta, il chancela six jours entre l'instinct qui le ramenait vers sa capitale et la témérité qui l'entraînait vers le Rhin et la Meuse.

Pendant ces jours d'incertitude, les alliés hésitaient eux-mêmes à Châlons. L'avis des généraux les plus consommés et les plus timides était de tout craindre d'un homme tel que Napoléon, de se replier ensemble et en nombre invincible sur leur base d'opération, de préserver l'Allemagne d'une visite de l'empereur, qui les couperait de leurs renforts dans un pays insurgé sous leurs pas. L'avis des généraux français transfuges dans le camp des Russes, la résolution de l'empereur Alexandre lui-même, jeune, ardent, aventureux, ayant Moscou à venger, était de se précipiter sur Paris, de saisir le cœur, de remuer l'opinion, de sourire à la liberté, de faire espérer les amis des Bourbons, et de laisser l'empereur, coupé lui-même de son peuple, se fondre dans son isolement et dans son agitation. Les penchants de l'Angleterre, les insinuations des partisans d'une restauration en France, les ressentiments des cours, les haines personnelles de quelques diplomates suivant le quartier général, la cause commune entre les princes des anciennes races contre la race de l'épée, enfin les manœuvres sourdes encore, mais habiles et actives, de quelques royalistes de l'intérieur, qui assiégeaient le bivouac des empereurs, décidèrent ce parti. Le 25, les armées réunies remontèrent vers Paris par les routes qui suivent la vallée de la Marne.

XIII

Napoléon, entraîné, dit-on, par ses lieutenants, au lieu de poursuivre sa route vers Nancy, suivit de nouveau les alliés pour leur couper la route de Paris. Il avait perdu ainsi huit jours, c'est-à-dire pour lui le temps de cinq victoires, à accomplir la moitié d'un plan, et il allait en perdre sept ou huit à revenir sur ses pas. Il n'avait dans cette campagne de résolution que contre ses résolutions précédentes. Son caractère manquait évidemment ici à son génie. Ses lieutenants les plus dévoués l'entrevoyaient et commençaient à abuser de sa facilité à changer de résolutions. Il leur convenait mieux de se rapprocher de Paris pour capituler en sauvant leurs familles, leurs dignités et leur fortune, que de s'enfoncer avec leur chef dans les aventures d'une campagne errante au delà de la Meuse et du Rhin. Ils désiraient la fin de cette lutte sans espoir. Ils étaient las non de combattre, mais de décliner. L'esprit du pays finit toujours par pénétrer dans l'armée.

XIV

La concentration des armées ennemies dans les plaines de Châlons les avait assez éloignées de Paris pour que Napoléon, plus éloigné qu'elles de quatre marches, pût en doublant le pas arriver presque en même temps que leurs têtes de colonnes aux barrières de sa capitale. En supposant même des retards et des engagements, il suffisait que les Parisiens défendissent deux jours leurs portes. L'empereur envoyait courrier sur courrier à son frère Joseph pour le conjurer de relever l'esprit de Paris, d'armer le peuple et la jeunesse des écoles, et de demander cet effort suprême de deux jours à une population de tant de milliers d'âmes.

« A ce prix, disait-il, tout serait sauvé. Je vais manœuvrer; répétait-il, de manière à ce qu'il est possible que vous soyez plusieurs jours sans avoir de mes nouvelles. Si l'ennemi s'élançait sur Paris avec des forces telles que toute résistance fût impossible, faites partir dans la direction de la Loire la régente, mon fils, les grands dignitaires, les ministres, les grands officiers de la couronne et le trésor. Ne quittez pas mon fils, et rappelez-vous que je préférerais le voir dans la Seine que dans les mains des ennemis de la France. Le sort d'Astyanax prisonnier des Grecs m'a toujours paru le sort le plus malheureux de l'histoire. »

Ainsi son malheur s'élevait déjà dans sa pensée à la hauteur des grandes adversités épiques d'Homère et de Virgile. La poésie, comme la religion, dans les âmes vaincues, entrait dans sa vie par l'adversité.

XV

Ce qu'il avait prévu se vérifiait à Paris plus tôt même qu'il ne l'avait cru possible. Marmont et Mortier, usés par des retraites sur le vide et par des combats continus d'avant-garde, erraient aux alentours de Paris. Partout où leurs bataillons décimés laissaient un vide, les Cosaques, ces hardis maraudeurs du désert, se précipitaient sur nos villages et refoulaient par la terreur de leurs lances et de leurs pillages les habitants effrayés jusqu'à Paris. On ne savait plus rien de l'empereur. La ville retentissait de bruits sinistres. Les places, les boulevards, les Champs-Élysées, les cours des maisons, étaient remplis de fugitifs des campagnes, de voitures chargées de meubles ou de vins dérobés aux dévastations de la guerre, de bestiaux abrités par les paysans dans l'enceinte de la capitale. Le Midi semblait prêt à se détacher de l'empire et à proclamer un gouvernement inconnu. Lyon, un moment défendu par Augereau à la tête de dix-sept mille hommes et de quelques renforts de cavalerie rentrés d'Espagne, succombait sous le reflux de l'armée de Bianchi. Le cours de la Saône était occupé et délivré tour à tour par ce maréchal, mais la capitulation de Lyon le rejetait sans utilité pour Paris vers les montagnes du Jura. Les provinces de la Loire seules étaient libres. Mais derrière ces provinces, l'ouest de la France pouvait d'un jour à l'autre répondre aux mouvements royalistes couvés à Bordeaux par une insurrection qui aurait pressé Paris entre deux guerres. Joseph et ses frères Louis et Jérôme sentirent la responsabilité qui pesait sur eux. Ils répondaient de l'impératrice et de son fils à leur frère et à la dynastie de Napoléon. En supposant que Napoléon lui-même fût contraint à capituler, à abdiquer ou à mourir, la régence et la transmission du trône napoléonien au roi de Rome étaient un dernier asile pour leur fortune. Chassés de Madrid, de la Hollande, de la Westphalie, ces rois d'un jour resteraient du moins des princes du sang impérial à Paris. Ils convoquèrent un conseil suprême. Ils y appelèrent Cambacérès, les ministres, les présidents du Conseil d'État, les grands dignitaires de l'empire les plus identifiés avec le nouveau régime, les membres les plus compromis du Sénat. Joseph lut la lettre de l'empereur qui lui ordonnait de sauver sa femme et son fils. L'impératrice elle-même assistait muette et tremblante à ce conseil où ses beaux-frères allaient décider de sa destinée. Les avis furent partagés.

Boulay (de la Meurthe), accoutumé aux drames révolutionnaires, connaissait par expérience la mobilité du peuple et la puissance d'un enthousiasme. Il savait que le bruit de la fuite de cette princesse, en attestant le désespoir de sa cause, ferait écrouler l'empire sur ses traces. Cet avis héroïque rappelait la résolution de Marie-Thérèse. Mais des résolutions comme celles de Marie-Thérèse ne conviennent qu'à des dynasties enracinées depuis des siècles dans les cœurs des populations. Quand elles n'enfantent pas un fanatisme de dévouement religieux aux princes, elles succombent dans les parodies. Le conseil lui-même n'était pas composé d'hommes décidés à sauver une race ou à mourir pour elle. Après une délibération lente, molle, tout officielle, et qui semblait destinée seulement à se renvoyer les uns aux autres la responsabilité d'une retraite, on se sépara à minuit sans avoir conclu. Nul n'osait prendre une résolution qui pouvait devenir un crime si l'empereur venait à vaincre encore et à demander compte à ses frères de sa capitale abandonnée. On s'en référa à la lettre de Napoléon, qui défendait le séjour de Paris à sa femme en cas de péril extrême. On préjugea le péril, on ne le déclara pas.

XVI

Cambacérès et Joseph voulaient se décharger sur Marie-Louise elle-même de la résolution qui pouvait sortir de leurs lèvres. Ils la suivirent après le conseil dans ses appartements intérieurs. Ils l'obsédèrent de leurs instances ambiguës pour obtenir d'elle une volonté qui les couvrît. Soit qu'elle redoutât la colère de son mari, soit qu'elle inclinât vers l'immobilité dans sa capitale, où elle se sentait plus environnée du respect pour son sexe et pour son rang, soit qu'elle craignît de devenir entre les mains de ses beaux-frères une victime errante de l'ambition de Bonaparte et un instrument de guerre civile rejeté de province en province au milieu des camps, Marie-Louise vainquit sa timidité. Elle répondit avec fermeté à Joseph et à Cambacérès que la résolution leur appartenait, qu'elle ne la prendrait jamais sur elle, qu'ils étaient ses conseillers obligés, et qu'elle n'obéirait, soit qu'elle dût rester ou partir, qu'à un ordre délibéré et signé par eux. Ils éludèrent cette responsabilité. L'ordre de départ éventuel donné par Napoléon dans sa lettre resta donc comme un texte absolu auquel l'impératrice était résolue à obéir. On prépara la fuite. On chargea le trésor sur des fourgons de suite. Les papiers secrets de l'empereur furent emballés, ainsi que les diamants de la couronne. Le départ fut fixé au 29 mars.

XVII

Mais chaque galop d'un cheval dans la cour du palais pouvait annoncer un courrier et apporter un contre-ordre de l'empereur. On donna du temps à l'inconnu. L'impératrice, entourée des femmes, des courtisans et des officiers désignés pour la suivre, attendit depuis l'aube jusqu'au milieu du jour le signal du départ. Il devait lui être donné par Joseph. Ce prince, montant à cheval dans la nuit, était allé visiter et animer les avant-postes aux barrières et sur les principales entrées de Paris. Mais la masse de la population ignorait même cette dernière démonstration de résistance. Elle accusait Joseph d'une mollesse royale contractée sur les trônes de Naples et de Madrid, au sein des voluptés des cours du Midi.

Joseph ne revenait pas et ne faisait rien dire à l'impératrice. Les officiers de la garde nationale dont le poste était au palais la conjurèrent de rester. Ils espéraient que la présence à Paris de la fille de l'empereur d'Autriche serait une sauvegarde contre les extrémités d'une ville bientôt assiégée. Marie-Louise, en larmes, cédait et résistait tour à tour.

On voyait qu'une certaine violence faite à sa volonté d'obéir à l'empereur en quittant Paris l'aurait soulagée d'une grande incertitude, en l'enlevant aux obsessions des frères de Napoléon. D'un autre côté, les hommes prévoyants et le parti de M. de Talleyrand, embarrassés de la présence de cette princesse dans les négociations qu'ils nouaient déjà pour livrer son trône à d'autres princes, pressaient secrètement son départ. Clarke, ministre de la guerre, lui envoya dire à midi qu'il ne répondait plus de la sûreté des routes, sillonnées par les bandes des Cosaques, si elle tardait jusqu'au lendemain. Douze voitures de cour, attelées depuis le matin, attendaient dans les cours. Une forte escorte de cavalerie de la garde les entourait. Marie-Louise s'arracha enfin à son palais. Un de ses écuyers portait dans ses bras le roi de Rome. Ce bel enfant, déjà superbe par l'adulation qui devance l'âge, s'attachait aux rampes du grand escalier et refusait de se laisser exiler de ce trône. « Je ne veux pas partir, s'écria-t-il ; quand l'empereur est absent, n'est-ce pas moi qui suis le maître ? » On eût dit qu'il pressentait qu'entre les pompes des Tuileries et les caveaux funèbres de Schœnbrunn il n'y avait pour lui que quelques courtes années d'adolescence et de mélancolie. Les voitures défilèrent lentement, comme un cortége mortuaire, sur les quais. A peine quelques groupes de curieux s'arrêtaient çà et là pour voir passer ce convoi d'une dynastie. Nulle voix ne s'éleva pour saluer d'un adieu du peuple cette femme et ce fils de Napoléon fuyant au hasard et traînant les dernières pompes de la puissance.

Telle était la popularité de ce règne, que l'histoire peignait quelques années après comme le fanatisme du peuple.

XVIII

Pendant que l'impératrice suivait ainsi lentement la route du château impérial de Rambouillet, le rappel du tambour appelait les citoyens à la défense des postes. La garde nationale prenait les armes, moins pour combattre que pour veiller à ses foyers. Mais la jeunesse des écoles, et quelques-uns de ces hommes que le patriotisme et le danger suscitent d'autant plus que les moments sont plus désespérés, volaient aux barrières et sur les hauteurs de Montmartre. Les faubourgs, en les voyant passer, demandaient à grands cris des armes. Tout manquait. L'empire avait tout usé sur les champs de bataille étrangers. La nouvelle du départ de l'impératrice et de la translation du gouvernement hors de la capitale abattit, consterna les cœurs. On attendit en silence le dernier coup qui fait écrouler les empires.

Joseph, rentrant dans Paris après avoir vu de loin le débordement de troupes qui couvraient les plaines et les routes de la capitale, évita les rues populeuses, et, convoquant nuitamment les ministres et le conseil de régence, se disposa à suivre avec ces derniers débris du règne de Napoléon les pas de l'impératrice.

LIVRE QUATRIÈME

Course de Napoléon sur Paris. — Il traverse Troyes et Sens. — Arrivée des armées coalisées devant Paris. — Bataille de Paris. — Joseph ordonne à Marmont de capituler. — Proclamation de Joseph. — Fuite de Joseph, de Jérôme et du gouvernement. — Mortier offre une suspension d'armes. — Dernière résistance de Marmont. — Il propose une suspension d'armes. — Députation du conseil municipal près de Marmont. — Capitulation de Marmont le 30 mars. — MM. de Chabrol et Pasquier au quartier général d'Alexandre. — Alexandre. — Il reçoit une députation des Parisiens. — Discours d'Alexandre. — Entrée des armées alliées dans Paris. — Physionomie de Paris. — Pétition des maires de Paris à Alexandre. — Manifestation royaliste sur le passage des souverains.

I

Tandis que Paris se résignait ainsi presque désarmé aux forces innombrables dont il était entouré, Napoléon calculait avec anxiété les étapes et les heures qui le séparaient de sa capitale. Il avait soixante-dix lieues à faire franchir à une armée fatiguée de marches et de contre-marches, mais impatiente de revoir les murs de Paris et d'y retrouver une dernière victoire. Les soldats, les pieds déchirés par les routes et par les neiges, oubliaient leur lassitude et leurs blessures en contemplant leur empereur marchant, tantôt à cheval, tantôt à pied, au milieu d'eux. L'impatience fiévreuse de Napoléon passait de ses regards dans leurs yeux. La honte de la capitale de la France menacée pesait sur leurs âmes comme le remords de tant de gloire perdue. Ils couraient pour devancer la vengeance du monde, Napoléon pour ressaisir l'empire. Jetant dans les canaux ou brûlant les équipages qui l'embarrassaient, il faisait jusqu'à vingt lieues en un jour. Parvenu à Troyes le 29 à onze heures du soir, il dépêche de là le général comte de Girardin à Paris, pour ordonner une défense suprême qui lui donne le temps d'arriver. Il en repart le 30, à la tête des restes de sa garde, courant vers Pont-sur-Yonne et vers Moret. A cinq lieues de Troyes, pendant que sa garde repose, l'énigme de son sort lui semble impossible à supporter. Il se jette dans une légère voiture d'osier que le hasard lui offre, et prend, accompagné de quelques officiers de son état-major, la route de Sens. En traversant cette ville, il fait appeler les magistrats et leur ordonne de faire préparer les rations nécessaires pour cent cinquante mille hommes qu'il ramène, dit-il, au secours de Paris. Il poursuit au galop, dans les ténèbres, sur la route de Fontainebleau.

II

Durant cette marche rapide de Napoléon et de sa poignée de soldats vers la capitale, Paris était abordé à portée de canon par les premiers corps de trois armées ennemies. Le général russe Rayewski, sortant de Bondy en trois colonnes d'attaque, gravissait les pentes de Belleville. La garde de l'empereur Alexandre le suivait et le soutenait. Ces hauteurs de Belleville, couvertes de groupes de maisons et de jardins, dominent la moitié orientale de Paris. Marmont, adossé à ces jardins et à ces faubourgs, défendait avec l'intrépidité du désespoir ce dernier boulevard de la patrie. Son artillerie, rompant les colonnes des Russes, balayait Pantin et Romainville. L'ennemi fléchissait de ce côté. Blücher et son armée n'étaient pas encore en vue de Paris. Le général en chef russe Barclay de Tolly, ne le voyant pas déboucher pour attaquer de concert cette ville d'un million d'âmes, tremblait d'être devancé par Napoléon avant d'avoir fait sa jonction avec Blücher sous les hauteurs de Montmartre. Le général autrichien Giülay, venant de Fontainebleau, était également en retard. Tous ces retards pouvaient donner des heures au retour de Napoléon. Barclay de Tolly compromit son armée entière pour forcer Paris sans attendre les généraux Blücher et Giülay. Mais Marmont, avec ses soldats fortifiés de quelques volontaires et animés de l'enthousiasme que donnent les regards d'une patrie présente, couvrit de cadavres les gradins de Belleville, refoula et contint les Russes jusqu'au milieu du jour. Joseph, à cheval, parcourait et encourageait les avant-postes. « Défendez-vous, je suis avec vous, » disait-il aux soldats et aux volontaires. Mais ces paroles n'ajoutaient rien à l'élan des bataillons français. Ils ne connaissaient pas Joseph. L'ombre de Napoléon aurait mieux gardé Paris.

Ce prince croyait sur la foi des lettres de Napoléon que Paris n'était qu'insulté par un corps isolé des armées alliées, et que les souverains et les masses étaient occupés à lutter du côté de Troyes avec son frère. Un officier français, enlevé la veille par une bande errante de Cosaques et amené au quartier général de l'empereur de Russie, vint détromper Joseph. Cet officier avait vu Alexandre lui-même entouré de toutes ses forces à quelque distance de Paris. « Ce n'est pas à la nation française que je fais la guerre, lui avait dit Alexandre, c'est à Napoléon. Il a porté le fer et le feu dans mes États, il a brûlé mes villes; allez dire à Paris que je veux y entrer non en barbare, mais en ami. Son sort est dans ses mains. » Joseph, en entendant le récit de cette entrevue, comprit que toute résistance contre de telles forces réunies perdrait la capitale sans sauver l'empire. Cependant, après avoir donné l'ordre de parlementer, il le retirait encore sur la foi d'autres renseignements. A midi, l'armée de Blücher et l'armée autrichienne débouchèrent, l'une au midi, l'autre au nord, dans les plaines de Montmartre et de la Seine. Marmont combattait toujours, et chacune de ses irruptions du pied des hauteurs faisait refluer l'ennemi. Mais les masses revenaient remplacer les masses. Les batteries se rapprochaient, les obus éclataient sur la tête de Joseph et de son état-major. Il envoie un aide de camp à Marmont pour lui ordonner de capituler. L'impossibilité de trouver ce maréchal, lancé un des premiers au milieu du feu, et de franchir l'espace criblé de projectiles qui séparait les tirailleurs, retarda les parlementaires. Le bruit du canon se rapproche. Les ennemis, dépassant à la fois Montmartre et Belleville, peuvent entrer d'assaut dans une ville désarmée sur les ordres de ses rares défenseurs.

III

Joseph cependant voulut tromper jusqu'au dernier moment Paris, pour que la sédition qui couvait dans les cœurs contre l'empire n'éclatât pas, du moins, sous les pas des frères de Napoléon. Il leur adressa une proclamation dans laquelle il présentait les cinq armées réunies des alliés comme une colonne égarée venant de Meaux et poursuivie par l'empereur. Une fois que le despotisme s'est condamné au mensonge, il est obligé de mentir jusqu'à sa dernière heure. « Armons-nous, disait-il, je reste avec vous ! Défendons cette grande ville, ses monuments, ses richesses, nos femmes, nos enfants, et que l'ennemi trouve sa honte dans ces murs qu'il espère franchir en triomphe ! » Les Parisiens oisifs, répandus sur leurs boulevards et dans leurs jardins publics, lurent ces paroles. Ils y crurent un moment. « L'empereur, se disaient-ils les uns aux autres, attaque en ce moment par derrière ces téméraires avant-gardes de la coalition. C'est son canon que nous entendons retentir. Ce sont ses boulets qui tombent jusque sur nos toits. Il ramène la fortune un moment égarée. » Tels étaient les entretiens des partisans de Napoléon, obstinés de son génie, dans l'intérieur de Paris, alors que les hommes de cœur et de patriotisme mouraient sous les dernières décharges des Russes sur les hauteurs de Belleville et de Ménilmontant.

IV

Pendant ce moment de confiance que la proclamation de Joseph donnait à la ville, ce prince, son frère Jérôme, le ministre de la guerre Clarke, descendant des hauteurs de Montmartre, s'éloignaient de toute la vitesse de leurs chevaux par les boulevards extérieurs et traversaient le bois de Boulogne pour gagner Blois. Les hommes les plus compromis dans le gouvernement de Napoléon les suivaient. Il ne restait plus à Paris de toute cette cour que les maréchaux qui en défendaient les portes. L'empire n'était plus qu'un quartier général réduit à capituler pour sauver ce grand foyer de la patrie.

Mortier, attaqué vers midi par les forces irrésistibles de deux armées, n'avait plus de munitions pour combattre. Il allait être coupé de Marmont, enveloppé, refoulé jusque dans les rues de Paris changées en théâtre de carnage. Il maudissait de ses imprécations cette ombre de gouvernement qui s'enfuyait en laissant ses derniers soutiens sans renforts, sans canons, sans poudre. Il reçut enfin l'ordre de Joseph. Il se hâta d'écrire sur un tambour, au milieu du feu, quelques lignes au prince de Schwartzenberg. « Prince, disait Mortier, épargnons un sang inutile. Je vous propose une suspension d'armes de vingt-quatre heures, pendant laquelle nous traiterons pour épargner à la ville de Paris les horreurs d'un siége. Nous nous y défendrons autrement jusqu'à la mort. »

Le généralissime autrichien se hâta d'accepter la proposition de Mortier. Le feu cessa de ce côté. Marmont, quoiqu'il eût reçu enfin l'ordre de capituler, continuait à se défendre. La confusion des mouvements, l'impossibilité de communiquer au milieu des balles, l'élan des volontaires et des élèves de l'École polytechnique qui servaient son artillerie jusqu'au dernier boulet, empêchaient de s'entendre. Blücher, pendant ces derniers engagements de Marmont, gravissait les hauteurs de Montmartre et y tournait ses batteries contre Paris. Le maréchal, voyant la capitale sous le feu des Prussiens, envoya le colonel Labédoyère porter des propositions semblables à celles de Mortier au quartier général des alliés. Le cheval de Labédoyère et celui de son trompette furent tués au moment où ils débouchaient dans la plaine. Sept fois les officiers qui tentèrent de franchir en parlementaires l'espace entre les deux armées roulèrent avec leurs chevaux dans la poussière. A cinq heures du soir seulement, un aide de camp, M. de Quélen, parvint au village de Bondy, quartier général d'Alexandre et du roi de Prusse. Ces princes renvoyèrent l'aide de camp avec une escorte jusqu'aux avant-postes russes à la Villette. Là, sur la table d'un cabaret, au bruit des dernières fusillades, une suspension d'armes de quatre heures fut signée.

Alors que M. de Quélen éteignait ainsi le feu, Marmont, animé par le combat, par la présence de Paris, et par le sentiment du service suprême qu'il essayait de rendre à son empereur et à l'ami de sa jeunesse, restait le dernier dans la grande rue de Belleville, disputant poste par poste les maisons de ce faubourg à l'ennemi. Son épée brisée, un fusil de tirailleur à la main, son chapeau et ses habits percés de balles, le visage noirci de la fumée du combat, celui qu'on devait appeler le lendemain le premier des traîtres était le dernier des héros. Il cherchait la mort comme par un pressentiment des doubles devoirs entre lesquels il allait se trouver placé, et où sa renommée de fidélité et de patriotisme devait s'éclipser longtemps pour son pays. La mort lui manqua. Pendant que ses tirailleurs, embusqués dans les jardins et dans les maisons d'un des côtés de la rue, se fusillaient par-dessus sa tête avec les Russes déjà maîtres de l'autre côté, une poignée de grenadiers s'élança pour envelopper et sauver son général. Ils se replièrent avec lui en combattant, pas à pas, jusqu'à la barrière. Le bras en écharpe, une main percée, les cadavres de cinq chevaux tués sous lui dans la journée, attestaient assez que, s'il ne fit pas assez le lendemain pour l'empire, il avait assez fait ce jour-là pour la gloire et pour la patrie. Sans cette poignée de grenadiers, l'armée n'aurait rentré que le cadavre de son général dans les murs de Paris.

V

Le silence du canon apprit à la ville que l'armistice était signé. Les troupes se replièrent au nombre de dix-sept mille hommes derrière les murs. Le peuple des faubourgs les reçut avec des larmes de patriotisme et d'admiration. On oubliait leur cause. On s'attendrissait sur leur héroïsme. La France pardonna tout au courage malheureux. Napoléon lui-même, maudit et exécré quelques semaines auparavant, aurait eu un triomphe dans sa défaite, s'il fût rentré en un tel moment dans sa capitale. La pitié éteint la haine. Le peuple était attendri ; il pardonnait. Mais l'opinion du centre de Paris ne pardonnait pas. La France, lasse de sacrifices et de dangers pour son empereur, pensait à elle-même. On se demandait s'il faudrait sacrifier à cet homme jusqu'aux cendres de la capitale. Les principaux citoyens de Paris prenaient conseil de leur intérêt, de leur fortune, du salut de leurs femmes, de leurs enfants. Le gouvernement disparu avec Joseph, Cambacérès, Regnault de Saint-Jean d'Angély, les ministres, les grands courtisans de l'empereur, l'opinion publique se soulevait. Un grand nombre d'hommes considérables parmi la banque, le commerce, la bourgeoisie, le barreau, sortaient de leurs demeures, s'abordaient, se concertaient, s'entendaient dans un sentiment commun de préservation de la patrie, et commençaient à discuter à haute voix les chances d'un arrangement avec l'Europe. Le canon ennemi avait brisé le sceau des cœurs et des lèvres. Un murmure général se prononçait pour une paix nécessaire à tous. Il se formait, comme dans les révolutions, un courant presque unanime d'opinion pour répudier un homme qui n'avait su ni couvrir les frontières, ni préserver le cœur même de la nation dans Paris. La France devait-elle, disait-on, sa capitale en holocauste à cet insatiable génie de la guerre? Les alliés dans leurs proclamations, les empereurs dans leurs paroles, à Bondy, déclaraient qu'ils ne poursuivaient la guerre que contre l'ambition de Napoléon. La France devait-elle prendre fait et cause jusqu'au dernier homme pour un chef qui avait usurpé son trône, dérobé toutes ses libertés, épuisé ses veines? Ce dévouement à la gloire d'un seul n'était-il pas un sophisme d'abnégation, un outrage au vrai patriotisme ? Tels étaient les entretiens des citoyens en voyant entrer les colonnes mutilées de Mortier et de Marmont, les chars encombrés des blessés, ruisselant de sang, et les cadavres des braves volontaires tombés sous le feu des Russes et des Prussiens à Montmartre.

VI

Les principaux de ces citoyens se pressaient à la porte du maréchal Marmont. Ils demandaient à l'entretenir des extrémités de Paris et des périls de la nuit prochaine. Le maréchal, désarmé, blessé, couvert de poussière et de sang, les reçut. Son aspect redoubla l'émotion des paroles. « L'honneur et la fidélité à l'empereur sont satisfaits, lui dirent ses amis ; l'armée est sauvée par l'armistice qui lui donne le temps de traverser nos murs, de s'abriter derrière Paris, de s'enfoncer vers la Loire ; mais nous, qu'allons-nous devenir ? mais nos familles, nos vieillards, nos femmes, nos enfants, nos foyers, nos monuments, ce peuple sans armes et sans vivres, livré à toutes les transes de la faim dans une ville cernée par cinq cent mille hommes, quel sera leur sort ? Voulez-vous que, dans les ténèbres de la nuit qui s'avance, cette capitale, forcée d'assaut ou bien ouverte sans condition et sans sauvegarde, devienne le champ de carnage, de pillage et d'incendie des hordes irritées du Nord ? Placerez-vous votre fidélité égoïste de soldat ou même d'ami de votre empereur au niveau et au-dessus de vos sentiments d'homme et de vos devoirs de citoyen ?

N'avez-vous pas vous-même votre femme, vos proches, vos amis, vos concitoyens dans ces murs? Le hasard de la guerre vous donne dans ce moment à vous seul le sort de Paris et de la France dans les mains. N'est-ce pas une responsabilité terrible, mais obligée, que vous ne pouvez décliner sans crime? Paris, la capitale du monde civilisé, le cœur de la nation, est-il donc à vos yeux comme un de ces champs inhabités et incultes qu'un général abandonne ou ravage avec indifférence pour obéir au plan de son chef ou aux nécessités d'une stratégie? »

VII

Marmont, convaincu, convenait de la nécessité d'une capitulation pour Paris, mais il se réfugiait dans son incompétence pour prendre une résolution d'où dépendrait le sort de l'empire. « Je ne suis ni le gouvernement, disait-il, ni même le commandant en chef de l'armée, je ne suis qu'un lieutenant de l'empereur, qu'un soldat de la patrie. A quels titres oserais-je stipuler en mon nom des conditions qu'il n'appartient qu'à la patrie elle-même ou à l'empereur de consentir? L'empereur se rapproche, dit-on, de Fontainebleau. Je vais lui ramener mes troupes. Il en fera ce que son génie et son autorité jugeront utile à sa cause ou à celle du pays. »

Les citoyens répondaient : « C'est au pays d'aviser pour lui-même. Les ministres de Napoléon ont abandonné la capitale. Laisserons-nous périr nos foyers par un superstitieux respect pour un gouvernement qui n'a su qu'amener sur nous la dernière ruine? » Le conseil municipal de Paris, ce gouvernement de famille qui se retrouve quand les gouvernements politiques disparaissent, se joignit aux citoyens, aux banquiers, aux commerçants qui pressaient le maréchal. Marmont flottait entre son devoir militaire et son devoir civil. En obéissant à son empereur, il exposait Paris à une de ces catastrophes suprêmes qui effacent une capitale du sol. En obéissant au conseil municipal et aux justes terreurs des citoyens, il perdait son général et il dévouait son nom. Séparé de l'armée de l'empereur par les armées étrangères, il ne pouvait prendre ordre que de la nécessité. Il céda à son cœur. Il capitula, il livra les portes de Paris. Il fit replier son armée sur Fontainebleau. Il n'y eut point trahison, il n'y eut pas même faiblesse dans ce mouvement qui substituait une capitulation à un siége. Que pouvait faire un général isolé ayant combattu jusqu'à l'extrémité avec dix-sept mille hommes contre trois cent mille? Ce ne fut pas Marmont qui trahit ce jour-là Paris, ce fut Paris qui trahit Marmont en ne se levant pas pour sa propre défense. Ce cœur de l'empire ne battait plus que contre Napoléon.

VIII

La capitulation portait que les corps d'armée, — on appelait encore ainsi ces débris, — sortiraient le 31 mars au matin de la capitale, et que les hostilités ne pourraient recommencer que deux heures après l'évacuation de Paris, c'est-à-dire à neuf heures ; que la garde nationale se soumettrait aux ordres des puissances coalisées ; qu'enfin la capitale de la France était recommandée à la générosité des alliés.

La nuit fut silencieuse et morne. Le bruit des roues des caissons et des pas des chevaux des colonnes françaises qui se retiraient en gémissant troubla seul le sommeil plein d'anxiété des citoyens. Mais le bruit répandu de la capitulation rassurait les timides. Ils savaient que le préfet de Paris, M. de Chabrol, et M. Pasquier, préfet de police, s'étaient rendus au quartier général de l'empereur Alexandre, à Bondy, pour conférer avec les vainqueurs et pour s'entendre d'avance avec les généraux étrangers sur l'exécution de la capitulation. Le caractère de ces deux magistrats rassurait les citoyens. Ils étaient de ceux qui servent avec intelligence et avec mesure les gouvernements, mais qui ne se dévouent pas au delà du possible et qui ne font point de résistance à mort à la nécessité. L'un, M. de Chabrol, était un administrateur impartial aimé de la capitale ; l'autre, M. Pasquier, d'une antique race parlementaire, était un de ces hommes dont toutes les causes se font un utile instrument, pourvu que ces causes servent leur grandeur et ne déshonorent pas leur caractère. Ils avaient l'un et l'autre trop de pressentiment de la catastrophe de l'empire pour se faire écraser sous ses ruines. Ils rassuraient ainsi Paris par la souplesse même de leurs convictions. On savait bien qu'ils ne s'obstineraient pas inutilement à la constance pour une fortune qui s'écroulait. Quelques citoyens, parmi les plus empressés de changer de maîtres, les accompagnèrent au camp des alliés pour tâter les dispositions et pour flairer le dénoûment. Caulaincourt, qui courait depuis plusieurs nuits dans l'intérêt de son maître, arrivait à Bondy au même moment pour ressaisir un dernier fil d'une négociation tant de fois brisée par la défaite et par la victoire. Ces clients de l'empereur Alexandre, venant plaider des causes si différentes, attendirent son réveil pour savoir ce que le sort allait prononcer par sa bouche.

IX

L'empereur Alexandre était étonné et attendri de sa victoire. Dicter des lois aux portes de Paris au peuple qui avait incendié sa propre capitale, tenir dans sa main la couronne ou l'abdication du conquérant dont il avait été l'ami et presque l'adulateur, il y avait là de quoi enivrer une âme ordinaire ; mais Alexandre était une grande âme. Comme les grandes âmes, il mettait sa gloire non dans la vengeance, mais dans la générosité. Les représailles contre un peuple ou contre un homme vaincu lui paraissaient ce qu'elles sont, une perversité du succès. Ce prince, bien qu'il eût la souplesse de la race grecque et le fanatisme des races du Nord, avait aussi et surtout la magnanimité grandiose et théâtrale des races héroïques de l'Orient. Il voulait ressembler à l'antiquité non par des ravages, mais par des vertus. Il aspirait la civilisation, il respectait l'humanité, il adorait profondément la Providence, dont il se croyait l'instrument pour affranchir le monde du despotisme que Napoléon faisait peser depuis quinze ans sur l'indépendance des peuples et sur les libertés de l'esprit humain. Jeune, beau, adoré des yeux, portant seulement sur ses traits le reflet mélancolique d'un souvenir, il posait avec une simplicité majestueuse devant l'opinion. Il n'était pas tant flatté de vaincre les Français que de leur plaire. Il semblait leur demander de lui pardonner ses triomphes. Il désirait que la France vît en lui non un barbare, mais un admirateur, non un vainqueur, mais un libérateur et un ami. A cette douceur de caractère, à cette grâce qui s'excuse de sa force, l'empereur Alexandre joignait une adoration exaltée de la Providence divine. Son cœur passionné et chevaleresque avait été encore pétri de douceur et de tristesse par l'amour de quelques femmes adorées. La fatigue des plaisirs en refusant de bonne heure les voluptés à ses sens, les avait remplacées dans son âme par un platonisme pieux, cet amour sans épuisement de l'infini. Une femme encore belle, espèce de sibylle chrétienne, madame de Krudener, était en correspondance avec lui. Elle lui prophétisait le rôle de Constantin d'un nouveau christianisme. Le fanatisme de l'orthodoxie grecque, les doctrines du philosophe catholique de Maistre, qui avait longtemps habité sa cour, les lumières de la philosophie rationaliste de la France, enfin le piétisme illuminé de madame de Krudener, se mêlaient dans l'âme religieuse d'Alexandre à un grand éclectisme dont le culte était vague, mais dont le dieu brûlait dans son cœur. Tout grand rôle a besoin d'une grande inspiration. En sentant grandir le sien, Alexandre avait grandi la sienne. Ses pensées montaient à Dieu. Il le remerciait de lui avoir donné le triomphe. Il cherchait ardemment dans son âme à le sanctifier devant l'Être suprême par des bienfaits à l'humanité.

X

Telles étaient les vraies dispositions de l'empereur Alexandre au moment où il se réveillait vainqueur aux portes de Paris. Il admit les magistrats, les chefs de la garde nationale et les citoyens à son audience. Il parut avec modestie devant eux. Ce fut le conquérant qui parut supplier. « Je déplore cette guerre, leur dit-il ; je ne la fais point aux Français, mais à l'homme qui abuse de leur nom et de leur sang pour opprimer l'Europe. C'est lui qui est venu me provoquer jusqu'au fond de mon empire, ravager mes provinces, immoler mes peuples, brûler mes villes. La justice de Dieu me ramène aujourd'hui sous les murs dont l'agression est partie. Je ne profiterai de cette faveur de la Providence à mes armes que pour réconcilier la France avec les nations et pour rendre la paix au genre humain. »

L'empereur promit ensuite de protéger la capitale ; et s'adressant aux chefs de la garde nationale, il les autorisa à conserver leur organisation et leurs armes, et à veiller, conjointement avec ses troupes, aux foyers des citoyens.

Pendant cet entretien, M. de Nesselrode, son ministre, faisait secrètement avertir M. de Talleyrand qu'Alexandre désirait s'entretenir avec lui, et qu'il irait descendre dans son hôtel après l'entrée des armées alliées dans Paris.

XI

Rien n'annonçait dans la physionomie de Paris la consternation d'une capitale qui attend son vainqueur. Les boulevards, les faubourgs, les rues, étaient couverts d'une foule immense dont les visages exprimaient plus de curiosité que de tristesse. Tout est spectacle pour une telle ville, même sa propre humiliation. Il faut le dire pourtant, ce qui rendait cette humiliation moins visible, c'est le sentiment du peuple et de l'immense majorité des citoyens. Ce n'était pas tant la France que l'empereur qui leur paraissait vaincu. Ils se disaient avec vérité : « Ce n'est pas l'ennemi qui en triomphe, c'est nous qui le laissons tomber. S'il n'eût point poussé l'usurpation de tous nos droits et la tyrannie de toutes nos libertés jusqu'à cet excès qui fait fléchir le patriotisme devant la dignité d'homme, la France se levant, comme en 1792, aurait refoulé jusque dans leurs capitales ces souverains profanateurs de notre sol. Nous sommes envahis parce que nous le permettons, nous sommes vaincus dans l'homme qui est notre chef; mais, ce chef une fois hors de cause, nous ressaisirons la victoire en retrouvant la liberté et la volonté de combattre. » On lisait de plus sur tous les visages, on entendait dans tous les entretiens cette curiosité passionnée de connaître quel serait le sort définitif que la journée apporterait à la patrie. Ce pouvoir militaire se relèverait-il dans une capitale qu'il n'avait pas pu préserver? Quel serait le gouvernement que sa chute allait imposer ou laisser choisir à la France? Ces pensées laissaient à peine aux esprits le temps de penser à la grandeur de nos revers et à la honte de l'occupation. Les controverses des citoyens entre eux sur les éventualités de l'avenir et sur la préférence pour tel ou tel règne animaient Paris d'un mouvement et d'un murmure qui donnaient une apparence de jour de fête à un spectacle et à un jour de dégradation.

Le peuple seul des quartiers populeux et des faubourgs portait sur sa physionomie la rage de la patrie et la consternation du citoyen. Ces hommes simples, étrangers aux débats politiques pour le choix des gouvernements, n'ont que la patrie pour opinion. Familles d'où sortent et où rentrent nos soldats, elles s'intéressent surtout aux luttes, aux défaites ou aux victoires de leurs frères. Les soldats de Mortier et de Marmont, affamés, souffrants, blessés, en passant la nuit dans ces faubourgs et en se retirant à travers ces rues, y avaient semé une pitié ardente de leurs misères, une haine fanatique de l'étranger, une sourde indignation contre la capitulation qui livrait Paris à la merci des ennemis et nos dernières troupes à la retraite. Quelques groupes de ces hommes du peuple, armés des piques que le roi Joseph leur avait fait distribuer en petit nombre, brandissaient leurs armes, protestaient contre la lâcheté de la ville, et lançaient des imprécations contre les frères et contre les ministres en fuite de Napoléon. Mais ces imprécations mouraient dans le silence et dans la résignation de la foule. Personne ne s'armait pour la capitale, craignant de paraître s'armer pour Napoléon.

XII

A dix heures du matin, sous un soleil de printemps, à travers une foule sereine comme si elle eût assisté à une revue de l'Europe, les armées coalisées commencèrent à défiler dans Paris. Ces troupes, reposées de marches et de combats depuis plusieurs jours, avaient eu le temps d'effacer de leurs vêtements et de leurs armes les traces des marches et des batailles. Les hommes, les chevaux, les canons, les drapeaux, éclataient de luxe militaire, d'or et d'acier. Chacun des régiments russes, prussiens, autrichiens, allemands, semblait sortir de ses casernes ou de ses quartiers pour passer sous l'œil et sous l'épée de ses souverains. Deux cent cinquante mille cavaliers, artilleurs ou fantassins se pressaient en colonnes serrées de trente hommes de front sur toutes les avenues de l'est et du nord de Paris, et s'engouffraient par ses portes aux sons des tambours et des musiques militaires.

Quelques pelotons de Cosaques et de cavalerie orientale du Caucase précédaient l'armée comme pour éclairer sa marche dans les principales avenues de la capitale. A leur aspect, le peuple des quartiers de la Bastille s'émeut et pousse comme en signe de défi le cri de : « Vive Bonaparte ! » Quelques hommes armés sortent de cette foule et se précipitent sur un aide de camp de l'empereur Alexandre qui allait préparer son logement. « A nous, Français ! s'écrient ces hommes désespérés : l'empereur Napoléon arrive ! Anéantissons l'ennemi ! » Le peuple reste sourd, la garde nationale s'interpose, protége le détachement, relève quelques officiers blessés. Les têtes de colonnes paraissent bientôt sur les boulevards.

Les contre-allées, les balcons, les toits des maisons, étaient comme autant de gradins d'un cirque immense et silencieux contemplant ce dénoûment du drame européen de dix ans. Le grand-duc Constantin, frère de l'empereur Alexandre, s'avançait sur un cheval sauvage et robuste des steppes à la tête de la cavalerie russe. Ce prince, au visage tartare, au regard effaré, à la parole brusque, au geste soldatesque, représentait la guerre barbare évoquée du fond des déserts du Nord pour refluer sur le Midi. Mais, soumis comme un esclave dompté et affectionné à son frère, le grand-duc Constantin imposait à ses escadrons la discipline et l'humanité des jours de paix.

XIII

L'empereur Alexandre, pendant que son frère conduisait lentement ses trente mille cavaliers vers les Champs-Élysées par les boulevards, était allé avec tous ses généraux rejoindre le roi de Prusse à la barrière de Paris, afin de lui faire partager le triomphe comme ce roi avait partagé la victoire. Les maires de Paris vinrent lui recommander la capitale.

« Le sort des armes m'a conduit jusqu'ici, leur répondit Alexandre. Votre empereur, qui fut mon allié, m'a trompé deux fois. Je suis loin de vouloir rendre à la France les maux qu'elle m'a faits. Les Français sont mes amis, et je veux leur prouver que je viens rendre le bien pour le mal. Napoléon est mon seul ennemi. Je protégerai Paris, je respecterai ses citoyens, ses monuments, je n'y ferai séjourner que des troupes d'élite, je conserverai votre garde nationale, qui est l'élite de vos citoyens. C'est à vous seuls d'assurer votre sort à venir. »

XIV

Alexandre, dans ces paroles, indiquait assez quelle devait être la seule victime de l'événement. Napoléon seul ennemi, il était évident qu'il devait être sacrifié à la paix. Mais, tout en le faisant conclure, le vainqueur ne le disait pas.

Après ces paroles, admirablement calculées pour pressentir et pour solliciter l'opinion contre le seul obstacle à la réconciliation du monde, Alexandre et le roi de Prusse poussèrent lentement leurs chevaux vers la porte Saint-Martin. Un cortége épais et brillant de souverains secondaires, de princes, de généraux, les entourait. Ils marchaient entre un régiment de Cosaques réguliers du Don, dont l'aspect oriental étonnait les yeux, et les régiments de leur garde. Ces troupes contrastaient par la beauté des chevaux, par la taille des hommes du Nord, par la propreté, l'élégance et la richesse des uniformes, des harnais, des armes, avec la cavalerie maigre et harassée, avec les tailles courbées par la marche et avec les habits souillés de boue et de sang de la poignée de Français héroïques que Paris avait vus la veille traverser nuitamment ses murs.

Les tambours, les trompettes, les instruments de cuivre des musiques militaires, remplissaient les rues d'accents belliqueux; fanfares pour eux, tristesse pour nous. Les rues qui conduisent des barrières au faubourg Saint-Martin paraissaient des fenêtres un fleuve d'acier.

A l'endroit où le large faubourg débouche sur les boulevards par la porte triomphale de Louis XIV, les colonnes, obstruées par l'immense foule de la population de Paris, accourue de tous les quartiers, du midi et de l'ouest, flottèrent un moment comme arrêtées par ce flux de peuple. Elles se firent jour péniblement enfin par l'avenue qui mène aux Champs-Élysées. Jamais Paris n'avait vu un tel océan de sabres, de baïonnettes, de canons, inonder ses rues et ses places. Le peuple, tant de fois trompé par les bulletins de l'empereur, qui ne lui parlaient que des victoires de ses armes et des défaites de ses ennemis, voyait enfin de ses yeux la douloureuse vérité : la France désarmée et épuisée, l'Europe armée et inépuisable. Ce spectacle le détachait de l'empereur. Les foules ne jugent que par leurs sens. La force visible les entraîne du côté de la fortune. La multitude, d'abord muette et consternée, commençait à croire à la chute accomplie de Napoléon. De ce sentiment de sa chute à la malédiction contre sa fatale puissance, il n'y avait qu'un signal à donner. Quelques royalistes le donnèrent.

XV

Lorsque les souverains, l'empereur Alexandre, le roi de Prusse, le prince de Schwartzenberg, les généraux, les ministres et les ambassadeurs, tous à cheval, atteignirent la partie des boulevards sur laquelle débouchent les plus opulents quartiers de Paris, des cris de : « Vive le roi ! » éclatèrent sous leurs pas dans quelques groupes. Ce cri, étouffé depuis 1791, neuf pour les jeunes générations, étonna d'abord comme un écho d'un autre siècle. Le peuple en soupçonnait à peine le sens. Il resta longtemps isolé. Les souverains eux-mêmes, bien qu'ils fussent secrètement prédisposés à l'accueillir, parurent regarder cette manifestation comme prématurée; ils évitèrent d'y sourire. Ils rembrunirent leur physionomie. Ils firent signe de la main à quelques gentilshommes qui l'avaient proféré de suspendre et de réserver un dangereux enthousiasme. Mais soit que cette recommandation muette de prudence dans l'attitude des souverains fût sincère, soit qu'elle ne fût qu'une provocation plus délicate et plus habile à l'expression de la volonté du peuple, elle ne fut pas obéie. Les groupes, parmi lesquels on comptait beaucoup d'anciens républicains, mêlés à de jeunes partisans des Bourbons, parurent vouloir faire violence aux souverains et à leur suite pour leur arracher un signe de consentement à leurs cris. Autour de l'empereur et du roi de Prusse, des généraux et des ministres, craignant moins de s'engager que leurs souverains, encourageaient visiblement du regard, du sourire et du geste, des acclamations qui les vengeaient de l'empire. A mesure que l'état-major des alliés pénétrait davantage dans les quartiers de la noblesse, de la banque, des arts, du haut commerce et du luxe, ces cris prenaient plus de masse et plus d'accent. Les rassemblements qui les poussaient grossissaient autour des princes. Quelques jeunes gens, quelques jeunes femmes, élevant et agitant des mouchoirs blancs dans leurs mains, les faisaient flotter aux regards des coalisés comme un drapeau pour leur rappeler une cause jusque-là muette. Les plus dévoués, oubliant toute prudence personnelle et même toute dignité de peuple vaincu, se précipitaient au poitrail des chevaux des souverains, embrassaient leurs bottes, saisissaient leurs rênes, joignaient les mains, élevaient les yeux vers leurs visages, et semblaient les supplier de prononcer une parole qui affranchît leur âme du joug de l'empire et qui leur rendît les rois de leurs pères. Ils semaient des cocardes blanches dans la foule; ils faisaient flotter des rubans au bout de leurs cannes. Les femmes, aux fenêtres de leurs hôtels, répondaient à ces cris et à ces signaux par des cris et par des signaux pareils. Elles battaient des mains aux royalistes; elles s'inclinaient sur leurs balcons au passage des souverains; elles pavoisaient de blanc leurs fenêtres; elles élevaient leurs enfants dans leurs bras et propageaient, de façade en façade, les cris multipliés de : « Vivent nos libérateurs! A bas le tyran! Vivent les Bourbons! » Les maisons n'avaient qu'une couleur et qu'une voix.

XVI

Le peuple de ces quartiers paraissait étonné et comme indécis entre l'humiliation de voir sa capitale au pouvoir des armées et la nouveauté du spectacle. Napoléon était à ses yeux le grand coupable de cette invasion qui profanait le pavé de sa ville. L'attitude calme et affectueuse des souverains, la discipline de leurs troupes, la politesse des généraux, la modestie des vainqueurs, la merveille de cette capitale respectée, de ces foyers tranquilles, de ces cortéges pacifiques, de ces monuments, de ces magasins restés ouverts sans qu'une main osât attenter aux richesses dont ils étaient remplis, cette garde nationale armée formant la haie à ce torrent des hordes du Nord, cette police, cette sûreté, ces visages tranquilles, ces signes de joie, ces bannières de fête au sein d'une ville longtemps menacée, aujourd'hui occupée plutôt que conquise, faisaient passer le peuple de la consternation à la reconnaissance, et à l'enthousiasme de sa sécurité dans cet ébranlement de son imagination et de ses sens. La moindre impulsion devait le pousser aux partis les plus inattendus la veille. Sans savoir en réalité ce que signifiaient ces signes, ces drapeaux, ces cris du royalisme, il s'y associa mollement, aveuglément et comme par complaisance envers je ne sais quel inconnu qu'on lui présentait pour solution à ses incertitudes. Cependant ce mouvement royaliste, conçu dans quelques châteaux et dans quelques hôtels, tenté le matin seulement par quelques jeunes gens et par quelques vieillards de l'ancienne noblesse, favorisé par quelques hommes de lettres, consenti et encouragé par quelques ambitieux pressés de déserter l'empire et de présenter des services à de nouveaux règnes, ne se communiquait pas sans murmure et sans résistance dans le peuple. Les uns rougissaient de produire leur haine réelle et profonde contre l'empire comme un hommage honteux et commandé à leurs vainqueurs. Les autres trouvaient que de telles manifestations étaient irréfléchies, imprudentes, et seraient peut-être, le lendemain, des tables de proscription contre Paris. Le plus grand nombre ignoraient complétement de qui et de quoi les royalistes s'enthousiasmaient sous leurs yeux. Enfants sous la République, jeunes sous le Consulat, hommes sous l'Empire, ils ne connaissaient de l'histoire de leur pays que la Révolution, les conquêtes et les revers de l'empereur. Les amis de la famille absente des Bourbons ne parvinrent qu'à peine, et par une sorte de surprise à l'opinion, à présenter aux yeux de l'empereur de Russie une apparence de vœu national en faveur de la restauration. Une seule chose était sincère et profonde dans le peuple réfléchi : la lassitude de la guerre.

XVII

Le défilé de leurs armées dura une partie du jour. L'empereur de Russie et le roi de Prusse, constamment cernés et obsédés par une poignée de royalistes, étaient passés à la fin de la réserve et de l'indécision à l'entraînement. Ils avaient eu de rapides entretiens et de soudains colloques avec les hommes les plus rapprochés d'eux. Ils semblaient s'être pénétrés de l'opinion qui les enveloppait. Cette opinion et ces souvenirs étaient représentés par des hommes qui portaient les plus beaux noms de la monarchie ou les plus hautes renommées dans les lettres : les Montmorency, les Lévis, les d'Hautefort, les Choiseul, les Kergorlay, les Chateaubriand, les Fitz-James, les Adhémar, les Noailles, les Boisgelin, les Talleyrand de Périgord, les Juigné, les Virieu. Ces hommes suppléaient au nombre par l'énergie et l'audace de leur fanatisme pour leur cause. Leur attachement aux souverains de l'ancienne race des Bourbons était un culte plus qu'une simple préférence. C'était moins leur puissance que leur histoire qu'ils voulaient reconquérir avec les rois de leur passé. Le matin, avant que la présence des troupes étrangères leur assurât le patronage des coalisés, ils avaient témérairement risqué leur vie en se groupant à pied ou à cheval sur la place de la Concorde, et en arborant seuls une cocarde que le peuple pouvait prendre pour un signe de trahison et punir de mort. Mais, emportés par l'impatience et sachant qu'il faut aux révolutions un dévouement qui ne regarde pas derrière soi, ils avaient joué leur vie pour leur souvenir. Massacrés par le peuple ou par Napoléon s'ils échouaient, ils n'avaient de salut que dans la complicité de l'empereur Alexandre. Il fallait l'arracher, ils allaient l'obtenir.

LIVRE CINQUIÈME

Napoléon au village de la Cour-de-France, près de Paris, le 30 mars au soir. — Rencontre des troupes françaises en retraite, du général Belliard et de l'empereur. — L'empereur apprend la capitulation de Paris. — Indignation de Napoléon. — Il envoie Caulaincourt à Paris. — Vaine tentative de Caulaincourt pour entrer dans Paris. — Son retour près de l'empereur. — Il est renvoyé une seconde fois près des alliés. — Napoléon se rend à Fontainebleau. — Rencontre du grand-duc Constantin et de Caulaincourt aux barrières. — Il fait entrer Caulaincourt dans Paris. — Alexandre le reçoit. — Entrevue d'Alexandre et de Caulaincourt.

I

La nuit qui avait précédé cette entrée triomphale des souverains étrangers dans Paris, que faisait l'empereur?

Nous avons vu qu'après avoir ordonné la réunion à marche forcée de ses débris pour le 2 avril sous les murs de Paris, il avait quitté Troyes le 30 mars, à l'aube du jour, et qu'accompagné seulement de Berthier, son major général, et de Caulaincourt, son négociateur intime, il s'était précipité à toute course de ses chevaux vers Paris.

Incertain des revers ou des succès de Marmont et de Mortier, il tremblait pour le cœur de son empire, pour sa femme, pour son fils, pour ses frères, pour son trône et pour sa gloire. Il espérait que sa présence et son nom vaudraient une armée pour Paris. Il ne demandait plus que deux jours au temps et un répit à la destinée. Si le temps et la destinée les lui avaient accordés, soixante mille hommes concentrés sous les murs, une artillerie immense, des renforts faciles, un élan populaire imprimé par ses soldats, un ou deux coups d'éclat de ses armes sur Schwartzenberg ou sur Blücher, les négociations reprises par Caulaincourt sur la base de Châtillon, pouvaient lui laisser encore, non la grandeur, mais le trône. Il ne contestait plus avec la nécessité de la paix. Il se hâtait pour la saisir après l'avoir tant de fois dédaignée. Mais la paix, l'empire, le trône et la gloire allaient lui échapper à la fois. Il courait pour apprendre plus vite l'arrêt du destin tant de fois dicté par lui, cette fois contre lui.

II

En deux heures, la voiture de hasard qu'il avait empruntée près de Montereau le mena au galop à travers les sentiers ruraux de ces plaines entre le village d'Essonne et celui de Villejuif, presque aux portes de Paris. Il avait évité Fontainebleau de peur de trouver la ville occupée par des détachements de l'armée de Schwartzenberg. Personne, sur les routes désertes par lesquelles son guide le conduisait, n'avait pu lui jeter un mot précurseur de ce qu'il allait apprendre sur le sort de Paris et de ses armées. La nuit était sombre, le froid glacial, l'empereur muet entre ses deux derniers compagnons de fortune. Cette voiture contenait le maître du monde courant au-devant de sa destinée.

Elle s'arrêta au village de la Cour-de-France, bâti sur le dernier mamelon qui domine d'un côté le cours et la vallée de la Seine, de l'autre le cours et la vallée de l'Essonne. Mais l'obscurité ne laissait apercevoir à droite et à gauche de ces deux grands horizons que les lueurs lointaines des feux de bivouacs, s'étendant en lignes sur les coteaux de Villeneuve-Saint-Georges et de Charenton, et se prolongeant plus près jusqu'aux bords de la Seine, sans que l'empereur pût savoir si ces feux étaient ceux de Mortier et de Marmont, ou ceux des camps ennemis.

III

Il se précipita hors de la voiture et courut à la maison de poste pour s'informer de ce qu'il brûlait et tremblait de savoir. Avant de rencontrer un seul homme à interroger, il vit à quelque distance sur la large chaussée du village des soldats débandés qui marchaient en groupes vers Fontainebleau. Il s'étonne et s'indigne. « Comment, s'écrie-t-il, ne dirige-t-on pas ces soldats sur Paris? » Le général Belliard, un de ses lieutenants les plus dévoués, sort, à la voix de l'empereur, de l'ombre de la porte, et lui dit le mot fatal de cette marche à contre-sens. « Paris a capitulé, les ennemis y entrent demain, deux heures après le lever du soleil, et ces troupes sont les restes de l'armée de Marmont et de Mortier qui se replient sur Fontainebleau, pour aller se rejoindre autour de l'empereur à l'armée de Troyes. »

Un long silence est la seule réponse de Napoléon, pareil au moment de silence qui succède au bruit d'un écroulement. C'était l'écroulement de son dernier espoir. Il passe la main à plusieurs reprises sur son front pour essuyer la sueur froide qui l'inonde ; puis, comme un homme qui rassemble ses forces pour s'égaler à son revers, il recompose ses traits, raffermit sa voix, possède son caractère, et, feignant contre les hommes une colère qu'il n'a droit d'avoir que contre les événements, il se répand en mépris et en imprécations contre ses lieutenants, contre ses ministres, contre son frère, dont l'impéritie et le manque de caractère ont laissé l'avance à ses ennemis sur lui. Il marche à pas saccadés en long et en large, suivi par Caulaincourt, Berthier et Belliard, sur la vaste place montueuse qui s'étend devant l'hôtellerie. Il s'arrête, il s'élance de nouveau, il paraît hésiter, il revient sur ses pas. Il semble donner à sa marche, tantôt lente et tantôt rapide, toute l'indécision, tous les élans, tous les retours, tous les mouvements confus de sa pensée. Ses lieutenants se regardent et n'osent mêler leurs conseils au conseil qu'il tient en lui-même. Puis il interroge encore :

« Où est ma femme ? où est mon fils ? où est l'armée ! Qu'est devenue la garde nationale de Paris ? et la bataille qu'on devait livrer jusqu'au dernier homme sous les murs ! Et les maréchaux ? et Mortier ? et Marmont ? où les retrouver ? » On lui répond, il écoute à peine les réponses. « La nuit est encore à moi, s'écrie-t-il, l'ennemi n'y entre qu'avec le jour ! Ma voiture ! ma voiture ! Partons à l'instant! Devançons Blücher et Schwartzenberg! Que Belliard me suive avec la cavalerie! Combattons jusque dans les rues et les places de Paris! Ma présence, mon nom, l'intrépidité de mes troupes, la nécessité de me suivre ou de mourir, réveilleront Paris. Mon armée, qui me suit, arrivera au milieu de la lutte; elle prendra les étrangers à revers pendant que nous les combattrons en face! Allons! une fortune m'attend peut-être à mon dernier revers. » Et il pressait de la voix, en trépignant de ses pieds et du geste, l'attelage des chevaux qu'il demandait.

Berthier, Belliard, Caulaincourt, consternés de l'étendue d'un désastre qu'ils ne lui avaient révélé qu'à demi, frémissaient à l'idée d'une lutte d'extermination dans l'enceinte d'une capitale. C'était la guerre antique avec ses incendies, ses massacres, ses villes et ses peuples effacés du sol. Ils furent obligés de lui rappeler que le droit des gens ne s'opposait pas moins que l'humanité à un dessein si extrême et si funeste. Ils lui avouèrent que l'armée de Paris et les généraux étaient liés déjà par une convention qui leur faisait un devoir de se replier sur Fontainebleau. « Les insensés! répond Napoléon en se parlant à lui-même, Joseph! mes ministres! Quoi! avec une artillerie formidable dans leurs arsenaux, ils n'ont eu qu'une batterie de six pièces et des munitions épuisées sur Montmartre? Il devait y avoir deux cents pièces, qu'en ont-ils fait? Hommes sans cœur ou sans tête, laissant tout s'anéantir où je ne suis pas! »

IV

Il demanda avec plus d'instance une voiture et des chevaux pour courir au secours de la capitale. « Je veux y rentrer à tout prix! Je n'en sortirai que mort ou vainqueur! »

Mais, pendant qu'il se livre à cet accès de colère, d'impatience et d'héroïsme devant ses trois compagnons de fortune immobiles devant lui, des généraux, des colonels, des cavaliers de sa garde en retraite arrivent successivement par groupes sur la route de Paris, s'arrêtent, descendent de cheval au bruit de son nom, et se groupent tristement autour de leur empereur. Il les interroge un à un; il apprend d'eux, tour à tour, les détails de la journée, la retraite de leurs corps, la perte de leurs régiments, le détachement de leurs forces. Quatre mille hommes jonchent de leurs cadavres les abords de Paris.

A ces récits qui se confirment et qui s'aggravent l'un par l'autre, Napoléon renonce enfin à retourner ces restes d'armée sur Paris et à s'y porter lui-même. Il revient à la pensée de négocier encore pour un débris d'empire avant que l'ennemi occupe son propre palais. Il se souvient qu'il fut l'ami d'Alexandre, qu'il est le gendre de l'empereur François. Il croit que ses titres et l'ombre de son nom arrêteront à temps la dernière profanation de sa couronne. Il entraîne Caulaincourt à l'écart, et lui ordonne de faire seller un cheval et de pénétrer avant le jour au quartier général des alliés. « Courez à toute bride, dit-il à son négociateur confidentiel, courez; je suis livré et vendu!...

Voyez s'il est temps encore pour moi d'intervenir au traité qui se signe peut-être déjà sans moi et contre moi. Je vous donne pleins pouvoirs ! Ne perdez pas une minute ! Je vous attends ici ! Revenez à l'instant m'annoncer mon sort ! »
Caulaincourt part et franchit au galop la courte distance qui le sépare de Villejuif. Napoléon ordonne à Belliard de faire bivouaquer les troupes à mesure qu'elles arrivent de l'autre côté de la rivière d'Essonne. Il entre ensuite dans l'hôtellerie, suivi de Belliard et de Berthier.

V

Cependant Caulaincourt, arrivé aux avant-postes de l'ennemi, se nomme et demande en vain passage au nom de la mission qu'il a de l'empereur. Il est forcé de renoncer à franchir les postes, et revient, deux heures après son départ, retrouver son maître et lui annoncer l'inutilité de ses tentatives. Mais rien ne lasse Napoléon, qui veut à tout prix que son nom intervienne au traité, soit comme empereur, soit comme général. Un traité où son nom et ses intérêts seraient omis, c'est son détrônement prononcé. Il ne laisse à Caulaincourt que le temps de prendre un cheval frais, et le renvoie tenter une autre route. « Les misérables ! répétait-il pendant que Caulaincourt s'essuyait le front ; les lâches ! Je ne leur demandais que de tenir vingt-quatre heures !... Et Marmont, qui avait juré de se faire hacher sous les murs de Paris !... Et Joseph, mon frère, donnant à mes troupes l'exemple de la retraite !... Ils savaient cependant que le 2 avril, après-demain, je serais à la tête de soixante mille hommes aux portes !... Et ma brave garde ! et mes jeunes écoles militaires ! et les volontaires électrisés de cette garde nationale qui m'avaient juré de défendre ma femme et mon fils !... Ils ont capitulé ! Ils ont trahi leur frère, leur pays, leur souverain ! Ils ont déshonoré la France en Europe !... Ils ont permis à des colonnes ennemies suivies par moi d'entrer sans combat dans une capitale d'un million d'âmes !... »

Puis, revenant à Caulaincourt : « Hâtez-vous ! partez, partez ! Forcez la porte de l'empereur Alexandre ! Je signe tout ce que vous aurez conclu avec eux. Je n'ai plus d'espoir qu'en vous ! Cette nuit renferme le sort de mon empire et le mien. »

Après ces paroles entrecoupées, l'empereur tendit la main à Caulaincourt, qui la serra en l'approchant de ses lèvres. La nuit s'avançait ; Caulaincourt galopa de nouveau dans ses ombres et par une autre route vers Paris, dont il voyait les feux devant lui.

VI

Napoléon, renonçant pour le moment à tout retour armé sur sa capitale, reprit à cheval, lentement et en silence, la route de Fontainebleau, ce palais de son bonheur, de ses chasses et de ses fêtes. Un groupe d'officiers généraux le suivait abîmé dans les mêmes réflexions. L'empereur arriva à l'aube du jour dans la cour vide de cette demeure de François Ier. Comme s'il eût voulu replier déjà son existence aux proportions de sa destinée qui se rétrécissait et abdiquer ses pompes avant son empire, il défendit d'ouvrir pour lui les grands appartements. Il se logea, en particulier plus qu'en souverain, dans un entre-sol, à l'angle du palais. Ses fenêtres ouvraient sur le jardin assombri de ce côté par une forêt de sapins. Un escalier de quelques marches descendait de sa chambre dans un parterre réservé et séparé par une enceinte du jardin royal. Ce parterre, dont les arbustes commençaient à peine à bourgeonner aux approches du mois d'avril, était assez semblable à ces champs des morts, enclos de murs et bordés de cyprès, de la Corse ou de la Toscane. Cette conformité du site et du sort avait sans doute instinctivement porté Napoléon à réfugier sa destinée dans cet angle du château.

Les troupes, à mesure qu'elles arrivaient de Paris par toutes les routes, et de Troyes par Fossard, se cantonnaient dans la ville et dans les villages environnants. Suivons cependant Caulaincourt.

VII

Il n'espérait rien en obéissant pour la seconde fois à l'ordre de son maître que le malheur lui rendait plus impératif. Il était arrêté et interrogé à chaque instant par des officiers, des soldats, des amis de Napoléon, fugitifs de Paris, qui lui demandaient où était l'empereur. « Nous nous sommes battus pour lui jusqu'à la nuit, s'écriaient les troupes; qu'il se montre! S'il vit, qu'on nous dise ce qu'il veut; nous sommes prêts à nous battre encore! Qu'il nous ramène à Paris! L'ennemi n'y entrera que sur le cadavre du dernier soldat français ! S'il est mort, qu'on nous le dise encore, et qu'on nous ramène à l'ennemi ! Nous le vengerons ! » Telles étaient les dispositions des troupes, si différentes de celles du peuple. Les visages hâlés, les lèvres crispées, les yeux sanglants, les bras en écharpe, les souliers usés par les marches, ces soldats, assis sur le revers des fossés ou se traînant dans la fange des routes, donnaient par leur aspect un caractère de désespoir et de deuil suprême à leur attachement pour leur empereur. Chaque fois que Caulaincourt leur disait que Napoléon vivait et qu'il les attendait à Fontainebleau, ils lui répondaient d'une voix presque éteinte par le cri de : « Vive l'empereur ! » Ils reprenaient d'un pas plus rapide la route qui devait les rejoindre à lui.

Pendant que ces derniers rangs de son armée protestaient par leurs derniers souffles de voix contre l'ingratitude, les chefs civils et militaires entre lesquels il avait partagé les dépouilles du monde s'accommodaient avec ses vainqueurs, et donnaient son trône pour rançon de leurs titres et de leurs trésors.

VIII

Les Russes étaient campés sur les routes qui débouchent aux barrières de Melun, d'Orléans, de Chartres. Une ceinture d'armées de toutes langues cernait Paris. Caulaincourt se trouva, au lever du jour, au milieu de ces troupes prêtes à saisir leur proie. Un murmure d'orgueil et de joie sortait de tous les bivouacs. Les instruments militaires et la voix des officiers appelaient les soldats au triomphe de l'entrée dans cette capitale que le soleil allait éclairer. Cette joie était un deuil pour les yeux et pour le cœur du négociateur errant de Napoléon. Repoussé une seconde fois par tous les postes, il se réfugia, pendant la journée entière, dans une de ces fermes isolées qui s'élèvent au milieu des vastes plaines de Paris. Il n'en sortit qu'à la chute du jour, lorsque le silence des trompettes et des tambours lui fit comprendre que les armées étrangères étaient toutes entrées dans les murs. Il pensait que Paris une fois occupé, les interdictions qui lui en fermaient les portes tomberaient, et qu'il pourrait pénétrer enfin jusqu'à l'empereur Alexandre. Repoussé une dernière fois, il se décourageait et reprenait, désespéré, la route de Fontainebleau. Un hasard lui fit rencontrer la voiture du grand-duc Constantin, frère de l'empereur de Russie, qui allait franchir les barrières. Ce prince reconnut Caulaincourt, longtemps ambassadeur de Napoléon en Russie. Il le traita en ami malheureux. Il lui avoua que les précautions les plus inflexibles étaient prises par les familiers de M. de Talleyrand, dont Alexandre était l'hôte, pour fermer l'accès du cabinet des souverains à tout émissaire de Napoléon. Mais, fléchi par les prières et la mâle douleur de Caulaincourt, Constantin osa violer la consigne de cette politique. Il fit monter Caulaincourt dans sa voiture, le revêtit de ses propres mains d'une pelisse et d'une coiffure russes, et le conduisit ainsi déguisé jusqu'aux Champs-Élysées, dans le voisinage de l'hôtel de M. de Talleyrand. Il laissa Caulaincourt seul dans sa voiture sous la garde de ses Cosaques. Du fond de cette calèche ignorée, l'ambassadeur de Napoléon assista, pendant une partie de la nuit, au tumultueux concours de diplomates, de généraux et d'hommes politiques que l'heure décisive et le conseil encore irrésolu de l'empereur de Russie et du roi de Prusse amenaient à la porte du palais où le sort allait prononcer. Le grand-duc Constantin, retenu par son frère, ne reparut qu'à la fin de la nuit à la portière. Il avait obtenu d'Alexandre la permission d'introduire enfin le dernier représentant de Napoléon. Caulaincourt descendit, franchit, sous son déguisement et sous la protection du grand-duc, les salons pleins des ennemis de son maître. Il passa inconnu et fut reçu par Alexandre.

IX

L'empereur fut familier, magnanime et compatissant. Il encouragea Caulaincourt à la confiance par la confiance qu'il lui témoigna lui-même. Il se souvint de ses anciens sentiments pour Napoléon. Il montra l'intention de le traiter avec cette générosité que les héros se doivent après le triomphe. Il ne se prononça pas sur le sort qu'on lui ferait, mais il avoua à Caulaincourt que son règne et le règne de son fils, inspirés par les traditions de sa gloire et de ses conquêtes, étaient désormais déclarés incompatibles avec la paix de l'Europe et avec l'ordre européen. « Sa perte est-elle donc jurée? demanda l'ambassadeur. — A qui la faute? répliqua Alexandre ému mais inflexible; à qui la faute? Que n'ai-je pas fait pour prévenir ces extrémités, pour lui ouvrir les yeux sur le crime et sur le danger de venir envahir mon empire, un empire dont le souverain s'honorait du nom de son ami? Dans la simplicité candide de mon âge, oui j'avais cru à l'amitié plus qu'à la politique. Il m'a cruellement détrompé. N'importe, si sa destinée ne tenait qu'à cette main, je signerais encore la paix aux conditions de l'empire laissé à mon ennemi. Je ne trouve pas de haine dans ce cœur qui fut autrefois plein d'enthousiasme pour lui. Mais la paix du monde exige le rétablissement de la maison de Bourbon sur le trône de France. Ces princes ont eu un nombreux parti dans les conseils des puissances. Avec cette famille, l'Europe n'a plus de guerre à craindre. Talleyrand nous répond du vœu du Sénat, du peuple, des chefs de l'armée. Tout nous indique la lassitude de gloire et de sacrifices pour un seul homme qui a abusé de l'enthousiasme que votre nation a eu pour lui.

X

Caulaincourt chercha à convaincre l'empereur de Russie que ce prétendu retour du cœur du peuple à la famille oubliée de ses rois n'était que l'artifice convenu entre quelques diplomates et quelques courtisans du passé pour simuler une opinion menteuse ; que les Bourbons étaient arriérés d'un siècle en vingt-cinq ans; qu'un long exil était un abîme entre eux et la France nouvelle ; que leur retour, en ravivant dans le cœur de l'ancienne noblesse et du clergé des espérances contre-révolutionnaires, mais sans force, ne serait que l'occasion de nouvelles luttes entre les principes populaires et les principes monarchiques, luttes dans lesquelles la monarchie, certainement vaincue, compromettrait de nouveau tous les trônes.

Alexandre convint du danger. Mais il écarta ces objections en répétant à Caulaincourt que les Bourbons ne seraient nullement imposés ni même indiqués à la France par les alliés ; qu'ils se borneraient à déclarer l'incompatibilité de l'Europe avec la dynastie conquérante de Napoléon ; que pour tout le reste ils étaient décidés à s'en remettre au libre choix de son gouvernement par l'opinion de la nation. Il ajouta que les grands corps constitués par Napoléon lui-même témoignaient déjà hautement leur retour vers l'ancienne maison royale, assise sur des institutions libérales et constitutionnelles. Cependant l'empereur, fléchissant et comme par un reste de complaisance pour l'insistance de Caulaincourt, finit par se plaindre de son impuissance et de son isolement dans le conseil des souverains, et par promettre à l'ambassadeur qu'il plaiderait encore le lendemain la cause de la régence de Marie-Louise.

La nuit s'avançait. Le jour allait poindre ; l'empereur, comme s'il eût voulu sanctionner les espérances qu'il donnait à Caulaincourt par une familiarité plus tendre, le fit coucher sur un divan dans la chambre où il dormit lui-même. Son parti n'était pas complétement arrêté encore dans son esprit. Il avait été ébloui jeune par l'enthousiasme pour Napoléon ; il était fier de s'être mesuré à lui devant l'histoire ; il affectait depuis son enfance, formée par des instituteurs révolutionnaires, la popularité d'un prince en avant de son siècle ; il raillait les vieilles choses et les vieux débris de cour et d'émigration. Il n'avait pas de goût pour les princes de la maison de Bourbon. Ces princes n'avaient montré à Pétersbourg que les dehors de la chevalerie de leur race à l'époque où Catherine II attendait d'eux les témérités de l'héroïsme, et où elle leur prêtait ses subsides et son appui. De plus Alexandre redoutait en eux l'Angleterre, dont ces princes étaient devenus depuis longues années les clients.

Caulaincourt, enfermé secrètement toute la journée du lendemain dans l'appartement du grand-duc Constantin, attendit entre la crainte et l'espérance le résultat des derniers conseils qui se multipliaient entre les souverains, les généraux étrangers, les partisans de la maison de Bourbon, les membres influents du Sénat et les maréchaux de l'empereur. Ce jour devait dénouer le sort de l'Europe, changer le sceptre de mains, abolir le gouvernement militaire, clore une domination dont la gloire même ne pouvait plus alléger le poids. Le règne des épées finissait : celui des idées allait commencer.

LIVRE SIXIÈME

Alexandre chez M. de Talleyrand. — M. de Talleyrand. — Conférence de nuit des alliés. — Délibération. — Alexandre. — Le duc d'Alberg. — Pozzo di Borgo. — M. de Talleyrand. — Déclaration des souverains. — Députation royaliste à Alexandre. — Réponse de M. de Nesselrode. — Propagande royaliste. — La presse. — Brochure de M. de Chateaubriand : *Bonaparte et les Bourbons.* — Situation des esprits. — Convocation du Sénat. — Séance du 1ᵉʳ avril. — Formation du gouvernement provisoire. — M. de Talleyrand. — Le duc d'Alberg. — M. de Jaucourt. — Le général Beurnonville. — L'abbé de Montesquiou. — Le conseil municipal. — Manifeste de M. Bellart.

I

L'empereur Alexandre, après son entrée triomphale dans Paris, était descendu de cheval chez M. de Talleyrand. La situation de cet hôtel à l'angle des Champs-Élysées et du jardin des Tuileries, ses vastes et splendides appartements, avaient servi de prétexte aux ministres et aux aides de camp de l'empereur pour le choix de ce logement. Mais les relations sourdes de M. de Talleyrand avec les diplomates étrangers du cabinet d'Alexandre, ses rapports secrets avec les princes de la maison de Bourbon par M. de Vitrolles, négociateur volontaire, intrépide et actif entre l'opinion royaliste et les désaffections impérialistes, la haine que M. de Talleyrand laissait assez percer depuis sa disgrâce contre l'empereur, son influence sur le Sénat, son crédit sur les anciens révolutionnaires, ses liens de famille et de société avec les plus grandes aristocraties de France, enfin sa réputation presque prophétique de divination des événements devenue telle que, quand on voyait M. de Talleyrand incliner vers un parti, on croyait y voir pencher la fortune, étaient les véritables motifs qui avaient conduit Alexandre chez cet homme d'État. Cette faveur même du jeune souverain, devenu l'hôte du vieux diplomate, était de nature à accroître l'importance que l'opinion publique attachait déjà aux résolutions de M. de Talleyrand. Le parti royaliste, qui savait d'avance que la Restauration sortirait de ces conférences, avait eu l'habileté de les placer ainsi au foyer et sous les auspices de l'homme d'État dont on voulait capter l'oreille et consolider le crédit.

II

M. de Talleyrand inspirait depuis longtemps des soupçons sérieux à Napoléon. Il avait médité plusieurs fois de le faire arrêter, afin de prévenir des intrigues et des défections dont ses premiers revers devaient être le signal. Il n'avait pas osé. Téméraire et prompt à frapper les factieux vulgaires, cruel même, sans justice et sans pitié envers le duc d'Enghien, envers le souverain pontife, envers les princes de la maison d'Espagne, Napoléon, dans ces derniers temps, était devenu faible de résolution envers certaines puissances d'opinion qu'il haïssait dans sa propre cour et qu'il subissait. Il s'emportait, il murmurait, il menaçait. Il laissait à dessein retentir bien haut les éclats de sa colère, mais, au moment de frapper, le cœur lui manquait. Il caressait, il enrichissait, il s'efforçait de retenir ou de ramener à lui par des excès de dons ou d'apparente confiance ceux qu'il redoutait le plus comme des ennemis secrets. On eût dit qu'implacable envers les puissances matérielles, il était prudent envers les forces de l'intelligence et de l'opinion, comme s'il eût pressenti que sa ruine viendrait de la révolte de l'intelligence contre la force. Fouché et Talleyrand étaient deux exemples de cette faiblesse. Redoutant dans Fouché un conspirateur révolutionnaire qui pourrait à un jour donné rallumer l'étincelle républicaine dans le Sénat et dans le peuple, il s'était contenté de l'éloigner honorifiquement de Paris et de le retenir en Italie, sous prétexte de haute surveillance de Rome et de Naples. Redoutant dans Talleyrand un conspirateur royaliste, qui pourrait, en cas de revers, livrer lui et sa dynastie en rançon à la vieille Europe, il n'avait pas même osé l'éloigner de Paris pendant sa campagne. Il le faisait surveiller par Savary, son ministre de la police, mais il lui laissait ses dignités, sa confiance officielle, sa place même au conseil du gouvernement entre son frère Joseph et l'impératrice. Le poids de M. de Talleyrand était si décisif dans l'opinion, qu'il semblait à l'empereur moins dangereux encore de le subir, ami douteux, que de le frapper, ennemi déclaré. Cette timidité et cette indécision hâtèrent sa ruine politique au dedans, comme elles avaient préparé sa décadence militaire dans ses dernières campagnes. Il était devenu, en vieillissant, l'homme des tempéraments. C'était une inconséquence à son principe ; la tyrannie qui délibère et qui transige n'est que l'hésitation de la violence. M. de Talleyrand connaissait cette haine de l'empereur contre lui et cette terreur secrète qu'il inspirait à son maître. Il était décidé à la prévenir. Il épiait l'heure de se déclarer sans imprudence.

III

Il la crut sonnée et il la saisit le jour où Joseph et l'impératrice sortirent de Paris avec le gouvernement. Sa place était au sein de cette cour fugitive. Il avait reçu l'ordre de la suivre à Blois. Il feignit de vouloir obéir. Il fit préparer avec ostentation ses équipages, envoya quelques affidés à la barrière par laquelle il devait sortir, monta en voiture, se mit en route et se fit arrêter aux portes de Paris par les complices qu'il avait apostés. Cette violence convenue, faite à sa volonté de suivre le gouvernement impérial, lui parut un prétexte suffisant pour rentrer dans son hôtel et pour rester à Paris. Il se croyait ainsi en règle avec Napoléon si la victoire le ramenait dans sa capitale, en règle avec ses ennemis s'ils entraient les premiers dans Paris. Ses liaisons avec les princes et les souverains, ses demi-mots entendus à Pétersbourg, à Vienne et à Londres, sa résistance problématique au meurtre du duc d'Enghien, à l'usurpation du trône d'Espagne, aux ambitions de territoire de Napoléon, son influence dans le Sénat, où il était à la fois le représentant des volontés de l'empereur et la boussole de l'opposition, enfin sa prodigieuse réputation d'habileté et de prescience, devaient lui assigner un grand rôle dans la journée qui déciderait du sort du monde. On a vu que ses pressentiments ne l'avaient pas trompé, et que son foyer était devenu le conseil de l'Europe.

IV

L'empereur Alexandre, le roi de Prusse, le prince de Schwartzenberg, représentant l'empereur d'Autriche, le prince de Lichtenstein, le comte de Nesselrode, ministre et confident d'Alexandre, se réunirent en conférence dans la nuit qui suivit leur entrée à Paris. Ils étaient encore émus de leur triomphe, étonnés de l'aspect solennel et souriant de cette capitale qui, depuis la porte Saint-Martin jusqu'aux Tuileries, avait semblé les recevoir moins en conquérants qu'en hôtes. Les acclamations des royalistes, qui leur demandaient un roi de leurs antiques races, retentissaient encore à leurs oreilles. Sans doute aussi les longs ressentiments et le souvenir de leurs humiliations sous l'épée de Napoléon demandaient vengeance au fond de leurs cœurs. D'un autre côté, le soulèvement de la capitale de l'empire contre un ennemi qui n'avait pas encore rendu les armes devait leur sembler une arme décisive contre lui. Ainsi l'orgueil du souverain, le culte des vieilles dynasties, l'expiation des triomphes contre leurs peuples et la tactique la plus propre à désarmer l'ennemi commun, se réunissaient pour leur conseiller secrètement le choix d'un autre gouvernement pour la France. Mais ce qu'ils souhaitaient, ils n'osaient pas le faire eux-mêmes. Ils voulaient donner une apparence de liberté au vœu national, et ne paraître que les témoins armés de la chute de Napoléon et de la proclamation d'une autre monarchie. Mais la seule présence des souverains étrangers suivis d'un million d'hommes à cette délibération en flétrissait l'indépendance et la dignité. On ne délibère pas sous l'épée. Cette attitude de la patrie au moment où elle rappelait la maison de Bourbon suffisait pour entacher la Restauration de servitude. Elle devait servir plus tard de texte éternel à ses ennemis. Ce texte, vrai dans la forme, était néanmoins faux, en ce moment, dans la réalité. A l'exception de l'armée et de la cour servile et militaire de l'empereur, la France presque tout entière aspirait à secouer le joug d'un maître qui l'opprimait en l'illustrant. Si la France eût voté avec une liberté d'opinion complète, en l'absence de l'armée de Napoléon comme en l'absence des armées étrangères, il n'est pas douteux pour ceux qui se souviennent de cette époque qu'elle n'eût voté presque unanimement la chute de Napoléon et de sa dynastie. Aurait-elle voté la restauration des princes de la maison de Bourbon exilée? ou aurait-elle voté une république constitutionnelle, gardienne des principes de sa révolution de 1789? Là peut se placer le doute. Le libéralisme renaissant était ardent dans un petit nombre d'âmes, mais le désir de paix avec l'Europe était plus impérieux encore dans les masses, à quelque opinion qu'elles appartinssent. Un gouvernement qui rattachait les traditions aux espérances, qui réconciliait les trônes et qui promettait une ère pacifique aux nations, un tel gouvernement, accrédité par des gages de liberté, de constitution, d'amnistie au passé, de progrès à l'avenir, avait plus de chances d'être voté librement que l'empire dépopularisé par ses défaites et que la république menaçante par sa mémoire. Il est donc vrai de dire que la Restauration fut adoptée sous la main de l'étranger et qu'en apparence, elle fut un gouvernement imposé; mais il est plus vrai encore de dire qu'elle serait sortie également, dans ces circonstances, du cœur de la France libre. Elle lui apparut comme une transaction obligée avec l'Europe, et comme une transaction de préférence avec elle-même. Une nécessité dans un souvenir. Voilà la vérité. Il suffisait dans la crise de lui en prononcer le nom pour qu'elle s'y précipitât d'elle-même. Les intrigues royalistes furent pour bien peu dans son triomphe; ce fut le triomphe des circonstances plus que celui d'un parti.

V

Alexandre laissa une extrême liberté à la discussion dans cette conférence. Il parla seul et avec l'éloquence d'une grande âme dans un grand rôle. L'esprit du siècle avait rayonné dans le sien. Il sembla le promulguer du haut du trône, comme s'il eût été, tout à la fois, le génie des monarchies et le génie des peuples. L'avenir constitutionnel et libéral de l'Europe se déroula devant lui. On reconnut l'élève de Catherine II, cette Sémiramis du Nord, empruntant ses oracles à la philosophie de Montesquieu et de Voltaire. On sentit en lui le disciple et l'ami du républicain La Harpe, le correspondant des philosophes allemands et de l'école de madame de Staël. Il répudia la conquête au nom de l'humanité, le despotisme au nom de la dignité des peuples, le partage de la France au nom de l'indépendance des races et de l'équilibre européen. « Nous n'avons ici, s'écria-t-il en finissant, que deux ennemis à combattre : Napoléon, l'oppresseur du monde, et les ennemis, quels qu'ils soient, de l'indépendance des Français. » Puis se tournant vers le roi de Prusse, modeste, triste et silencieux depuis la mort de sa femme, la reine Louise, la beauté de l'Allemagne, tuée par les victoires et par les insultes de Napoléon : « Mon frère, lui dit-il, et vous, prince Schwartzenberg qui représentez ici l'empereur d'Autriche, dites si mes paroles ne sont pas l'expression de nos sentiments communs envers la France? »

Le roi de Prusse et le généralissime répondirent par une simple inflexion de tête; et la résolution de détrôner avant tout le perturbateur de l'Europe fut adoptée.

VI

Le duc d'Alberg, confident de M. de Talleyrand, mais confident aventuré par lui pour sonder le terrain et pour tomber au besoin dans les piéges, défendit alors la cause de la régence de Marie-Louise. Il fit valoir les dangers d'une lutte nouvelle entre la révolution consommée et la contre-révolution menaçante sous une famille longtemps exilée; la nécessité de respecter dans l'impératrice la fille d'un des souverains ligués pour affranchir l'Europe, mais non pour s'humilier lui-même dans l'humiliation de son propre sang; la passion de l'armée pour le nom de Napoléon, qui le rattachait ainsi à la cause de son épouse et de son fils. Le roi de Prusse ne donnait aucun signe de faveur ou de dissentiment sur sa physionomie immobile; le prince de Schwartzenberg, haïssant la souveraineté d'un parvenu comme membre de l'aristocratie allemande, ne pouvait néanmoins combattre, comme généralissime de l'empereur François, les égards que la conférence avait pour son souverain. M. de Talleyrand, si pénétrant, étudiait, d'un coup d'œil en apparence distrait et terne, les impressions que les paroles du duc d'Alberg faisaient flotter sur le visage d'Alexandre. Il crut apercevoir l'étonnement et la peine que la proposition d'une régence napoléonienne imprimait involontairement sur le front de l'empereur de Russie. Ce prince, en effet, ne pouvait pas pencher pour une régence qui donnerait à jamais dans les conseils de la France un ascendant si paternel, si filial et si dominant à l'Autriche. Le mouvement de ses lèvres avait, à plusieurs reprises, indiqué qu'il contenait en lui-même ses objections à ce parti. M. de Talleyrand abandonna par son silence un confident qu'il avait compromis. Il ne parla pas encore lui-même. Ses longues liaisons avec Napoléon, les titres, les fonctions, les dons qu'il en avait reçus lui imposaient les dehors de la reconnaissance et du deuil. Il lui convenait non de provoquer, mais de paraître accepter la nécessité de cette défection. Un homme déjà d'intelligence avec lui, militaire intrépide, diplomate consommé, aide de camp d'Alexandre, admis à tous les secrets des cours coalisées, dont il était le moteur, homme dont l'esprit avait la volonté du Corse et la flexibilité gracieuse du Grec, Pozzo di Borgo rompit à propos ce silence d'où pouvait sortir une demi-résolution.

VII

Pozzo di Borgo, compatriote de Napoléon, noble comme lui, lié au commencement de sa carrière avec lui par une conformité d'ardeur révolutionnaire et de jeunesse qui l'avait signalé dans son île et porté à l'Assemblée législative, avait été touché des vertus et des malheurs de Louis XVI. Il était revenu en Corse converti à la royauté constitutionnelle. Il y avait fomenté et servi la cause de l'indépendance de sa patrie, qu'il voulait soustraire à la tyrannie de la terreur. Il avait, avec le patriote Paoli, sollicité l'alliance avec l'Angleterre. Napoléon avait persévéré dans la cause contraire et s'était fait l'adepte du jacobinisme le plus exalté. De là, entre les deux insulaires, une de ces haines que le soleil du Midi transmet de race en race avec le sang. Réfugié à Londres après l'expulsion des Anglais de Corse, Pozzo di Borgo s'y était lié avec les ennemis les plus implacables de Bonaparte. Doué de l'extérieur le plus noble, de l'élocution la plus pénétrante et la plus passionnée, des manières les plus simples et les plus élégantes, militaire, diplomate, publiciste, homme de plaisir et d'affaires tout à la fois, Pozzo di Borgo était placé par la seule attraction de sa nature supérieure dans la familiarité et dans l'estime de l'aristocratie anglaise et continentale. C'était un de ces hommes dont le mérite et le charme éclatent aux yeux dès le premier aspect. Admis au service de Russie, il s'était attiré l'attachement d'Alexandre par des analogies de nature. Il avait été employé par ce souverain auprès de Bernadotte, roi de Suède. Ces deux transfuges de Napoléon avaient associé leur haine contre lui. C'était de leurs mains que les plans politiques et les plans de campagne pour la délivrance de l'Europe avaient été tracés. Moreau, cet ancien rival de Napoléon, rappelé d'Amérique par leurs conseils, n'était arrivé que plus tard. Pozzo avait suivi l'empereur Alexandre sur tous les champs de bataille de 1813 et de 1814. Aide de camp du prince le jour, son conseil le soir, habile à deviner où il fallait frapper la fortune de son ennemi, il avait montré Paris du doigt à l'empereur Alexandre, au moment où Napoléon semblait reprendre l'offensive à Troyes. L'empereur l'avait cru et triomphait par ses inspirations. Il était plus disposé que jamais à les écouter.

VIII

Pozzo di Borgo savait qu'il flattait en secret les inclinations de son maître, les ruses de M. de Talleyrand, les vengeances de Londres et les ressentiments des aristocraties de Vienne, en parlant contre le demi-parti de la régence. « Tant que le nom de Napoléon, dit-il, pèsera du haut du trône de France sur l'imagination de l'Europe, l'Europe ne se sentira ni satisfaite ni délivrée. Elle verra toujours dans le gouvernement du fils mineur l'âme menaçante du père. La paix nécessaire aux peuples et glorieuse aux rois n'aura aucune base dans la confiance publique. La guerre couvera toujours sous les pas de l'homme qui a ravagé, humilié, soumis le continent. S'il est présent, rien ne contiendra son génie impatient de mouvement et d'aventures. Les armées alliées ne seront pas plus tôt rentrées dans leurs foyers qu'un accès d'ambition ressaisira cet homme, qu'il appellera aux armes son pays promptement refait de ses désastres, et qu'il faudra recommencer contre lui des victoires si chères en trésors et en sang humain. S'il est relégué loin de la France, ses conseils traverseront les mers, ses lieutenants et ses ministres s'empareront de la régence. Ils montreront son fils comme un drapeau de fanatisme et comme une idole à ses troupes. La France, qui abhorre aujourd'hui l'auteur de sa ruine, se lèvera pour le redemander aux souverains. Refusera-t-on, la guerre! l'accordera-t-on, guerre encore! Laisser l'empire survivre à l'empereur, ce n'est pas éteindre le foyer incendiaire de l'Europe, c'est le recouvrir d'une cendre perfide sous laquelle couvera un nouvel embrasement. Les demi-partis sont le désaveu des grandes pensées. L'Europe a fait une chose immense en affranchissant le continent de son dominateur. Veut-elle rapetisser son œuvre par un dénoûment qui fera douter de sa force autant que de sa sagesse à l'avenir? C'est aux souverains et aux hommes d'État de prononcer. Quant à moi, je me prononce comme la victoire. Elle l'avait fait Napoléon, elle l'a défait. Elle était son seul titre à l'empire! Que l'empire tombe avec l'homme qui l'avait élevé! La sécurité des trônes et des peuples est à ce prix. »

IX

Les sentiments exprimés avec tant de force par Pozzo di Borgo complaisaient trop à l'empereur de Russie, au roi de Prusse, au prince de Schwartzenberg et à M. de Talleyrand, pour que ces interlocuteurs ne parussent pas se rendre comme par conviction à la puissance des motifs qu'ils couvaient dans leurs propres cœurs.

On convint unanimement et sans autre discussion que le trône serait interdit à la race de Napoléon.

Napoléon écarté, restaient ou un Bourbon, ou un de ces rois et de ces chefs militaires que la victoire et la faveur de Napoléon avaient élevés jusqu'au niveau des trônes. L'empereur Alexandre paraissait pencher pour ce parti. Il avait répudié trop longtemps et avec trop d'éclat la cause vieillie des souverains légitimes de la France monarchique pour n'être pas humilié en secret d'y revenir. Il avait trop fraternisé depuis dix ans avec les membres de la famille napoléonienne, avec ses généraux et ses ambassadeurs ; en un mot, il avait trop affecté d'être un homme du siècle nouveau pour afficher maintenant le culte du siècle ancien. Il croyait y perdre quelque chose de cette popularité de prince sans préjugés dont les hommes de l'époque impériale l'avaient flatté, et à laquelle il tenait autant qu'à la victoire. Il murmura, dit-on, le nom de Bernadotte, ce Français, roi de Suède, ligué aujourd'hui avec les ennemis de son pays. On croit qu'il avait donné à Bernadotte non des promesses, mais de vagues espérances, quand il l'avait séduit et rivé à la coalition. Madame de Staël, ainsi que le parti libéral dont elle était l'oracle, avait reçu aussi l'hospitalité du roi de Suède, et, dans ses rancunes contre Napoléon, elle avait agité souvent à Stockholm la pensée de remplacer Bonaparte par un prince de nouvelle date, popularisé par l'esprit révolutionnaire, dont il serait la restauration dans un gouvernement constitutionnel.

X

M. de Talleyrand était sûr d'avance du succès presque unanime de sa pensée. Il la lisait au fond de toutes les paroles et de toutes les réticences de ceux qui paraissaient délibérer. « Il n'y a, dit-il avec cette brièveté d'oracle qui précise l'idée et qui tranche l'objection, il n'y a que deux principes en présence maintenant dans le monde : la légitimité ou le hasard. La légitimité, c'est le droit retrouvé, reconnu, consacré par le raisonnement et par la tradition. Le hasard, c'est la victoire ou la défaite, la fortune, le revers, l'arbitraire, la révolution, le fait. L'Europe, si elle veut échapper à la révolution, au fait, au hasard, aux bouleversements, doit s'attacher au droit, c'est-à-dire à la légitimité. Les décrets alors ne seront plus simplement la force matérielle, ils seront l'autorité morale d'un dogme supérieur aux vicissitudes des événements.

» Il n'y a, ajouta-t-il en s'adressant à l'empereur Alexandre comme pour répondre à son insinuation du nom de Bernadotte, il n'y a que deux choses possibles ici : Napoléon ou Louis XVIII. L'empereur ne peut avoir de remplaçant sur le trône qu'un roi par le droit. Tout roi par la victoire ou par le génie serait plus petit que lui. Il est le premier des soldats. Après lui, il n'y en a pas un en France ou dans le monde qui puisse faire marcher dix hommes pour sa cause. » Il développa en peu de mots ces pensées. Puis les résumant en un axiome concis, propre à se graver dans l'intelligence et à courir sous un volume léger dans la circulation des opinions flottantes : « Tout ce qui n'est pas Napoléon ou Louis XVIII, Sire, est une intrigue ! »

C'était placer l'empereur et le conseil dans une alternative qui ne laissait pas hésiter la décision. Napoléon était le danger suprême. L'intrigue était un palliatif indigne de l'Europe. Alexandre s'écria en homme convaincu d'avance que M. de Talleyrand avait dit le mot de l'événement et qu'il s'y rangeait sans retour.

« Mais, reprit-il avec une apparence de scrupule et d'anxiété qui semblait attester son respect pour la nation française, nous sommes étrangers, nous ne pouvons paraître ainsi disposer du trône, nous ne pouvons rappeler à nous seuls des princes que la nation ne recevrait peut-être pas de nos mains. Quels moyens avons-nous de reconnaître le vœu réel de la nation ? »

XI

M. de Talleyrand prononça le nom du Sénat, seul grand corps constitué qui fût alors à Paris. Ce corps était sans mandat du peuple, puisqu'il était nommé par l'empereur. Mais il était imposant par les noms de ses membres, par le rôle que Napoléon lui avait fait jouer avec une apparence de déférence que le Sénat lui renvoyait en adulation. Le Sénat pouvait donc, dans un moment suprême, simuler aux yeux de la France et de l'Europe une ombre de représentation. Sa voix, s'il l'élevait encore, pouvait donner à une résolution quelconque, non l'autorité d'un droit, mais le signal d'une révolution. Par un étrange phénomène de souplesse dans ce corps avili et pour ainsi dire domestique de l'empire, M. de Talleyrand était sûr d'avance de ses complaisances envers l'empereur triomphant et de sa défection envers l'empereur vaincu. Ce que le Sénat impérial représentait le mieux, c'étaient les vices de la nation affaissée sous dix années de despotisme, la versatilité, l'adoration du succès, l'infidélité aux revers. M. de Talleyrand répondit de ce corps constitué à Alexandre. Il prit la plume de sa propre main pour rédiger sous la dictée des souverains et des généraux présents à la conférence la déclaration aux Français qu'il voulait rendre irrévocable par une publicité sur laquelle on ne pourrait plus revenir.

XII

« Les armées alliées, écrivit M. de Talleyrand, ont occupé la capitale de la France. Les souverains accueillent le vœu de la nation française ; ils déclarent :

» Que si les conditions de la paix devaient renfermer de plus fortes garanties lorsqu'il s'agissait d'enchaîner l'ambition de Bonaparte, elles doivent être plus favorables lorsque, par un retour vers un gouvernement sage, la France elle-même offrira l'assurance du repos. Les souverains proclament en conséquence :

» Qu'ils ne traiteront plus avec Napoléon Bonaparte… » C'étaient les paroles mêmes que venait de dicter la conférence à celui qui tenait la plume. Il sentit que ces paroles pouvaient laisser une espérance et un retour à l'empire dans la personne du fils ou de quelques membres de la dynastie qu'il voulait confondre dans le même arrêt. Il s'arrêta en silence et regarda l'empereur de Russie, comme s'il eût interrogé les yeux de ce prince, en le suppliant d'achever d'un mot de plus un sens qui lui paraissait insuffisant et dangereux. Alexandre comprit le coup d'œil, se promena avec agitation dans le salon, regarda à son tour sans parler le roi de Prusse et le généralissime autrichien, puis, comme s'il eût pris sur lui seul le hasard et la responsabilité de cette suprême condamnation de la dynastie moderne : « Ni avec aucun membre de sa famille, » dit-il, en indiquant du doigt à M. de Talleyrand d'achever ainsi la phrase suspendue. Aucun des membres de la conférence ne murmura contre cette décision d'Alexandre. M. de Talleyrand écrivit et continua :

« Les souverains respecteront l'intégrité de l'ancienne France telle qu'elle a existé sous ses rois légitimes. Ils peuvent même faire plus, parce qu'ils professeront toujours le principe que, pour le bonheur de l'Europe, il faut que la France soit grande et forte. Ils reconnaîtront et garantiront la constitution que la nation française se donnera. Ils invitent le Sénat à désigner sur-le-champ un gouvernement provisoire qui puisse pourvoir aux besoins de l'administration et à préparer la constitution qui conviendra au peuple français. »

XIII

M. de Talleyrand, qui voulait prévenir par une révolution accomplie l'arrivée de l'empereur d'Autriche à Paris, et les intrigues, et les supplications, et les remords paternels que les partisans de l'empire pouvaient remuer dans le cœur de ce prince, envoya précipitamment imprimer, afficher, répandre cette déclaration.

On y reconnaissait à chaque mot la main d'un homme consommé dans la connaissance et dans la pratique de l'opinion. Les ressentiments contre Napoléon, universels alors dans l'esprit des peuples lassés et foulés, y étaient satisfaits par sa déchéance. Sa répugnance nationale contre l'influence de l'Autriche pendant une longue minorité y recevait une garantie dans l'exclusion de la régence. Le patriotisme y était rassuré par l'intégrité, l'ambition nationale même flattée par la possibilité en perspective d'un agrandissement de territoire. Les royalistes y voyaient la restauration certaine de la seule race qui pût remplacer la gloire par cette légitimité dont le nom était prononcé pour la première fois au peuple. Le libéralisme renaissant y était ressuscité et provoqué au réveil de la liberté par la promesse d'une constitution librement délibérée. Les intérêts nouveaux et les ambitions napoléoniennes y étaient pacifiés par cet appel fait au Sénat, qui ne trahirait certainement que l'empereur et qui couvrirait d'amnistie et d'inviolabilité les vies, les fortunes et les dignités de l'armée et de la cour de Napoléon. Enfin le peuple de la capitale et des provinces, qui tremblait pour la patrie, pour ses foyers, pour la sécurité des biens et des personnes, y était convié à la paix, à l'admiration, par la magnanimité des vainqueurs qui juraient de tout respecter, excepté un homme.

XIV

Aussi cette déclaration, si habilement pétrie de gages et d'espérances donnés à tous, fut-elle reçue de l'immense majorité du pays par acclamation. L'armée seule fut triste, mais elle se sentait seule. Elle gémit sans s'irriter. Les chefs rassasiés et lassés continrent, au lieu de l'exciter, l'émotion du soldat.

XV

A peine le bruit et les premières copies de cette déclaration eurent-ils transpiré des murs de l'hôtel de M. de Talleyrand dans les groupes des royalistes qui attendaient sur les escaliers, dans les cours et sur la place, que des cris de : «Vive le roi!» s'élevèrent vers le ciel et frappèrent les fenêtres de la chambre où les souverains siégeaient encore. Quelques centaines de jeunes gentilshommes des plus grandes maisons du faubourg Saint-Germain se sentaient pressés de saisir l'heure que la Providence donnait à l'ancienne aristocratie et à la monarchie séculaire. D'anciens serviteurs de Louis XVI, échappés à l'échafaud et à l'émigration; des journalistes opprimés et dépouillés par l'arbitraire de la police de Napoléon, tels que les Bertin; des publicistes et des écrivains qui n'avaient pas déserté la cause perdue, tels que MM. de Chateaubriand et Ferrand; enfin cette jeunesse élégante, audacieuse, mobile, qu'entraînait le tourbillon du moment, se réunirent dans la première maison qui s'ouvrit à leur impatience pour se concerter sur l'impulsion à imprimer à l'événement. Il s'agissait de prévenir les résolutions ou les hésitations d'un Sénat suspect, odieux, vendu aux restes de l'empire ou aux intérêts et aux souvenirs de la Révolution. Mais ces hommes étaient si pleins de sentiments et si vides d'idées, la fièvre de l'enthousiasme donnait un tel délire à leurs paroles, ils avaient si peu l'habitude des délibérations et des discours, que la séance ne fut qu'un long tumulte, et qu'aucun d'eux ne parvint à exprimer et à faire adopter un avis commun. Un jeune homme seul, de la grande maison de La Rochefoucauld, se fit écouter par l'autorité de son nom, par l'entraînement de son enthousiasme et par la domination de son attitude. L'ardeur de son royalisme l'éclairait sur le plus grand danger des révolutions, celui de discuter sans prendre un parti. « L'heure pouvait emporter, dit-il, la monarchie légitime sous leurs pieds pendant qu'ils s'épuisaient en vaines acclamations pour leurs rois. » Le comte Sosthène de La Rochefoucauld proposa de nommer une députation qui se rendrait à l'instant chez l'empereur de Russie pour prendre acte de la déclaration des souverains et pour apporter le vœu de la noblesse, de l'intelligence et de la fidélité française en faveur de la royauté légitime. Cette motion fut obéie. Sosthène de La Rochefoucauld, MM. de Chateaubriand, le plus populaire et le plus illustre à la fois des écrivains du siècle; César de Choiseul, et Ferrand, vieux et médiocre parlementaire, mais entouré alors d'une auréole d'importance et d'une renommée d'oracle, se rendirent, au nom des royalistes, au palais de M. de Talleyrand.

XVI

Introduits, ils demandèrent l'empereur Alexandre. Ce prince était déjà livré au sommeil. Son ministre, M. de Nesselrode, reçut à la place de son maître la députation. Le cœur de M. de Nesselrode était complice d'avance du vœu qu'on venait exprimer à Alexandre. Mais aucun des quatre envoyés, soit émotion, soit timidité devant l'événement, soit inaptitude au discours, ne voulut exprimer la pensée commune qu'ils s'étaient chargés d'apporter aux puissances. M. de Choiseul était un soldat; M. Ferrand, esprit lourd, dogmatique et tardif, balbutiait; M. de Chateaubriand, génie apprêté et solennel, craignait de ne pas trouver, sans les avoir médités et écrits, des mots en rapport avec la majesté du moment. Il ne voulait de lui que des paroles illustres. Sosthène de La Rochefoucauld, quoique plus jeune, avec la seule éloquence de l'impatience et du zèle, parla pour tous. M. de Nesselrode ne demandait qu'un prétexte pour engager davantage les puissances.

XVII

« Je quitte l'empereur, répondit ce ministre aux députés, je connais sa volonté. Retournez à ceux qui vous envoient, et dites-leur, dites à tous les Français, que l'empereur accueille leur vœu si fortement manifesté aujourd'hui sous ses yeux, et qu'il va rendre la couronne à celui à qui elle appartient. Louis XVIII remontera sur le trône de France. »

Le cœur des quatre délégués éclata en transports de joie et de reconnaissance à ces paroles. Leurs yeux se mouillèrent de larmes. Ils tenaient dans leurs mains les regrets, les espérances, les illusions, l'enthousiasme de leur vieillesse ou de leur jeunesse. Ils coururent reporter ces paroles, ces acclamations, ces larmes, cet enthousiasme à leur réunion, chez M. de Morfontaine. Les cris, les applaudissements, les embrassements, les tumultes, ébranlèrent la maison. Ce fut l'explosion contenue d'un siècle qui croyait ressortir de son tombeau et reprendre possession du monde. On ne put apaiser cette fièvre du rassemblement qu'en éteignant les flambeaux et qu'en livrant cette foule ivre de triomphe à l'obscurité qui la dispersa.

XVIII

Dans la nuit ces royalistes se distribuèrent les rôles; des millions de drapeaux blancs et de cocardes furent préparés par la main des femmes de la noblesse pour être jetés au peuple. La préfecture de police fut abandonnée par les agents de l'empereur, et occupée par un affidé des royalistes. Les journaux, affranchis de la censure, rendus à leurs propriétaires anciens, ou créés instantanément par des écrivains de la circonstance, changèrent de mains et préparèrent pour son réveil une opinion proscrite la veille en France. L'injure et l'outrage éclatèrent comme la vengeance attardée d'une longue et insupportable oppression sur Napoléon, sur son nom, sur sa gloire, sur ses crimes, sur sa race! Ce fut le débordement de l'âme irritée d'un grand parti roulant après la digue rompue, avec des flots de légitime colère, les écumes, les lies et les immondices du cœur humain.

XIX

Le premier écrivain de l'époque, M. de Chateaubriand, ne préserva ni sa conscience ni son génie de ce débordement d'injures et de calomnies jetées sur un grand nom qui s'écroulait. Il prévoyait depuis quelques mois l'heure de la décadence. Il couvait dans son cœur un juste ressentiment contre le despotisme de Napoléon, qui pesait d'autant plus sur l'intelligence que cette intelligence était plus élevée. Madame de Staël et toutes les âmes grandes et libres éprouvaient la même compression. Napoléon s'était déclaré l'ennemi né de toute pensée et de toute indépendance. L'indépendance et la pensée lui rendaient en haine le mépris et l'oppression qu'il leur déclarait. Sa chute allait faire respirer les âmes. Il était naturel qu'elles la souhaitassent avec une généreuse passion. Des Tacite aiguisaient en silence le stylet qui devait buriner un jour le règne de soldat qui bâillonnait l'histoire, comme s'il eût pressenti la vengeance future de l'esprit humain.

Mais cette vengeance ne devait pas se dégrader jusqu'à la calomnie. M. de Chateaubriand calomnia même la tyrannie. Il avait écrit dans l'intérêt de la restauration des Bourbons un pamphlet cruel contre l'empereur. Il y traînait son nom dans le sang et dans la fange aux gémonies du temps. Il y suppliciait lui-même son règne. Il y taillait pour le peuple des pierres toutes faites pour lapider son héros. Il l'avait loué, dans un autre temps, jusqu'aux comparaisons sacrées avec les héros bibliques. Il l'avait servi dans les rangs subalternes encore de la diplomatie. Après l'assassinat du duc d'Enghien, l'enthousiasme de l'écrivain, changé en mépris, l'avait jeté dans une opposition sourde, mais non sans mesure. Il s'était dit proscrit et persécuté, il n'avait été proscrit que des faveurs impériales, et persécuté que par le dédain affecté du maître. Son ami M. de Fontanes, favori de Napoléon, était toujours un intermédiaire possible et dévoué entre les deux gloires qu'il aimait. La proscription de M. de Chateaubriand n'était en réalité qu'une noble attitude. Il jouissait en paix de sa patrie, de ses études, de sa renommée, du culte que son livre sur le génie du christianisme avait inspiré pour lui au parti religieux.

XX

Quoi qu'il en soit, il portait depuis quelques mois son pamphlet inédit comme l'épée qui devait porter le dernier coup au tyran. Ce pamphlet, imprimé dans la nuit et livré aux journaux par fragments, inonda le matin Paris et bientôt la France de malédictions contre l'empereur et l'empire. Napoléon y était peint sous les traits de l'Attila moderne et sous les traits plus hideux d'un bourreau exécutant de ses propres mains le supplice dont il avait soif. On le montrait à Fontainebleau torturant la conscience de Pie VII, et traînant par ses cheveux blancs sur les dalles de sa prison le pontife martyr à la fois de sa complaisance et de sa résistance pour le parvenu couronné. M. de Chateaubriand rouvrait tous les cachots pour y montrer du doigt au peuple les tortures, les bâillons, les prétendus assassinats muets des victimes. Il remuait toutes les cendres, depuis celles de Pichegru jusqu'à celles des pestiférés de Jaffa, pour en faire sortir des accusations, des soupçons, des crimes. C'était le réquisitoire de l'humanité et de la liberté écrit par la main des Furies contre le grand coupable du siècle. Il n'épargnait pas même à son ennemi ces viles accusations d'avarice sordide et de concussion qui pénètrent le plus avant, et qui souillent le plus, dans l'âme vulgaire et vénale de la multitude. Le vol, la lâcheté, la cruauté, le fer, le poison, tout lui était arme pour tuer cette renommée qu'il voulait éteindre. Ce livre, jeté feuille à feuille à l'opinion pendant plusieurs jours, était d'autant plus terrible qu'il succédait au long silence d'une opposition muette si longtemps. On croyait à la vérité de ces calomnies, parce qu'elles succédaient à dix années de mensonges de la presse officielle. C'était le premier cri du siècle bâillonné par la police; on l'écoutait comme une révélation du tombeau. M. de Chateaubriand, en jetant cette renommée de Napoléon en pâture à la méchanceté du peuple et en hommage au parti royaliste, fit une action qu'aucune passion politique n'excuse : le meurtre d'un règne par des armes empoisonnées. Mais cette mauvaise action, louée dans le temps parce que le temps en avait besoin, fut répudiée plus tard par la conscience du siècle. Elle contribua puissamment alors à la dépopularisation de l'empire. Quand M. de Chateaubriand se présenta à Louis XVIII pour en recevoir le salaire en faveurs de la nouvelle monarchie, ce prince lui dit : « Votre livre a valu une armée pour ma cause. »

Mais, par un juste retour, l'indignation des bonapartistes et le soulèvement des hommes impartiaux, quelques mois après, contre les calomnies et les outrages de ce livre, servirent puissamment aussi à repopulariser le nom de Napoléon et à presser ce même peuple sur ses pas. La justice seule est mortelle aux renommées.

XXI

Cependant, le nom des Bourbons, inconnu ou oublié des populations, courut sur les feuilles de M. de Chateaubriand et des journaux affranchis par tout l'empire. On s'étonna, puis on crut se souvenir, enfin on passa, en peu d'heures, de l'étonnement et de l'oubli à une sorte de foi bourbonienne. On se rallia, sans rien contester, à ce nom qui paraissait une révélation de salut dans l'éclipse de toutes choses. Il y eut quelques incrédulités, peu ou point de murmures. La Providence semblait se manifester avec la victoire pour ce nom. M. de Chateaubriand en était l'oracle. Il décrivait en traits entraînants les personnes imaginaires, les infortunes, les vertus, les bontés, les grâces des membres exilés de cette famille dont on savait à peine l'existence quelques jours auparavant. Louis XVIII était un sage de l'école et du poëme de Fénelon, rapportant des climats lointains la politique, l'expérience, la paix, l'amnistie au siècle ; Charles X, alors comte d'Artois, le chevalier héroïque du moyen âge, décoré même de ces faiblesses généreuses du cœur que le Français préfère presque aux vertus ; la duchesse d'Angoulême, l'orpheline du Temple, la victime propitiatoire de la Révolution, le gage tendre et religieux du pardon ; le duc d'Angoulême, un second duc de Bourgogne, préparé dans l'exil pour le trône par la docilité aux leçons de son oncle et de son père, frères de Louis XVI, sacrés par son sang ; le duc de Berri, un jeune Henri IV, ayant ses légèretés pardonnables comme gages de la bravoure et de la bonté du roi béarnais ; les Condé, deux générations de héros dont la cruauté du tyran avait fauché la fleur et attristé la vie ; le duc d'Orléans, un prince populaire, ayant fait oublier les crimes des révolutionnaires de son nom par le repentir de l'innocence, et pratiqué dans l'exil la vie de l'artisan pour s'élever par son seul mérite au rang des héritiers du trône.

La France s'émerveillait, souriait, s'attendrissait à ces tableaux. Chaque journal, chaque brochure, chaque entretien les colorait de nuances appropriées aux opinions des classes diverses de la nation, chaudes pour le Midi, héroïques pour la Vendée, patriotiques pour l'Est, libérales et réfléchies pour le Nord et pour Paris. Une vague et immense poésie d'opinion précédait ainsi le retour de cette famille où chacun commençait à voir personnifier un de ses rêves de gouvernement ou de cœur.

Telle était la véritable disposition des esprits en France le 1er avril et les jours qui suivirent l'occupation de Paris. A travers le prestige des espérances, on voyait à peine le malheur présent. Aucune famille vivant sur le sol n'aurait pu produire cette unanimité d'illusion et d'adhésion. Le long exil faisait l'effet du lointain. Il grandissait et il solennisait les figures.

XXII

Le Sénat seul commençait à s'alarmer d'un entraînement qui menaçait d'emporter le sentiment public au delà des bornes que son intérêt voulait lui poser. Le Sénat avait trop plié sous Napoléon pour ne pas plier sous l'Europe et sous l'opinion réunies. Ce n'était pas Napoléon qu'il voulait disputer à l'Europe, c'était lui-même. Hommes saturés de puissance, de dignités, d'honneurs, d'aristocratie, de salaires, les sénateurs de l'empire espéraient conserver leur ascendant, leur autorité et leurs fortunes par leur défection; ils marchandaient l'empereur. Talleyrand leur faisait habilement luire l'espérance de conserver leurs titres au prix du rappel des Bourbons; il leur insinuait ce nom sans le prononcer. « Saisissez l'heure, disait-il à voix basse par ses affidés au Sénat, ne marchandez pas avec la nécessité; aujourd'hui vous pouvez faire acheter votre adhésion à la volonté secrète des puissances, demain l'opinion qui se soulève vous aura emportés. Vous serez confondus dans ce naufrage dont vous pouvez sauver sinon l'empereur, au moins vos dignités et vos richesses. » Le Sénat en masse était disposé à entendre ces conseils de la destinée et de M. de Talleyrand. Rien ne prépare mieux à la trahison que la bassesse de l'adulation. Quand on n'a plus de refuge dans sa conscience, on en cherche volontiers dans la prostration.

XXIII

Les émissaires de M. de Talleyrand avaient employé la nuit à ébranler les derniers scrupules des sénateurs. Il ne leur avait pas été difficile de faire comprendre à ces caractères généralement énervés et depuis longtemps assouplis aux circonstances que l'intérêt de la patrie et celui de leur corps se confondaient dans une prompte répudiation du vaincu. Il n'y avait en ce moment à Paris qu'une centaine de sénateurs. Ils étaient vieux, cassés, usés par les révolutions et par les responsabilités de tyrannie et de bassesse qu'ils avaient acceptées dans les décrets de conscription, d'impôts, de mutisme que Napoléon leur faisait contresigner depuis dix ans. Quelques-uns étaient des princes parvenus de la famille de l'empereur, d'autres de sa domesticité; un grand nombre étaient des hommes sans effigie, choisis à l'insignifiance de l'esprit et à la mollesse du caractère, pour que l'absence de toute valeur personnelle ne leur laissât que la valeur empruntée à leur dignité. Un très-petit nombre était composé avec art d'opinions libérales, révolutionnaires même, afin qu'une apparence d'opposition dans le corps donnât à la nation l'idée d'une contradiction et d'une indépendance qui n'existaient pas. Dans ce nombre de sénateurs destinés à constater la liberté et l'impartialité du Sénat, on comptait quelques rares partisans de la maison de Bourbon et quelques sectateurs obstinés des institutions républicaines. Parmi les premiers, Malleville, Barthélemy, Pastoret, Barbé-Marbois, Jaucourt; parmi les seconds, Tracy, Volney, Grégoire et leurs amis de 1789 et de 1794. En s'appuyant sur ces deux groupes également hostiles à l'empire, M. de Talleyrand, aidé par la force d'événements qui déconcertaient toute résistance, était presque sûr de dominer le Sénat. Il avait les servitudes passées pour gage des servitudes futures. Il fit convoquer le Sénat extraordinairement le 1ᵉʳ avril. Plusieurs membres de ce corps, craignant de se compromettre avec le passé ou de s'engager avec l'avenir, se dérobèrent par des fuites ou par des prétextes à la réunion ; soixante-quatre seulement y parurent. C'étaient les hommes les plus courageux, les moins attachés à l'empire, les plus résolus à fléchir, ou les plus pressés de changer de maîtres. La pudeur des défections ne les embarrassait déjà plus.

XXIV

« Sénateurs, leur dit M. de Talleyrand, qui voulait couvrir d'une apparence de discussion une résolution impérieuse, il s'agit de vous transmettre des propositions. Ce seul mot, ajouta-t-il en baissant les yeux sur le papier où il avait consigné son discours, ce seul mot suffit pour indiquer la liberté que chacun de vous apporte dans cette assemblée ; elle vous donne le moyen de laisser prendre un généreux essor aux sentiments dont l'âme de chacun de vous est remplie, la volonté de sauver votre pays et la résolution d'accourir au secours d'un peuple délaissé. Les circonstances, quelque graves qu'elles soient, ne peuvent être au-dessus du patriotisme ferme et éclairé de tous les membres de cette assemblée, et vous avez sûrement senti tous également la nécessité d'une délibération qui ferme la porte à tout retard et ne laisse pas écouler la journée sans rétablir l'action de l'administration, ce premier de tous les besoins, par la formation d'un gouvernement dont l'autorité, établie pour la nécessité du moment, ne peut qu'être rassurante. »

XXV

Ces paroles, rédigées par l'abbé de Pradt, ne déguisaient pas l'acte abject qu'on venait provoquer sous la pompe ou sous la dignité des paroles. C'était le balbutiement de l'impudeur offrant le plus vil prétexte à la lâcheté. Les mots étaient bas comme les sentiments. Ils furent accueillis comme ils avaient été écrits et prononcés, avec honte sur les visages, avec hâte de versatilité dans les cœurs. Nul ne répondit. Les têtes s'inclinèrent en signe d'universel assentiment. Quelques mains applaudirent avec un feint semblant d'enthousiasme pour l'énergie même de la lâcheté convertie en courage civique. M. de Talleyrand comprit à ce silence que la fortune était maîtresse de ces âmes, et qu'il pouvait en disposer à son gré pour vendre l'empire à ses ennemis. Il désigna, sans même consulter ses collègues, les membres d'un gouvernement provisoire choisi par lui seul avec préméditation pendant la dernière nuit. Un sénatus-consulte, voté sans discussion au signe de M. de Talleyrand, ratifia les choix de la nuit. Il flatta ensuite les libéraux du Sénat, en leur rappelant que les alliés avaient prononcé le mot de constitution, et qu'il fallait la promulguer. Le Sénat, pressé par l'heure, se borna à en décréter les bases. Le maintien du Sénat fut le premier article de cette déclaration. On y parlait aussi d'un corps législatif et de la liberté des opinions. Mais on était tellement accoutumé au silence, qu'on n'y mentionnait pas même la liberté de la parole. On y donnait à l'armée, qu'on voulait détacher de son chef, les garanties de conservation de ses grades et de sa solde ; aux acquéreurs de biens d'émigrés la garantie de l'inviolabilité de leurs possessions, dépouilles de la Révolution dont beaucoup de sénateurs avaient composé leurs richesses ; l'amnistie pour les opinions, la liberté des cultes et de la parole écrite, en réservant les lois répressives de ces deux libertés.

XXVI

Les membres du gouvernement provisoire avaient été choisis avec une sagacité profonde par M. de Talleyrand. Les noms s'y faisaient équilibre de manière à donner des espérances à toutes les parties de l'opinion qu'il s'agissait de détacher d'abord de Napoléon pour la précipiter ensuite tout entière aux Bourbons. Il présidait d'abord lui-même ce gouvernement à titre de grand dignitaire de l'empire, d'intermédiaire agréé par Alexandre entre les alliés et la nation, et de représentant des intérêts du Sénat. Cette triple attitude laissait l'indécision politique personnifiée en lui. On pouvait tout espérer dans tous les partis d'un pareil homme. Après M. de Talleyrand venait le duc d'Alberg, illustre par le nom, Allemand d'origine, Français par les dignités, également apte à se renouer à l'aristocratie par sa naissance ou à servir un gouvernement révolutionnaire par ses opinions, un de ces hommes cosmopolites de caractère et d'idées que la nature a faits pour surnager sur tous les événements. Le duc d'Alberg, grand seigneur instruit, gracieux, insinuant, utile aux négociations de M. de Talleyrand, n'avait aucun ascendant personnel autre que son nom en France. Il pouvait se promettre à tous les partis. Les alliés l'agréaient surtout parce qu'il avait à racheter auprès d'eux ses titres en Allemagne par les services qu'il rendrait en France.

XXVII

C'était ensuite M. de Jaucourt.

M. de Jaucourt, d'un nom de l'ancienne aristocratie française rajeuni dans la Révolution, était depuis 1790 de l'école révolutionnaire modérée de M. de Talleyrand et de M. de La Fayette. Mais aussi intrépide de conscience et de cœur pour l'ordre qu'il était résolu aux réformes, M. de Jaucourt avait montré en 1791 et en 1792 dans les camps, dans les journées de Paris et dans les assemblées, le courage d'un héros dans l'âme d'un sage. Il avait lutté de la voix et de la main contre les représentants les plus populaires et contre la démagogie des clubs tout-puissants. Emprisonné pour son audace après le 10 août, il avait été soustrait par Danton aux massacres prévus de septembre. Madame de Staël, qui aimait son courage, qui partageait ses opinions, qui goûtait les grâces de son esprit, l'avait fait échapper et lui avait préparé un asile en Suisse. Rentré en France après un long exil, il avait retrouvé son ami M. de Talleyrand ministre de Bonaparte consul. Les ressentiments contre la terreur l'avaient précipité dans la nouvelle monarchie comme dans l'asile contre les Jacobins. Il y avait trouvé la sûreté, la dignité, la fortune. La sénatorerie de Florence avait récompensé son dévouement. Mais les mécontentements d'ambition inassouvie de M. de Talleyrand l'avaient entraîné dans la désaffection de l'empire. L'excès de tyrannie ou l'excès des revers de Napoléon l'avait lassé un des premiers dans le Sénat. Il était revenu avec la victoire aux dieux de sa jeunesse, la légitimité et la liberté constitutionnelle. Un tel homme, rivé à M. de Talleyrand par quinze ans de familiarité et trouvant dans son passé l'excuse de sa défection ardente, convenait admirablement à la main habile de son ami. Il était propre à entraîner à la fois la noblesse et le parti modéré de la Révolution. L'amitié le liait à M. de Talleyrand, la naissance à l'aristocratie, le souvenir à la constitution, les faveurs reçues à l'empire ; tout répondait de lui à tous.

XXVIII

Le général Beurnonville venait après. Homme mixte aussi comme Jaucourt, d'une naissance noble, d'une opinion flexible, mais honnête, d'une valeur célèbre dans les armées de la république. Dumouriez, dont il avait été le lieutenant, l'avait surnommé l'*Ajax français*. Ministre de la guerre en 1793, Beurnonville avait lutté avec intrépidité contre les Jacobins dominants. Envoyé en Belgique au moment de la trahison de Dumouriez pour le prévenir et retenir son ancien général au bord de la défection, Beurnonville avait été arrêté par lui et livré aux Autrichiens. Enfermé quatre ans dans les cachots d'Olmutz, il avait été échangé, après la chute de Robespierre, contre la fille de

Louis XVI, captive du Temple. Napoléon avait recueilli ce débris de nos guerres révolutionnaires et l'avait nommé au Sénat. Beurnonville, néanmoins, se trouvait négligé, se sentait effacé par les compagnons d'Égypte ou d'Italie de l'empereur. Ses souvenirs lui disaient qu'il était plus grand par lui-même que ces favoris des camps nouveaux. Son cœur lui rappelait aussi les rois de sa jeunesse pour lesquels il avait combattu au 10 août. La ruine de Napoléon allait replacer son nom et ses services en scène. Il ne pouvait pas se dévouer à un gouvernement qu'il trouvait injuste et ingrat. M. de Talleyrand le présentait comme un gage à l'ancienne armée, comme un héros méconnu des guerres républicaines que la monarchie constitutionnelle pouvait honorer sans crainte. Le nom de Beurnonville avait trois aspects qui rassuraient à la fois les trois opinions. Mais son cœur était à la Restauration.

XXIX

Enfin le gouvernement provisoire recevait sa dernière signification du dernier nom dont M. de Talleyrand l'avait complété. Ce nom était celui de l'abbé de Montesquiou.

L'abbé de Montesquiou appartenait à une des familles qui sont la souche de la France aristocratique et monarchique. Ce nom, dans l'histoire, précéda celui des deux dernières races de nos rois. Les peuples même démocratiques aiment ces noms qui sont les habitudes et les titres de leurs annales. Ces noms leur semblent ennoblir même les révolutions populaires. La naissance avait porté de bonne heure l'abbé de Montesquiou aux plus hautes fonctions du clergé. Négociateur habile, insinuant et froid entre les intérêts de son ordre qu'il cherchait à sauver et les exigences de la Révolution qu'il s'efforçait de modérer sans la heurter, il s'était acquis une double influence dans l'Assemblée constituante. Arbitre souvent accepté, toujours respecté, entre la philosophie impatiente de frapper l'Église et l'Église disputant les débris de son établissement temporel, depuis la révolution accomplie, il entretenait des relations peu secrètes avec Louis XVIII, dont il était le correspondant principal à Paris. Napoléon le savait et le souffrait. Il aimait mieux entre Louis XVIII et Paris une correspondance presque avouée que des tentatives ténébreuses et désespérées. M. de Montesquiou était, pour ainsi dire, le chef d'une conspiration pacifique et permise par celui contre lequel on conspirait. Homme de mesure en tout, de douceur, de transaction, l'abbé de Montesquiou était éminemment propre à rassurer contre les vengeances d'une restauration les partis trop compromis dans la Révolution et dans l'empire. Ce nom de plus donnait un gage indubitable aux royalistes. En le voyant inscrit sur la liste du gouvernement provisoire, les amis des Bourbons ne pouvaient douter que Louis XVIII ne fût le dernier mot de ce gouvernement.

XXX

Tels étaient les préludes de la révolution qui se préparait chez M. de Talleyrand et au Sénat. Il y manquait la voix officielle du peuple de Paris. Elle éclata dans la journée. Le conseil municipal, cette ombre de l'ancienne commune, soigneusement épuré et sévèrement mutilé dans ses attributions par l'empire, renfermait encore néanmoins ces éléments de représentation municipale qui personnifient les cités. Ce qu'on appelait jadis le tiers état, aujourd'hui la bourgeoisie, était plus particulièrement dominant dans le conseil municipal. Les métiers, les arts, le commerce, l'industrie, le barreau, la magistrature, étaient et sont encore naturellement portés dans cette représentation départementale et locale par les électeurs de ces différentes professions, électeurs les plus nombreux de tous dans les villes, parce que ces professions y sont plus générales. L'aristocratie des quartiers et des professions siégeait et siégera toujours dans la municipalité. L'opinion y est moyenne comme les conditions; l'intelligence nette et vive, mais domestique et circonscrite aux intérêts, comme l'instinct des foyers bourgeois ou des ateliers du peuple. Rarement ces corps prennent l'initiative d'une opinion politique, mais le signal du péril commun est prompt à sortir de ces réunions. C'est là que se forme et que se grossit le murmure des ressentiments publics contre les persécutions qui menacent la sécurité du foyer. L'héroïsme y est muet, l'intérêt social, passionné, éloquent.

Un membre jusque-là enthousiaste et souvent adulateur du génie de Napoléon, tant que ce génie couvrait et illustrait la France, M. Bellart, résuma tout à coup l'impression publique de terreur et de déception qui avait saisi Paris depuis que l'empereur avait fait de la France et de la capitale le champ de bataille et la proie de l'étranger. Ses victoires lui avaient paru des vertus, ses revers lui parurent des crimes.

Il s'emporta contre l'homme qui ne savait plus dompter le destin. Il proposa au conseil municipal l'initiative du premier coup porté par un corps constitué à l'empereur et à l'empire. Le préfet de Paris, M. de Chabrol, n'osa ni approuver ni résister. Homme incapable de trahir et lassé peut-être de servir, il s'abstint et se démit de ses fonctions. Le conseil, abandonné ainsi à lui-même, vota et répandit la déclaration suivante, explosion de justice pour les uns, de vengeance pour les autres, d'abandon pour tous.

« Habitants de Paris !

» Vos magistrats seraient traîtres envers vous et la patrie, si, par de viles considérations personnelles, ils comprimaient plus longtemps la voix de leur conscience. Elle leur crie que vous devez tous les maux qui vous accablent à un seul homme.

» C'est lui qui, chaque année, par la conscription, décime nos familles. Qui de nous n'a perdu un fils, un frère, des parents, des amis? Pour qui tous ces braves sont-ils morts? Pour lui seul, et non pour le pays. Pour quelle cause? Ils ont été immolés, uniquement immolés à la démence de laisser après lui le souvenir du plus épouvantable oppresseur qui ait pesé sur l'espèce humaine.

» C'est lui qui, au lieu de quatre cent millions que la France payait sous nos bons rois pour être libre, heureuse et tranquille, nous a surchargés de plus de quinze cent millions d'impôts auxquels il menaçait d'ajouter encore.

» C'est lui qui nous a fermé les mers des deux mondes, qui a tari toutes les sources de l'industrie nationale, arraché à nos champs les cultivateurs, les ouvriers à nos manufactures.

» A lui nous devons la haine de tous les peuples, sans l'avoir méritée, puisque, comme eux, nous fûmes les malheureuses victimes bien plus que les tristes instruments de sa rage.

» N'est-ce pas lui aussi qui, violant ce que les hommes ont de plus sacré, a retenu captif le vénérable chef de la religion, et privé de ses États, par une détestable perfidie, un roi, son allié, et livré à la dévastation la nation espagnole, notre antique et toujours fidèle amie ?

» N'est-ce pas lui encore qui, ennemi de ses propres sujets, longtemps trompés par lui, après avoir tout à l'heure refusé une paix honorable dans laquelle notre malheureux pays, du moins, eût pu respirer, a fini par donner l'ordre parricide d'exposer inutilement la garde nationale pour la défense impossible de la capitale, sur laquelle il appelait ainsi toutes les vengeances de l'ennemi ?

» N'est-ce pas lui enfin qui, redoutant par-dessus tout la vérité, a chassé outrageusement, à la face de l'Europe, nos législateurs, parce qu'une fois ils ont tenté de la lui dire avec autant de ménagement que de dignité ?

» Qu'importe qu'il n'ait sacrifié qu'un petit nombre de personnes à ses haines ou bien à ses vengeances particulières, s'il a sacrifié la France, que disons-nous la France ! toute l'Europe à son ambition sans mesure ?

» Ambition ou vengeance, la cause n'est rien. Quelle que soit cette cause, voyez l'effet ; voyez ce vaste continent de l'Europe partout couvert des ossements confondus de Français et de peuples qui n'avaient rien à demander les uns aux autres, qui ne se haïssaient pas, que les distances affranchissaient des querelles, et qu'il n'a précipités dans la guerre que pour remplir la terre du bruit de son nom !

» Que nous parle-t-on de ses victoires passées ? Quel bien nous ont-elles fait, ces funestes victoires ? La haine des peuples, les larmes de nos familles, le célibat forcé de nos filles, la ruine de toutes les fortunes, le veuvage prématuré de nos femmes, le désespoir des pères et des mères, à qui, d'une nombreuse postérité, il ne reste plus la main d'un enfant pour leur fermer les yeux : voilà ce que nous ont produit ces victoires ! Ce sont elles qui amènent aujourd'hui jusque dans nos murs, toujours restés vierges sous la paternelle administration de nos rois, les étrangers dont la généreuse protection commande la reconnaissance, lorsqu'il nous eût été si doux de leur offrir une alliance désintéressée.

» Il n'est pas un d'entre eux qui, dans le secret de son cœur, ne le déteste comme un ennemi public, pas un qui, dans les plus intimes communications, n'ait formé le vœu de voir arriver un terme à tant de cruautés.

» Ce vœu de nos cœurs et des vôtres, nous serions les déserteurs de la cause publique, si nous tardions à l'exprimer.

» L'Europe en armes nous le demande ; elle l'implore comme un bienfait envers l'humanité, comme le garant d'une paix universelle et durable.

» Parisiens, l'Europe en armes ne l'obtiendrait pas de vos magistrats, s'il n'était pas conforme à leurs devoirs.

» Mais c'est au nom de ces devoirs mêmes et des plus sacrés de tous, que nous abjurons toute obéissance envers l'usurpateur, pour retourner à nos maîtres légitimes.

» S'il y a des périls à suivre ce mouvement du cœur et de la conscience, nous les acceptons. L'histoire et la reconnaissance des Français recueilleront nos noms, elles les légueront à l'estime de la postérité.

» En conséquence,

» Le conseil général du département de la Seine, conseil municipal de Paris, spontanément réuni,

» Déclare, à l'unanimité de ses membres présents :

» Qu'il renonce formellement à toute obéissance envers Napoléon Bonaparte ;

» Exprime le vœu le plus ardent pour que le gouvernement monarchique soit rétabli dans la personne de Louis XVIII et de ses successeurs légitimes ;

» Arrête que la présente déclaration et la proclamation qui l'explique seront imprimées, distribuées et affichées dans Paris, notifiées à toutes les autorités restées dans Paris et dans le département, et envoyées à tous les conseils généraux des départements. »

LIVRE SEPTIÈME

Séance du Sénat le 2 avril. — Déclaration de déchéance. — Séance du Sénat du 3 avril. — Texte du décret de déchéance. — Adhésion du Corps législatif. — Manifestations de Paris contre l'empereur. — Ministère. — Progrès de l'opinion. — Adhésion des autres corps constitués. — Manifeste du gouvernement provisoire. — Situation de l'empereur et des alliés. — Napoléon à Fontainebleau. — Retour de Caulaincourt à Fontainebleau dans la nuit du 2 avril. — Proclamation de Napoléon à sa garde le 3 avril. — Ordre du jour pour la marche de l'armée sur Paris. — Opposition des maréchaux. — Entrevue de Napoléon et de Marmont. — Adhésion de Marmont à la déchéance de l'empereur. — Lettre de Marmont au prince de Schwartzenberg. — Réponse du prince de Schwartzenberg.

I

Cette imprécation du corps municipal de Paris contre celui qu'on appelait déjà l'ennemi public donna l'ébranlement décisif à l'opinion muette encore de Paris et des départements. Quand Paris parlait si haut, qui pouvait se taire ? ce fut un écho dans la France entière. L'indignation et l'insulte s'élevèrent aussi haut que la servilité et l'adulation. Rome, au temps des élévations et des dégradations subites de ses empereurs, n'offrit pas un pire exemple ni un pire scandale d'outrages après la prostration. Les esprits les plus rebelles à la tyrannie napoléonienne, mais les plus généreux parce qu'ils avaient été les plus fermes, se réjouirent de cette vengeance de la liberté, mais rougirent de cette impudeur de l'apostasie d'un peuple.

M. de Talleyrand désirait cette explosion, mais il la désirait plus lente et plus tardive. Il s'affligea avec ses confidents d'un éclat qui pouvait permettre aux puissances de se passer du Sénat et de lui-même. Il stipulait avec Louis XVIII et avec Alexandre au nom de l'opinion ; cette opinion en parlant si haut le devançait. Elle révélait aux alliés et aux Bourbons une force de désaffection contre l'empire et d'entraînement naturel vers une restauration qui enlevait tout prix à ses services et tout mérite à ses négociations. Elle le subordonnait aux royalistes, qu'il voulait bien servir, mais qu'il voulait dominer en les servant. Il fut contraint à presser le Sénat de déclarer une déchéance de l'empereur, qu'il espérait tenir suspendue et indécise comme une menace et comme une espérance marchandée dans ses mains aux deux partis.

II

Le Sénat courut par ses ordres au palais de ses séances.

Les anciens républicains, à défaut de royalistes, que Napoléon avait plus soigneusement exclus du Sénat, se hâtèrent de ressaisir, ne fût-ce que pour une heure, une ombre de souveraineté nationale et d'abattre la tyrannie à leurs pieds. Juste expiation du 18 brumaire, vengé au moins dans une assemblée représentative, mais dans une assemblée dont les portes étaient protégées par l'étranger.

M. Lambrechts prit sur lui le premier mot. Lambrechts était un républicain belge qui avait accueilli les Français en Belgique comme l'armée de la philosophie et de la liberté. Ministre sous le Directoire, il avait combattu avec énergie les mollesses de ce gouvernement, qui se laissait glisser sur la pente des retours monarchiques. Il avait voté contre l'empire sans cacher sa main. Cependant l'estime de la Belgique, que Napoléon voulait flatter, l'avait élevé au Sénat. Il devait mourir comme il avait vécu, accusant à son dernier soupir la cause de sa mort : « La honte d'avoir vu tant de lâchetés. » Lambrechts était l'ami politique de Lanjuinais, la plus pure et la plus obstinée des âmes républicaines dans le Sénat; de Tracy, de Grégoire, de Garat, nom déplacé dans un Sénat monarchique après avoir présidé au supplice d'un roi.

Barthélemy, neveu d'un écrivain philosophe qui avait clos le dix-huitième siècle par le *Voyage d'Anacharsis* dans l'antiquité républicaine, présidait la séance. Barthélemy, homme inoffensif, attrayant de mœurs, irréprochable de passé, avait été le seul négociateur monarchique dont la république eût employé les talents. Ses missions en Suisse ou aux conférences pour la paix de Bâle l'avaient laissé en rapports intimes avec l'émigration. L'estime de tous les partis l'avait porté au Directoire, le choix de Napoléon au Sénat. C'était un de ces hommes dont tous les partis s'honorent et dont ils aiment, quand ils sont de sang-froid, à reconnaître l'autorité. Il donnait ce jour-là au Sénat l'apparence de l'impartialité et du patriotisme.

III

Lambrechts propose au Sénat un sénatus-consulte ainsi conçu : « Le Sénat déclare Napoléon Bonaparte et sa famille déchus du trône ; il délie le peuple et l'armée du serment de fidélité. » Ce sénatus-consulte fut voté sans une protestation. Les membres du Sénat les plus dévoués à Napoléon ne protestèrent que par leur absence. Les autres se retirèrent silencieux et humiliés après avoir voté. Ils venaient de racheter leur dignité par une lâcheté. Eussent-ils été convaincus de la nécessité de déposer leur créateur, ils se devaient à eux-mêmes de le déposer avec une pleine liberté. Ils votaient la déchéance d'un maître au signe et sous l'épée d'autres maîtres. La Révolution eut des jours plus néfastes : elle n'en eut pas d'aussi ignominieux.

IV

Mais la forme dans laquelle ce Sénat abject vota sa propre dégradation dans la dégradation de l'empereur surpassa l'abjection de l'acte lui-même. Le Sénat rédigea de sa main les motifs qui le décidaient à répudier l'empire. Lambrechts fut chargé de les rappeler dans un acte d'accusation dont chaque mot accusait les sénateurs de leur patiente servilité.

Sous la main de Lambrechts et des républicains du Sénat, ces texte d'accusation étaient légitimes. C'était le talion de la liberté. Mais dans la bouche des déserteurs de toute liberté et des complices de l'oppression, ces griefs n'étaient que les crimes de l'adversité rejetés par les lâches sur le vaincu pour en décharger leurs vies.

V

Ils disaient : « Le Sénat conservateur, considérant que, dans une monarchie constitutionnelle, le monarque n'existe qu'en vertu de la constitution ou du pacte social ;

» Que Napoléon Bonaparte, pendant quelque temps d'un gouvernement ferme et prudent, avait donné à la nation des sujets de compter pour l'avenir sur des actes de sagesse et de justice, mais qu'ensuite il a déchiré le pacte qui l'unissait au peuple français, notamment en levant des impôts, en établissant des taxes autrement qu'en vertu de la loi, contre la teneur expresse du serment qu'il avait prêté à son avénement au trône, conformément à l'article 53 de l'acte des constitutions du 28 floréal an XII ;

» Qu'il a commis cet attentat aux droits du peuple, alors même qu'il venait d'ajourner, sans nécessité, le Corps législatif, et de faire supprimer comme criminel un rapport de ce corps, auquel il contestait son titre et sa part à la représentation nationale ;

» Qu'il a entrepris une suite de guerres en violation de l'article 50 de l'acte des constitutions du 22 frimaire an VIII, qui veut que la déclaration de guerre soit préparée, discutée, décrétée et promulguée comme la loi ;

» Qu'il a inconstitutionnellement rendu plusieurs décrets

portant la peine de mort, notamment les deux décrets du 5 mars dernier, tendant à faire constituer comme nationale une guerre qui n'avait lieu que dans l'intérêt de son ambition démesurée ;

» Qu'il a violé les lois constitutionnelles par ses décrets sur les prisons d'État ;

» Qu'il a anéanti la responsabilité des ministres, confondu tous les pouvoirs et détruit l'indépendance des corps judiciaires ;

» Considérant que la liberté de la presse, établie et consacrée comme un des droits de la nation, a été constamment soumise à la censure arbitraire de sa police, et qu'en même temps il s'est toujours servi de la presse pour remplir la France et l'Europe de faits controuvés, de maximes fausses, de doctrines favorables au despotisme et d'outrages contre les gouvernements étrangers ;

» Que des actes et rapports entendus par le Sénat ont subi des altérations dans la publication qui en a été faite ;

» Considérant qu'au lieu de régner dans la seule vue de l'intérêt, du bonheur et de la gloire du peuple français, aux termes de son serment, Napoléon a mis le comble aux malheurs de la patrie,

» Par son refus de traiter à des conditions que l'intérêt national l'obligeait d'accepter, et qui ne compromettaient pas l'honneur français ;

» Par l'abus qu'il a fait de tous les moyens qu'on lui a confiés, en hommes et en argent ;

» Par l'abandon des blessés sans pansement, sans secours, sans subsistances ;

» Par différentes mesures dont les suites étaient la ruine

des villes, la dépopulation des campagnes, la famine et les maladies contagieuses ;

» Considérant que, par toutes ces causes, le gouvernement impérial établi par le sénatus-consulte du 28 floréal an xii a cessé d'exister, et que le vœu manifeste de tous les Français appelle un ordre de choses dont le premier résultat soit le rétablissement de la paix générale, et qui soit aussi l'époque d'une réconciliation solennelle entre tous les États de la grande famille européenne ;

» Le Sénat déclare et décrète ce qui suit :

» Napoléon Bonaparte est déchu du trône, et le droit d'hérédité établi dans sa famille est aboli ;

» Le peuple français et l'armée sont déliés du serment de fidélité envers Napoléon Bonaparte. »

VI

L'opinion publique avait formulé avant le Sénat ces justes malédictions contre la tyrannie. Elle reconnaissait à tout le monde, excepté au Sénat, le droit de les proférer. Elle profita de l'abjection de ce corps, mais elle la méprisa. Un murmure unanime d'indignation s'éleva dans la France entière contre des sénateurs qui ajoutaient ainsi à la complaisance de leur prosternation devant l'empire la complaisance de leurs insultes contre l'homme qu'ils avaient divinisé. Le peu d'estime qui restait pour le Sénat s'en retira. On n'entendit qu'un cri contre sa prétention à servir d'organe à la patrie et à perpétuer son autorité par sa bassesse. M. de Talleyrand et ses affidés se sentirent devancés. La

France leur échappait. Elle voulait parler par des voix plus indépendantes. Un petit nombre de membres du Corps législatif accourus d'eux-mêmes à Paris se rassemblèrent spontanément, et votèrent sans délibération et sans énonciation de crimes nouveaux l'abolition du règne de Napoléon Bonaparte et de sa famille. Le crime était sous leurs pieds. C'était la France muette de servitude, épuisée de sang, conquise et possédée par l'étranger. La France entendit avec plus de dignité et plus d'écho la voix juste et brève de ses législateurs. Elle répondit par un cri presque unanime de : *A bas le tyran!* Ce cri se traduisit à Paris en scènes dégradantes pour la dignité d'un peuple. Les passions royalistes cherchèrent à soulever et même à soudoyer les passions populaires pour les entraîner à des saturnales contre les images du règne écroulé. Des femmes jeunes, belles, titrées, se prêtèrent à d'indignes ovations à la victoire contre leur patrie. Elles se montrèrent sur les promenades, à cheval et à pied, offrant des fleurs aux barbares. Des hommes de noms illustres tentèrent de mutiler les signes où l'empereur avait associé son nom au souvenir de nos triomphes. L'un d'eux attacha l'étoile de la Légion d'honneur à la queue de son cheval. Quelques autres s'attelèrent à des cordes passées autour de la statue de Napoléon sur sa colonne de bronze conquis. Ils s'efforcèrent en vain de la précipiter sur les pavés. Ils rougirent plus tard non de leur haine, mais de ces démonstrations qui faisaient confondre cette haine contre la tyrannie avec des insultes à la gloire militaire de la patrie. Toutefois pas une goutte de sang ne fut versée dans ces tumultes. Les royalistes et les républicains ne protestèrent contre la dynastie de l'empire que par leur joie de la répudier.

VII

Le gouvernement provisoire nomma un ministère temporaire comme lui. Ses choix furent habiles et populaires, un seul excepté. M. Henrion de Pansey, lumière et dignité de la magistrature française, fut ministre de la justice. C'était indiquer qu'elle n'aurait ni complaisances ni vengeances. Vieillard qui avait traversé trois règnes et la terreur, sans complicité comme sans faiblesse, Henrion de Pansey avait des souvenirs bourboniens, mais l'intelligence de la Révolution. Nul n'était plus propre que cet homme doux, ferme et impassible, à représenter la loi et à réconcilier le vieux trône et le nouveau sol.

M. Malouet, ancien membre de nos assemblées, d'autant plus fidèle aux opinions constitutionnelles qu'elles avaient été chez lui plus réfléchies et plus modérées, reçut la marine. Il revenait de l'exil fidèle aux Bourbons, mais sans liens avec les amis excessifs de cette cour, assez attaché à Louis XVIII pour lui être acceptable, assez indépendant pour placer ses conseils entre la cour de l'émigration et lui.

L'abbé Louis, satellite de M. de Talleyrand depuis les commencements de la Révolution, homme de l'école de Mirabeau et de Raynal, initié aux questions de crédit public, d'industrie et de commerce, prudent dans les affaires, résolu et passionné dans les conseils politiques, acharné par théorie contre Napoléon et son régime, eut les finances. Il les restaura.

M. Anglès, homme nouveau, formé à l'école administrative de l'empire, fut nommé ministre de la police. Inconnu à l'opinion, il ne lui portait ni ombrage ni couleur.

M. Beugnot, un de ces hommes de circonstance et de ressources que tous les temps retrouvent sous leurs mains, fut appelé au ministère de l'intérieur. Député à l'Assemblée législative en 1791, défenseur intrépide du roi et de la constitution contre les Jacobins, proscrit par eux pendant leur règne, rallié à l'empire par des fonctions et des reconnaissances qui auraient compromis dans cette cause un esprit moins léger, homme d'une souplesse qui le rendait capable d'égaler à la course tous les événements, d'une érudition attique, d'un entretien éblouissant, d'un cœur honnête quoique trop pressé de plaire, M. Beugnot plaisait à M. de Talleyrand par sa docilité, et devait plaire au futur ouvernement par ses complaisances. C'était une tradition de l'empire utile à l'ignorance des émigrés et agréable à une dynastie à la fois antique et neuve aux affaires.

M. de Laforêt, ancien diplomate de Napoléon aux États-Unis, à Vienne, en Espagne, assoupli pendant ces missions à la main de M. de Talleyrand, reçut le portefeuille des affaires étrangères. La diplomatie de la France envahie ne lui laissa aucune attitude que celle de l'expectative. Il attendait M. de Talleyrand et il l'indiquait à Louis XVIII.

Enfin le ministère de la guerre fut confié au général Dupont. Ce général, brave et capable, mais malheureux, n'avait de titre à un poste si important dans la décadence et dans l'indécision de l'armée que ses ressentiments contre l'empereur. Il sortait d'une prison d'État. Il relevait d'une flétrissure militaire pour prendre la direction de l'armée, et la cause de ce qui restait à nos armes, l'honneur. Le général Dupont, soldat, fils de soldat, s'était illustré jeune dans les guerres de la république, avait grandi dans celles de l'empire, marchait un des premiers sur les pas de ceux que leurs services et leur gloire portaient au rang des maréchaux de Napoléon. Un jour perdit tout. Cerné en Espagne par des armées anglaises et par des milices nationales, il donna le premier exemple d'une armée capitulant au lieu de vaincre. Baylen apprit à Napoléon qu'il pouvait être non-seulement vaincu, mais humilié. Il aima mieux accuser la trahison ou la lâcheté de son lieutenant. Dupont n'avait été ni lâche, ni traître, mais au-dessous de l'événement. Accusé à son retour en France, Dupont attendait son jugement, qu'il était venu affronter, quand M. de Talleyrand, cherchant un ennemi irréconciliable à l'empereur parmi ses généraux, appela Dupont. L'armée murmura d'un choix qui lui semblait une vengeance ou une offense. Le nom du général Dupont devint une récrimination amère des bonapartistes contre les Bourbons. L'émigration et la défection leur paraissaient s'allier contre eux dans un seul nom. Ce reproche était injuste, mais il suffisait qu'il fût possible pour que M. de Talleyrand eût dû l'éviter au gouvernement de Louis XVIII. Le ressentiment l'aveugla. Il cherchait non des services, mais des haines. Il fut trompé. Le nom du général Dupont fut un gage donné au retour de l'île d'Elbe.

VIII

Cependant le mouvement d'opinion que M. de Talleyrand voulait à la fois provoquer et ralentir emportait tout autour de lui, et jusqu'au gouvernement lui-même. On n'arrête pas une ruine à moitié. On ne donne pas la patience de la diplomatie à un peuple dont le gouvernement s'écroule et qui se précipite dans un gouvernement nouveau. M. de Talleyrand l'apprit pour la première fois. Il devait l'apprendre plusieurs fois encore dans le court intervalle de quelques mois. Il avait déchaîné l'espérance, cette passion la plus délirante des peuples. Elle devait bientôt le laisser en arrière, s'il ne se décidait pas à la suivre. Homme qui n'avait rien à refuser au temps, M. de Talleyrand se laissa vaincre et pousser à la restauration aussi vite et aussi loin que l'opinion le commandait. Il commença à se désintéresser du Sénat lui-même. Il en avait obtenu ce qu'il voulait : une ingratitude pour les uns, un acte insurrectionnel pour les autres, la déchéance pour tous. Il laissa les autres corps constitués de l'État promulguer librement et à l'envi leur défection. Ces corps rivalisèrent avec le conseil municipal d'insultes au passé, de prosternation à l'avenir. Chaque heure vit éclore une désertion, une adresse, un outrage au gouvernement répudié. Chaque corps, chaque personnage semblait pressé de prendre acte de son ingratitude et de donner, par l'énergie de ses injures, un gage contre un retour de servitude. Le gouvernement provisoire lui-même sentit que, s'il ne prenait pas la parole, il allait manquer à cet enthousiasme de haine. Il adjura en ces mots les armées et les populations de se prononcer contre Napoléon :

IX

« La France vient de briser le joug sous lequel elle a gémi avec vous depuis tant d'années. Vous n'avez combattu que pour la patrie ; vous ne pouvez plus combattre que contre elle sous les drapeaux de l'homme qui vous conduit. Voyez tout ce que vous avez souffert de sa tyrannie ; vous étiez naguère un million de soldats, presque tous ont péri !... La paix est en vos mains ; la refuserez-vous à la France désolée ? à la France qui vous rappelle et vous supplie ? Elle vous parle par son Sénat, par sa capitale, par ses malheurs. Vous êtes ses plus nobles enfants, et ne pouvez appartenir à celui qui l'a ravagée, qui l'a livrée sans moyens de défense. Vous n'êtes plus les soldats de Napoléon ; le Sénat et la France entière vous dégagent de vos serments. »

On disait à la France :

« Au sortir des discordes civiles, nous avions choisi pour chef un homme qui paraissait sur la scène du monde avec les caractères de la grandeur. Nous avions mis en lui toutes nos espérances ; ces espérances ont été trompées. Il n'a su régner ni dans l'intérêt national, ni dans l'intérêt même de son despotisme. Il ne croyait qu'à la force ; la force l'accable aujourd'hui : juste retour d'une ambition insensée. Enfin cette tyrannie a cessé ; les puissances alliées viennent d'entrer dans la capitale de la France ; elles viennent réconcilier avec l'Europe un peuple brave et malheureux.

» Français ! le Sénat a déclaré Napoléon déchu du trône ; la patrie n'est plus avec lui. Un autre ordre de choses peut seul la sauver. Nous avons connu les excès de la licence populaire et ceux du pouvoir absolu ; rétablissons la vieille monarchie, en limitant par de sages lois les divers pouvoirs qui la composent.

» Qu'à l'abri d'un trône paternel l'agriculture épuisée refleurisse ; que le commerce, chargé d'entraves, reprenne sa liberté ; que la jeunesse ne soit plus moissonnée par les armes avant d'avoir la force de les porter ; que l'ordre de la nature ne soit plus interrompu, et que le vieillard puisse espérer de mourir avant ses enfants ! Français ! rallions-nous ! la paix va mettre un terme aux bouleversements de l'Europe. La France se reposera de ses longues agitations, et, mieux éclairée par la double épreuve de l'anarchie et du despotisme, elle trouvera le bonheur dans le retour d'un gouvernement tutélaire. »

X

Les alliés inquiets pressaient la France d'achever elle-même leur œuvre. M. de Talleyrand commençait à leur paraître trop lent et trop mesuré dans ses actes. Aucune victoire ne leur paraissait suffisamment rassurante tant que l'empereur était debout. Lui-même ne se résignait pas encore à la fortune.

Sans doute l'occupation de sa capitale par les armées de la coalition, la fuite de la régence qui ne trouvait sur son passage qu'isolement et pitié, l'abandon du Sénat, la formation d'un gouvernement provisoire, l'annonce de la prochaine arrivée des Bourbons, les adhésions d'une multitude de villes et de corps constitués à la déchéance, la révolution bourbonienne prématurément accomplie à Bordeaux, la lassitude de ses généraux, qui ne semblaient plus attendre qu'un mot de lui pour les relever de leur fidélité d'honneur à ses aigles; tous ces désastres, tous ces symptômes, toutes ces insultes de la destinée ne lui laissaient que peu d'espoir de se relever de son abattement à Fontainebleau. Mais il pouvait trouver dans le désespoir même une de ces résolutions suprêmes qui changent le dénoûment des choses humaines et qui sont le dernier mot des grandes âmes. A aucune période de cette longue campagne il n'avait été militairement peut-être dans une attitude plus menaçante devant ses ennemis. Il le sentait.

XI

L'empereur Alexandre, le roi de Prusse et le prince de Schwartzenberg avaient agi plutôt en hommes politiques qu'en tacticiens, en se précipitant sur Paris pendant qu'un général tel que Napoléon manœuvrait encore derrière eux et sur leurs flancs. M. de Vitrolles et les agents royalistes qui leur avaient donné ce hardi conseil avaient répondu témérairement du succès. Mais si Paris eût été moins énervé et moins désaffectionné de l'empire que ces conseillers intéressés ne l'avaient dépeint, la situation des alliés dans ses murs était pire que la situation de l'empereur à Fontainebleau. Ces princes et ces chefs, pour occuper et pour contenir une aussi vaste capitale, avaient été obligés d'y concentrer toutes leurs forces. Un murmure de colère ou de honte dans cette population nombreuse et aguerrie, une insulte des Bourbons aux citoyens, un conflit entre les soldats et le peuple, une goutte de sang français répandu dans ses rues, un coup de canon de l'armée française retentissant du dehors au dedans, pouvaient faire de Paris le piége, la prison, le tombeau des armées étrangères. Napoléon, secondé quelques heures seulement par ce soulèvement de la capitale et par l'insurrection patriotique des villes, des villages, des routes et des campagnes sur leur ligne de retraite, pouvait lancer soixante mille hommes concentrés, reposés, indignés, à travers les rues de sa capitale, la reconquérir en un jour et y ensevelir ses vainqueurs. Toutes les troupes de l'armée de Mortier et de Marmont étaient à huit lieues de Paris en avant-garde sur les deux rives de l'Essonne, entre Fontainebleau et Paris. L'armée de Napoléon avait franchi sur ses pas les plaines de la Champagne; elle comptait quarante mille combattants et cette garde impériale qui valait à elle seule une troisième armée. Ces soixante mille hommes réunis ainsi sous les murs de Fontainebleau, retrempés par l'adversité, indifférents au feu, méprisant le nombre, pleins de confiance en eux-mêmes, de fanatisme dans leur empereur, demandaient à grands cris le retour sur Paris, la vengeance, le combat. Napoléon se montrait tous les jours à ces troupes dans la cour du palais, il lisait leurs pensées sur leurs visages, il emportait leurs acclamations dans son cœur, il roulait le jour et la nuit des pensées semblables à celles qui avaient commencé sa grandeur. En se voyant si aimé encore de ses soldats, il ne pouvait se croire si haï du peuple. La patrie lui semblait se résumer et palpiter encore en lui; il rêvait sa résurrection dans celle de la France.

XII

Mais la puissance de l'opinion qu'il avait tant méprisée, tant outragée et tant persécutée, lui était inconnue. Entre l'armée et la patrie il avait créé un abîme d'opinion. La patrie, dont il avait si longtemps fait oublier le nom en l'absorbant dans le sien, était arrivée à ce point de ressentiment contre son opinion, que de tous ses ennemis c'était lui qu'elle redoutait peut-être davantage. Désespérée et découragée de lui, son retour lui paraissait moins une délivrance qu'une servitude nouvelle. Il avait brisé dans les âmes, à force de le plier, le ressort du patriotisme. L'opinion de la France était la plus redoutable des armées de la coalition du monde contre lui. Il le sentait sans s'en rendre compte. Il s'étonnait de ne pas prendre des résolutions énergiques à l'aspect de ses troupes, au calcul de ses soldats, aux cris de ses bataillons. Il voulait marcher, il donnait chaque soir des ordres pour les mouvements décisifs du lendemain, il les révoquait dans la nuit, il s'agitait et il restait immobile. Il éprouvait des défaillances de résolution et de volonté dont il ignorait la cause. Le poids de l'opinion pesait sur lui.

XIII

M. de Talleyrand, les royalistes qui l'entouraient d'heure en heure davantage, les républicains même, unis en ce moment aux royalistes par la communauté de haine, les diplomates, les généraux étrangers, le Sénat, le Corps législatif, les chefs de la garde nationale de Paris, et enfin les citoyens opulents de la bourgeoisie qui tremblaient pour leur ville, frémissaient du danger que courait Paris si l'empereur suivait les conseils de l'extrémité et du désespoir. Ils influaient de toute la pression d'une capitale alarmée sur l'esprit des maréchaux et des généraux de Napoléon. Ils s'efforçaient, par l'organe de leurs amis, de leurs femmes, de leurs familles, par l'intérêt sacré de leur patrie, par l'intérêt même de leur avenir et de leur fortune, de les détacher un à un de Napoléon. Ils leur montraient la capitale incendiée dans la lutte, leurs proches immolés, leurs demeures ravagées, leurs noms maudits, leur responsabilité écrite en lettres de sang, s'ils préféraient un homme à la patrie, et si, pour servir les dernières fureurs d'ambition d'un proscrit du monde, ils trahissaient le serment des serments, celui que tout citoyen prête en naissant à ses concitoyens. Napoléon n'était plus, à leurs yeux et aux yeux de la France presque entière, qu'un homme à qui il fallait enlever toute arme des mains pour qu'il ne l'employât pas au parricide.

Une opinion si unanime, si intime, si passionnée, si patriotique dans ses termes, exprimée partout et à toute heure par la bouche des amis, des pères, des femmes, des concitoyens, ne pouvait manquer de persuader des généraux que les revers et la lassitude avaient déjà à demi persuadés. Ils ne luttaient plus que pour l'honneur de la patrie et pour la décence de l'abandon. La route libre entre leurs corps d'armée et les portes de Paris, le besoin de revoir leurs familles après de longues campagnes, la nécessité de conférences avec le gouvernement provisoire et avec les généraux alliés pour la démarcation des limites et pour les conditions de l'armistice, leur fournissaient de continuels prétextes de présence à Paris. Il y avait une négociation continuelle et sourde entre la capitale et l'armée, négociation indépendante de celle que l'empereur lui-même continuait avec Alexandre par Caulaincourt et par ses maréchaux. Une situation si tendue ne pouvait manquer de se briser par quelque hasard. Ce hasard était dans le cœur d'un des plus vieux compagnons d'armes de Napoléon, combattu entre le désespoir de porter les derniers coups, et des coups, selon lui, inutiles à la patrie, et la douleur de paraître abandonner son chef et son bienfaiteur. Marmont prit un de ces partis mixtes qui ne sauvent la conscience qu'en entachant la fidélité. La capitulation de Paris, mesure de prudence sous une apparence de trahison, après une lutte héroïque, avait déjà engagé et compromis Marmont.

XIV

Bien que ce maréchal eût combattu le dernier et cherché la mort jusque dans les faubourgs de Paris, quelques-uns de ses lieutenants et de ses soldats, irrités de céder la capitale de l'empire à un armistice, avaient poussé contre lui des cris de trahison en se repliant vers Essonne. Le général Chastel, qui commandait une partie de sa cavalerie, commandant intrépide, mais aveuglé par un fanatisme soldatesque, avait apostrophé Marmont du nom de traître. Marmont, dont le sang lavait assez ce jour-là l'honneur, avait répondu à l'insulte en menaçant le général Chastel de le faire mettre en jugement aussitôt que l'armée ne serait plus devant l'ennemi. Depuis cette capitulation, cette retraite, ces soupçons injurieux de ses officiers et de ses soldats, Marmont, quoique sans faute et sans remords, n'était pas sans embarras devant l'armée et devant l'empereur. L'infortune rend injuste. Napoléon pouvait lui reprocher de n'avoir pas réservé à tout prix à sa fortune le peu d'heures qu'il demandait à la défense pour devancer Alexandre dans Paris. Ce maréchal, occupé à Essonne au milieu de son corps d'armée, n'avait pas affronté le regard de Napoléon à Fontainebleau. Il craignait sans doute un reproche dans ce regard. Les jours coulaient emportant chacun une des résolutions et des irrésolutions de l'empereur. Chacun de ces jours emportait aussi un des scrupules de fidélité de ses généraux.

XV

On a vu que M. de Caulaincourt, sans cesse envoyé de Fontainebleau à Paris et renvoyé de Paris à Fontainebleau, avait échoué dans la tentative d'abord de faire traiter avec Napoléon, puis de faire reconnaître la régence. La dynastie était emportée. Il ne restait que la personne de l'empereur et le sort qu'on lui ferait, intermédiaire entre le trône et la déchéance complète. Caulaincourt était revenu dans la nuit du 2 à Fontainebleau rapporter ces tristes décrets de la victoire à son maître. Napoléon, plein d'un dernier espoir jusque-là, se révolta contre ces décrets. Il attendit avec impatience l'aube du jour, fit rassembler ses troupes dans les cours et dans les jardins du palais, monta à cheval entouré de ses maréchaux et de ses aides de camp, et, passant devant le front des bataillons de sa garde, il lut d'une voix irritée et éclatante une proclamation qu'il venait d'écrire pour sonder leur résolution.

« Soldats ! l'ennemi nous a dérobé trois marches et s'est rendu maître de Paris. Il faut l'en chasser. D'indignes Français, des émigrés auxquels nous avons pardonné, ont arboré la cocarde blanche et se sont joints à nos ennemis. Les lâches ! ils recevront le prix de ce nouvel attentat. Jurons de vaincre ou de mourir ! Jurons de faire respecter cette cocarde tricolore qui depuis vingt ans se trouve sur le chemin de la gloire et de l'honneur. »

XVI

La voix de leur empereur résonna dans le cœur des bataillons et des escadrons. Un frémissement parcourut les rangs, les sabres s'agitèrent, les fronts pâlirent, les lèvres tremblèrent et répondirent par de longues et sourdes acclamations, comme le mugissement d'une colère qui commence à gronder dans les poitrines. « A Paris! à Paris! s'écriaient les soldats; que notre empereur nous y mène! » Leurs yeux semblaient dévorer d'avance la courte distance qui les séparait des ennemis, et leurs sabres balayer les rues de la capitale rendue à la patrie et à l'empereur.

Napoléon, regardant ses maréchaux et ses généraux groupés autour de lui, semblait, en leur montrant cet enthousiasme inextinguible de la guerre rallumé par sa présence dans l'âme de ses soldats, leur reprocher leur lassitude et les symptômes de défection dans les chefs. Ne doutant plus de l'élan avec lequel il serait suivi par ses soldats, il rentra dans son palais, poursuivi jusque dans l'intérieur de ses appartements par cet écho prolongé de fidélité et de dévouement des troupes. Il se promena longtemps seul dans son cabinet, à pas entrecoupés, avec des gestes de main et des attitudes de réflexion et d'élan qui révélaient la lutte de son esprit avec un grand dessein. Puis, s'asseyant et prenant de sa propre main la plume, il écrivit l'ordre à l'armée de se mettre en mouvement le lendemain sur Paris, et de porter son quartier général de Fontainebleau à

Essonne. C'était le signal de la bataille sous Paris dans laquelle il voulait enfin perdre la vie ou se reconquérir lui-même.

XVII

Cette résolution transpira dans la soirée par les bruits de palais. Elle fit frémir l'armée de vengeance et de joie. Elle fit trembler les chefs pour Paris, pour la France et pour leur propre avenir. Aucun d'eux n'avait les mêmes motifs que Napoléon pour jouer les fruits de sa vie et la responsabilité de son nom dans un coup de désespoir. L'empire tombé, il leur restait leur renommée, leurs grades, leurs richesses, leur noblesse, leur certitude d'être recherchés, honorés, consacrés par tout gouvernement qui compterait avec la gloire et les services rendus à la patrie. Nul ne voulait entacher son nom d'une trahison, mais nul ne voulait seconder ce qu'ils appelaient tous une démence. Il leur convenait donc à tout prix d'empêcher l'empereur de mettre leur fidélité à cette épreuve et de tenter une dernière bataille où le suivre serait une folie, où l'abandonner serait une lâcheté.

XVIII

A peine ces chefs de l'armée connurent-ils la résolution de l'empereur que le même sentiment souleva dans leurs âmes le même murmure, et qu'ils se cherchèrent par l'instinct d'une pensée commune pour s'interroger les uns les autres sur leurs impressions et pour concerter une résistance, des objections et des conseils qui fissent hésiter et chanceler l'esprit de l'empereur. C'est dans le palais même que les maréchaux et les chefs de corps se réunirent et se rencontrèrent, au premier mot, dans le même esprit d'opposition au plan désespéré de Napoléon. Cette opposition, si longtemps couvée sous les formules du dévouement et sous la promptitude de l'obéissance, éclatait enfin dans leurs gestes, dans leurs regards, dans leurs exclamations. Un prétexte honorable et spécieux en couvrait la dureté et l'inconvenance à leurs propres yeux. Ce prétexte, c'était l'intérêt de l'armée dont ils se disaient les représentants naturels, et pour laquelle ils commençaient à négocier sans mandat par des affidés avec le gouvernement provisoire. Aucun de ces hommes de guerre ne se dissimulait que Napoléon était fini, et qu'un nouveau règne allait commencer. La discipline militaire, en enlevant à l'homme des camps l'exercice de sa propre volonté, lui enlève, plus qu'à toute autre profession, l'énergie de caractère dans les vicissitudes des événements. Elle leur apprend l'intrépidité personnelle, elle leur désapprend la constance civique. Ils font bien le noble métier des armes, mais ils le font sous tous les maîtres. Ils passent d'une cour à l'autre, d'un empire à une monarchie, d'une monarchie à une république, non comme des courtisans, mais comme des serviteurs, épée de toute main qui se prête ou se donne au dernier couronné. C'est dans ces rangs qu'il faut chercher l'héroïsme du courage, rarement l'héroïsme de l'indépendance.

XIX

M. de Talleyrand, habitué de tant de gouvernements et de tant de révolutions de palais, avait jugé à la complaisance de ces hommes pour Napoléon dans sa prospérité de leur facilité à sa chute. Il les faisait sonder, interroger, presque négocier en dehors de leur souverain par le général Dupont et par ses agents confidentiels. Il leur montrait Napoléon déjà condamné dans les conseils de l'Europe et repoussé de la France; il leur demandait si l'armée, après lui avoir sacrifié tant de sang, devait encore se sacrifier sur sa tombe jusqu'au suicide. Il faisait entre-luire à leurs yeux la reconnaissance du futur souverain qui récompenserait les services rendus à la France ou qui proscrirait en eux les bourreaux et les incendiaires de sa capitale.

Ces insinuations trouvaient accès dans ces cœurs ulcérés par les revers et qui avaient besoin de rejeter sur un seul la responsabilité, les ressentiments et l'odieux du malheur commun. Une sorte de gloire malsonnante et à contre-sens s'attachait même dans l'idée de quelques-uns de ces maréchaux à une rudesse de langage et à une brusquerie d'opposition qui leur donnaient l'apparence d'une mâle indépendance. Mais leur complicité au 18 brumaire, leur complaisance à l'empire, leur empressement de dix ans à tous les caprices de la tyrannie, leur enlevaient le droit de cet âpre patriotisme. On ne murmure avec dignité que contre les excès du pouvoir qu'on a combattu. Ces hommes des camps de Napoléon ne songeaient à séparer leur cause de la sienne que depuis sa décadence. C'était juste pour lui, c'était inique à eux. Quand on a suivi jusqu'aux dernières fautes un maître qui tombe, il ne reste qu'une véritable excuse aux compagnons de sa fortune, c'est de tomber avec lui.

XX

Le maréchal Oudinot, ce Bayard de la république et de l'empire, dévoué à l'empereur, mais plus dévoué à l'armée, dont il était le modèle, éclata un des premiers contre la démence d'un chef qui ne savait pas s'attendrir même devant ces plaies de la patrie, et qui voulait traîner les restes de son ambition personnelle dans les flammes et dans le sang de la capitale. Cette explosion d'un cœur où le patriotisme étouffait la fidélité fit jaillir de la bouche et du cœur des autres maréchaux et des chefs de corps les mécontentements et les désespoirs de la situation longtemps confiés à voix basse. La conviction d'une pensée commune multiplia les reproches et accrut l'audace dans tous les cœurs. On cessa de déguiser ses sentiments secrets, et on éleva à dessein le murmure et la résolution de désobéir assez haut pour que le bruit en arrivât jusqu'aux oreilles de l'empereur, et pour que la certitude de la résistance qu'il allait subir pour la première fois évitât à ses lieutenants la douleur de lui résister en face.

XXI

Pendant cette première insurrection dans les cours, dans les jardins et dans les salles du palais, l'empereur, enfermé avec Caulaincourt, s'épanchait en plaintes sur sa ruine, en accusations contre l'empereur de Russie autrefois son ami, aujourd'hui son exécuteur, en imprécations contre Talleyrand et contre le Sénat, en dédains, en incrédulités et en ironies contre les Bourbons, cette dynastie posthume, incapable, disait-il, de gouverner ce peuple nouveau. Puis reprenant sa confiance et rappelant à Caulaincourt les cris de l'âme de son armée qu'il venait d'entendre : « Demain, lui disait-il, je marche avec soixante mille hommes aux portes de Paris ; mes braves vétérans me reconnaissent encore et ne reconnaissent que moi. Le bruit de mon canon réveillera Paris. Il se lèvera derrière les Russes pendant que je les attaquerai de front. La victoire est à moi, elle sera mon juge. Si les Français, après leur délivrance, me jugent digne encore du trône, ils me le rendront ! » La nuit s'écoula dans ces entretiens et dans ces illusions.

XXII

Cependant l'empereur, tout en affectant de conserver ses illusions devant Caulaincourt, avait des doutes qu'il ne voulait pas éclaircir sur l'obéissance de ses généraux à ses ordres. Douter de l'obéissance pour lui dans un pareil moment, c'était reconnaître la révolte. La reconnaître sans la punir, c'était se subordonner au caprice de ses lieutenants. Il reculait devant cet éclat. Il se flattait que la nuit et la réflexion ramèneraient ses généraux au devoir. Devant Berthier lui-même, son chef d'état-major et son confident, il se gardait d'exprimer la moindre défiance de l'exécution des ordres qu'il continuait à dicter. Il dormit quelques heures et se fit habiller de bonne heure, pour assister de ses fenêtres à l'exécution des mouvements de troupes qu'il avait ordonnés. Mais les heures se succédèrent jusqu'à midi sans qu'il entendît dans les camps autour de Fontainebleau aucun autre bruit que celui des appels ordinaires de tambour dans une armée au repos. Le vide, l'immobilité, le silence, continuaient à régner partout. Il ne pouvait pas croire encore à la première désobéissance qu'il eût éprouvée de sa vie dans son armée. Il n'osait interroger, de peur d'avoir à fléchir ou à punir. Il affectait de croire et de dire à Caulaincourt et à ses familiers que des préparatifs de départ, de voitures, de fourrages, de vivres à assurer pour l'armée, avaient sans doute retardé jusqu'à cette heure avancée le mouvement des colonnes sur Essonne. A midi, les détachements ordinaires de la garde du palais manœuvrent dans la cour pour la parade. Le bruit de l'abdication de Napoléon, rapidement semé pendant la nuit par ses maréchaux, comme pour lui faire cette sommation indirecte du destin par la voix publique, court dans les rangs et dans le palais. Ces bruits arrivent jusqu'à Napoléon et le font pâlir. Il craint une interpellation plus directe de ceux qui hâtent sa chute dans leurs cœurs. Les scènes tragiques du Bas-Empire et du palais de Paul Ier flottent dans son imagination. Il plie intérieurement sous la nécessité, mais il affecte de nouveau le commandement incontesté et la confiance. Il monte à cheval au milieu de ses généraux et passe en silence la revue de ses détachements. La tristesse, le doute, la pitié, se lisaient sur les visages des soldats. A ce moment un aide de camp de Marmont arrive d'Essonne à toute bride ; il descend de cheval, remet ses dépêches, et divulgue parmi les groupes qui l'entourent la nouvelle de la déchéance de l'empereur par le Sénat. Cette nouvelle passe de bouche en bouche dans l'oreille des maréchaux et dans les rangs muets des soldats. Elle irrite les uns, elle consterne les autres, elle réjouit quelques-uns, elle présente au plus grand nombre une porte ouverte à l'ingratitude et à l'infidélité. La revue est morne, elle se termine sans les cris accoutumés. Il est évident pour Napoléon que ses ordres ont été méprisés, et que déjà on regarde du côté de Paris pour hésiter entre le Sénat et lui. Il descend pâle et soucieux de cheval au pied du grand escalier intérieur, et fait signe de la main aux maréchaux et aux généraux qu'il ne veut pas être accompagné dans ses appartements. Ses lieutenants se regardent, s'encouragent d'un clin d'œil, et, ne tenant pas compte de son signe, se précipitent comme par le respect accoutumé à sa suite. Ils entrent sur ses pas dans le salon qui précède son cabinet.

XXIII

Laissons un moment cette scène encore muette, et voyons ce qui se passe à Paris et à l'armée de Marmont, avant-garde et flanc gauche de celle de Napoléon.

Le Sénat, comme nous l'avons dit, se prononçait d'heure en heure avec plus d'audace contre l'empire. Beurnonville envoyait message sur message à Marmont pour détacher l'armée d'un chef répudié par la victoire et par la voix de la nation. L'empereur, de son côté, le lendemain de son arrivée à Fontainebleau, était venu visiter Marmont et les lignes de son armée. Les bruits de trahison, les reproches sur la promptitude de la capitulation de Paris, avaient retenti pendant cette visite à ses oreilles. Il avait feint de ne rien entendre, et, soit confiance entière dans une amitié de vingt ans et dans la confraternité de tant de champs de bataille, soit dissimulation habile pour retenir à lui des corps qu'un mot pouvait aliéner, il avait montré à Marmont son visage ordinaire. Il avait honoré en lui la valeur malheureuse. Il avait distribué des éloges, des grades et des décorations à ses officiers.

Cette dernière entrevue de l'empereur et de son ancien aide de camp semblait avoir attaché plus que jamais Marmont à son devoir. L'empereur étouffa lui-même les dénonciations irritées que le général Chastel avait proférées contre le maréchal en traversant Paris. Il les attribua à la colère que la retraite allume dans un cœur généreux. Il commanda aux deux généraux d'oublier, l'un ses reproches, l'autre la vengeance du jugement militaire dont il avait menacé son subordonnné.

XXIV

Mais à peine l'empereur avait-il quitté l'armée de Marmont, que des émissaires du ministre de la guerre, de M. de Talleyrand, des royalistes et surtout des républicains, s'étaient insinués dans le camp du maréchal, et avaient pénétré même jusqu'à lui. On peut croire que l'esprit déjà contristé du maréchal fut de plus en plus travaillé par des sollicitations revêtues des couleurs d'un vrai patriotisme, et qui le plaçaient dans la terrible alternative de manquer à son amitié pour un ancien chef, ou de manquer à sa sollicitude pour sa patrie. Dans cet ébranlement d'esprit de Marmont, le prince de Schwartzenberg, qui commandait les forces en face d'Essonne, somma ce maréchal, au nom de la paix et au nom du nouveau gouvernement de son pays, d'éviter une inutile effusion de sang, et de se ranger, disait-il, sous les drapeaux de la cause véritablement française. Le commandant de la garde nationale de Paris, le général Dessoles, ancien lieutenant de Moreau, plein d'un juste ressentiment contre l'empereur, adressait à Marmont, au nom de ses concitoyens de Paris, de leurs vies, de leurs propriétés, de leurs familles, les mêmes prières. Son adhésion au nouveau gouvernement national trancherait tout. La responsabilité de la France pesait tout entière en ce moment sur un seul homme, arbitre entre l'empire encore armé et la nation suppliante aux pieds du général le plus rapproché d'elle, pour sa capitale et pour son sang.

XXV

Le maréchal n'osa pas porter seul le poids d'une décision dont il se sentait écrasé d'avance devant l'honneur, devant la reconnaissance, devant l'histoire. Il délibéra avec lui-même. Délibérer quand le devoir militaire est d'obéir, c'était déjà faillir. Comme militaire, il se condamnait; comme ami, il déchirait son âme; comme citoyen d'un pays dont le sort était entre ses mains, il faisait peut-être un de ces efforts surnaturels qui immolent un devoir à l'autre et qui sacrifient un homme au salut public. Quoi qu'il en soit, Marmont voulut une excuse. C'était avouer assez qu'il allait se reconnaître une faute. Il rassembla à Essonne tous les généraux, tous les officiers supérieurs de son armée, et il les consulta sur l'adhésion qu'ils allaient refuser ou donner, au nom de l'armée, aux propositions de Paris, du gouvernement provisoire et des alliés. La situation devait être bien glissante, et la pression des événements et de l'opinion nationale bien extrême, car tous se prononcèrent pour l'adhésion. On n'y mit qu'une réserve commandée par les souvenirs et par la décence même de l'abandon : ce furent des garanties pour la vie et pour la liberté de l'empereur.

Marmont écrivit au prince de Schwartzenberg une lettre où perçaient à la fois la résolution, la douleur et le remords.

XXVI

« J'ai reçu, disait-il, la lettre que Votre Altesse m'a fait l'honneur de m'écrire. L'opinion publique a toujours été la règle de ma conduite. L'armée et le peuple se trouvent déliés du serment de fidélité envers l'empereur Napoléon par le décret du Sénat. Je suis disposé à concourir à un rapprochement entre le peuple et l'armée qui doit prévenir toute chance de guerre civile et arrêter l'effusion du sang français. En conséquence, je suis prêt à quitter l'armée de l'empereur Napoléon aux conditions suivantes, dont je vous demande la garantie par écrit :

« Art. 1ᵉʳ. — Les troupes qui quitteront les drapeaux de
» Napoléon pourront se retirer librement en Normandie.

» Art. 2. — Si par suite de ce mouvement les événements
» de la guerre faisaient tomber entre les mains des puis-
» sances alliées la personne de Napoléon Bonaparte, sa vie
» et sa liberté lui seraient garanties dans un espace de ter-
» rain et dans un pays circonscrit au choix des puissances
» alliées et du gouvernement français. »

XXVII

On voit que la défection ne se dissimulait à elle-même aucune des éventualités qu'elle préparait. Elle savait qu'elle livrait Napoléon en repliant à son insu le rempart qui l'abritait encore, et qu'elle stipulait d'avance les conditions ambiguës de sa captivité. Les termes de l'article 2, en effet, pouvaient aussi bien s'appliquer à une prison qu'à un empire. La meilleure preuve que Marmont parlait comme les ennemis de son souverain, de son bienfaiteur et de son général, c'est que les alliés signèrent ses paroles et qu'ils les élargirent même en lui conférant une souveraineté dans l'ostracisme.

« Je ne saurais assez vous exprimer, répondit le généralissime des troupes étrangères à Marmont, la satisfaction que j'éprouve en apprenant l'empressement avec lequel vous vous rendez à l'invitation du gouvernement provisoire, en vous rangeant sous la bannière de la cause française. Les services distingués que vous avez rendus à votre pays sont reconnus généralement. Vous y mettez le comble en rendant à leur patrie le peu de braves échappés à l'ambition d'un seul homme. J'apprécie surtout la délicatesse de l'article que vous demandez et que j'accepte, relatif à la personne de Napoléon. Rien ne caractérise mieux cette générosité naturelle aux Français et qui vous distingue particulièrement. »

Les alliés déguisaient ainsi à Marmont sa propre faute en la colorant de délicatesse et de générosité, plus indulgents qu'il ne l'était envers lui-même. A peine eut-il signé cette convention qu'il parut s'en repentir et vouloir racheter ce qu'elle avait de cruel pour son âme par des efforts concertés avec d'autres maréchaux en faveur de la régence et de l'empire laissé au fils de son bienfaiteur.

Mais revenons à Fontainebleau.

LIVRE HUITIÈME

Abdication de Napoléon. — Il envoie Caulaincourt et Macdonald comme plénipotentiaires à Paris. — Conseil des maréchaux et des souverains alliés le 4 avril. — Rejet de la régence. — Défection du corps d'armée de Marmont. — Repas de nuit des généraux et des officiers. — Marche du 6ᵉ corps entre les lignes ennemies. — Son soulèvement à son arrivée à Versailles. — Sa marche vers Rambouillet. — Marmont, accouru à Versailles, arrête et apaise le 6ᵉ corps. — Ovation de Marmont à son retour à l'hôtel de M. de Talleyrand. — Ordre du jour de Napoléon le 5 avril. — Retour des plénipotentiaires à Fontainebleau. — Napoléon veut recommencer la guerre. — Il y renonce. — Départ de Caulaincourt pour Paris.

I

L'empereur en entrant dans ses appartements donna à haute voix l'ordre de porter le quartier général à Ponthierry, sur la route d'Essonne. C'était dans sa pensée un ordre tacite à ses maréchaux de le suivre avec leurs corps d'armée. Il ne supposait pas que ses compagnons d'armes l'abandonneraient au dernier combat. Il ne croyait plus au dévouement, mais il croyait encore à l'honneur.

Cependant les maréchaux, qui avaient marché sur ses pas jusque dans le dernier cabinet où il paraissait vouloir se retirer, formaient un groupe d'un aspect énigmatique devant lui. Indécises entre le respect habituel et l'audace d'une résolution inaccoutumée, leurs physionomies révélaient l'ambiguïté de leur rôle. Prêts à s'incliner, si l'empereur comprenait leur geste significatif et leur pression muette; prêts à exiger, s'il s'obstinait à ne rien comprendre. Le silence qui se continua ainsi longtemps entre l'empereur et ses lieutenants était le dialogue le plus tragique de cette scène. Napoléon interrogeait du regard le regard de ses officiers, qui interrogeaient le sien. Chacun semblait attendre de l'autre le mot de la situation. Napoléon était loin de songer encore à le dire. Ses lieutenants frémissaient d'être condamnés à le prononcer les premiers. La honte de l'attendre en vain, accrue par la résolution de le dire, porta enfin jusqu'à la colère sourde l'impatience des chefs de l'armée. Renonçant à persuader, résolus d'obtenir, ils allaient éclater.

II

« Je compte sur vous, messieurs, » dit enfin Napoléon, qui se hâta de les prévenir par une parole à laquelle ils avaient si souvent répondu. Ce mot exigeait un mot ou un signe. Les maréchaux, au lieu de se retirer respectueusement comme à l'ordinaire pour aller exécuter cet ordre, se rapprochèrent en assurant du pied fortement appuyé sur le parquet leur attitude et leur résolution de rester. Napoléon se troubla, mais se contint. Le maréchal Ney, à qui tant d'exploits avaient donné le droit de plus de franchise, s'écria que pas une épée ne sortirait du fourreau pour servir une pensée qui serait le crime inutile et insensé d'une ambition désespérée contre la patrie. Napoléon le regarda avec un étonnement plein de reproche. C'était la première vérité qu'il entendait depuis dix années de servitude; elle sortait de l'âme d'un de ses plus héroïques compagnons; elle avait l'accent d'une révolte et l'amertume d'un délaissement. Il fut foudroyé et déconcerté comme il l'avait été au 18 brumaire par la voix et le geste des représentants à Saint-Cloud. Il fallait à cet homme une armée entre la vérité et lui. Il ne combattait pas l'audace corps à corps.

III

Ses lieutenants Oudinot et Lefebvre appuyèrent avec l'énergie d'une parole brusque et d'une volonté indomptable la résolution du maréchal. Le visage, le ton, les gestes, le bras et le doigt impératif des officiers, le sourd murmure, le regard chargé de menaces, les demi-mots mal arrêtés sur les lèvres, le trépignement des pieds et des sabres sur le parquet, affectaient d'indiquer à Napoléon qu'on n'épargnerait pas même les extrémités, et que la terreur qu'il avait si longtemps inspirée revenait enfin sur lui. Il tenta néanmoins encore sa force morale : il releva le front que de sanglants reproches avaient fait fléchir, et congédiant de nouveau du geste ses lieutenants : « L'armée, du moins, me suivra, elle! dit-il avec un sourire d'amertume.

» — L'armée, reprirent les maréchaux d'une voix plus véhémente, elle obéira à ses généraux ! » C'était retourner contre sa poitrine l'épée qu'il leur avait mise dans les mains. Napoléon se sentit désarmé. Il ne lui restait qu'à défier ses compagnons de gloire du dernier outrage en se faisant jour à travers le groupe qui le pressait et en s'élançant sur la terrasse de la cour pour appeler ses grenadiers à la vengeance de leur empereur. Mais là, comme à Saint-Cloud, le pied, la voix, le cœur, lui manquèrent. Il croisa ses bras sur sa poitrine, baissa la tête, parut réfléchir longtemps en silence, composa enfin sa physionomie pour déguiser l'humiliation, et du ton d'un homme qui prend un conseil volontaire de ses amis au lieu de se soumettre à leur volonté par la force : « Eh bien ! leur dit-il, que dois-je donc faire selon vous ?

» — Abdiquer! s'écrièrent d'une voix rude et unanime les maréchaux les plus rapprochés de lui.

» — Oui, il n'y a pour vous, pour nous, pour la patrie, d'autre issue et d'autre salut que votre abdication, répétèrent les autres.

» — Et voilà ce que vous avez gagné à ne pas suivre les conseils de vos amis, quand ils vous engageaient à faire la paix, » dit le maréchal Lefebvre.

Un murmure général d'approbation apprit à Napoléon qu'il n'avait plus d'espérance ni même d'excuse dans tous ces cœurs. Il entendit et feignit de ne pas entendre de ces mots qui ouvrent les abîmes longtemps fermés de l'âme. Il vit que les ressentiments de la nation débordaient jusque sur les lèvres de ses derniers serviteurs. Nulle pitié ne lui déguisa l'ingratitude. La défection prenait l'accent du patriotisme. Les âmes vulgaires qui ont le plus plié sous la prospérité se redressent avec le plus d'insolence sous l'infortune. La rudesse militaire s'honore alors du nom de franchise. Cette franchise tardive n'est souvent que la vengeance des longues servilités. On ne l'épargna pas à Napoléon. Il entendit en quelques minutes toutes ces voix qu'il avait étouffées sous l'adulation commandée. Il méritait ce supplice de l'opinion qu'il avait tant suppliciée lui-même. Mais était-ce de la main des siens qu'il devait l'attendre?

IV

Il se résigna, non devant les conseils, mais devant le destin qui le désarmait. « Eh bien ! dit-il, je vais vous remettre mon abdication ; laissez-moi un moment d'isolement pour l'écrire. »

Les maréchaux se retirèrent vers la porte de l'étroit cabinet sans perdre de vue l'empereur. Il s'assit près d'une petite table recouverte d'un tapis de drap vert ; il prit une plume, réfléchit un moment, et écrivit lentement et en pesant les mots dans sa tête et sous sa main tremblante l'abdication en ces termes :

« Les puissances alliées ayant proclamé que l'empereur Napoléon était le seul obstacle au rétablissement de la paix en Europe, l'empereur Napoléon, fidèle à son serment, déclare qu'il est prêt à descendre du trône, à quitter la France et même la vie pour le bien de la patrie, inséparable des droits de son fils, de ceux de la régence de l'impératrice et du maintien des lois de l'empire.

» Fait en notre palais de Fontainebleau, le 4 avril 1814.

» NAPOLÉON. »

V

« Tenez, messieurs, dit-il en s'adressant aux maréchaux qui se rapprochèrent, tenez, êtes-vous contents? »

Ses lieutenants reçurent l'abdication de ses mains, la lurent, et s'inclinèrent satisfaits. Cette abdication, c'était leur rançon de la patrie à recouvrer et leur traité personnel avec l'Europe. Ils s'inquiétaient peu des conditions que l'empereur paraissait y attacher. On ne négocie plus sans épée et sans couronne. Ils avaient leur serment et leur liberté dans la main. Ils étaient bien décidés à ne plus la lui rendre.

VI

Quant à lui, quoique la scène qui venait de s'accomplir ne lui laissât plus d'illusion sur les attachements de l'ambition à la puissance, il feignit d'en avoir encore, soit pour se flatter lui-même, soit pour les flatter en les honorant, soit plutôt pour couvrir d'une apparence de dignité et d'indépendance la violence qu'il venait de subir et qu'il ne voulait pas s'avouer.

« Messieurs, leur dit-il d'une voix qu'il s'efforçait de rendre confiante et martiale, il faut aller à Paris maintenant, défendre les intérêts de mon fils, les intérêts de l'armée, ceux de la France. Je nomme pour mes commissaires le duc de Vicence (Caulaincourt), le maréchal prince de la Moskowa, le maréchal duc de Raguse. Ces noms vous conviennent-ils, ces intérêts ne vous semblent-ils pas en de bonnes mains? »

Les généraux firent un signe d'assentiment.

VII

Napoléon, qui s'était tenu debout dans une agitation nerveuse depuis le moment où il avait tendu l'acte d'abdication à ses compagnons d'armes, ne put résister plus longtemps à la défaillance qui suit souvent une violente secousse d'esprit. Il retomba affaissé sur un canapé et resta un instant à chercher son haleine. Puis, plaçant ses deux mains sur son front, il parut absorbé dans une anxiété suprême. On n'entendait dans le silence du cabinet inondé de soleil que le bruit pénible de sa respiration. Les maréchaux souffraient de cette agonie d'une ambition mourante, mais ils la croyaient enfin vaincue. Ils se trompaient. Cette langueur de Napoléon couvrait une dernière ruse de sa passion d'empire. Il se releva comme saisi d'un repentir soudain, et s'élançant vers ses généraux comme pour reprendre et déchirer sa résignation écrite : « Non, non, s'écria-t-il, point de régence! Avec ma garde seule et l'armée de Marmont, je serai demain dans Paris! » Un cri unanime des généraux protesta avec indignation contre ce retour de volonté qu'ils croyaient avoir subjuguée. Le maréchal Ney lui parla avec l'énergique brusquerie d'un soldat qui n'épargne plus les rudesses à la démence. Napoléon eut les soubresauts de tête et les gestes du désespoir contenu. Il ne put supporter plus longtemps la présence des hommes qui venaient de lui arracher jusqu'au respect de lui-même. « Retirez-vous ! » leur dit-il d'une voix tonnante. Ils sortirent en baissant les yeux et en se recommandant le silence sur les violences de l'abdication. Ils emportaient l'empire, l'empereur leur importait peu maintenant.

VIII

Les maréchaux à peine sortis, Napoléon recopia de nouveau son abdication ; et appelant Caulaincourt, il la lui remit comme un dernier instrument de négociation qu'il marchanderait aux alliés pour obtenir en retour la régence et le règne de son fils. Son cœur, longtemps comprimé par la présence de ses lieutenants devant lesquels il n'osait montrer sa colère et devant lesquels il rougissait de montrer sa faiblesse, éclata enfin. « Les ingrats ! répéta-t-il à plusieurs reprises, les ingrats ! ils me doivent tout, et ils n'ont pas su attendre au moins l'heure de m'abandonner avec décence. Il m'eût été moins cruel de tomber sous la main de nos ennemis, mais sous celle de mes amis ! Les ingrats ! je les ai faits ce qu'ils sont, je leur ai donné cette armée qu'ils menacent de tourner contre moi ! »

Il disait vrai pour quelques hommes nouveaux de l'armée; mais cela n'était pas vrai pour ces vétérans de la république. Ils avaient leurs noms faits avant lui. Ils l'avaient usé à son service, et quelques-uns l'avaient terni de leur servilité. Napoléon et eux pouvaient se renvoyer des reproches mutuels : eux, de les avoir pliés à sa tyrannie, lui, d'en avoir accepté la complicité et les fruits, et de ne se souvenir qu'ils étaient libres que le jour où il était vaincu.

IX

Il se jeta dans les bras de Caulaincourt et gémit un moment sur son cœur. Celui-là n'avait d'avenir que l'avenir de Napoléon. Bien qu'il se fût lavé de la complicité directe qui pesait sur lui dans le meurtre du dernier des Condé, il savait que ce souvenir pesait sur son nom et le poursuivrait comme une calomnie ou comme une vengeance sous le règne des Bourbons. L'empire n'était pas seulement sa fidélité, c'était son asile. Il s'y attachait jusqu'au dernier débris autant que l'empereur lui-même. Les autres n'étaient compromis que dans les victoires et les défaites de Napoléon; Caulaincourt l'était dans ses expiations. Mais l'amitié d'Alexandre, qu'il cultivait dans ses nombreuses missions auprès de ce prince, lui laissait espérer encore transaction pour l'empereur, protection pour lui.

Napoléon lui ordonna de partir de nouveau, et lui nomma Marmont et Ney pour négociateurs adjoints auprès des souverains alliés. Il venait d'éprouver la rudesse de Ney, mais il le croyait suffisamment apaisé par l'abdication. Quant à Marmont, il ignorait encore la promesse de défection que le prince de Schwartzenberg avait dans les mains.

X

Caulaincourt, plus défiant parce qu'il était plus instruit, représenta à l'empereur que l'absence de Marmont de Fontainebleau ralentirait peut-être l'action de la négociation, et qu'il serait préférable de désigner Macdonald. Maret, duc de Bassano, suivait Napoléon dans ses camps comme secrétaire d'État. Il avait sur l'empereur l'ascendant que donnent la présence, la familiarité, l'habitude. Il fut appelé et consulté. Maret, homme d'honneur, ne doutait pas de l'honneur dans les autres; il conseilla Macdonald. Macdonald fut appelé.

C'était un gentilhomme de sang irlandais dont les pères avaient suivi Jacques II en France. La fidélité coulait dans ses veines. Toutefois les révolutions l'avaient assoupli comme tous les soldats, à servir des causes diverses, fidèle surtout à son épée. Militaire avant la Révolution, général pendant les guerres de la république, sous Moreau en Allemagne, sous Pichegru en Hollande, sous Championnet à Naples, il avait illustré son nom par la glorieuse retraite de la Trebia, retraite égale à une victoire. Au 18 brumaire, il avait prêté comme tous les généraux présents à Paris sa complaisance à Bonaparte pour surprendre la république. Napoléon l'avait employé, grandi et illustré depuis, mais avec réserve et défiance. Macdonald ne datait pas de lui seul. Il redoutait dans ce lieutenant un homme qui se souvenait trop de Moreau. Macdonald le détrompa à l'heure des épreuves. Bien que ce général eût conseillé l'abdication la veille, et qu'il fît partie le matin du groupe d'officiers qui redemandait impérieusement le sceptre à Napoléon, il avait parlé avec les égards qu'inspire l'infortune aux cœurs généreux, et avec cette indépendance des événements que donne la noblesse de l'âme. Le moins favorisé des maréchaux s'était dévoilé le plus fidèle. Le conseil donné, il avait offert son épée et son intervention jusqu'à l'extrémité à l'empereur. Napoléon avait été touché. Il avait trouvé son dernier ami là où il croyait trouver son juge le plus sévère. Il fit appeler Macdonald, et lui confia avec un certain attendrissement le sort de ses dernières espérances et l'avenir de son fils. « J'ai eu des torts envers vous, lui dit l'empereur, vous en souvenez-vous? — Non, dit Macdonald, je ne me souviens que de votre confiance! » L'empereur serra la main du soldat; il y eut des larmes dans leurs yeux.

XI

Les plénipotentiaires Caulaincourt, Ney et Macdonald laissèrent l'empereur seul et abîmé dans son humiliation et dans sa douleur. Ils montèrent en voiture et coururent vers Paris.

Quelques heures après, ils étaient introduits auprès de l'empereur Alexandre. Ils ne doutaient pas que ce prince, convaincu des périls d'une dernière lutte avec Napoléon, et secrètement animé contre les Bourbons, n'inclinât à la régence de l'impératrice. Les négociateurs s'étaient adjoint le maréchal Marmont, qu'ils avaient pris à son camp d'Essonne. Marmont commençait à se repentir de sa défection trop complète, et dont le secret n'avait pas encore transpiré. Ses troupes, sous le commandement de ses officiers, n'avaient pas commencé encore le mouvement vers la Normandie. Ce maréchal n'osait avouer à ses compagnons d'armes qu'il avait traité sans eux. Il espérait ressaisir sa convention avec Schwartzenberg. Il voulait, du moins, en remettre l'exécution après que la régence aurait été consentie par Alexandre. Le hasard acheva la défection commencée, et ferma la porte à tout retour de fidélité de ce maréchal.

XII

Caulaincourt, dont la familiarité avec Alexandre était ancienne, précéda l'entrée des maréchaux chez ce prince. Alexandre feignit d'avoir hésité et d'être entraîné malgré lui dans une ligue universelle contre la dynastie de Napoléon. Il raconta à Caulaincourt les obsessions de M. de Talleyrand, de l'abbé Louis, de l'abbé de Pradt, de l'abbé de Montesquiou, quatre anciens membres du clergé rompus aux intrigues de sa politique comme les eunuques des cours byzantines. Il lui révéla la défection de Marmont et de son état-major; il lui confia que le général Souham, qui commandait l'armée d'Essonne en l'absence du maréchal, avait peut-être découvert et désarmé Napoléon à l'heure où il lui parlait, en abandonnant ses positions. Napoléon sans soldats n'était donc plus un nom dont on pût s'armer pour faire peser la régence d'un poids de crainte dans les conseils des alliés. Ce n'était plus qu'un captif dont on allait décréter les conditions de captivité. Alexandre, avec cette simulation gracieuse du caractère grec qui se retrouve dans le Slave, affectait, en parlant ainsi, autant de regret et de douleur que s'il eût été encore l'ami de Napoléon. Il consolait tout en frappant. Il rendait et retirait des espérances par chaque mot et par chaque accent. Caulaincourt, consterné, croyait encore à la puissance de la présence et de l'intercession des maréchaux sur son âme. Ils furent introduits.

XIII

L'empereur de Russie, le roi de Prusse, les généraux, les diplomates étrangers, le général Beurnonville, les membres du gouvernement provisoire, les principaux agents de M. de Talleyrand et des royalistes, assistaient à cette séance où allait se décider une dernière fois et plus irrévocablement la question du trône. Caulaincourt remit aux souverains l'acte conditionnel d'abdication. Le roi de Prusse, plein de la bataille d'Iéna et de la vengeance d'une femme adorée dont Napoléon avait brisé le cœur et la vie, prit la parole. Il dit aux envoyés de Napoléon que l'heure des transactions était passée, que la France se prononçait avec une autorité d'opinion irrésistible contre la tyrannie héréditaire du chef qui avait abusé d'elle, et qu'elle redemandait ses anciens rois par la voix du Sénat et du peuple.

Macdonald plaida avec une respectueuse et calme énergie la cause de Napoléon : « Il livre l'empire pour rançon du trône de son fils, dit-il, il rend la paix à l'univers et se désarme de son épée et de son titre à ce prix. Le sang qui coulerait encore en Europe, s'il poursuivait à l'extrémité la résistance, ne retomberait plus sur lui. Les souverains qui se sont armés, non pour la cause de telle ou telle famille couronnée, mais pour rendre l'indépendance et la paix à l'humanité, peuvent-ils, sans se démentir, faire encourir de tels hasards aux armées et aux populations pour un détrônement qui ne fut pas le but de leur ligue? L'armée est fidèle encore et nombreuse entre Fontainebleau et Paris. A la voix de Napoléon, elle livrerait la plus terrible et la plus déplorable des batailles. Faut-il réduire le premier soldat du monde à ce conseil du désespoir? »

XIV

Telles furent les paroles de Macdonald. Mais au moment où il parlait de l'armée prête à suivre encore son général, un sourire d'incrédulité qu'il ne comprit pas parcourut les lèvres des assistants; un chuchotement énigmatique inquiéta Macdonald et Ney. La porte s'ouvrit, c'était Marmont. Il entrait, il venait de bonne foi alors se joindre tardivement à ses compagnons d'armes pour intercéder en faveur de la régence, rougissant d'être moins loyal et moins affectionné que Macdonald et Ney, qui devaient moins à l'empereur. Il fut accueilli par M. de Talleyrand, par les affidés du gouvernement provisoire et par les généraux alliés avec des démonstrations de joie et de cordialité qui captaient d'avance sa parole. On vit sur les physionomies la révélation de rapports antérieurs. Marmont était déjà séparé, dans l'esprit du conseil, de la cause de l'empire. Ceux qui la défendaient pâlirent en le voyant entouré des accueils et des familiarités des alliés. Ils ne soupçonnaient cependant qu'une partie de la vérité, Marmont l'ignorait tout entière. Son armée, au nom de laquelle il venait négocier encore lui-même, n'existait plus. Pendant son absence, ses généraux, sommés par Schwartzenberg et travaillés par les émissaires de Paris, avaient exécuté la convention, traversé les lignes du prince de Schwartzenberg l'arme au bras, et s'étaient repliés sur Versailles, plus pressés que leur chef de mettre entre l'empereur et eux Paris et les armées étrangères. Ce mouvement accompli équivalait à une capitulation. Le corps d'armée de Marmont était désormais emprisonné par les lignes ennemies. L'armée de Napoléon n'avait plus ni tête, ni flanc, ni ligne. Ce n'était qu'une poignée de braves entourés et découverts de toutes parts, autour du dernier palais de leur souverain.

XV

Au moment où Marmont se disposait à prendre la parole pour rivaliser de loyauté apparente et d'intercession avec ses collègues, on apporta une dépêche à l'empereur

Alexandre; il l'ouvrit. Elle était du généralissime autrichien. Elle annonçait la dislocation et le mouvement de l'armée d'Essonne. Alexandre la lut à haute voix. Elle tranchait tout. Marmont, qui n'avait rien ordonné, fut atterré. La parole manqua à Caulaincourt, à Macdonald et à Ney. Pendant qu'ils plaidaient, le sort ou la trahison avait jugé. Un silence de joie chez les uns, de consternation chez les autres, de honte chez ceux-ci, d'étonnement chez tous, régna dans le conseil. Il n'y avait plus à négocier, il ne restait qu'à implorer. Les maréchaux et Caulaincourt sortirent.

XVI

On voulut consoler leur fidélité et leur douleur. Beurnonville, ancien compagnon d'armes de Macdonald dans les guerres de la république, s'avança vers ce maréchal et lui tendit la main. « Ne me parlez pas, lui cria Macdonald, vous m'avez fait oublier en un jour une amitié de trente ans. » Puis se tournant vers le général Dupont, ministre de la guerre : « Quant à vous, dit-il, vous aviez le droit de haïr l'empereur, il avait été injuste envers vous. Mais depuis quand venge-t-on son injure personnelle sur sa patrie? »

M. de Talleyrand s'étant approché du groupe des maréchaux, dont la voix retentissait de l'accent de l'indignation et du désespoir, les pria d'assoupir leur voix et de se rappeler qu'ils n'étaient pas chez lui, mais chez l'empereur Alexandre. Macdonald lui répliqua avec l'énergie du désespoir et du mépris. Marmont, se frappant le front des deux mains et déplorant la précipitation de ses généraux qui avaient agi sans ordre : « Je donnerais un bras, s'écria-t-il, pour réparer la faute de mes généraux ! — Dites le crime, reprit Macdonald, et leurs têtes ne l'expieraient pas. »

XVII

Ce désespoir de Marmont, quoique tardif, n'était pas affecté. Rien n'était accompli encore dans sa pensée, malgré la convention coupable d'Essonne. Il s'était réservé à lui-même de ne l'exécuter qu'à son heure et après que les conférences de Paris auraient assuré la dignité de son attitude, la sûreté de l'armée, les conditions personnelles à l'empereur. Mais le premier pas sur la pente de la trahison entraîne au fond de la ruine. Voici les événements que Marmont n'avait pas prévus et qui s'étaient passés pendant son absence.

Napoléon, irrité de la violence qui venait de lui être faite par ses lieutenants en lui arrachant l'abdication, était revenu à des pensées de lutte aussitôt après leur départ. Il avait envoyé un de ses jeunes officiers d'ordonnance dévoué avec l'enthousiasme de son âge et de son cœur, le colonel Gourgaud, au camp de Marmont. Gourgaud devait ramener ce maréchal à Fontainebleau. Napoléon espérait trouver en lui plus de constance et plus de dévouement à ses résolutions désespérées que dans ses autres lieutenants. Avec Marmont et sa garde il pouvait braver les chefs révoltés de ses autres corps, les livrer au ressentiment des soldats, nommer d'autres chefs, ressaisir le commandement, marcher sur Paris, changer ou modifier la fortune. Gourgaud ne trouva plus Marmont à Essonne; le maréchal parlementait à Paris. L'envoyé de l'empereur s'étonne de ce qu'un chef de corps en présence de l'ennemi ait abandonné son poste. Il apprend du colonel Fabvier, aide de camp de Marmont, que le bruit sourd de l'abdication de l'empereur s'est déjà répandu dans l'armée par des dépêches venues des avant-postes, et que chacun des généraux divisionnaires commence à penser à soi. Le colonel Fabvier, fidèle au devoir et infaillible à l'honneur, court lui-même au-devant de son maréchal, dont il espère le retour. Il raffermit la vigilance et le courage aux avant-postes. Gourgaud poursuit sa mission et va, de la part de l'empereur, convier Mortier à une entrevue nocturne à Fontainebleau avec Napoléon pour y concerter un grand mouvement à l'insu des maréchaux désaffectionnés. Au même moment, Berthier, chef d'état-major de l'empereur, inquiet de ne pas voir revenir Gourgaud, envoie par une ordonnance au camp d'Essonne une nouvelle invitation à Marmont de venir sur l'heure recevoir les ordres de l'empereur.

XVIII

Cette nouvelle invitation à Marmont, se combinant avec le bruit croissant de l'abdication et avec le départ des maréchaux dont on ignore les motifs, mais dont on connaît le mécontentement, fait croire à l'état-major de Marmont que l'empereur veut protester par un renouvellement d'hostilités insensé et personnel contre la volonté des chefs de l'armée et contre l'intérêt de la patrie. L'indignation et le soulèvement succèdent à l'inquiétude. En l'absence du maréchal, les généraux Bordesoulle, Compans, Digeon, Ledru-Desessarts, Meynadier se réunissent, se communiquent leurs appréhensions, se décident à prendre sur eux un parti suprême pour désarmer l'empereur déchu de toute possibilité de verser inutilement le sang de la France et de ses soldats. Chacun de ces généraux convient de réunir ses officiers supérieurs à sa table à la chute du jour, et de les entraîner par conviction ou par discipline au mouvement qui désarme Napoléon. Ils les entretiennent en effet jusqu'au milieu de la nuit comme des convives qu'on veut retenir à un repas prolongé. Enfin, lorsque les colonels veulent se retirer chacun à son poste, les généraux leur annoncent que l'empereur a décidé le mouvement sur Paris, qu'il faut faire place à l'armée de Fontainebleau dont il est suivi, et se porter en avant sur la route de Versailles. On prend les armes, des cris de : « Vive l'empereur ! » et une impatience désespérée de vengeance signalent la dernière fidélité du corps. La cavalerie marche, dans les ténèbres, sous le commandement du général Bordesoulle, vers Paris.

XIX

Cependant le colonel Fabvier, cet aide de camp de Marmont, revenant des avant-postes, rencontre les colonnes en marche, s'étonne, interroge, ne comprend rien à un mouvement que son maréchal n'a pas commandé. Les soldats ne peuvent lui répondre. Il aborde enfin les généraux, qui se chauffaient à un feu de bivouac, près de la rivière d'Essonne, pendant que leurs colonnes défilaient sur le pont.

Fabvier s'informe au général Souham de la cause d'un mouvement nocturne qui précipite les troupes dans les lignes ennemies. Souham lui répond qu'il n'a pas l'habitude de rendre compte de ses actes à ses inférieurs. Et sur l'insistance respectueuse de Fabvier : « Votre maréchal, lui dit Souham, s'est mis à l'abri dans Paris; je ne veux pas payer de ma tête la responsabilité qu'il nous laisse. » Le général Compans se joint à Fabvier pour déconseiller fortement un mouvement qu'il sera toujours temps de faire, si l'on apprend que l'empereur veut compromettre et sacrifier ses derniers soldats. Souham est inflexible : « Non, non, dit-il, le pied est levé, il faut faire le pas ! » Et l'armée passa.

XX

L'avant-garde s'étonne de ne rencontrer aucun ennemi. La nuit lui cachait les plaines au bord de la route. Quelques rumeurs inexplicables s'élevaient par intervalles dans le lointain. Les soldats croyaient que c'étaient les colonnes de droite et de gauche de l'armée de Fontainebleau qui marchaient de front avec elle. L'aube du jour leur découvrit les batteries, les bataillons et les escadrons de l'armée russe en bataille sur les deux flancs du chemin. Ils avaient marché depuis trois heures du matin entre ces deux lignes invisibles prêtes à se refermer derrière eux. L'indignation fut amère, le retour impossible, le cri de fureur se contint et couva jusqu'à Versailles dans les rangs. L'arrière-garde seule, commandée par le général Chastel, reconnut le piége à la faveur du jour naissant avant d'avoir passé le pont d'Essonne. Elle s'arrêta et fortifia à la hâte ce passage, pour protéger du moins l'empereur. A Corbeil, le général Lucotte refusa de suivre l'armée de Marmont et jura de mourir à son poste.

XXI

A peine arrivé à Versailles, le général Bordesoulle écrivit à Marmont pour lui expliquer les motifs qui avaient décidé ses généraux à faire, sans ses ordres, le mouvement qu'on était convenu de suspendre jusqu'à son retour de Paris. Il se félicitait, dans sa lettre, de l'unanimité des troupes à suivre l'impulsion qu'il avait donnée. Mais pendant que Bordesoulle écrivait, les soldats, revenus de leur étonnement et répandus dans la ville et dans les villages autour de Versailles, se groupaient, s'interrogeaient, s'indignaient, accusaient leurs généraux du crime d'une désertion qui déshonorait leur corps, et se répandaient en acclamations pour leur empereur et en imprécations contre leurs généraux. Le colonel Ordener réunissait chez lui tous les autres colonels, recevait d'eux le commandement par insurrection, et faisant monter les régiments à cheval, les dirigeait sur Rambouillet pour revenir par ce détour à Fontainebleau. L'infanterie, l'artillerie, la cavalerie entière, prennent spontanément leurs armes et leurs rangs, sourds à la voix des généraux, et s'élancent sur les pas d'Ordener pour retourner à leur empereur. La ville, les routes et les bois retentissent de leur fureur et de leurs acclamations, désespoir d'une indomptable fidélité au vaincu.

XXII

Le gouvernement provisoire, informé de cette révolte et tremblant qu'elle ne gagne les corps et les populations, conjure Marmont de se dévouer à la fureur de son armée et de la ramener au devoir. Le maréchal y court comme à une mort certaine, mais qui dénouera au moins l'ambiguïté de faute et de malheur de sa situation. Il s'élance sur un de ses chevaux les plus rapides à la suite d'Ordener sur la route de Rambouillet. « Arrêtez ! s'écrie-t-il à ce colonel ; ramenez mes troupes à Versailles, ou je vous fais saisir et juger pour usurpation de commandement. — Je vous en défie, répond le colonel; vos troupes ne sont pas vos troupes, il n'y a pas de loi militaire qui les condamne à obéir à la trahison, et y en eût-il, il n'y aurait pas ici de lâches soldats pour les exécuter. »

Les éclats de voix des deux généraux, l'agitation du groupe où ils s'adjurent et s'interpellent, la halte confuse qui suspend le pas des colonnes, attirent autour de Marmont les officiers et les soldats. Marmont, dont ils suspectent la fidélité, mais dont ils aimaient le courage et dont ils reconnaissaient la voix, déchire son uniforme devant eux, leur montre les cicatrices de ses blessures, leur rappelle leurs exploits sur les mêmes champs de bataille, se justifie d'un ordre qu'il n'a pas donné, mais les adjure de se prononcer entre l'insurrection et lui, et leur affirme que la paix déjà signée va rendre leur mouvement de la nuit sans danger pour leurs frères d'armes et pour l'empereur. Il leur demande la mort pour lui plutôt que cet opprobre pour eux d'abandonner leur général. Les soldats les plus rapprochés s'émeuvent à sa voix, se repentent de leur indiscipline, abandonnent Ordener, crient : « Vive Marmont ! » entraînent les autres et reprennent derrière lui la route de leur cantonnement. Marmont les harangue, les passe en revue, les remet sous la main de leurs généraux, et revient triomphant à Paris.

M. de Talleyrand, les ministres, les souverains alliés, l'embrassent et le comblent d'éloges. Une seconde fois, disent-ils, il a sauvé le sang de la capitale. Entouré, servi, exalté à la fin d'un dîner chez M. de Talleyrand, on bat des mains à la poussière de ses habits. Marmont, à l'enthousiasme des ennemis de son maître, dut reconnaître la triste réalité de sa défection.

XXIII

Pendant que ces événements, pressés dans l'intervalle d'une nuit et d'une matinée, se passaient à Paris et à Versailles, l'empereur, seul à Fontainebleau, attendait en vain Marmont et Mortier, ces deux derniers espoirs de sa fortune. Au lieu de ces deux maréchaux, dont il voulait tenter encore la fidélité pour entraîner le reste, il reçut par une dépêche confidentielle de Caulaincourt la copie de la convention secrète entre Marmont et les alliés. Une heure après, Gourgaud et Chastel accoururent lui annoncer la défection nocturne de toute l'armée d'Essonne. Les actes et les proclamations injurieuses du Sénat lui parvinrent au même moment. Il s'abattit de nouveau pour se relever encore. Mais, tout abattu qu'il était, il voulut lutter au moins de récriminations et d'invectives avec ce Sénat servile qui ne recouvrait la voix que contre le vaincu. Il s'enferma dans son cabinet, et il écrivit à l'armée cet ordre du jour :

XXIV

« Fontainebleau, le 5 avril 1814.

» L'empereur remercie l'armée pour l'attachement qu'elle lui témoigne, et principalement parce qu'elle reconnaît que la France est en lui et non pas dans le peuple de la capitale. Le soldat suit la fortune et l'infortune de son général, son honneur et sa religion. Le duc de Raguse n'a point inspiré ce sentiment à ses compagnons d'armes ; il a passé aux alliés. L'empereur ne peut approuver la condition sous laquelle il a fait cette démarche ; il ne peut accepter la vie et la liberté de la merci d'un sujet.

» Le Sénat s'est permis de disposer du gouvernement français ; il a oublié qu'il doit à l'empereur le pouvoir dont il abuse maintenant ; que c'est l'empereur qui a sauvé une partie de ses membres des orages de la Révolution, tiré de l'obscurité et protégé l'autre contre la haine de la nation.

» Le Sénat se fonde sur les articles de la constitution pour la renverser; il ne rougit pas de faire des reproches à l'empereur, sans remarquer que, comme premier corps de l'État, il a pris part à tous les événements. Il est allé si loin qu'il a osé accuser l'empereur d'avoir changé les actes dans leur publication. Le monde entier sait qu'il n'avait pas besoin de tels artifices. Un signe était un ordre pour le Sénat, qui toujours faisait plus qu'on ne désirait de lui. L'empereur a toujours été accessible aux remontrances de ses ministres, et il attendait d'eux, dans cette circonstance, la justification la plus indéfinie des mesures qu'il avait prises. Si l'enthousiasme s'est mêlé dans les adresses et les discours publics, alors l'empereur a été trompé. Mais ceux qui ont tenu ce langage doivent s'attribuer à eux-mêmes les suites de leurs flatteries.

» Le Sénat ne rougit pas de parler de libelles publiés contre les gouvernements étrangers; il oublie qu'ils furent rédigés dans son sein! Si longtemps que la fortune s'est montrée fidèle à leur souverain, ces hommes sont restés fidèles, et nulle plainte n'a été entendue sur les abus du pouvoir. Si l'empereur avait méprisé les hommes comme on le lui a reproché, alors le monde reconnaitrait aujourd'hui qu'il a eu des raisons qui motivaient son mépris. Il tenait sa dignité de Dieu et de la nation; eux seuls pouvaient l'en priver; il l'a toujours considérée comme un fardeau, et lorsqu'il l'accepta, ce fut dans la conviction que lui seul était à même de la porter dignement.

» Le bonheur de la France paraissait être dans la destinée de l'empereur; aujourd'hui que la fortune s'est décidée contre lui, la volonté de la nation seule pourrait le persuader de rester plus longtemps sur le trône. S'il se doit considérer comme le seul obstacle à la paix, il fait volontiers ce dernier sacrifice à la France. Il a en conséquence envoyé le prince de la Moskowa et les ducs de Vicence et de Tarente à Paris pour entamer la négociation. L'armée peut être certaine que l'honneur de l'armée ne sera jamais en contradiction avec le bonheur de la France. »

XXV

Cette adresse à ses troupes couvrait cependant encore un appel à la pitié sous l'apparence d'un découragement résigné de l'empire. Il s'acharnait à l'espérance à mesure qu'elle lui échappait. Une voiture qui roulait dans les cours vint lui enlever ce qui restait de son illusion. Il se précipite à la fenêtre pour en voir descendre Caulaincourt, Macdonald et Ney, qui lui apportaient le dernier mot de ses ennemis. Leur physionomie seule lui révélait la tristesse et l'inflexibilité de sa destinée. Caulaincourt et Macdonald en tempéraient l'impression par la compassion muette de leur attitude. Le maréchal Ney, quoique loyal, portait sur ses traits la rudesse d'une résolution avec laquelle il ne faut plus disputer. Lui-même il ne disputait plus avec lui-même. Déjà fatigué avant de quitter Fontainebleau d'une contestation vaine et antipatriotique entre l'empereur et la destinée, son séjour et ses conversations à Paris l'avaient disposé à moins de ménagements que jamais avec cette obstination à régner. Elle lui semblait l'obstination d'un seul homme contre le seul salut de la patrie. Doux d'abord, obéissant encore, intrépide toujours, lassé enfin, il avait fini par s'irriter. Tout son dévouement passé se tournait en colère. Il ne savait pas la déguiser. Ses yeux, sa voix, ses pieds, ses gestes, ses murmures la trahissaient.

XXVI

Ney, avant de revoir l'empereur, s'était prémuni contre tout retour de faiblesse ou de dévouement en s'engageant par un acte précipité et irrévocable avec les Bourbons. « Je me suis rendu à Paris hier, avait-il écrit à M. de Talleyrand, avec le duc de Tarente et le duc de Vicence, comme chargé de pleins pouvoirs pour défendre, près de S. M. l'empereur Alexandre, les intérêts de la dynastie de l'empereur Napoléon. Un événement imprévu ayant tout à coup arrêté les négociations, qui cependant semblaient promettre les plus heureux résultats, je vis dès lors que, pour éviter à notre chère patrie les maux affreux d'une guerre civile, il ne restait plus aux Français qu'à embrasser la cause de nos anciens rois; et c'est pénétré de ce sentiment que je me suis rendu, ce soir, auprès de l'empereur Napoléon pour lui manifester les vœux de la nation. Demain matin, j'espère qu'il me remettra lui-même l'acte formel et authentique de son abdication; aussitôt après, j'aurai l'honneur d'aller visiter Votre Altesse sérénissime.

« Fontainebleau, ce 5 avril, onze heures et demie du soir. »

XXVII

Le langage de Ney à l'empereur fut conforme à l'état de son âme. Il enleva tout espoir du premier mot, comme un homme qui ne veut ni discuter, ni s'attendrir, ni laisser languir sa victime. « Eh bien! dit l'empereur, la situation maintenant est nette. Il n'y a plus ni pour l'armée ni pour moi d'illusion possible, ni pour vous, ajouta-t-il en regardant les deux maréchaux. C'est une capitulation sans conditions qu'on nous demande; l'armée y consentira-t-elle? Quant à moi, jamais! » Et il énuméra les forces disséminées qu'il pouvait rallier ou rejoindre : vingt-cinq mille hommes à Fontainebleau, vingt mille sous Augereau à Lyon, autant sous le prince Eugène en Italie, l'armée de Suchet en Catalogne, celle de Soult à Toulouse; en tout cent cinquante mille combattants avec l'empereur à leur tête et la France insurgée sous leurs pieds! N'était-ce pas plus qu'il n'en fallait pour disputer les chances d'une abdication? Et, en les disputant avec les clauses de la guerre, n'était-ce pas assez peut-être pour reconquérir l'empire et l'honneur?

En vain Macdonald et Caulaincourt tentèrent d'obtenir par la tendresse de la persuasion ce que Ney avait voulu arracher par la brutalité de la franchise; il fut impossible de vaincre pendant toute cette longue nuit l'obstination de Napoléon. Il combattait pour sa postérité. Il feignait d'avoir sacrifié le présent; il se cramponnait à l'avenir. Son fils, son nom, sa race sur le trône, c'était tout son passé ressaisi après l'avoir perdu. Les anxiétés de son âme remplissaient le palais d'incertitude, de trouble et de trahisons. Tous flottaient autour de lui comme il flottait lui-même.

XXVIII

Caulaincourt resta seul avec l'empereur après le départ des deux maréchaux. La nuit se passa en reproches à la destinée et aux hommes. L'ambition ne les trouve jamais assez fidèles quand ils ne la suivent pas jusqu'au suicide. Ses attitudes étaient des convulsions. Il s'asseyait, se relevait, se promenait, se rasseyait tour à tour, en se parlant à lui-même ou en s'adressant à Caulaincourt. Puis, tout à coup, repoussant du pied le siége sur lequel il appuyait ses jambes lasses d'agitation, il se précipitait sur les cartes ouvertes sur le plancher, et il marquait avec des épingles noires le plan de campagne qui lui restait dans l'autre moitié de la France.

« S'imaginent-ils que la trahison de quelques lâches est le dernier mot de la France? disait-il à Caulaincourt en l'appelant du geste vers lui et en lui montrant les cours de la Seine, de la Saône, de la Loire et du Rhône. Non! non! la nation n'a pas ratifié leur trahison ; j'appellerai le peuple à moi!... Les imprudents!... Ils ne savent pas qu'un homme comme moi ne cesse d'être terrible que quand il est couché dans son cercueil!... Demain, dans une heure, au lever du soleil, je puis déchirer d'un seul mouvement toutes ces trames qu'ils ourdissent autour de moi... Suivez-moi de l'œil, Caulaincourt. Je rallie à Lyon cent cinquante mille hommes qui me restent; je prononce le mot de liberté qui résonne aujourd'hui contre moi! J'écris indépendance et patrie sur mes aigles... Si les chefs amollis de l'armée sont las, qu'ils se reposent dans la honte, je trouverai sous les épaulettes de laine de nouveaux maréchaux et de nouveaux princes. Leurs uniformes dorés leur ont fait oublier la capote bleue du soldat. C'était leur plus beau titre; il en décorera d'autres!... »

XXIX

Il ordonne à Caulaincourt de prendre la plume et d'écrire à Ney et à Macdonald qui venaient de repartir pour Paris, libres enfin de leurs serments et peu disposés à les reprendre. Caulaincourt, épuisé lui-même non de dévouement, mais de patience, s'y refuse, conteste, le conjure de réfléchir. « Non, s'écrie Napoléon; tout est réfléchi, je n'ai plus le choix des partis à prendre. Les alliés ont repoussé le sacrifice personnel que j'ai voulu leur faire il y a deux jours! Eh bien! à mon tour, je retire cette abdication! Que l'épée juge! Que le sang coule! Qu'il retombe sur les lâches qui ont voulu l'humiliation du pays! »

Puis, sentant qu'il s'égarait dans de vains retours sur un passé impossible à ressaisir, il laissa la plume retomber d'elle-même des mains de Caulaincourt. Il parut s'affaisser enfin sous la nécessité, il s'attendrit, il conjura même. « Nous sommes bien malheureux, dit-il à l'unique spectateur de ses perplexités, nous sommes bien malheureux! car vous, c'est moi! Je le sais, je le sais, mon ami! Allez prendre un moment de repos, il n'en est plus pour moi. Vous reviendrez. La nuit m'aura éclairé peut-être ! »

XXX

Caulaincourt se retira pour revenir aussitôt que l'empereur le ferait rappeler. Mais déjà les familiers les plus intimes, les compagnons les plus anciens et les courtisans les plus personnels de Napoléon se disposaient à s'éloigner pour ne plus revenir. La fortune se couchait sur le vieux château de François Ier et se levait à Paris avec l'aurore d'un autre règne. On craignait de ne pas arriver à son heure. Le soupçon d'une fidélité trop prolongée pouvait devenir le crime de toute une vie et la condamnation d'une ambition qu'on ne voulait pas abdiquer avec l'empereur. Il était évident que Napoléon devenait l'ennemi public, le grand coupable sur lequel on allait rejeter tous les reproches et tous les malheurs, le grand proscrit de l'Europe et de la France. On tremblait d'être confondu dans cet ostracisme. Les maréchaux, à l'exception de Macdonald, donnaient l'exemple. Quand l'épée fléchissait, comment ce reste de cour aurait-il résisté? Ce n'est pas dans les salons d'un maître que les âmes se trempent et que les caractères s'endurcissent. On cherchait seulement un prétexte pour se retirer avec la décence de la désertion. Napoléon se refusait à le donner par sa persistance et par son hésitation. L'impatience de l'abandon se changeait en colère contre l'obstination du maître. Les cours, les salles, les corridors, les antichambres même du petit appartement de l'empereur, étaient remplis de groupes de ses officiers, de ses dignitaires, de ses serviteurs qui se répandaient à haute voix en sévérités et en mépris contre son acharnement à régner. Le bruit s'en faisait entendre jusque dans l'intérieur le plus retiré de la chambre de Napoléon. C'était la voix de reproche qui s'élevait à mesure que les heures démolissaient les derniers débris de sa situation. Il était obligé d'entr'ouvrir de temps en temps sa porte pour ordonner d'une voix tour à tour impérieuse ou sévère, à son chambellan de service, d'imposer le silence à ces chuchotements de la désaffection. Les confidences mêmes qu'il faisait de ses revers et de ses pensées à ses familiers les plus intimes étaient à l'instant reportées par eux dans les conversations du palais, et grossissaient les mécontentements ou les craintes. Chacun cherchait à communiquer à d'autres les résolutions pressées de fuite qu'il concevait, pour que l'ingratitude personnelle fût confondue dans une ingratitude plus générale. Déjà on ne rougissait plus d'avouer tout haut l'abandon. Les uns alléguaient l'inutilité de leur présence dans un palais changé en caserne et qui allait devenir une prison; les autres, la nécessité d'aller protéger à Paris des femmes, des mères, des enfants qui s'alarmaient de leur isolement; ceux-ci montraient des lettres de M. de Talleyrand ou des sénateurs; ceux-là se souvenaient que leurs noms appartenaient avant tout à l'ancienne monarchie et ne voulaient pas qu'à sa rentrée dans les Tuileries elle remarquât leur absence; tous avaient des convenances, des intérêts, des devoirs de famille, des respects de situation qui devaient l'emporter sur l'inutile obstination à entourer un soldat déchu; quelques-uns, des complicités à se faire pardonner par un empressement à trahir, gage de nouvelles fidélités à offrir au pouvoir naissant. A la porte de toutes les chambres, dans les corridors, sur les escaliers, dans les cours, les préparatifs de départ se faisaient sans contrainte. La plupart partaient sans adieux. A chaque instant le bruit d'une calèche roulant sur le pavé des cours d'honneur annonçait à la nuit un abandon de plus. Le matin, le palais était presque vide. La domesticité même de l'empereur s'était évadée. A chaque dignitaire de sa cour, à chaque officier de son état-major, à chaque officier de son service intérieur qu'il faisait par hasard appeler, l'absence répondait. Un sourire amer et une impassibilité dédaigneuse répliquaient sur sa physionomie à chacun de ces symptômes de la lâcheté des attachements intéressés. Il semblait se justifier lui-même à ces coups du mépris qu'il avait toujours professé pour les hommes. Ce mépris les justifiait aussi de leur propre dégradation. Il n'avait rien aimé ; pouvait-il compter sur un cœur ou sur une vertu? Il n'en trouva aucun même parmi ces vieux serviteurs domestiques que la familiarité et le rapprochement continuels attachent souvent plus à la personne qu'à la grandeur. Richard avait eu Blondel, Louis XVI avait eu Cléry, Napoléon n'eut pas même son mameluk. Sa cour avait tout perverti. Ses soldats seuls, les officiers les moins élevés en dignités et les moins rapprochés de sa faveur se montrèrent dévoués jusqu'à la dernière heure. Les camps avaient protégé l'honneur; l'intérêt avait corrompu les cours.

XXXI

« Qu'il en finisse! » était le cri général de ce qui restait encore le matin autour de lui. Quand on apprit qu'il faisait rappeler Macdonald et Ney pour rompre la négociation et retirer sa parole, le murmure monta jusqu'à l'insolence et jusqu'à l'outrage. Les murs de ce palais de ses fêtes n'avaient pas répété plus d'adulations dans le temps de sa gloire qu'ils n'entendaient d'imprécations au jour de sa chute. On craignait justement de n'avoir plus le temps de capituler avec les Bourbons. Les armées alliées, délivrées de la crainte d'une bataille sous Paris par la défection de Marmont, qui avait aussi découvert Mortier, et par les adhésions successives des généraux et des corps éloignés de l'empereur, avaient manœuvré librement pour cerner Napoléon dans son dernier asile. Les avenues de Fontainebleau étaient fermées de toutes parts. Les Russes s'étendaient en face de Paris à Melun et à Montereau. Une autre armée d'Alexandre gardait Essonne et le passage de la rivière. Les routes de Chartres et d'Orléans étaient interceptées par des corps nombreux. Tout le pays entre la Seine, la Marne, l'Yonne et la Loire était occupé par la grande armée autrichienne, qui avait suivi d'étape en étape notre retraite sur Paris. La faible armée d'Augereau, expulsée de Lyon et rejetée sur la Franche-Comté, ne pouvait plus même inquiéter l'arrière-garde des Autrichiens. L'espace se resserrait autour de celui qui avait dévoré le monde. Deux cent mille hommes disposés depuis deux jours et deux nuits en colonnes d'attaque allaient fondre enfin sur le dernier noyau de la garde de Napoléon.

XXXII

Instruit de cette résolution des alliés et de ces manœuvres, il fit appeler Caulaincourt. Soit qu'il fût sincère dans sa démonstration d'énergie, soit qu'il voulût avoir l'apparence de ne céder qu'à des conseils amis, il manifesta la résolution de se dégager de cette enceinte d'ennemis par une sortie à la tête de ses trente mille hommes. Caulaincourt lui représenta les suprêmes dangers pour la patrie, pour l'armée, pour lui-même. « Des dangers ! s'écria Napoléon, croyez-vous que je les redoute ? Ah ! ma vie est un lourd fardeau dont je serais heureux d'être soulagé ! Une vie inutile, une vie sans but. Je ne la supporterai pas longtemps. Mais avant d'engager celle des autres, je veux les interroger, je veux savoir ce qu'ils pensent de ce parti extrême. Appelez autour de moi les maréchaux et les généraux qui restent encore ici. Je veux savoir enfin si ma cause est leur cause, si la cause de ma famille n'est plus la cause de la France. Je me déciderai sur leur sentiment ! »

XXXIII

Ce sentiment, il le connaissait assez par les scènes décisives des deux premières abdications et par la solitude qui se faisait autour de lui. Il était évident qu'il voulait seulement un prétexte pour se résigner encore, l'apparence d'une violence morale faite à sa volonté par ses derniers compagnons d'armes. Il prenait ses gages devant la postérité et devant la France. Il voulait qu'on pût dire, et il voulait pouvoir dire un jour lui-même : « J'ai voulu, je pouvais combattre et vaincre encore, ils n'ont pas voulu. Le trône et la patrie ont été livrés par eux, non par moi. » Comment, s'il en eût été autrement, un général aussi consommé aurait-il attendu d'être réduit à vingt-cinq mille hommes, abandonné de ses lieutenants et cerné dans une forêt par deux cent mille soldats pour livrer bataille ? L'histoire ne doit pas accepter comme vérités les feintes de l'orgueil aux abois. La vérité en pareille matière est dans les actes, non dans les paroles. Les actes de Napoléon à Fontainebleau, après le premier jour, indiquent avec évidence la pensée de négocier, non de combattre. Ses résolutions sont des attitudes de négociateur, non des manœuvres de vieux général.

XXXIV

Berthier, jusque-là fidèle, mais lassé, entra avec les maréchaux et les chefs de corps. Les contenances étaient contraintes, tristes, embarrassées. Le mot avait été dit trois jours auparavant. On ne voulait pas le répéter, on voulait le faire répéter par les choses mêmes. Berthier confirma en paroles brèves et officielles les dangers croissants et insurmontables de la situation. « Fontainebleau sera complétement

muré dans quelques heures. — Je le sais, répondit l'empereur
comme s'il eût été importuné de la vérité. Il ne s'agit pas
des ennemis, mais de vous et de moi. Mon abdication, je
l'ai offerte; mais on m'impose maintenant d'abdiquer pour
ma famille. On veut que je dépose moi-même ma femme!
mon fils! vous tous dans ma famille! Le souffrirez-vous?
J'ai de quoi percer ces lignes qui m'entourent; je puis parcourir et réveiller la France! Je puis arriver aux Alpes,
rejoindre Augereau, rallier Soult, rappeler Suchet, atteindre
Eugène en Lombardie, passer en Italie, y fonder avec vous
un nouvel empire, un nouveau trône, de nouvelles fortunes pour mes compagnons, en attendant que le cri de la
France nous rappelle. Me suivrez-vous? »

XXXV

Les visages lui avaient répondu d'avance, les voix unanimes lui répondirent. C'était la guerre civile promenée de
province en province sur la France, les armées de l'Europe
appelées par millions d'hommes jusque dans les derniers
asiles de l'indépendance du pays, la patrie déjà assez
malheureuse changée en champ de bataille et de ravage
universel! La gloire ne pouvait pas être où tout patriotisme
manquait. Les conquérants de l'Europe pouvaient-ils finir
en aventuriers du moyen âge, allant chercher des trônes
étrangers après avoir abdiqué celui de l'univers?

L'empereur, irrité ou feignant de l'être, demanda qu'on
le laissât à ses réflexions.

Les maréchaux sortis : « Quels hommes! dit-il à Caulaincourt en se rasseyant devant ses cartes, quels hommes! Ni cœurs, ni entrailles! Je suis vaincu par l'égoïsme et par l'ingratitude de mes frères d'armes plus que par la fortune. Tout est consommé! Partez et confirmez les deux abdications. »

Caulaincourt partit une troisième fois pour Paris. Il ne restait plus qu'à stipuler pour Napoléon et pour sa famille des conditions plus ou moins généreuses que les souverains alliés accordaient à cette capitulation du monde.

LIVRE NEUVIÈME

Traité de Fontainebleau du 11 avril. — Retour de Caulaincourt et de Macdonald. — Napoléon refuse de signer le traité. — Bruits d'empoisonnement. — Ratification du traité. — Vie de Napoléon à Fontainebleau. — Voyage de Marie-Louise. — Son séjour à Blois. — Lutte de Marie-Louise contre les frères de l'empereur. — Son départ de Blois le 16 avril. — Elle retourne vers son père. — Dernières journées de Napoléon à Fontainebleau. — Adieux et allocution de Napoléon à sa garde. — Jugement sur Napoléon.

I

Les pensées se pressaient et les résolutions se heurtaient dans la tête de Napoléon livré à lui-même. A peine Caulaincourt était-il parti que l'empereur, le faisant suivre à Paris par un aide de camp, lui écrivait : « Revenez, rapportez-moi mon abdication, je suis vaincu, je suis prisonnier de guerre, je cède au sort des armes, point de traité, un simple cartel doit suffire. »

Le soir, un autre envoyé apporte à Caulaincourt l'ordre de cesser toute négociation.

Dans la nuit, un troisième message lui dit: « Je vous ordonne de me rapporter mon abdication. Dans tous les cas, point de stipulation d'argent. C'est humiliant! » Sept courriers en vingt-quatre heures harcelèrent le négociateur de Napoléon d'ordres et de contre-ordres de cette nature. Il se repentait d'avoir abdiqué. Il avait donné l'autorité de son propre consentement à sa déchéance et à celle de sa famille. Il aimait mieux la condition de vaincu et la déposition par les armes étrangères qu'un traité et la déposition volontaire. On pouvait récriminer plus tard contre l'un, on ne pouvait protester contre l'autre. Il avait raison maintenant dans l'intérêt de ses projets futurs. Mais, comme tous les hommes indécis, il avait raison contre lui-même. Il avait signé deux fois sa propre condamnation.

11

Son négociateur à Paris et les maréchaux qui le secondaient n'écoutaient plus ces tergiversations de sa pensée. Ils continuaient, dans son intérêt, à négocier pour lui et pour les siens les conditions les plus dignes de sa grandeur passée et de sa sécurité future. Leur honneur était intéressé à ce que ces conditions parussent au niveau de l'homme dont ils avaient garanti la vie et l'honneur en abandonnant ses drapeaux. Le 11, le traité fut signé à Paris par les puissances. Il faisait à Napoléon un sort intermédiaire entre les conditions des rois et la condition privée. Trop grand, s'il n'était plus qu'un soldat; trop étroit et trop menaçant, s'il était encore un monarque. Concession à la terreur de son nom, ou imprudence de la magnanimité d'Alexandre. Dioclétien après l'empire ne voulut qu'un jardin en Illyrie, Charles-Quint un couvent en Estramadure. Le sang de la France et de l'Europe effaça bientôt le traité. Le voici : il marque une halte dans la destinée de Napoléon et dans les calamités de la France.

III

TRAITÉ DE FONTAINEBLEAU DU 11 AVRIL 1814.

« S. M. l'empereur Napoléon d'une part, et LL. MM. l'empereur d'Autriche, roi de Hongrie et de Bohême, l'empereur de toutes les Russies, et le roi de Prusse, stipulant tant en leur nom qu'en celui de tous les alliés, de l'autre ; ayant nommé pour leurs plénipotentiaires, savoir :

» S. M. l'empereur Napoléon : les sieurs Armand-Augustin-Louis de Caulaincourt, duc de Vicence, son grand écuyer, sénateur, ministre des relations extérieures, grand-aigle de la Légion d'honneur, chevalier des ordres de Léopold d'Autriche, de Saint-André, de Saint-Alexandre Newsky, de Sainte-Anne de Russie et de plusieurs autres ; Michel Ney, duc d'Elchingen et maréchal de l'empire, grand-aigle de la Légion d'honneur, chevalier de la Couronne de fer et de l'ordre du Christ ; Jacques-Étienne-Alexandre Macdonald, duc de Tarente, maréchal de l'empire, grand-aigle de la Légion d'honneur et chevalier de la Couronne de fer.

» Et S. M. l'empereur d'Autriche : le sieur Clément-Wenceslas-Lothaire, prince de Metternich, Vinebourg-Sachsenhausen, chevalier de la Toison d'or, grand-croix de l'ordre royal de Saint-Étienne, grand-aigle de la Légion d'honneur, chevalier des ordres de Saint-André, de Saint-Alexandre Newsky et de Sainte-Anne de Russie, de l'Aigle noir et de l'Aigle rouge de Prusse, grand-croix de l'ordre de Saint-Joseph de Wurzbourg, chevalier de l'ordre de Saint-Jean de Jérusalem et de plusieurs autres, chancelier de l'ordre militaire de Marie-Thérèse, curateur de l'Académie impériale de Sa Majesté Impériale et Royale Apostolique, et son ministre d'État des conférences et des affaires étrangères.

(Dans le traité avec la Russie sont les titres du baron de Nesselrode, et dans le traité avec la Prusse sont les titres du baron de Hardenberg.)

» Les plénipotentiaires ci-dessus nommés, après avoir procédé à l'échange de leurs pleins pouvoirs respectifs, sont convenus des articles suivants :

» Article 1er. — S. M. l'empereur Napoléon renonce, pour lui et ses successeurs et descendants, ainsi que pour chacun des membres de sa famille, à tout droit de souveraineté et de domination, tant sur l'empire français et le royaume d'Italie que sur tout autre pays.

» Art. 2. — LL. MM. l'empereur Napoléon et l'impératrice Marie-Louise conserveront ces titres et qualités pour en jouir leur vie durant.

» La mère, frères, sœurs, neveux et nièces de l'empereur conserveront également partout où ils se trouveront les titres de princes de sa famille.

» Art. 3. — L'île d'Elbe, adoptée par S. M. l'empereur

Napoléon pour lieu de son séjour, formera, sa vie durant, une principauté séparée, qui sera possédée par lui en toute souveraineté et propriété.

» Art. 4. — Toutes les puissances s'engagent à employer leurs bons offices pour faire respecter par les barbaresques le pavillon et le territoire de l'île d'Elbe, et pour que dans ses rapports avec les barbaresques elle soit assimilée à la France.

» Art. 5. — Les duchés de Parme, de Plaisance et de Guastalla seront donnés en toute propriété et souveraineté à S. M. l'impératrice Marie-Louise.

» Ils passeront à son fils et à sa descendance en ligne directe; le prince son fils prendra dès ce moment le titre de prince de Parme, de Plaisance et de Guastalla.

» Art. 6. — Il sera réservé, dans les pays auxquels Napoléon renonce pour lui et sa famille, des domaines, ou donné des rentes sur le grand-livre de France, produisant un revenu annuel net, et déduction faite de toutes charges, de deux millions cinq cent mille francs. Ces domaines ou rentes appartiendront en toute propriété, et pour en disposer comme bon leur semblera, aux princes et princesses de sa famille, et seront répartis entre eux de manière à ce que le revenu de chacun soit dans la proportion suivante :

» A madame mère, trois cent mille francs;

» Au roi Joseph et à la reine, cinq cent mille francs;

» Au roi Louis, deux cent mille francs;

» A la reine Hortense et à ses enfants, quatre cent mille francs;

» Au roi Jérôme et à la reine, cinq cent mille francs;

» A la princesse Élisa, trois cent mille francs;

» A la princesse Pauline, trois cent mille francs;

» Les princes et princesses de la famille de l'empereur Napoléon conserveront en outre tous les biens, meubles et immeubles, de quelque nature que ce soit, qu'ils possèdent à titre particulier, et notamment les rentes dont ils jouissent, également comme particuliers, sur le grand-livre de France, ou le monte Napoleone de Milan.

» Art. 7. — Le traitement annuel de l'impératrice Joséphine sera réduit à un million, en domaines ou en inscriptions sur le grand-livre de France. Elle continuera à jouir en toute propriété de tous ses biens, meubles et immeubles particuliers, et pourra en disposer conformément aux lois françaises.

» Art. 8. — Il sera donné au prince Eugène, vice-roi d'Italie, un établissement convenable hors de France.

» Art. 9. — Les propriétés que S. M. l'empereur Napoléon possède en France, soit comme domaine extraordinaire, soit comme domaine privé, resteront à la couronne.

» Sur les fonds placés par l'empereur Napoléon, soit sur le grand-livre, soit sur la Banque de France, soit sur les actions des canaux, soit de toute autre manière, et dont Sa Majesté fait l'abandon à la couronne, il sera réservé un capital qui n'excédera pas deux millions, pour être employé en gratifications en faveur des personnes qui seront portées sur l'état que signera l'empereur Napoléon, et qui sera remis au gouvernement français.

» Art. 10. — Tous les diamants de la couronne resteront à la France.

» Art. 11. — L'empereur Napoléon fera retourner au Trésor et autres caisses publiques toutes les sommes et effets qui auraient été déplacés par ses ordres, à l'occasion de ce qui provient de la liste civile.

» Art. 12. — Les dettes de la maison de S. M. l'empereur Napoléon, telles qu'elles se trouvent au jour de la signature du présent traité, seront immédiatement acquittées sur les arrérages dus par le Trésor public à la liste civile, d'après les états qui seront signés par un commissaire nommé à cet effet.

» Art. 13. — Les obligations du monte Napoleone de Milan envers tous ses créanciers, soit français, soit étrangers, seront exactement remplies sans qu'il soit fait aucun changement à cet égard.

» Art. 14. — On donnera tous les saufs-conduits nécessaires pour le libre voyage de S. M. l'empereur Napoléon, de l'impératrice, des princes et princesses, et de toutes les personnes de leur suite qui voudront les accompagner ou s'établir hors de France, ainsi que pour le passage de tous les équipages, chevaux et effets qui leur appartiennent.

» Les puissances alliées donneront en conséquence des officiers et quelques hommes d'escorte.

» Art. 15. — La garde impériale fournira un détachement de douze à quinze cents hommes de toutes armes, pour servir d'escorte jusqu'à Saint-Tropez, lieu de l'embarquement.

» Art. 16. — Il sera fourni une corvette armée et les bâtiments de transport nécessaires pour conduire au lieu de sa destination S. M. l'empereur Napoléon, ainsi que sa maison. La corvette demeurera en toute propriété à Sa Majesté.

» Art. 17. — S. M. l'empereur Napoléon pourra emmener avec lui et conserver pour sa garde quatre cents hommes de bonne volonté, tant officiers que sous-officiers et soldats.

» Art. 18. — Tous les Français qui auront suivi S. M. l'empereur Napoléon et sa famille seront tenus, s'ils ne veulent pas perdre leur qualité de Français, de rentrer en France dans le terme de trois ans, à moins qu'ils ne soient compris dans les exceptions que le gouvernement francais se réserve d'accorder après l'expiration de ce terme.

» Art. 19. Les troupes polonaises de toutes armes qui sont au service de la France auront la liberté de retourner chez elles, en conservant armes et bagages, comme un témoignage de leurs services honorables. Les officiers, sous-officiers et soldats conserveront les décorations qui leur auront été accordées et les pensions affectées à ces décorations.

» Art. 20. — Les hautes puissances alliées garantissent l'exécution de tous les articles du présent traité. Elles s'engagent à obtenir qu'ils soient adoptés et garantis par la France.

» Art. 21. — Le présent traité sera ratifié, et les ratifications en seront échangées à Paris dans le terme de deux jours, ou plus tôt si faire se peut.

» Fait à Paris, le 11 avril 1814.

» *Signé*: CAULAINCOURT, duc de Vicence;
  » Le maréchal duc de Tarente, MACDONALD;
  » Le maréchal duc d'Elchingen, NEY.

» *Signé* : Le prince DE METTERNICH. »

Les mêmes articles ont été signés séparément, et sous

la même date, de la part de la Russie, par le comte de Nesselrode, et, de la part de la Prusse, par le baron de Hardenberg.

IV

Tel fut ce traité qui liquida le sang d'un million d'hommes, l'empire, le génie et la gloire de dix ans. Une île étroite de la mer de Toscane allait renfermer cet homme que l'Europe n'avait pu contenir. Était-ce un repos définitif, était-ce une halte de cette vie qui agitait celle de son siècle? C'est ce que tout le monde se demandait le lendemain de la signature du traité. Pour Napoléon, ce n'était évidemment qu'une halte. Il se préparait déjà dans sa pensée à ressaisir ce qu'on lui enlevait, au moyen de ce qu'on lui laissait. Il connaissait les hommes, il avait l'expérience de la fortune, il savait sa force dans l'armée; il croyait au lendemain de toutes les choses humaines. Il n'était pas douteux, pour les hommes d'un sens profond et pour lui, que cette apparente expiation de sa gloire allait satisfaire promptement les ressentiments du peuple contre lui; que l'exil allait le mettre à l'abri de l'impopularité de sa chute; que les difficultés et les fautes du règne nouveau allaient rejaillir pour lui en regrets, en excuses, en comparaisons en faveur de l'opinion qu'il allait rajeunir en se retrempant dans l'infortune aux yeux de ses partisans; que sa gloire voilée et non éteinte allait briller d'un éclat plus prestigieux dans ce lointain; enfin, que ce rocher si rapproché de l'Italie et de la France deviendrait le refuge de toutes les espérances de son parti, le point d'appui de toutes les factions intérieures. Athènes n'avait rapproché Thémistocle de sa patrie que dans son tombeau. Napoléon était plus que Thémistocle. Il n'y avait pour l'Europe que deux moyens de se préserver de son génie : un exil lointain et infranchissable, ou le trône abaissé où on l'aurait laissé remonter vaincu et aux prises avec la liberté réveillée de son pays. Un traité de paix signé par lui, après l'occupation de Paris et sur les ruines de son empire, le dégradait aux yeux de la France. Un traité d'ostracisme le grandissait et le renouvelait. Il n'y a que la honte qui tue la gloire. Alexandre se montra, dans ce traité, magnanime, mais sans connaissance de l'histoire. Il ne prévit rien ou il prévit trop. Peut-être ses conseillers pensèrent-ils à laisser cette menace vivante suspendue sur le règne des Bourbons.

V

Caulaincourt et Macdonald apportèrent ce traité à Fontainebleau sans se dissimuler les difficultés qu'ils allaient rencontrer à le faire signer à Napoléon. Mais ils étaient résolus comme l'Europe à le laisser s'accomplir, même contre la volonté apparente de celui dont ce traité faisait le sort. On était las de lutter pour lui et contre lui; l'honneur et la fidélité étaient satisfaits. Ratifié ou non, le traité était désormais la loi du destin.

Napoléon le reçut avec une feinte indignation, bien qu'il en connût d'avance tous les détails par les rapports secrets que Caulaincourt lui avait adressés heure par heure. Mais il convenait à son rôle futur de protester jusqu'à la dernière stipulation. Il semblait aussi attendre du temps quelque chose encore. Il ne voulait rien lui laisser de ce qu'il pouvait avoir à lui donner. « Me rapportez-vous enfin mon abdication? » s'écria-t-il d'une voix éclatante en revoyant son plénipotentiaire. Caulaincourt étonné lui répondit que la première base de tout traité avait été naturellement l'abdication remise aux souverains, et qu'elle avait été depuis longtemps livrée à la publicité des pièces officielles. « Eh! que m'importe à moi ce traité, reprit Napoléon, je ne veux pas le reconnaître, je ne veux pas signer, je ne signerai pas! »

Il consuma la journée entière à contester ainsi avec ses envoyés. Lassés de ses subterfuges et découragés de sa résistance, ils laissèrent le traité sur la table, et se retirèrent pour le laisser à la nuit et à ses réflexions.

VI

Au milieu de la nuit, les serviteurs de l'empereur vinrent frapper à la porte de Caulaincourt endormi et l'appeler au nom de leur maître. Caulaincourt trouva Napoléon pâle et affaissé, en proie à des spasmes d'estomac et à des gémissements nerveux qui avaient alarmé ses serviteurs. Son premier chirurgien, Ivan, lui donnait des soins. On parlait tout bas dans sa chambre d'un suicide qu'il aurait tenté en avalant le poison de Cabanis par lequel Condorcet emprisonné s'était dérobé au supplice. L'empereur n'avouait ni ne démentait ce soupçon, qui donnait un motif tragique à une indisposition légère et un texte aux tendres supplications de ses amis. Son médecin se borna à lui faire prendre quelques tasses de thé; il fut soulagé et se rendormit sans autre médicament. Le médecin reconnut si mal les symptômes et redouta si peu les suites d'un prétendu empoisonnement, qu'il s'éloigna de Fontainebleau au lever du jour.

VII

A son réveil, Napoléon poursuivant en termes ambigus l'idée d'un empoisonnement que la fatilité l'avait empêché d'accomplir : « Dieu ne l'a pas voulu, dit-il, je n'ai pu mourir! » Et comme ses serviteurs, affectant de craindre encore qu'il ne renouvelât cette tentative, lui parlaient de sa gloire, de la France, de sa femme, de son fils, qui devaient le rattacher à la vie : « Mon fils, s'écria-t-il, mon fils!... quel triste héritage je lui laisse! Cet enfant né roi n'a pas même aujourd'hui une patrie! Pourquoi ne m'a-t-on pas laissé mourir?

» — Non, sire, lui dit tendrement Caulaincourt, c'est vivant que la France doit vous pleurer!

» — La France, reprit Napoléon, elle m'abandonne. L'ingratitude des hommes m'a fait détourner la tête avec dégoût! »

Il écarta d'un geste violent le rideau de son lit qui lui voilait les premiers rayons du soleil. Il paraissait si plein de vie et de puissance sur lui-même que la foudre seule aurait pu l'anéantir. « Dans ces derniers jours j'ai senti une telle concentration et un tel retentissement des événements en moi, dit-il, que j'ai craint la démence! La démence!

ajouta-t-il, c'est la déchéance de l'humanité! plutôt la mort!

» Je signerai aujourd'hui, reprit-il après un moment de silence; retirez-vous. »

VIII

Ce dernier mot disait assez le secret de la nuit. Napoléon avait voulu des témoins de la violence morale qui lui arrachait un consentement sur lequel il reviendrait un jour. Il aurait lutté jusqu'au suicide. Il n'aurait cédé qu'à l'impossibilité de mourir. Nul esprit attentif ne crut à cet empoisonnement. La parfaite possession de soi-même qu'atteste la diplomatie obstinée de ses actes, de ses paroles, de sa négociation pendant ces longs jours, la liberté de son esprit avant et après la scène nocturne, la légèreté de l'indisposition, l'insignifiance du traitement, l'inattention du médecin, la promptitude du rétablissement; tout indique ou un hasard de sa santé ou une scène tragique préméditée pour excuse à sa ratification, et pour provocation à la pitié et à l'attendrissement du siècle. La nature même de Napoléon était antipathique au suicide. Son esprit était fort, son âme n'avait ni tendresse ni défaillance; il ne sentait que par l'intelligence. Son génie mathématique calculait tout et ne succombait sous aucune sensibilité. Jamais une larme sur la mort de ses plus chers compagnons d'armes n'avait terni son œil ni son jugement. Il était brisé par le présent, irrité de l'ingratitude, humilié de l'abandon; mais il était loin de désespérer de l'avenir. Un tel homme ne se tue pas quand il lui reste une armée sous la main, une gloire à savourer, un empire à reconquérir. Les clauses mêmes de ce traité qu'il disputait une à une témoignent assez qu'il ne croyait pas en avoir fini avec la vie. L'île d'Elbe, sur laquelle ses pensées étaient déjà portées et d'où il revenait déjà en songe, est le contre-sens de la mort cherchée à Fontainebleau. D'ailleurs Napoléon était Corse, ses fibres étaient trempées de la lumière et de l'air du Midi; le suicide est une maladie du Nord.

Mais sa nature était théâtrale comme sa destinée. Grand acteur depuis quinze ans sur la scène de l'Europe et du monde, il combinait ses attitudes, il étudiait son geste et son jeu. Comédien jusque dans les plus vives transes de sa fortune, il avait besoin d'une scène de tragédie au dénoûment. S'il ne la fit pas, il l'accepta du hasard. Telle est la nuit de Fontainebleau.

IX

Il fit rappeler, après son lever, Caulaincourt, qu'il pouvait espérer de tromper moins que tout autre, car cet ami des derniers jours avait été chargé confidentiellement par lui-même de préparer ces conditions qu'il affectait de repousser maintenant si haut. « Maintenant, lui dit-il, hâtez la conclusion de tout. Remettez ce traité, quand je l'aurai signé, entre les mains des souverains alliés; dites-leur bien que je traite avec eux et non avec ce gouvernement provisoire, dans lequel je ne vois que des traîtres et des factieux! »

Macdonald et Ney entrèrent. Il prit la plume et signa.

Son visage portait les traces du malaise de la nuit et de l'agitation vraie ou simulée de son âme. Son front, caché dans ses mains, était penché sur ses genoux. Il se releva pour remercier Macdonald qui lui devait le moins, et qui lui avait rendu le plus. Il se vengea noblement en lui de l'ingrate rudesse ou du rapide empressement d'abandon des autres. « Maréchal, lui dit-il, je ne suis plus assez riche pour récompenser vos derniers et fidèles services. On m'avait trompé sur vos sentiments envers moi. — Sire, depuis 1809, j'ai tout oublié, répliqua Macdonald avec la générosité d'une grande âme. — C'est vrai, je le sais, ajouta l'empereur; mais puisque je ne peux plus vous récompenser selon mon cœur, je veux du moins qu'un souvenir vous reste de moi, et rappelle à vous-même ce que vous fûtes dans ces jours d'épreuve. Caulaincourt, dit-il en se tournant vers son grand officier, demandez le sabre qui me fut donné en Égypte par Mourad-Bey, et que je portais à la bataille du Mont-Thabor. » On apporta l'arme orientale. Napoléon la tendant au maréchal : « Voilà, lui dit-il, le seul prix de votre attachement que je puisse vous donner. Vous fûtes mon ami ! — Sire, répondit le brave guerrier en pressant l'arme contre son cœur, je le garderai toute ma vie, et si jamais j'ai un fils, il sera son plus précieux héritage. — Donnez-moi la main, murmura Napoléon, et embrassons-nous ! » L'empereur et le général s'embrassèrent ; leurs yeux étaient humides en se séparant.

X

La signature de ce traité par Napoléon fut dans le palais le signal de la désertion presque universelle. Chacun n'avait plus qu'à songer à sa propre paix avec le gouvernement nouveau. Tous se pressaient de fuir ; tous craignaient que l'empereur ne désignât leur nom parmi ceux dont il invoquerait la fidélité pour l'exil. Maret, seul de tous les anciens ministres, resta à son poste de secrétaire d'État près de son maître sans pouvoir et sans cour.

Après que Macdonald et Caulaincourt eurent rapporté le traité signé à Paris, les souverains alliés nommèrent chacun un commissaire pour accompagner l'empereur jusqu'au port de la Méditerranée à travers la France : Schouwalof pour la Russie, Koller pour l'Autriche, Campbell pour l'Angleterre, Valdebourg Fruchssefs pour la Prusse. Cour de l'exil, chargée de surveiller, de préserver et d'honorer à la fois le proscrit de l'Europe. L'irritation du midi de la France était telle alors contre Napoléon qu'il avait besoin d'une sauvegarde parmi son propre peuple. Dans les départements du centre et de l'est, au contraire, sa présence pouvait réveiller l'enthousiasme militaire et donner un chef à l'insurrection et à l'indépendance de la patrie. Sous ces deux rapports, l'escorte des commissaires et d'une force armée imposante était nécessaire aux souverains et à Napoléon lui-même. Sa mort eût paru le crime de l'Europe, son évasion et son appel aux armes eussent été le renouvellement d'une guerre sans grandeur, mais non sans calamités.

Caulaincourt précéda de quelques heures l'arrivée des quatre commissaires à Fontainebleau pour préparer l'empereur à la vue de cette cour étrangère. Le palais ressemblait déjà à un tombeau. Le vide et le silence régnaient dans les cours et dans les salles. Çà et là seulement, sous les fenêtres, quelques groupes de soldats, moins habitués au spectacle des vicissitudes et moins usés aux compassions humaines, erraient autour des murs et autour des jardins du palais, cherchant à apercevoir à travers les balustrades des parterres et des balcons la forme fugitive de leur général pour le consoler par une acclamation. L'empereur se montrait et disparaissait par intervalles. Il ne donnait aucun signe d'encouragement ou même d'attention à ces groupes et à ces cris. Il semblait absorbé en lui seul, son corps était sans repos comme son âme.

XI

En ce moment, il se promenait seul et à pas lents dans les allées d'un parterre réservé à peine recouvertes par les feuilles naissantes, semblable au jardin monastique qui s'encaisse entre une aile avancée et les murailles de la chapelle du château. Les grandes ombres de la forêt forment le fond de cet horizon bordé de chênes, où la pensée s'égare sur une solitude sans limites. C'est là que son confident l'aborda. Les pas et la voix de Caulaincourt eurent peine à arracher l'empereur de sa rêverie. On eût dit l'ombre de

Charles-Quint pleurant l'empire dans les corridors du monastère de Saint-Just. Il venait d'être atteint au cœur par une désertion muette plus sensible que toutes les autres. Berthier venait de partir furtivement sans attendre un congé et sans faire un adieu. Ce maréchal, compagnon privilégié de l'empereur depuis les campagnes d'Italie, était l'Éphestion de cet autre Alexandre. Il couchait dans sa tente, il mangeait à sa table, il était le contre-coup de chacune de ses pensées, l'organe de chacun de ses ordres, sa voix, sa plume, sa main, son âme. Mais Berthier nourrissait depuis quinze ans dans son âme un de ces amours à la fois naïfs et chevaleresques qui sont l'étoile et la fatalité de toute une vie. Il aimait une belle Italienne qui l'avait ébloui autrefois à Milan, et dont ni la guerre, ni l'ambition, ni la gloire, ni l'amitié de l'empereur n'avaient pu un moment détacher sa pensée et ses yeux. Sous sa tente, la veille des combats, le portrait de cette beauté divinisée par son culte était suspendu à côté de ses armes, rivalisait avec ses devoirs, et le consolait de son absence par la présence imaginaire de celle qu'il adorait. L'idée de quitter pour jamais cette femme si l'empereur exigeait de sa reconnaissance qu'il le suivît dans l'exil avait égaré l'âme de Berthier. Il tremblait à chaque instant, depuis l'abdication, que son maître ne mît son attachement à une trop cruelle épreuve, en lui disant de choisir entre sa passion et son devoir. Il échappa à cette épreuve en abandonnant nuitamment son compagnon d'armes et son bienfaiteur. Infidèle à l'exil de Napoléon par fidélité à son amour, il s'enfuit, comme pour se lier davantage; il alla offrir son infidélité aux Bourbons. Napoléon n'était pas encore embarqué pour l'île d'Elbe, que déjà Berthier, son major général et son confident militaire, traînaît sous les lambris des Tuileries et sous le panache blanc ses complaisances et ses dévouements au nouveau règne : exemple de plus de prostration devant la fortune. Napoléon ne pouvait pas se plaindre ; il avait voulu l'abaissement des âmes. La fidélité est une force du cœur. Mais il gémissait enfin. Cet éloignement des hommes qu'il voyait à toute heure depuis tant d'années, cette disparition de ses familiers les plus rapprochés, ressemblaient à un déchirement de son cœur. Ce n'était cependant que le déchirement de ses habitudes : car il s'habituait, il ne s'attachait pas.

XII

« Eh bien, dit-il d'une voix qu'il s'efforçait de rendre railleuse, mais qui était altérée, en faisant allusion à son départ, vous voulez donc au moins, vous, exercer jusqu'à la fin vos fonctions de grand écuyer? Concevez-vous que Berthier soit parti? Parti! sans me faire ses adieux! Il est né courtisan, ajouta-t-il avec dédain, vous verrez qu'avant peu mon vice-connétable mendiera un emploi à la cour de mes ennemis! » Puis, passant en revue tous les maréchaux et tous les dignitaires de son empire qui avaient suivi la fortune fugitive depuis quelques jours : « Je suis humilié pour l'espèce humaine et pour la France, s'écria-t-il, que des hommes élevés par moi si haut retombent si bas du poids de leur propre caractère! Que doivent penser les souverains étrangers des hommes dont je faisais la décoration de mon règne? Hâtez, hâtez maintenant mon départ! J'ai honte de la honte de la France; voyez les commissaires, pressez-les, partons!... »

Au moment même où il accusait ainsi ceux qu'il avait associés à toutes ses gloires, à toute sa puissance, à toutes ses dépouilles, l'armée subalterne, celle dont il avait prodigué avec un criminel mépris les services, l'héroïsme, le sang; celle dont il avait semé les cadavres sur toutes les routes de l'Europe, se dévouait avec plus de cœur à lui. On lui amenait dans le jardin, de minute en minute, de braves sous-officiers ou soldats de sa garde qui venaient le supplier de les faire inscrire parmi le noyau de troupes que le traité lui laissait, sollicitant l'exil avec lui plus qu'ils n'avaient sollicité, la veille, un regard, une décoration, un avancement. Les grands attachements viennent des masses, parce qu'ils viennent de la nature. La nature est magnanime; les cours sont égoïstes, la faveur corrompt.

XIII

La nécessité de faire ratifier à Londres le traité de Fontainebleau prolongea de quelques jours la présence de l'empereur dans cette résidence. Ces jours, qu'il cherchait à prolonger artificieusement lui-même comme pour attendre quelque palpitation de la France à son nom et comme pour jouir d'un reste d'appareil impérial, furent silencieux, oisifs, gémissants. Le regret et la reconnaissance amenèrent de Paris ou de l'armée de rares visiteurs. Ils voulaient être en règle avec les deux fortunes. Courtisans fiers envers eux-mêmes de prendre congé de l'une avant de saluer l'autre. Mais ces convenances mêmes de la défection envers le malheur se comptèrent en petit nombre. La foule n'y pensait plus que pour presser par leurs impatiences le prompt éloignement de celui qu'ils avaient déifié dix ans. Il leur semblait qu'il emporterait avec lui, au delà des mers, le reproche de leur ingratitude. Le nom et l'ombre de Fontainebleau les atteignaient de trop près à Paris.

Macdonald, Mortier, Moncey, soldats d'une date moins servile que celle de l'empire, revinrent honorer l'ancienne loyauté et l'ancienne fortune. Il les reçut avec reconnaissance. Ces noms contrastaient avec ceux dont il accusait l'absence. Cambacérès, s'écriait-il souvent, Molé, Ney, Berthier surtout, Fontanes même ! Fontanes, le proscrit recueilli par le Consulat ! Fontanes, le favori de sa sœur ! Fontanes, le poëte de la religion et du trône, l'orateur de la prospérité, maintenant le sénateur négociant avec la Restauration la déchéance de son idole impériale ! Il ne pouvait se consoler de cet abandon. Les lettres, qu'il avait tant avilies, lui semblaient maintenant les gardiennes de la vertu et de la pudeur des caractères. C'est dans les rangs des grands hommes de la philosophie et de la poésie que les grands exemples de la fidélité avaient été trouvés dans l'antiquité et dans les temps modernes. Fontanes, par son âme élevée, par ses talents attiques, par la dignité de sa vie, eût été digne de les perpétuer. Il avait protégé ses rivaux, pendant qu'il était puissant, contre les colères de l'empereur. Il avait défendu noblement dans M. de Chateaubriand et dans madame de Staël les indépendances généreuses de l'esprit et du cœur, et, maintenant, il était déjà un des favoris du règne futur. Le secret de cette attitude de Fontanes n'était pas dans son cœur, mais dans ses opinions. Il avait été royaliste avec André Chénier, Delille, Roucher, par indignation contre les crimes de la démagogie et par une généreuse compassion pour les martyres des Bourbons. Il avait lutté courageusement alors contre la tyrannie sanguinaire du peuple. Il avait bravé l'échafaud, il avait été proscrit. En retrouvant les Bourbons, il retrouvait les rois de sa jeunesse et les mémoires de sa première fidélité. L'empereur l'avait lassé de culte. Il le voyait replonger la patrie dans la barbarie et dans les désastres des invasions et des révolutions. Il s'était rejeté du côté de sa patrie. Seulement il avait oublié l'infortune. Elle devait se placer au moins quelque temps entre Napoléon et lui pour lui commander l'inaction, le silence, le deuil. Il avait trop adulé pour maudire; il manqua au temps, il parut ingrat envers son bienfaiteur, il n'était qu'inopportun dans les actes du Sénat contre Napoléon. Napoléon l'aimait pour l'élégance attique de son langage et de son esprit. Il voyait en lui un lettré de la cour d'Auguste. Il ne pouvait se consoler de le voir glisser à une autre cour. Les heures se passaient à Fontainebleau dans ces récriminations contre la solitude que la déchéance faisait autour de l'empereur.

XIV

Deux jours avant le 20 avril, jour fixé enfin pour le départ, un général obstiné dans son désir de retenir l'empereur vint lui rapporter les sentiments de l'armée française repliée derrière la Loire et prête à renouveler la lutte en son nom. « Il est trop tard, dit enfin Napoléon; je le pou-

vais, ils ne l'ont pas voulu ; que la destinée s'accomplisse ! »
Il ne s'occupa plus que des préparatifs personnels de son départ et des perspectives inconnues de l'île d'Elbe sur lesquelles son imagination s'égarait. Le vide que le monde perdu laissait dans son âme était déjà comblé par cette petite et dernière ombre de domination. Vivre pour cet homme était régner.

Mais il s'occupait déjà aussi de prendre des gages pour un retour de sa destinée. Celui de ces gages sur lequel il comptait le plus, c'était sa prompte réunion avec sa femme et son fils. Sa femme lui assurait dans son exil la compassion respectueuse du monde et la faveur secrète de l'Autriche. Son fils lui assurait la famille et la dynastie. Il ne doutait pas ou plutôt il feignait de ne pas douter que les souverains ne lui laissassent ces deux consolations de l'exil et ces deux compléments de la liberté. Il affectait d'en parler et d'en écrire comme si ces deux conditions n'eussent pas eu besoin d'être écrites. Où va l'homme, va la famille. Mais Napoléon était plus qu'un homme, il était un souverain et une dynastie détrônés. Il ne pouvait oublier lui-même ce qu'il avait fait de ces liens de famille dans les princes de la maison de Condé, de la famille royale de Suède, de la famille d'Espagne, du duc d'Enghien, de Gustave IV, de Ferdinand VII, de Pie VII, enlevé la nuit de son palais pour venir languir, loin des siens, là où il récriminait lui-même aujourd'hui. Sa femme, la jeune Marie-Louise elle-même, qu'il réclamait avec tant de confiance et de droit, qu'était-elle elle-même, sinon une conquête de la force et une dépouille de la politique arrachée à une famille qui avait fait de cette princesse une rançon ? Mais ces retours sur ses propres actes ne le détournaient pas de son ardeur de recouvrer l'impératrice pour en faire sa décoration à l'île d'Elbe, et peut-être aussi sa protection personnelle et sa pitié plus éloquente et plus sensible en traversant cette France qu'il avait besoin d'attendrir.

XV

Revenons à cette cour fugitive de Marie-Louise et racontons ce qui s'y passait pendant ce long écroulement de l'empire et de l'empereur.

Nous avons vu que Marie-Louise était sortie de Paris trois jours avant l'occupation de cette capitale. Dix voitures de cour remplies par les ministres, les grands officiers et les dames de son service formaient ce cortége d'une cour en fuite se dirigeant à pas lents sur le vieux château de Rambouillet. La princesse pleurait non-seulement sur cette fuite, prélude de la catastrophe de son mari, mais sur la contrainte où elle était d'obéir à des conseillers impériaux qui l'entraînaient à des extrémités inconnues de l'empire et qui prétendaient faire d'elle un centre et une provocation de guerre désespérée. Ici son époux, là son père, sous ses yeux son enfant, toutes ces affections, toutes ces destinées opposées d'intérêt les unes aux autres; elle-même, victime assurée de quelque côté qu'elle envisageât le triomphe. Autour d'elle une cour étrangère toute vendue à son mari, et dont il avait impitoyablement expulsé jusqu'à la dernière compagne de son enfance qui pût lui rappeler la langue et les souvenirs de la patrie; partout des yeux qui épiaient ses larmes et qui lui commandaient son attitude devant des populations désaffectionnées. Il y avait bien là de quoi refouler des tristesses dans le cœur d'une jeune femme de vingt ans. Cambacérès, impassible de contenance, tremblant de cœur, incertain de pensées, suivait avec les grands officiers de la couronne.

XVI

Le cortége s'arrêta pour une nuit dans l'antique solitude de Rambouillet. L'absence de nouvelles de Paris et la crainte d'être devancé par quelques corps de cavalerie ennemie, fit presser le lendemain le départ pour Chartres. Pendant la nuit, Joseph et Jérôme, les deux frères déjà découronnés de l'empereur, y arrivèrent avec Marie-Louise, le ministre de la guerre Clarke, et d'autres fonctionnaires évadés de Paris. L'impératrice Joséphine et sa fille s'étaient abritées le même jour dans le château de Navarre en Normandie, apanage de cette impératrice après sa répudiation. Deux impératrices, deux cours et deux dynasties dépossédées suivaient déjà cet empire aussi encombré de grandeur que de ruines dix ans après son avénement.

A Vendôme, l'impératrice reçut la première lettre de Napoléon depuis son départ des Tuileries. Cette lettre annonçait à Marie-Louise la fatale nouvelle de l'occupation de Paris et l'arrivée après coup de l'empereur. Elle respirait encore la guerre ; elle encourageait la cour fugitive à des manifestations d'autorité et de défense extrêmes ; elle nourrissait l'espérance que Napoléon avait encore d'une rentrée prochaine et triomphale à Paris. Ces lettres de l'empereur à sa jeune femme se succédaient fréquemment pendant ces jours d'angoisse ; mais quelque intimes que dussent être les épanchements entre un époux tombant du trône du monde et une femme, fille des Césars et mère de son fils qu'il entraînait dans sa chute, ces lettres étaient écrites non de la main, mais sous la dictée de l'empereur. Le plus souvent même, ces lettres n'étaient pas dictées ; elles étaient simplement écrites par les secrétaires intimes de Napoléon à qui il en inspirait négligemment le texte. Telle était en lui la sérieuse préoccupation de son rang qu'il interposait la froideur et l'étiquette officielle des cours entre le cœur de sa femme et lui. L'empire avait pris la place de la nature dans cette âme infatuée de puissance. C'est par la rigueur de ce sentiment de majesté et de supériorité, sans rémittence dans l'intérieur de sa vie domestique comme dans les cérémonies extérieures, qu'il s'asseyait seul à sa table avec l'impératrice. Il proportionnait la nature des siéges à la dignité de sa femme et à la sienne. Dans les longues soirées du palais, pendant qu'il se reposait lui seul sur un divan impérial, il tenait ses ministres, ses maréchaux, et jusqu'aux femmes des plus grands noms et des plus grandes charges de sa cour, debout devant lui. Petitesses de la gloire et du rang qui, au lieu de grandir l'homme, rappelaient l'origine privée de toute la hauteur dont il voulait ainsi la dominer.

XVII

Marie-Louise fut forcée de séjourner huit jours à Blois. Les frères de l'empereur et les ministres qui dirigeaient impérieusement ses stations et ses actes tentèrent de faire de cette ville la capitale momentanée du gouvernement errant. L'empereur, qui les inspirait encore, communiquait avec eux et avec l'impératrice par des officiers de sa maison qui se rendaient à Blois sous divers prétextes. La route de Fontainebleau interceptée pour un cortége impérial ne l'était pas assez pour arrêter des émissaires. Ces lettres semblaient réveiller quelquefois dans l'âme de l'impératrice le désir vrai ou apparent de se réunir à son mari. Elle était visiblement combattue entre la volonté de faire ce que son titre d'épouse lui commandait, et la crainte de compromettre elle et son enfant en se jetant comme un otage de la famille Bonaparte au milieu d'une poignée d'hommes de guerre réduits aux dernières extrémités d'une lutte tragique et désespérée. N'osant ni avouer tout haut ces dernières répugnances à un entourage dévoué jusqu'à la violence aux intérêts de l'empire, ni résister entièrement à la contrainte des frères de Napoléon, sans une seule confidente à ses côtés en qui elle pût épancher son âme, redoutant un espion dans chacun de ses courtisans imposés ; ses anxiétés, ses insomnies, ses résolutions contradictoires, ses larmes cachées, les injonctions de son mari qui l'appelait, la voix de son fils qui la retenait, le souvenir et les avertissements secrets de son père qui lui ordonnaient de suspendre et d'attendre, l'avaient jetée dans un anéantissement et dans un évanouissement de volonté et de force qui ne se réveillait que par des spasmes, des désespoirs et des sanglots. Elle ne pouvait se persuader que l'empereur d'Autriche, qui lui portait une affection si tendre et qui lui avait commandé cette union par l'autorité d'un père, consentît jamais à détrôner le mari de sa fille. Elle se réservait comme un intermédiaire aimé et comme un négociateur certain au dernier moment entre Napoléon et lui. Telle était cette âme de fille, de femme et de mère isolée et obsédée par tant de sentiments et de conseils opposés, pendant cette régence de Blois.

XVIII

Dans ces pensées, Marie-Louise envoya M. de Champagny, homme de dévouement raisonné, considéré dans les deux camps, à l'empereur d'Autriche, qui était encore à Dijon. M. de Montalivet, ministre modéré des temps faciles et des travaux journaliers, déplacé dans ces tempêtes, fut nommé à la place de M. de Champagny, ministre dirigeant, ombre d'administration dans une ombre d'empire. Regnault de Saint-Jean d'Angély, dévoué jusqu'au fanatisme à Napoléon, fut expédié quelques jours après à l'empereur d'Autriche ; choix malheureux par l'excès même de compromission dans la cause de l'impérialisme. Regnault de Saint-Jean d'Angély était de l'école de Fontanes. Lutteur éloquent et courageux contre les excès de la Révolution, il l'avait refoulée jusque dans le despotisme. Il rédigeait les actes les plus absolus de l'empereur. Son nom était devenu dans ces derniers temps aussi impopulaire que la tyrannie. Fidèle même à ce qui s'écroulait d'autorité, il s'honorait en ne suivant pas les transfuges, mais il dépopularisait l'empire en le servant. Bientôt M. de Saint-Aulaire, homme d'un grand nom, d'un esprit diplomatique et d'un caractère qui pliait suffisamment aux circonstances, courut sur les pas de Regnault de Saint-Jean d'Angély. Enfin M. de Beausset, préfet du palais, plus spécialement dévoué à l'impératrice et plus propre à intercéder qu'à convaincre, alla à son tour porter des larmes plus que des raisonnements à l'empereur François. Ces négociateurs n'eurent aucun ascendant sur ce souverain. Il avait remis son cœur à M. de Metternich, son premier ministre. L'ostracisme était résolu, la victoire l'avait prononcé. Marie-Louise était sacrifiée deux fois.

XIX

Cependant les deux frères de l'empereur, Joseph et Jérôme, la tenaient captive dans l'hôtel de la régence à Blois. Gardée par un détachement des troupes de Napoléon qui préparait une expédition militaire pour l'enlever, honorée en apparence de la majesté et de l'autorité de régente, présidant tous les jours le conseil des ministres, elle était, en réalité, asservie et surveillée par eux et par ces dignitaires complices de leur maître.

Ils tremblaient qu'une soudaine expédition de la cavalerie russe sur la ville de Blois ne vînt leur enlever avec l'impératrice ce dernier gage d'empire et de négociation qui restait dans leurs mains. Ils la suppliaient et la sommaient d'heure en heure davantage de quitter Blois et de les suivre dans les provinces plus éloignées du théâtre de la guerre et plus couvertes par la Loire. Marie-Louise témoignait une invincible répugnance à les suivre. Elle se défiait de ces princes détrônés poussés par la ruine même de leur ambition aux résolutions extrêmes. Elle frémissait de devenir entre leurs mains l'otage de leur désespoir et le mobile d'une guerre civile. Elle trouvait du courage dans sa terreur. Elle ajournait, elle refusait, elle exagérait l'anéantissement de ses forces qui lui faisait préférer, disait-elle, d'attendre sa destinée quelle qu'elle fût, plutôt que d'aller la provoquer par de nouvelles fuites. Elle se réfugiait contre ces instances dans l'intérieur de ses appartements et jusque dans son lit.

XX

L'histoire doit restituer ici la nature. Il faut dire quels étaient les sentiments secrets de la femme sous les sentiments conventionnels de l'impératrice. C'est pour avoir méconnu ces sentiments involontaires mais vrais que cette princesse a subi des partisans sans pitié de son mari des reproches, des iniquités et des mépris sans mesure. Ils l'accusent de n'avoir pas été l'héroïne théâtrale d'une tendresse qu'elle n'éprouvait pas. Ils ont oublié qu'elle était femme, et que le cœur a aussi sa voix dans le drame d'une pareille destinée. Si ce cœur n'est pas une justification, il est une excuse. La justice interroge ces excuses même dans ses condamnations.

Marie-Louise n'aimait pas Napoléon. Comment l'eût-elle aimé? Il vieillissait dans les camps et dans les soucis de l'ambition. Elle avait dix-neuf ans. L'âme du soldat était dure et froide comme le calcul qui était l'instrument de son génie. Celle de la jeune Allemande était frêle, timide et rêveuse comme les songes poétiques de sa patrie. Elle était tombée des marches d'un trône antique; il était monté sur le sien en escaladant à main armée les dynasties foulées sous ses pieds. Cet homme avait été pour elle, dans les préjugés de son enfance et dans les entretiens de sa famille, le fléau de Dieu, l'Attila des royautés, le dominateur de l'Allemagne, le meurtrier des princes, le spoliateur des peuples, l'incendiaire des capitales, l'ennemi contre lequel on priait Dieu dès le berceau dans les palais de la maison d'Autriche. Cédée par un contrat de la peur à ce conquérant après la répudiation ingrate et admise d'une épouse qui fut sa fortune, elle avait été vendue, non donnée. Elle se regardait elle-même comme la rançon cruelle de son pays et de son père. Elle s'était résignée comme on s'immole. Les honneurs du trône où on l'avait reçue n'avaient été que la parure dont on décore une victime. Jetée seule et sans amie dans une cour de soldats parvenus, de révolutionnaires courtisans et de femmes railleuses dont elle ne savait ni les noms, ni la langue, ni les mœurs, toute sa jeunesse s'était refoulée dans le silence et dans l'étiquette. Son mari même ne l'avait pas rassurée par ses premiers empressements. Il y avait quelque chose d'irrespectueux et de violent jusque dans sa tendresse. Il blessait même ce qu'il caressait. Il y avait une brusquerie impérieuse jusque dans ses amours. La terreur s'était placée entre le cœur de sa jeune femme et lui. La naissance désirée du fils qu'elle lui avait donné n'avait pas rallié ces natures si opposées. Elle sentait qu'elle n'était pour l'empereur qu'un moyen de postérité, non la mère de famille, mais la souche d'une dynastie. Ce maître même n'avait pas les vertus de l'amour, l'attachement et la fidélité à la même femme; ses amours étaient passagers, même nombreux. Il ne respectait pas les jalousies naturelles au cœur d'une épouse. Il n'avait pas les scandales affichés de Louis XIV, mais il n'en avait pas non plus les délicatesses et les constances. Les plus belles femmes de sa cour et des capitales étrangères n'étaient pas pour lui des passions, mais des volontés satisfaites, jetant ainsi jusque dans ses amours son mépris. Des absences fréquentes et longues, des instructions minutieuses et sévèrement obéies, des entourages à contre-cœur, des surveillantes au lieu d'amies, des retours grondeurs, tristes, redoutés après les revers, un cérémonial ostentatoire, puéril, fatigant, pour tout plaisir; rien de cette vie, de ce caractère et de cet homme n'était propre à inspirer l'amour à Marie-Louise. Son cœur et son imagination dépaysés en France étaient restés au delà du Rhin. L'empire aurait consolé une autre; mais elle était née pour la vie privée et pour les tendresses du foyer allemand.

XXI

Il n'est pas étonnant qu'une jeune femme ainsi froissée dans toute sa nature, dans toute sa race et dans tous ses sentiments, et prête à se voir délivrée par la victoire de son père, ne fît pas des vœux bien ardents et bien sincères contre son propre cœur pour se replacer, au gré de ses geôliers de Blois, dans sa captivité. Elle ne savait ni feindre, ni jouer contre sa nature un héroïsme conjugal qu'elle n'éprouvait pas. C'était tout son crime. Elle attendait tremblante que la destinée la jetât au moins toute seule d'un malheur à l'autre. Elle ne voulait pas la devancer.

Les dignitaires de Napoléon et ses deux frères, dont il l'avait entourée pour la diriger et pour la contraindre à des mesures politiques désespérées de règne ou à des fuites aventureuses vers l'empereur, ne cessaient pas de lui inspirer ces mesures et de lui insinuer ce départ. Elle écoutait avec répugnance, elle se réfugiait dans le silence, elle se dérobait à leur obsession, elle se cramponnait à Blois. La résistance passive d'un côté, l'impatience arrêtée de l'autre, les événements qui se pressaient, les troupes étrangères qui s'accumulaient autour de cette résidence, devaient pousser à un dénoûment violent cette lutte encore décente entre une jeune femme et ses conseillers.

XXII

Le vendredi 8 avril, à une heure où la chambre des femmes est encore inaccessible aux familiers des cours, une rumeur s'éleva dans la résidence de l'impératrice à Blois. Le bruit de conversations animées, d'injonctions et de résistance, sortit des appartements intérieurs où la jeune princesse venait d'être arrachée à son sommeil. Les femmes de service, les serviteurs et les gardes du palais s'étonnèrent et s'émurent d'un mouvement inusité à une pareille heure dans l'hôtel. Des groupes qui s'interrogeaient se formèrent dans les antichambres et dans les cours. On parlait de contrainte morale exercée sur l'impératrice pour la forcer à fuir avec les frères de Napoléon vers l'intérieur de la France ou vers Fontainebleau. L'émotion et l'indignation se peignaient sur les visages et dans l'accent. Nul n'osait manifester encore à haute voix le scandale d'une pareille contrainte sur une femme étrangère, isolée, désarmée de tout moyen de défendre, contre la force, sa liberté et celle de son enfant.

XXIII

M. de Beausset, gentilhomme du midi de la France, d'un caractère chevaleresque, d'un cœur plein de respect pour la majesté, plein de pitié pour la faiblesse, était préfet du palais, attaché à ce titre à l'impératrice. Les malheurs et les anxiétés de cette jeune femme redoublaient en lui l'attachement officiel. Il accourut à cette rumeur. Il pénétra, contre l'usage, dans le salon qui précédait la chambre à coucher de la princesse d'où sortait le bruit. Il apprit des femmes de service que Cambacérès, Joseph et Jérôme Bonaparte étaient avec l'impératrice. Il écoutait avec incertitude l'altercation, dont il cherchait en lui-même à deviner l'objet, lorsque Marie-Louise, dans le désordre de toilette d'une femme qui vient d'être inopinément arrachée à sa couche, ouvrit la porte qui communiquait de sa chambre au salon et s'élança vers M. de Beausset. Ses pas étaient rapides, ses joues colorées par l'animation de la douleur, ses yeux humides, ses traits altérés. La force de ses impressions prévalut sur sa timidité ordinaire.

« Monsieur de Beausset, dit-elle d'une voix tremblante

à son gentilhomme, de tous les officiers de la maison de l'empereur qui sont ici, vous êtes celui que j'ai connu le premier, puisque c'est vous qui m'avez reçue à Brunau au moment de mon mariage... Puis-je compter sur votre appui?... Mes deux beaux-frères et Cambacérès sont là, dit-elle, à voix basse en montrant du geste la chambre voisine. Ils viennent de me dire qu'il fallait quitter Blois à l'instant, et que, si je n'y consentais pas de bonne grâce, ils allaient me faire porter de force dans ma voiture avec mon fils.

» — Quelle est la volonté de Votre Majesté? demanda avec résolution M. de Beausset.

» — De rester ici, répondit l'impératrice, et d'y attendre des lettres de l'empereur.

» — Si telle est votre volonté, madame, reprit M. de Beausset, j'ose répondre que tous les officiers de votre maison et de votre garde penseront comme moi, et qu'ils ne recevront des ordres que de votre bouche. Je vais les sonder.

» — Allez, je vous prie, murmura à voix basse la jeune femme craintive et résolue; allez, et revenez me dire sur quoi je dois compter. »

XXIV

M. de Beausset aborda en sortant du salon le général Caffarelli, qui commandait le palais, et le comte d'Haussonville, un des chambellans de cette cour. Ils furent indignés. Ils coururent sur le péristyle de l'hôtel et appelèrent à haute voix les officiers de la garde disséminés dans la cour. A peine ces braves soldats furent-ils informés de la contrainte exercée sur une femme confiée à leurs armes, qu'ils se prononcèrent unanimement contre ces violences et qu'ils demandèrent à haute voix d'être introduits pour offrir leur dévouement et leur épée au besoin à l'impératrice. M. de Beausset les précéda pour avertir Marie-Louise. « Entrez! lui dit-elle en le voyant, et répétez aux princes ce que vous avez entendu.

» — Les officiers de la maison et de la garde de l'impératrice, répéta M. de Beausset, ont déclaré la ferme intention de la défendre de toute contrainte qu'on tenterait de lui imposer pour l'obliger à quitter Blois contre sa volonté.

» — Dites les mots dont ils se sont servis, répondit avec une impérieuse obstination le roi Joseph; il est nécessaire que nous connaissions l'esprit qui les anime.

» — Ces mots, répliqua le préfet du palais, n'auraient rien de convenable pour vous si je les répétais. D'ailleurs, écoutez le bruit qui s'élève des corridors et des cours de l'hôtel; ce murmure d'indignation vous dira mieux que moi ce que vous voulez apprendre. »

XXV

A peine M. de Beausset avait-il articulé ces paroles que des groupes d'officiers de la garde et de l'hôtel enfoncèrent la porte, se répandirent dans le salon et éclatèrent devant l'impératrice en termes de dévouement pour elle et de colère contenue contre les oppresseurs de sa liberté.

Joseph alors, changeant de ton et de langage, se tourna

avec un respect apparent vers Marie-Louise, et lui dit avec une feinte conviction : « Il faut rester, madame ! Ce que j'avais proposé me paraissait conforme aux intérêts de Votre Majesté, mais puisque Votre Majesté pense autrement, je le répète, il faut rester. » Les frères de Napoléon n'osèrent plus renouveler cette tentative. Le désespoir d'une jeune femme lui avait rendu le courage. L'indignation contre la violence avait soulevé pour elle tous les cœurs. On s'abandonna à la destinée. On attendit à Blois les résultats des négociations de Fontainebleau.

Quelques heures après, un commissaire russe sans escorte vint, au nom des souverains, s'emparer de Marie-Louise et de son fils. Il n'y eut ni résistance ni murmure. Il était évident que l'impératrice était préparée par son père à cette résignation de sa personne à ses alliés. Captivité pour captivité, elle préférait celle de sa première famille et de sa première patrie. Sa cour impériale se dispersa tout entière à ce moment. Les ministres, les conseillers d'État, les courtisans repartirent à la hâte, non vers Fontainebleau, mais vers Paris. C'est là qu'était la fortune nouvelle. Le ministre de la guerre lui-même se contenta de faire transmettre ses adieux à l'empereur. Il courut offrir ses services au maître nouveau.

XXVI

Le lendemain l'impératrice, sous une escorte russe, fut conduite à Rambouillet par Orléans. L'empereur continuait d'écrire à sa femme, il la sollicitait de se réunir à lui sur la route de l'île d'Elbe. Il lui décrivait le lieu de son exil, il lui fixait le nombre de chambellans, de dames d'honneur, de femmes de service qu'elle aurait à emmener avec elle dans cette nouvelle cour. Il n'avait renoncé à aucune des pompes et des puérilités des cours. On eût dit qu'il était né dans ces appareils de la souveraineté et qu'il les avait tellement incorporés avec sa nature qu'il ne concevait plus que cette vie d'emprunt. Puis il demandait confidentiellement à M. de Beausset quelles étaient les vraies intentions de Marie-Louise sur sa réunion avec lui. Puis il discutait avec elle les adjonctions de territoire à Lucques, à Piombino, à Carrare, qu'il fallait exiger pour compléter ses États de Parme; plus loin, il lui recommandait de recomposer une maison pour son fils, le roi de Rome, quand elle serait arrivée à Parme, où il y avait, disait-il, assez de dames d'une haute noblesse. Cette prétention à s'envelopper d'aristocratie antique, dans laquelle il voulait se confondre lui et les siens, le possédait jusque dans ses ruines. Les vanités de l'homme nouveau survivaient à la déchéance du souverain tombé. Il s'informait ensuite des moyens de traverser Lyon et les grandes villes de nuit, de peur des émotions populaires soulevées contre lui par le ressentiment public. Il recommandait d'apporter quelques millions pour s'établir avec une splendeur convenable à l'île d'Elbe. Il faisait distraire des diamants de la couronne les diamants privés dont il réclamait la possession. Il ordonnait de distribuer son trésor, composé de nombreux millions en or et en argent, en bijoux, dans différents fourgons et dans différentes voitures de l'impératrice, pour les soustraire ainsi à la confiscation ou à la spoliation de ses ennemis sur la route de Paris en Italie. Il se faisait envoyer à lui-même trois millions pour ses dépenses personnelles dans la route qu'il allait entreprendre. Le général Cambronne était chargé par lui de les escorter de Blois à Fontainebleau. Il s'opposait à l'idée de l'impératrice de séjourner à Rambouillet; il la pressait de se rendre dans ses États d'Italie. Il laissait voir une vive appréhension à l'idée d'une entrevue de l'empereur d'Autriche avec Marie-Louise. Il redoutait évidemment que les insinuations paternelles n'éloignassent sa femme de lui pour jamais. Il pressentait les difficultés que le séjour de sa femme et de son fils, otages entre les mains de l'Autriche, susciteraient à une restauration de l'empire, dont il était déjà confusément occupé.

XXVII

A l'exception des ordres concernant une partie de son trésor, toutes ces lettres étaient de vaines occupations de ses jours oisifs à Fontainebleau. Déjà l'impératrice, entraînée par l'inclination autant que par la force vers son père, à Rambouillet, se réunissait dans cette résidence à l'empereur d'Autriche, jetait son fils dans les bras de son grand-père, et prenait la route de Vienne sous l'escorte des vainqueurs de son mari.

Mais pendant que la victoire et l'indifférence éloignaient ainsi de lui l'épouse que la politique lui avait donnée et que l'empire n'avait pu lui attacher, l'adversité ramenait auprès de lui, à Fontainebleau, une jeune et belle étrangère dont la défaite et l'exil ne pouvaient lui enlever l'amour.

Parmi les nombreux et fugitifs objets de ses attachements

illégitimes, Napoléon avait aimé, une seule fois peut-être, d'une tendre et durable passion. Au sommet de sa fortune et de sa gloire; dans une fête à Varsovie, la beauté d'une Polonaise, enivrée d'enthousiasme pour son nom, l'avait frappé. C'était la jeune épouse d'un noble Sarmate déjà avancé en âge. Elle brillait pour la première fois dans les pompes d'une cour. Elle adorait dans Napoléon, alors comme tous les Polonais, le génie, la victoire, l'espoir trompé de l'indépendance de sa patrie. Ses regards rayonnaient involontairement de ce culte. Napoléon la vit, la devina, l'aima. De longues résistances, des devoirs combattus, des évanouissements, des larmes, irritèrent le goût de l'empereur jusqu'à la passion. Il enleva la comtesse Waleska à son époux, à sa patrie. Il l'entraîna dans ses camps et dans ses capitales conquises. Un fils était né de leurs amours. Un hôtel à Paris, souvent visité la nuit par Napoléon, dérobait aux regards du public la mère toujours passionnée de cet enfant.

XXVIII

L'adversité lui rendait sa faute presque sacrée et son amour plus cher. Elle voulait, en se dévouant à l'exilé, racheter sa faiblesse pour le maître de l'Europe. Elle écrivit à Napoléon pour lui demander de le revoir et pour lui offrir de s'attacher à ses pas partout où l'infortune le conduirait. Il consentit à cette entrevue. L'avant-dernière nuit qui précéda le départ de l'empereur de Fontainebleau, la jeune femme fut introduite par un escalier dérobé dans le salon qui précédait la chambre à coucher de son amant. Le serviteur affidé alla annoncer à son maître la présence de celle qu'il avait consenti à revoir. Napoléon était plongé dans l'espèce de stupeur rêveuse qui l'absorbait depuis sa chute. Il répondit à l'introducteur qu'il appellerait lui-même bientôt celle qui bravait pour lui la pudeur et l'adversité. La jeune femme en pleurs attendit en vain une longue moitié de la nuit. Il ne l'appela pas. On l'entendait cependant se promener dans sa chambre. Le serviteur entra, lui rappela la personne présente : « Attendez encore, » dit l'empereur. Enfin, la nuit entière s'étant écoulée et le jour commençant à menacer de révéler le secret de l'entrevue, la jeune femme rebutée, éplorée et offensée fut reconduite, tout en larmes, à sa voiture par le confident de ses derniers adieux. Soit que Napoléon eût perdu le sentiment de son propre cœur dans l'agitation de son esprit, soit qu'il rougît de paraître abattu et captif devant celle qui l'avait aimé vainqueur et souverain de l'Europe, il n'eut pas pitié de ce dévouement. Le confident étant rentré le matin dans la chambre de l'empereur et lui peignant l'attente, la honte, le désespoir de la comtesse Waleska : « Ah ! dit-il, j'en suis humilié pour elle et pour moi. Mais les heures se sont écoulées sans que j'eusse le sentiment de leur durée. J'avais quelque chose là, » ajouta-t-il en se posant le doigt sur le front. Le désespoir même qui attendrit les autres hommes était rude et glacial en lui.

XXIX

Le lendemain il fit appeler Caulaincourt. Il fit quelques munificences à sa garde et aux officiers de sa maison qui lui étaient restés fidèles jusque-là. « Dans quelques jours, leur dit-il, je serai enfin établi à l'île d'Elbe. J'ai hâte d'y respirer plus d'air... J'étouffe ici!... J'avais rêvé de grandes choses pour la France... Le temps m'a manqué, les hommes aussi. La nation française ne sait pas supporter les revers. Une seule année de désastres lui a fait oublier quinze ans de victoires. On m'abandonne, on me sépare de ma femme et de mon fils! L'histoire me vengera. »

Puis il parla avec une apparente impartialité des Bourbons. « Entre les vieilles races et les peuples renouvelés par la Révolution, il y a des abîmes, dit-il. L'avenir est chargé d'événements. Nous nous reverrons, mes amis!... Demain je ferai mes adieux à mes soldats. »

XXX

Ce lendemain se leva enfin. Les commissaires, respectueux jusque dans leur surveillance, avaient demandé à l'empereur d'arrêter l'heure du départ. Il avait fixé le milieu du jour.

Ce qui lui restait de cour, c'est-à-dire les généraux de sa garde et quelques officiers de sa maison, Belliard, Gourgaud, Petit, Athalin, Laplace, Fouler et quelques familiers de son intérieur, se réunirent à dix heures dans le salon qui précédait son cabinet, avec les commissaires étrangers, petit et funèbre cortége inaperçu dans un palais jadis trop étroit pour ses pompes. Le général Bertrand, grand maréchal du palais, fier de sentir en lui une fidélité au-dessus de tous les exils, annonça l'empereur. Il sortit, le visage calme et composé. Il traversa la file de ses derniers amis, saluant et tendant à droite et à gauche sa main qu'il retirait mouillée de larmes. Pas un mot ne troubla le silence. L'impression était trop solennelle pour que des paroles tentassent de l'exprimer. Toute l'éloquence de cet adieu, reconnaissance et douleur, était dans les attitudes. Celle de l'empereur était digne du lieu, du rang, de l'acte, naturelle, triste et réfléchie. On voyait qu'il respectait son propre ostracisme, et qu'il repliait de ce palais quinze ans de gloire et de malheurs donnés à la France. Ce n'était plus comme la veille l'homme, c'était l'empire qui sortait. Il sortait avec la majesté d'un événement.

XXXI

Il traversa à pas lents, suivi de ses surveillants et de ses amis, la longue galerie de François Ier. Il parut sur le palier du grand escalier. Il regarda un moment les troupes rangées en bataille dans la cour d'honneur et le peuple innombrable accouru des villes voisines pour assister à ce moment d'histoire et pour le redire à leurs enfants. Les sentiments étaient divers dans cette foule où le règne avait plus d'accusateurs que d'amis. Mais la grandeur de la chute dans les uns, la pitié pour les revers dans les autres, la décence de la circonstance chez tous, imposaient un silence unanime. Les insultes eussent été une lâcheté, les cris de : « Vive l'empereur! » auraient paru une ironie. Les troupes elles-mêmes éprouvaient quelque chose de plus solennel et de plus religieux qu'une acclamation, l'honneur intime de leur fidélité jusqu'aux revers, et le coucher de leur gloire qui allait avec leur chef disparaître derrière les arbres de la forêt et derrière les vagues de la Méditerranée. Elles enviaient ceux de leurs compagnons à qui le choix ou le sort avait accordé la faveur de s'exiler dans son île avec leur empereur. Les têtes étaient baissées, les regards ternes; des larmes roulaient sur les joues hâlées par la guerre. Si les tambours avaient été voilés de crêpes de deuil, on eût dit les obsèques de l'armée à son général. Napoléon lui-même, après un premier coup d'œil martial et sévère sur ses bataillons et ses escadrons, eut un attendrissement rare dans le regard. Que de journées de guerre, de gloire et de puissance cette armée ne lui rappelait-elle pas! Où étaient ceux qui l'avaient composée pendant qu'elle parcourait avec lui l'Europe, l'Afrique et l'Asie? Que restait-il de ces millions d'hommes dans ce noyau sous ses yeux? Et cependant ce reste était fidèle. Il allait s'en séparer pour toujours. L'armée c'était lui. Quand il ne la verrait plus sous ses yeux, que serait-il? Il devait tout à l'épée, il perdait tout avec elle. Il hésita quelque temps avant de descendre. Il parut vouloir rentrer machinalement dans le palais.

XXXII

Il se raffermit, se reprit, descendit les marches pour se rapprocher des soldats. Les tambours lui rendirent les honneurs du commandement. D'un geste il leur imposa le silence. Il s'avança jusqu'au front des bataillons ; il fit signe qu'il voulait parler. Les tambours se turent ; les armes immobiles, les respirations même suspendues laissèrent entendre sa voix, répercutée par les hautes murailles du palais, jusqu'aux derniers rangs de sa garde.

« Officiers, sous-officiers et soldats de ma vieille garde, dit-il, je vous fais mes adieux. Depuis vingt ans je vous ai constamment trouvés sur le chemin de l'honneur et de la gloire. Dans ces derniers temps comme dans ceux de notre prospérité, vous n'avez cessé d'être des modèles de fidélité et de bravoure.

» Avec des hommes tels que vous notre cause n'était pas perdue, mais la guerre était interminable ; c'eût été la guerre civile, et la France en eût été plus malheureuse. J'ai donc sacrifié nos intérêts à ceux de la patrie. Je pars... Vous, mes amis, continuez à servir la France ; son honneur était mon unique pensée, il sera toujours l'objet de mes vœux.

» Ne plaignez pas mon sort ! Si j'ai consenti à me survivre, c'est pour servir encore votre gloire. Je veux écrire les grandes choses que nous avons faites ensemble... Adieu, mes enfants ! Je voudrais vous presser tous sur mon cœur... Que j'embrasse au moins votre général, votre drapeau !... »

Ces mots attendrirent les soldats. Un frémissement parcourut les rangs, agita les armes. Le général Petit, qui commandait la vieille garde en l'absence des maréchaux, homme de trempe martiale, mais sensible, s'avança, au signe répété de Napoléon, entre les rangs de ses soldats et son empereur. L'empereur l'embrassa longtemps. Les deux capitaines sanglotaient. Un sourd sanglot répondit de tous les rangs à ce spectacle. Des grenadiers s'essuyèrent les yeux du revers de leur main gauche. « Qu'on m'apporte les aigles ! » reprit l'empereur, qui voulait graver en lui et dans ce signe une mémoire de César. Des grenadiers s'avancèrent en portant devant lui les aigles des régiments. Il prit ces signes chers au soldat, les pressa contre sa poitrine, et les touchant des lèvres : « Chère aigle, dit-il d'un accent à la fois mâle et brisé, que ce dernier baiser retentisse dans le cœur de tous mes soldats !

» Adieu encore une fois, mes vieux compagnons, adieu ! » L'armée entière fondit en pleurs, et rien ne répondit qu'un long et sourd gémissement des troupes.

Une voiture ouverte, où le général Bertrand attendait son maître et son ami, reçut l'empereur, qui s'y précipita en se couvrant les yeux de ses deux mains. Elle roula vers la première station de son exil.

XXXIII

Le premier empire était fini. Napoléon connaissait la puissance de l'imagination sur les hommes. Il savait le rôle que le cœur joue dans l'histoire. Il avait offert le sien et celui de ses troupes en spectacle à la France et au monde dans cette scène. Elle parut même à ses ennemis digne des plus grandes pages de la vie des peuples. Il avait fallu quinze ans de victoires et de revers pour la préparer, une armée et un héros pour la jouer, un monde pour la regarder, un exil pour l'attendrir. C'est la page pathétique de l'empereur. Il avait été souverain, jamais homme. En revenant à la nature, il retrouva la grandeur. Son adieu à son armée lui rendit l'admiration, la pitié et le cœur du peuple.

XXXIV

Ainsi s'ouvrit le premier exil de Napoléon.

Pendant qu'il s'achemine vers l'île où la vengeance de l'Europe et la lassitude de la France l'ont relégué, jugeons un moment et réfléchissons. L'histoire n'est pas seulement un drame, elle est une justice. Les conquérants et les despotes auraient trop d'avantages sur la vérité si on ne les jugeait, comme Napoléon l'a été jusqu'ici, qu'au retentissement du nom et à l'éblouissement de la gloire. Il y a des flatteurs de renommées comme il y a des flatteurs de puissance, parce que la renommée est une puissance aussi, et qu'en se plaçant dans le rayonnement d'un grand nom on s'imagine participer à son prestige et écraser le monde de l'autorité d'un préjugé. C'est le *væ victis* de l'historien. Mais cette puissance des renommées de fait est une puissance mauvaise aussi, à laquelle il faut avoir le courage de résister dans une juste mesure, de peur que la postérité ne se courbe comme le siècle, que la morale ne soit découragée comme l'indépendance, et que la vertu n'ait pas du moins sa protestation et son témoin.

XXXV

Napoléon n'est pas un homme de Plutarque, mais de Machiavel. Son mobile n'a été ni la vertu ni la patrie, mais le pouvoir et la renommée. Servi par des circonstances qu'aucun homme ne rencontra jamais, pas même César, et par un génie de la force égal à son œuvre, il se donna pour tâche de posséder le monde à tout prix, non de l'améliorer ou de le grandir. Ce seul but évident de toutes les actions de sa vie les rapetisse et les pervertit toutes aux yeux de la vraie politique. Dieu n'a dit à aucun homme : Tu te feras de toi-même ton propre but, tu feras de toi le centre des choses humaines, tu feras servir le monde à ton usage. Il a dit, au contraire : Tu seras, autant qu'il est en toi, le moyen, l'instrument, le serviteur de la terre ; tu te sacrifieras au service de ton peuple, tu grandiras non en toi-même, être petit et passager, mais dans le peuple, être éternel, que tu auras servi, et dans l'esprit humain amélioré et grandi par tes œuvres !... Voilà le type ! voilà la vraie grandeur. La haute politique, l'immortelle gloire, sont là, parce que là est la vertu de l'homme d'État, non selon l'histoire, mais selon Dieu.

XXXVI

Or, la pensée de Napoléon fut la pensée contraire. Son plan de vie à l'inverse est en contradiction du plan de Dieu dans l'humanité. Debout sur cette vérité solide comme la conscience, on ose juger ce qui n'a été que célébré. On est sûr qu'on ne se trompera pas. On sent en soi l'inflexibilité non de l'esprit, mais de la morale, et on poursuit.

Nous avons parlé du plan de vie général de Napoléon, et nous avons dit qu'il fut de posséder à tout prix la terre. Expliquons : nous entendons par plan de vie la signification générale et continue de tous les actes d'un homme d'histoire, la tendance constante de sa pensée ou de son instinct manifestée par ses mœurs. Nous n'attachons pas à cette expression l'idée d'une préméditation dès le berceau ou d'une combinaison systématique de chacun de ses pas, de ses gestes, de ses paroles en toutes circonstances. L'homme n'est pas ainsi fait. Il n'est pas une abstraction, il n'est pas une ligne mathématique, il est un homme, c'est-à-dire une inconstance, une mobilité, une inconséquence vivante. Le plan de vie d'un homme historique, c'est son caractère. C'est donc dans le caractère de Napoléon le plus habituellement révélé dans ses actes et dans ses pensées que nous cherchons sa moralité ou sa dépravation, sa petitesse ou sa grandeur aux yeux moins éblouis de la postérité. En deux mots, son inspiration venait-elle habituellement du monde à lui ou de lui au monde, du dévouement ou de l'égoïsme, d'en haut ou d'en bas, de Dieu ou de lui-même ? Voilà à quoi nous répondons en interrogeant sa mémoire, non pour la rapetisser, mais pour qu'elle ne pervertisse pas l'avenir.

XXXVII

Il naît en Corse. Cette île, alors dénationalisée, cherchait son indépendance. Il se déclare contre Paoli, le libérateur de son berceau ; il se cherche une patrie ; il choisit la plus agitée, la France. Il pressent avec une précoce sagacité d'instinct que les grands hasards de fortune seront où sont les grands mouvements de choses et d'idées. La Révolution française bouillonnait, il s'y jette ; le jacobinisme la gouvernait, il l'exalte. Il en affecte les principes radicaux, les exagérations démagogiques, le langage, le costume, la colère, la popularité. Il écrit le *Souper de Beaucaire*, cette harangue de club dans un camp. La révolution monte et baisse selon les accès de bouillonnement ou de refroidissement de l'opinion à Paris ; il monte et baisse avec elle, servant avec un zèle égal, tantôt les conventionnels à Toulon, tantôt les thermidoriens à Paris, tantôt la Convention contre les démagogues, tantôt Barras et le Directoire contre les royalistes ; tout aux circonstances, rien aux principes ; pressentant le pouvoir, aidant le succès, s'élevant indifféremment sur tous et par tous. Jeune homme de la race et du temps de ces républiques italiennes qui louaient leur bravoure et leur sang à toutes les factions, à toutes les causes, pourvu qu'elles les grandissent. Soldat, il offre son intelligence et son épée au plus résolu ou au plus heureux. On ne voit pas un scrupule d'opinion, de principe, de vertu publique dans sa jeunesse obscure jusque-là.

On n'en voit pas davantage dans sa fortune rapide. La source de cette fortune est la faveur du plus influent des directeurs pour une femme belle et répandue dans la familiarité des puissants du jour. Barras lui donne pour dot l'armée d'Italie. Il aime, il est vrai, et il est aimé. Mais cet amour est altéré dans son désintéressement par cette ambition satisfaite. Il paraît moins sincère, parce qu'il est doté d'un commandement. Ce commandement est la date de son génie. Il le communique à ses troupes, il répand la jeunesse dans nos camps vieillis, il retrempe la routine militaire dans l'enthousiasme et dans l'initiative de la nouvelle tactique; il invente l'audace, ce génie des guerres révolutionnaires; il accélère les mouvements des armées, il decuple le temps par les marches; il déconcerte les prudences et les lenteurs des élèves de Frédéric et de Landon; il conquiert, il pacifie; il traite, il efface ceux-ci du sol, il respecte ceux-là; il pactise avec ce qui est fort, comme Rome, dans l'esprit des peuples; il balaye, sans prétexte et sans pitié, ce qui est faible, comme Venise; il usurpe hardiment sur l'autorité, sur la diplomatie et sur le principe de son gouvernement. Tantôt il proclame, tantôt il trahit, tantôt il vend le dogme de la Révolution française, selon l'opportunité et les besoins de sa popularité personnelle, en Italie et à Léoben. Ici il rétablit le despotisme, là il consacre la théocratie; plus loin il trafique de l'indépendance des peuples, ailleurs il vend la liberté des consciences. Ce n'est déjà plus le général d'une révolution ni le négociateur d'une république; c'est l'homme qui se construit lui-même et lui seul aux dépens de tous les principes, de toutes les révolutions, de tous les pouvoirs qui l'ont armé. Le travail de l'esprit humain du dix-huitième siècle, de la philosophie moderne, de la Révolution française, disparaît. Bonaparte seul se montre. Ce n'est plus un siècle qui se remue, c'est un homme qui se joue d'un siècle et qui se substitue à une époque. Plus de France, de révolution, de république; c'est lui! rien que lui, toujours lui!

XXXVIII

La Révolution embarrassée de lui l'envoie, pour périr ou pour grandir, en Égypte. Autre continent, autre homme, mais de conscience pas davantage. Il s'annonce comme le rénovateur de l'Orient. Il lui apporte, dit-il, la liberté européenne. Il cherche d'abord à le convaincre qu'il faut se laisser conquérir. Le fanatisme mahométan est un obstacle à sa domination ; au lieu de le combattre, il le simule. Il se déclare pour Mahomet contre les superstitions européennes. Il met les religions dans les moyens de police et de conquête. Le négociateur, incliné devant le pape à Milan, s'incline devant le prophète au Caire. Le lointain donne du prestige à des exploits contre une race énervée, exploits exagérés par la renommée, mais qui rappellent la poésie des croisades. Ce qu'il y cherche, c'est surtout le retentissement et l'imitation d'Alexandre. Aussi, au premier échec, à Saint-Jean-d'Acre, il abandonne toute conquête, empire, songe asiatique, il laisse son armée sans recrutement et sans espace à une capitulation certaine. Il se jette dans un vaisseau léger, il revient où est la réalité, il devance le bruit de ses revers, il surprend la popularité. Il regarde la république, il voit qu'elle a passé l'heure des dangers anarchiques, que ses pouvoirs se régularisent, que les armées commandées par ses rivaux triomphent, que ce gouvernement démocratique acheté si cher par la nation deviendra, si on le respecte, un obstacle invincible à l'occupation d'un soldat. Il conspire à main armée contre ce gouvernement qui lui a remis ses armes pour le défendre; il joint la ruse à la force, il corrompt ses compagnons d'armes, il trompe les directeurs, il viole les représentations, il fait déchirer les lois par ses baïonnettes, il s'empare de sa patrie. La France était un peuple, elle n'est plus qu'un homme, et cet homme, c'est lui.

XXXIX

Ce crime antinational et antirévolutionnaire accompli, il faut le faire sanctionner par l'opinion; il y en a deux : une opinion républicaine et progressive qui porte le monde en avant sur le courant de la vérité, de la liberté et de la vertu civique; une opinion contre-révolutionnaire et rétrograde, qui reporte les institutions et l'esprit humain en arrière sur le contre-courant des servitudes, des préjugés et des vices du passé. Il ne mesure pas la vérité mais, la force. Il voit que la vérité est avec la liberté, mais que la force est avec la contre-révolution. Il s'y précipite pour qu'elle le porte à un trône. Il exploite les lassitudes, il achète les vénalités, il intimide les lâchetés, il favorise les apostasies du jour; il cimente d'ambitions, de grades, d'autorité, le moins libéral des pouvoirs, le gouvernement militaire. Il règne enfin sur son pays. Le pays disparaît à son tour sous un trône, et sur ce trône il ne place que lui.

XL

Pour que ce trône se soutienne, il lui faut un principe. Il peut encore choisir. Il peut faire de son règne le règne des idées écloses du raisonnement. Il peut les acclimater au monde nouveau par la monarchie. Il peut être à la philosophie et à l'esprit de civilisation moderne ce que Charlemagne fut au christianisme, l'initiateur et l'organisateur armé de l'idée naissante et désarmée. Le monde moral à ce prix aurait sinon excusé, du moins compris l'usurpation militaire. Il répudie dès le premier jour ce grand rôle d'un génie fondateur d'une idée. Il déclare la guerre et la tyrannie à toutes les idées, excepté aux idées mortes. Il maudit la pensée parlée ou écrite, comme une révolte du raisonnement contre le fait. Il s'écrie : « La pensée est le mal suprême, c'est elle qui a fait tout mal ! » Il impose le mutisme aux tribunes, la censure aux journaux, le pilon aux livres, la terreur ou l'adulation aux écrivains. Il blasphème contre la lumière. Il ferme la bouche au moindre murmure d'une théorie. Il exile tout ce qui ne lui vend ni sa parole ni sa plume. Il n'honore dans les sciences que les sciences qui ne pensent pas, les mathématiques. Il supprimerait, s'il le pouvait, l'alphabet, pour ne laisser subsister entre les hommes que les chiffres, parce que les lettres expriment l'âme humaine et que les chiffres n'expriment que des forces matérielles. Il s'exalte dans son horreur de la philosophie et de la liberté jusqu'à l'athéisme de l'intelligence humaine. Il pressent une révolte dans chaque soupir, un obstacle dans chaque pensée, une vengeance dans chaque vérité. Il refuse l'air même aux consciences, il se ligue avec le Dieu qu'il ne croit pas, il refait un traité d'empire et d'Église avec le pouvoir sacerdotal, il profane la religion en feignant de l'honorer, il fait du prêtre un magistrat civil et un instrument de servitude chargé de lui assouplir les âmes; il met le catéchisme d'un culte d'État dans l'empire, et l'empereur à côté de Dieu dans le catéchisme de l'État. Il détruit une à une toutes les vérités civiles conquises et promulguées par l'Assemblée constituante et par la république : l'égalité par une féodalité nouvelle, les partages domestiques par les substitutions et les majorats, les mœurs nivelées par les titres, la démocratie par une noblesse héréditaire, la représentation nationale par un Corps législatif subordonné et muet, et par un Sénat de Bas-Empire chargé de lui voter le sang du peuple, enfin les nationalités par des dynasties de sa race imposées aux trônes. Il tourne en dérision et en tyrannie toutes les institutions de l'indépendance des peuples dont il n'ose pas encore effacer le nom, il refait le passé en commençant par ses vices, il le restitue tout entier à ses adorateurs, à condition que ce passé sera encore lui.

XLI

Il faut cependant un esprit à un règne. Il le cherche. De tous ces principes sur lesquels un fondateur peut faire durer ses institutions, liberté, égalité, progrès, lumière, conscience, élection, raisonnement, discussion, religion, vertu publique, il choisit le plus personnel et le plus immoral de tous, la gloire ou la renommée. Ne voulant ni convaincre, ni éclairer, ni améliorer, ni moraliser sa patrie, il se dit : « Je l'éblouirai, et de cet éblouissement que je ferai rejaillir sur elle, je fascinerai le plus noble et le plus séductible de ses instincts, la gloire ou la vanité nationale. Je fonderai ma puissance ou ma dynastie sur un prestige. Les nations n'ont pas toutes une vertu, toutes ont un orgueil. Cet orgueil de la France sera mon droit. »

XLII

Ce principe de la renommée lui commande à l'instant celui de la conquête, la conquête commande la guerre, la guerre les détrônements et les dénationalisations. Son règne n'est qu'une campagne, son empire qu'un champ de bataille aussi vaste que l'Europe. Il place tout droit des peuples et des rois dans son épée, toute moralité dans le nombre et dans la force de ses armées. Rien de ce qui le menace n'est innocent, rien de ce qui lui fait obstacle n'est sacré, rien de ce qui le précède en date n'est respecté ; il veut que l'Europe date de lui.

XLIII

Il balaye la république avec le pied de ses soldats. Il refoulé le trône des Bourbons dans l'exil. Il envoie saisir comme un meurtrier dans l'ombre le plus brave et le plus confiant des princes militaires de cette race, le duc d'Enghien, sur la terre étrangère. Il le tue dans le fossé de Vincennes par je ne sais quel pressentiment du crime qui lui montre dans ce jeune homme le seul compétiteur armé du trône contre lui ou contre sa race. Il conquiert l'Italie reperdue, l'Allemagne, la Prusse, la Hollande reconquise après Pichegru, l'Espagne, Naples, royaumes, républiques. Il menace l'Angleterre, il caresse pour l'endormir la Russie, il découpe le continent, il distribue les peuples, il élève des trônes pour toute sa famille, il dépense dix générations de la France pour faire un sort impérial ou royal à chacun des fils ou à chacune des filles de sa mère. Sa renommée, qui croît sans cesse d'éclat et de bruit, donne à la France et à l'Europe ce vertige de gloire qui lui dérobe l'immoralité et l'abîme d'un tel règne. Il a créé l'entraînement, on le suit jusqu'au délire de la campagne de Russie. Il flotte dans un tourbillon d'événements si immenses et si accélérés que trois années de fautes même ne l'en laissent pas retomber. La gloire qui l'a élevé le soutient sur le vide de tous les autres principes qu'il a méprisés. L'Espagne a dévoré ses armées, la Russie a servi de sépulcre à sept cent mille hommes, Dresde et Leipzig en ont englouti les restes. L'Allemagne irritée lui a fait défection. L'Europe entière le cerne et le poursuit du Rhin aux Pyrénées avec une marée de peuples. La France épuisée et désaffectionnée le regarde combattre et déchoir sans lever un bras pour sa cause. Il n'a plus contre le monde qu'une poignée d'hommes, il ne tombe pas encore ; tout est anéanti autour de son trône, mais il lui reste sa renommée qui plane toujours au-dessus de lui.

XLIV

Comme diplomate, il est souverainement habile tant qu'il a son ambition à servir et son règne à préparer. Dans sa campagne d'Italie, il combat d'une main, il négocie de l'autre. Il se joue hardiment des instructions du républicanisme radical de la Convention. Il traite avec le Piémont vaincu qu'il pouvait détruire. Il grossit l'armée républicaine contre l'Autriche des contingents d'une monarchie. Il traite avec le pape qu'il avait mission de chasser de Rome. Il enrôle dans son parti les habitudes, les respects et jusqu'aux superstitions des populations. Il traite avec Modène pour des millions et se fait solder par le trésor des princes. Il traite avec la Toscane et avec Naples pour diviser ses ennemis et pour les combattre, comme l'Horace antique, un à un. Il endort Venise tant qu'il a besoin de sa neutralité ; il l'insulte, il la viole, il l'écrase dès qu'il ne la craint plus. Il allume le feu de l'enthousiasme révolutionnaire et de l'indépendance dans Milan. Il revend ensuite Venise à l'Autriche, et il achète à ce prix l'ombre de paix qu'il veut offrir, pour se populariser, à la France. Jusque-là, sa diplomatie est de Machiavel, mais elle est d'un Machiavel patriote qui ne fait du moins que des trahisons utiles à son pays.

XLV

Mais il n'est pas plus tôt sur le trône que toutes ses négociations sont des vertiges aussi funestes à lui-même qu'à la solide grandeur de sa patrie. Il menace l'Angleterre, qu'il ne peut atteindre ni sur terre ni sur mer. Il se déclare son antagoniste éternel et impuissant. Il se crée ainsi une haine d'Annibal contre sa nation et sa dynastie. Il met le continent à la solde de cette puissance et le commerce de l'univers sous son pavillon.

Il s'aliène toute l'Allemagne indépendante par des cupidités de territoire et des apanages de famille qui ne lui donnent que des princes et pas un appui. Il déclare l'incompatibilité de sa puissance avec une puissance indépendante quelconque. Il se déclare l'aspirant à la monarchie universelle, c'est-à-dire l'ennemi commun et universel de tous les trônes et de toutes les nationalités. Il range ainsi de ses propres mains l'Angleterre, la Russie, l'Autriche, la Prusse, le monde dans la ligue de l'espèce humaine contre lui.

Il combat : sa renommée et son génie lui donnent la victoire. Il fait des paix fausses, courtes, précaires, menaçantes pour ceux qu'il a subjugués à demi, des paix qui laissent respirer et qui ne désarment pas.

Dans l'attente d'une nouvelle guerre préméditée avec la Russie, il a la démence de lui livrer l'empire ottoman, et de se priver ainsi du seul grand et naturel allié qui lui reste au jour de la lutte.

Il conquiert Vienne, et il rétablit la monarchie autrichienne. Il voit la Hongrie aspirant à l'indépendance, et il la laisse asservie à cette monarchie.

Il conquiert Berlin, et il n'efface pas la Prusse. Il voit la Pologne démembrée palpiter de patriotisme vers lui; il peut la ressusciter d'un geste, en faire l'alliée solidaire de la France, l'avant-poste de ses armées, l'arbitre du Nord et de l'Allemagne, la digue de la Russie, et il vend ses tronçons aux puissances vaincues pour en acheter des faveurs et des ménagements de vieilles races pour sa dynastie de parvenus.

Il voit l'Espagne se jeter dans ses bras, accepter ses arbitrages, implorer sa tutelle, s'associer à la France dans un pacte naturel et éternel des races du Midi contre les races conquérantes du Nord. Il aime mieux l'humilier que l'attirer, et la conquérir pour son frère que la posséder volontairement pour son pays.

Enfin, il se lance avec un million d'hommes au fond de la Russie pour envahir à contre-sens le Nord par le Midi, et pour ne posséder que de la neige et des cendres. L'Allemagne, qu'il laisse imprudemment armée et irritée derrière lui, se referme sur sa trace; il est pris au piége qu'il s'est préparé à lui-même. Il a semblé n'avoir qu'un but depuis dix ans dans sa politique, réunir tous les peuples en faisceau de honte et de haine contre lui. Faire de la France l'ennemie irréconciliable du genre humain, voilà son génie à l'extérieur! Génie de l'égoïsme qui devient le génie de la ruine!

XLVI

Il capitule enfin, ou plutôt la France capitule sans lui. Il prend seul à travers sa patrie conquise et ses provinces ravagées la route de son premier exil. Il a pour cortége les ressentiments et le murmure de la patrie. Que reste-t-il derrière lui de son long règne? car c'est à ce signe que Dieu et les hommes jugent le génie politique des fondateurs. Toute vérité est féconde, tout mensonge est stérile. En politique ce qui ne crée pas n'est pas. La vie est jugée par ce qui lui survit. Il laisse la liberté enchaînée, l'égalité compromise par des institutions posthumes, la féodalité parodiée sans pouvoir être, la conscience humaine revendue, la philosophie proscrite, les préjugés encouragés, l'esprit humain diminué, l'instruction matérialisée et concentrée dans les seules sciences exactes, les écoles converties en casernes, la littérature dégradée par la police ou avilie par la bassesse, la représentation nationale pervertie, l'élection abolie, les arts asservis, le commerce tari, le crédit anéanti, la navigation supprimée, les haines internationales ravivées, le peuple opprimé ou enrôlé, payant de son impôt ou de son sang l'ambition d'un soldat suprême, mais couvrant du nom grandi de la France les contre-sens au siècle, les misères et les dégradations de la patrie. Voilà le fondateur, voilà l'homme! Un homme au lieu d'une révolution! Un homme au lieu d'une époque! Un homme au lieu d'une patrie! Un homme au lieu d'une nation! Rien après lui! Rien autour de lui que son ombre stérilisant tout le dix-huitième siècle absorbé et détourné en lui seul. On dira toujours la gloire personnelle, on ne dira jamais ce qu'on a dit d'Auguste, de Charlemagne et de Louis XIV, le siècle de Napoléon. Il n'y a pas de siècle, il n'y a qu'un nom, et ce nom ne signifie rien pour l'humanité que lui-même.

XLVII

Faux en institutions, car il remonte; faux en politique, car il avilit; faux en morale, car il corrompt; faux en civilisation, car il opprime; faux en diplomatie, car il isole; il n'est vrai qu'en guerre, car il verse bien le sang humain. Mais celui qui l'épargne, qu'est-il donc? Son génie individuel est grand, mais c'est le génie du matérialisme. Son intelligence est vaste et claire, mais c'est l'intelligence du calcul. Il compte, il pèse, il mesure, il ne sent pas, il n'aime pas, il ne compatit pas; il est statue plus qu'il n'est homme. C'est là son infériorité devant Alexandre et devant César. Il rappelle plutôt l'Annibal de l'aristocratie. Peu d'hommes ont été ainsi pétris, mais pétris à froid. Tout est solide, rien ne bouillonne, rien ne s'émeut dans cette pensée. On sent cette nature métallique jusque dans son style. Il est peut-être le plus grand écrivain des choses humaines depuis Machiavel. Bien supérieur dans le récit de ses campagnes à César, son style n'est pas de la parole écrite seulement, c'est de l'action. Chaque mot dans ses pages est, pour ainsi dire, le contre-coup et la contre-empreinte du fait. Il n'y a ni lettre, ni son, ni couleur entre la chose et le mot : le mot, c'est lui. La phrase concise, mais sculptée sur le nu, rappelle ces temps où Bajazet et Charlemagne ne sachant pas écrire leur nom au bas des actes de leur empire trempaient leur main dans l'encre ou dans le sang, et l'appliquaient avec toutes ses articulations empreintes sur le parchemin. Ce n'était pas la signature, c'était la main même du héros qu'on avait éternellement sous les yeux. Ainsi des pages de ses campagnes dictées par Napoléon. C'est le verbe du mouvement, de l'action et du combat.

XLVIII.

Cette renommée dont il avait fait sa moralité, sa conscience et son principe, il la mérita donc par sa nature et par son intelligence de la guerre et de la gloire. Il en a inondé aussi le nom de la France. La France, obligée d'accepter sa tyrannie et ses crimes, doit aussi accepter sa gloire avec une sévère reconnaissance. Elle ne pourrait séparer ce nom du sien sans diminuer son propre nom. Ce nom s'est incrusté dans ses torts comme dans sa grandeur. Elle a voulu de la renommée, il lui en a donné. Mais ce qu'elle lui doit, c'est surtout un grand bruit.

XLIX

Cet écho qui se continue dans la postérité, et qu'on appelle encore improprement gloire, a été son moyen et son but. Qu'il en jouisse donc! Homme de bruit, qu'il retentisse à travers les siècles! Mais que ce bruit ne pervertisse pas la postérité et ne fausse pas le jugement du peuple. Cet homme, une des plus vastes créations de Dieu, s'est mis, avec plus de force qu'il ne fut donné à aucun homme d'en accumuler, sur la route des révolutions et des améliorations de l'esprit humain, comme pour arrêter les idées et faire rebrousser chemin aux vérités. Le temps l'a franchi ; les idées et les vérités ont repris leur courant. On l'admire comme soldat, on le mesure comme souverain, on le juge comme fondateur de peuples. Grand par l'action, petit par l'idée, nul par la vertu : voilà l'homme !

LIVRE DIXIÈME

Les Bourbons. — Louis XVIII. — Sa vie à la cour de Louis XVI. — Sa nature. — Son esprit. — Sa conduite pendant la Révolution. — Sa fuite de Paris. — Son séjour à Coblentz. — Traité de Pilnitz. — Manifeste des princes français. — Physionomie de la cour du comte de Provence dans l'émigration. — Ses opinions. — Son impopularité dans l'émigration. — Popularité de son frère, le comte d'Artois. — Lettre du comte de Provence à Louis XVI. — Guerre contre la république. — Le comte de Provence régent. — Ses intrigues en France et en Vendée. — Son manifeste à la mort de Louis XVII. — Sa vie à Vérone. — Il quitte Vérone et se rend à l'armée de Condé. — Ses négociations avec Pichegru. — Il abandonne l'armée de Condé. — Ses aventures et sa vie en Allemagne. — Il se retire à Mittau. — Il est forcé de le quitter. — Son retour à Mittau. — Il passe en Angleterre. — Il est recueilli par le duc de Buckingham. — Il se retire à Hartwell. — M. de Blacas. — Vie et méditations de Louis XVIII à Hartwell. — L'Angleterre et Louis XVIII en 1813.

I

Pendant que Napoléon s'acheminait ainsi vers son premier exil, où nous aurons bientôt à le suivre, les princes de la maison de Bourbon se rapprochaient de Paris. Ils venaient occuper ou entourer ce trône que la guerre leur rendait après l'avoir relevé pour un autre, et que la révolution et la contre-révolution, unanimes alors, allaient bientôt se disputer. La France ne connaissait d'eux que leur nom.

Avant de raconter leur avénement, leur essai de règne et leur seconde chute, disons de quels princes et de quelles princesses se composait alors cette famille royale, aussi proscrite depuis vingt ans du souvenir que du sol. Disons dans quel esprit ces membres de la famille souveraine rentraient dans le royaume de leurs pères, et dans quel esprit la France elle-même les contemplait et les saluait au retour.

II

La famille royale se composait de sept princes et de cinq princesses : le roi Louis XVIII, son frère le comte d'Artois ; les deux fils de ce dernier prince, le duc d'Angoulême et le duc de Berri ; le prince de Condé, le duc de Bourbon son fils, le duc d'Orléans.

Les princesses étaient la duchesse d'Angoulême, la duchesse d'Orléans, veuve de Philippe-Égalité ; la duchesse d'Orléans, épouse de Louis-Philippe d'Orléans ; mademoiselle d'Orléans, sœur de Louis-Philippe ; enfin la duchesse de Bourbon, plus les enfants de Louis-Philippe, duc d'Orléans, la princesse Louise et le duc de Chartres. Voilà ce que l'exil rendait à la patrie.

Il y avait dans ce retour au foyer commun de la vieille France, après tant d'années d'adversités et de deuil, après tant de mutilations du tronc royal et de ses branches par la hache révolutionnaire ou par l'assassinat de Vincennes, dans cette tardive réparation des proscriptions, dans cet étonnement des palais retrouvant leurs premiers hôtes, dans ces joies des serviteurs revoyant leurs anciens maîtres, dans le bonheur inespéré de cette famille foulant enfin, au bruit des acclamations et des espérances publiques, ce sol qui avait dû si longtemps les dévorer; il y avait, dis-je, dans tout cela, une telle sympathie des cœurs même étrangers pour des infortunes imméritées et pour des réparations touchantes, une telle effusion de la sensibilité populaire s'associant à ces impressions royales, un tel attendrissement enfin dans l'air du pays, que cet attendrissement, ces étonnements, ces joies de famille semblaient, en quelque sorte, un esprit national, et que l'imagination du peuple paraissait participer aux adversités et aux félicités d'une famille. C'est la puissance de la nature, quand on la retrouve sous la politique; c'est le prestige des souvenirs, quand il se confond pour un instant avec les espérances; c'est le réveil des traditions dans les cœurs, quand ces traditions sont personnifiées dans des races rentrant des longs exils; c'est la pitié qui se venge; c'est le sacre populaire des restaurations. Elles n'ont que ces jours-là pour elles, mais ces jours sont beaux à la fois comme le passé et comme l'avenir. Le lendemain recommence leurs difficultés et leurs périls, car on leur demande l'impossible, l'embrassement des idées et des intérêts qui se repoussent, ce qui fut et ce qui ne peut plus être, ce qui doit venir et ce qui est passé, le prestige et le réel, la mémoire et le temps. Mais n'anticipons pas sur cet avenir de la famille royale. On ne l'entrevoyait pas dans son retour. Il était précédé d'une immense faveur; c'était la puissance du sentiment.

III

Louis XVIII touchait à la soixantième année de sa vie, l'âge où l'esprit a toute sa maturité et où le corps ne perd rien encore de sa vigueur dans les fortes races. Il était frère de Louis XVI, ce Charles Ier de la France. Son père était le dauphin, fils de Louis XV, prince qui n'avait fait qu'entrevoir le trône et qui ne paraissait destiné à y porter que d'obscures vertus. Louis XVIII, avant le meurtre de son frère Louis XVI, portait le nom de comte de Provence. Il avait épousé jeune Joséphine de Savoie, fille de Victor-Emmanuel III, roi de Sardaigne. Il n'avait jamais eu d'enfants. Il avait perdu sa femme pendant l'émigration. Ce prince, qui a joué avec un rare bonheur un des rôles les plus difficiles de l'histoire sur le trône, mérite d'être regardé. Son intelligence était à la hauteur des circonstances, si son caractère était inférieur à son œuvre. Il aurait fondé, s'il avait su maintenir. Étudions cette vie, elle explique ce règne.

IV

Le comte de Provence, solitaire et réservé à la cour de Louis XVI, son frère, s'était entouré d'une petite cour à part qui convenait à son caractère studieux, familier, un peu féminin. La virilité manquait à son âme comme à son corps ; elle ne se montrait que dans son esprit. Il y avait en lui, quoique très-jeune, quelque souvenir de cette sagacité et de cette pénétration des cours grecques de Byzance : Narsès nés sur les marches d'un trône, aimant comme eux à nouer et à débrouiller les nœuds de la politique dans les intrigues mystérieuses d'un palais, caressant au dedans la faveur des cours, au dehors la popularité de l'opinion, ambitieux de désirs, modestes et contenus d'attitude, cachant leurs trames sous la rigueur du cérémonial et sous les puérilités de l'étiquette, s'entourant de philosophes, de lettrés, de comédiens, d'artistes, affectant même la passion des femmes, mais n'aimant en elles que leur souplesse, leur grâce et leur malignité d'esprit, recherchant l'amitié des hommes à défaut de l'amour, éprouvant l'éternel besoin d'appuyer leur âme sur un favori. Telle était la nature primitive du comte de Provence.

V

Il sentait avec raison en lui un génie bien supérieur à celui de son frère Louis XVI et à l'esprit superficiel et irréfléchi de son autre frère le comte d'Artois. Il laissait avec beaucoup de respect extérieur au premier la jouissance, les respects et les responsabilités du trône. Il affectait de cacher sa supériorité sous un vrai dévouement et sous une indifférence feinte de pouvoir. Il aurait craint en se montrant trop au grand jour d'offusquer de son mérite, non Louis XVI, incapable d'ombrages ou de rivalités, mais la jeune et belle reine Marie-Antoinette, princesse enivrante de séduction, à la fois jalouse et incapable de domination. Le comte de Provence laissait avec plus de peine à son second frère, le comte d'Artois, idole de la cour et de la jeunesse, l'empire de la grâce, des légèretés et de la faveur publique. Ne pouvant l'égaler, il s'efforçait de s'en différencier par de plus solides supériorités. Il jouait le rôle d'un sage précoce et frondeur dans une cour futile et dans un pays mal gouverné. Il étudiait l'histoire, la politique, les théories d'économie et de gouvernement des empires; il écrivait beaucoup et sur toutes choses. Il cultivait même les lettres légères après les lettres sérieuses. Il avait les ambitions d'esprit et les appétits de gloire de toute nature. Il faisait insérer des poésies dans les annales littéraires du temps; il faisait représenter des drames sur les théâtres populaires de Paris, sous le nom de ses complaisants ou de ses secrétaires. Il jouissait, comme l'empereur romain, de ses succès sur la scène autant que de son rang près du trône. Il s'entourait de philosophes, de théoriciens, de frondeurs du règne et du culte. Il leur permettait de laisser transpirer au dehors ses critiques contre les ministres, ses vues pour la réforme du royaume, ses complicités d'esprit et de cœur avec l'esprit général de la nation qui se répandait en murmures contre le gouvernement et en enthousiasmes précurseurs d'une révolution. Mais il ne permettait jamais à ces enthousiasmes et à ces murmures de passer les bornes du respect extérieur pour le culte et pour le trône. Bien que sceptique en religion et révolutionnaire en administration, il regardait l'Église et la monarchie comme deux idoles populaires dont on pouvait contester la divinité, sans jamais ôter ces deux simulacres des yeux du peuple. Il y avait de l'étiquette et du cérémonial jusque dans ses convictions. Il croyait au droit divin de l'habitude. Toute réforme allant jusqu'à sa race lui paraissait un sacrilége.

Il pressentait une révolution. Il croyait son frère trop inégal à la lutte avec son siècle. Il pensait que sa faiblesse le pousserait à l'abdication, que le comte d'Artois se perdrait dans la futilité de ses résistances au courant du monde, que la France reconstituée sur un plan monarchique nouveau se réfugierait dans son propre règne. Il ne conspirait pas, il ne désirait pas, il attendait tout. Cependant il aimait le roi son frère autant qu'il était capable d'aimer quelqu'un au-dessus de lui.

VI

Les embarras du trésor, les dispositions de la cour, les refus du clergé et de la noblesse de subvenir aux nécessités des finances, les sommations de la pensée publique exprimée par des écrivains, les murmures du peuple, la bonne foi confiante du roi dans le concours de la nation, firent convoquer l'Assemblée des notables. C'était le grand conseil intime et officieux du pays autour de son roi. Le comte de Provence s'y révéla au peuple comme un prince populaire et novateur. Il se rangea contre l'aristocratie du côté du nombre, de la justice et du droit. Son attitude, ses votes, ses paroles promirent à la fois un tribun et un modérateur à la Révolution. Une sérieuse popularité remonta à son nom. Il la respira avec ivresse et ne consentit jamais à l'abdiquer volontairement tant que cette popularité ne lui demanda que des sacrifices d'idées. Mais bientôt l'Assemblée constituante vint saper les appuis séculaires du trône. L'Église et l'aristocratie s'écroulèrent sous la main du tiers état ou de la majorité nationale. Le comte de Provence avait favorisé la suprématie de cette majorité numérique de la nation en votant pour que le peuple eût une représentation proportionnée non à son unité comme *ordre* de l'État, mais à sa masse comme population. Par ce vote, il se nationalisa davantage. Il se déclara du parti de Mirabeau; il fut populaire, mais il voulait rester prince.

VII

Les outrages directs au trône l'avertirent que la Révolution montait jusqu'à la monarchie. Il espéra qu'elle respecterait au moins le monarque. Il compta encore sur sa propre popularité. Il blâma l'émigration prématurée, il laissa son frère le comte d'Artois fuir de Versailles, passer à l'étranger, courir de Turin à Vienne et à Pétersbourg pour rallier la noblesse militaire de France et les cours de l'Europe en croisade contre la Révolution. Le comte de Provence, plus ferme, plus fidèle et plus politique, suivit son frère Louis XVI, enlevé de Versailles par l'émeute des 5 et 6 octobre, à Paris. Le peuple le respecta, l'acclama, l'environna de marques d'affection dans son palais du Luxembourg. Il parut un conciliateur entre la cour et la Révolution.

Mais bientôt l'impopularité l'enveloppa lui-même. L'ombre d'une conspiration contre-révolutionnaire tramée par un des officiers de sa maison militaire, le marquis de Favras, plana sur lui. Favras avait été chargé de négocier des emprunts considérables pour son ancien maître. Il avait ourdi en même temps, soit avec l'aveu tacite, soit à l'insu du comte de Provence, une conspiration qui avait pour objet de frapper les trois têtes de la Révolution dans ce moment : La Fayette, Necker et Bailly; d'enlever le roi à ses gardiens, de le conduire à Péronne, et de nommer le comte de Provence régent du royaume. Favras, accusé, arrêté, condamné, mourut sans avoir révélé un complice. Il emporta dans la tombe l'énigme de l'innocence ou de la complicité du frère du roi. Mais il éclata, avant de mourir, en sourdes malédictions contre un complice puissant qui l'abandonnait à son sort. L'opinion publique acheva justement ou injustement la révélation, et nomma le comte de Provence. Le mystère est resté scellé dans le cercueil de Favras. Mais le comte de Provence craignant les suites d'une pareille accusation les prévint par une justification à la fois timide et hardie devant le conseil de la commune de Paris. Il s'y rendit en grand appareil, il y parla en accusé devant les juges du peuple. Il raconta ses relations avec Favras, il en spécifia la nature, il sépara les intérêts financiers, que ce gentilhomme avait été autorisé à servir, des entreprises contre-révolutionnaires qu'il avait pu rêver pour son propre compte. Il eut l'accent de la franchise et la persuasion de la vérité. Il fit plus, il professa hautement ses principes révolutionnaires. « Depuis l'assemblée des notables, dit-il, où je me déclarai pour la double représentation du peuple, je n'ai pas cessé de croire qu'une grande révolution était prête; que le roi, par ses intentions, ses vertus, son rang suprême, devait en être le chef; que l'autorité royale devait être le rempart de l'autorité nationale. J'ai le droit d'être cru sur parole! » La multitude, fière de voir le frère du roi reconnaître sa juridiction et implorer son acquittement, le couvrit d'applaudissements et le ramena en triomphe en son palais. Mais cette grâce de Favras qu'il était venu ainsi demander ne lui fut pas accordée.

VIII

Les périls croissaient. Les princes de la maison de Condé, les tantes du roi, fuyaient un à un le sol de la France. Le bruit se répandait du prochain départ du comte de Provence. Le peuple se porte à son palais pour s'assurer de sa présence. Il fait ouvrir les portes, il se montre, il cause familièrement avec les femmes qui tiennent la tête de l'attroupement. Il leur jure de ne jamais les quitter. « Mais si le roi partait? lui demande une de ces femmes. — Pour une femme d'esprit, répond le prince, vous me faites là une question bien bête, » éludant ainsi la réponse et faisant entendre assez par l'accent que, si son frère venait à déserter le trône, il ne serait pas, lui, son successeur, assez peu ambitieux pour n'y pas monter. Toute la conduite et tout le génie de ce prince étaient dans ce mot.

IX

Il montra tout à la fois de l'obstination, de la réserve et du courage dans les jours de l'émeute, où le peuple, envahissant les Tuileries en outrageant le roi et la reine, détournait de lui ses colères pour les concentrer toutes sur le roi. Il couvrait et consolait son frère. Il lui récitait, au milieu des tumultes, ces vers dans lesquels son poëte favori, Horace, vante la tranquille sérénité des champs en opposition avec les agitations des palais et des affaires publiques. Les malheurs de Marie-Antoinette l'avaient réconcilié avec elle. Il l'admirait à force de pitié. Il recevait les confidences de son frère et de sa belle-sœur. Tout en feignant aux yeux du peuple la ferme résolution de ne pas déserter son poste de citoyen et d'héritier éventuel du trône, il se préparait à sauver sa tête des mains de la Révolution. Pendant qu'il faisait bon visage aux soupçons et aux alarmes du peuple, la porte de l'émigration était secrètement ouverte derrière lui. Plus politique encore qu'intrépide, son courage était moins aventureux que son esprit. Le roi le prévint de sa fuite, qu'il méditait pour le 20 juin. Le comte de Provence corrigea en grammairien la déclaration que Louis XVI laissait sur sa table pour protester contre tous les actes de la nation sans lui. On connaît le sort de ce prince et de sa famille, arrêtés à Varennes et ramenés enchaînés pour régner et pour mourir à Paris. Le comte de Provence, plus habile, plus heureux ou moins poursuivi, réussit où son frère échouait. Il a écrit lui-même avec une curieuse puérilité d'artiste plus qu'avec une dignité de roi cette page de son évasion. C'est le commentaire un peu grotesque de la fuite et de la peur. On serait tenté de sourire en le lisant, si l'échafaud n'était pas derrière le fugitif. Ses mesures avaient été prises avec l'habileté et avec la ruse, vertus féminines qui ne faillirent jamais à ce prince dans les embarras ou dans les périls de ses situations.

X

Sa favorite, madame de Balbi, femme dont il aimait l'esprit plus que les charmes, et son ami, le comte d'Avaray, furent ses seuls confidents. Le comte d'Avaray prépara tout pour la fuite. Les préparatifs achevés, le prince se rendit aux Tuileries comme à l'ordinaire, affecta la liberté d'esprit, resta jusqu'à onze heures avec le roi et la reine, reçut les derniers adieux du roi, de la reine et de sa sœur, Madame Élisabeth, qui retenaient leurs larmes de peur de se trahir, se laissa reconduire par ses courtisans jusqu'à son palais et jusqu'à son appartement, se fit déshabiller par son valet de chambre qui couchait aux pieds de son lit et dont il se défiait, se mit au lit, ferma ses rideaux d'un côté, s'évada de l'autre sans bruit, se glissa dans un cabinet communiquant à un couloir du palais, passa de là dans un réduit où le comte d'Avaray l'attendait avec un déguisement, se teignit les sourcils, cacha sous de faux cheveux les siens, plaça une large cocarde tricolore sur un chapeau rond, descendit dans la cour du palais où l'attendait un carrosse de place, trouva sur le quai une voiture de voyage attelée de chevaux de poste, y monta avec son ami sous des noms et avec des passe-ports anglais, sortit des barrières sans être soupçonné, et courut sur la route de Soissons. Là un essieu de sa voiture rompit et retarda sa fuite. Il affecta un accent anglais, causa avec les oisifs qui entouraient la voiture, les trompa, joua avec le péril, se confia, quoique peu crédule, à une image miraculeuse qui lui avait été donnée la veille par sa pieuse sœur, Madame Élisabeth; arriva à Maubeuge, dernière porte française avant la Belgique, fit tourner à force d'or la ville frontière au postillon, et arrachant la cocarde tricolore de son chapeau, se livra à la joie de rejeter enfin ce signe de son oppression et de sa terreur. Arrivé à Mons, il serra dans ses bras son libérateur, le comte d'Avaray, et se jeta à genoux pour remercier le ciel de sa délivrance; puis, mêlant ses souvenirs scéniques et littéraires aux félicitations qu'il s'adressait à lui-même sur son salut, il parodia des vers d'opéra et en appliqua le sens tragique aux accidents les plus burlesques de son déguisement et de son hôtellerie. Hélas! pendant qu'il se noyait ainsi dans la joie isolée de sa propre sûreté, sa femme, dont il ignorait le sort, courait les mêmes dangers sur une autre route, et le roi, la reine, leurs enfants, sa sœur, atteints sur le chemin de Varennes, allaient payer de leur liberté et de leur vie ce jour qui lui rendait à lui seul la sécurité du sol étranger.

XI

Madame de Balbi l'attendait dans une hôtellerie de Mons. Les anxiétés sur le sort de sa famille ne lui laissèrent oublier dans cette reconnaissance ni les soins de la table, ni les délicatesses du vin. Il repartit le lendemain pour Namur en notant sur ses tablettes les mêmes puérilités de la table et du gîte, enfantillages de princes conservant jusque dans l'adversité le culte de leur personne auquel leurs cours les ont habitués. Enfin, près de Luxembourg, un nouvel accident suspend la course de sa voiture. Il s'assied, comme un calife déguisé, sur un tronc d'arbre, au seuil d'une chaumière; il fait l'aumône à une vieille estropiée et à une belle jeune fille épuisées de lassitude et de faim. Sa libéralité le trahit. Les femmes se jettent à ses pieds; il leur recommande de prier le ciel pour le roi de France et pour son frère. « Son frère, le voilà ! dit le comte d'Avaray aux villageoises en désignant le prince. — Et voilà mon libérateur ! » s'écrie le prince en se précipitant dans les bras de son confident.

C'est par cette scène théâtrale que le comte de Provence termina ce voyage et qu'il entra, dit-il, dans la vie politique.

XII

Il se réfugia à Coblentz chez l'électeur de Trèves, Wenceslas, prince de Saxe, frère de sa mère. Coblentz, centre de l'émigration, devint à la fois le camp, la cour et le congrès des princes et de la noblesse cherchant à rattacher l'Europe entière à leur cause et à délivrer Louis XVI des mains de la Révolution. Ce prince, après avoir été arrêté à Varennes et ramené aux Tuileries dans une captivité décorée de respect constitutionnel, n'était plus que l'instrument passif de la nation. Ses frères et ses partisans, réunis à Coblentz, n'obéissaient plus à ses ordres patents. Ils agissaient même contre ses instructions et contre ses volontés, ne prenant conseil que de leur cause, et nouant contre la France révolutionnaire toutes les inimitiés et toutes les terreurs qu'ils pouvaient susciter ou rallier en Allemagne. « Si l'on nous parle en votre nom de la part de vos oppresseurs, écrivait le comte de Provence au roi captif, nous n'écouterons rien. Si c'est de votre part, nous écouterons ; mais nous irons droit notre chemin. Aussi, si ceux qui vous entourent veulent que vous nous fassiez passer des communications ou des ordres, ne vous gênez pas, soyez tranquille sur votre sûreté. Nous n'existons que pour vous servir, nous y travaillons avec ardeur, et tout va bien. Nos ennemis mêmes ont trop d'intérêt à votre conservation pour commettre un crime inutile et qui achèverait de les perdre. »

XIII

L'empereur d'Autriche, le roi de Prusse, les souverains d'Allemagne signent, sous les yeux et sous l'inspiration des princes français, le traité de Pilnitz, dans lequel ils prenaient, les armes à la main, la cause de Louis XVI comme la cause de tous les trônes. Les princes français, se croyant désormais les arbitres de la France, rédigèrent et publièrent un manifeste qu'on peut considérer comme l'ultimatum de l'aristocratie exilée. Ils enjoignirent à Louis XVI de refuser sa sanction à la constitution que la révolte de ses peuples voulait lui arracher.

Ce manifeste, impuissant à sauver le roi comme à intimider le peuple, n'arrêta ni Louis XVI ni la nation. « N'espérez plus rien que de l'étranger, écrivit alors le comte de Provence à son frère, là seulement peut être le secours. Vous n'êtes entouré que d'hommes décidés ou à vous trahir ou à vous détruire ! » Conformément à ces paroles, deux armées françaises d'émigrés se formaient sur nos frontières, l'une à Coblentz autour du comte de Provence et du comte d'Artois, l'autre à Worms sous les trois princes militaires de la maison de Condé.

Mais le comte de Provence, qui n'avait rien du soldat et tout du diplomate, paraissait dès lors plus apte à régner qu'à combattre. Sans prendre encore le titre de régent du royaume, il en exerçait en réalité les fonctions. Son droit éventuel à la couronne et son âge lui en donnaient l'attitude. Sa supériorité sur le comte d'Artois faisait de lui l'homme d'État, le négociateur et le publiciste de l'émigration. La petite cour fugitive que l'exil et la haine contre la Révolution avaient formée autour de lui attirait dans son conseil tous les écrivains de l'aristocratie irritée de la France et de l'Europe. Leurs conversations, leurs écrits, leur ligue contre les principes nouveaux, aiguisèrent bientôt l'esprit très-intelligent et très-actif du comte de Provence aux systèmes et aux polémiques de la guerre d'idées. Ce fut le rendez-vous et l'origine de l'école monarchique, aristocratique et paradoxale des de Maistre, des d'Entragues, des Bonald, des Montlosier, des Chateaubriand, des Burke. La monarchie, attaquée plus encore dans l'esprit des peuples que sur les champs de bataille, sentit le besoin de s'interroger, de se justifier à elle-même, et de se défendre par la parole, les livres, les brochures, les journaux. Elle appela tantôt la raison et la tradition, tantôt le sophisme et le préjugé à son secours. Parmi les écrivains, les uns déifièrent le gouvernement théocratique, et placèrent l'aristocratie, la monarchie, les établissements et les richesses de l'Église au rang des dogmes. Les autres réfugièrent leur foi monarchique dans l'adoration servile du gouvernement absolu et héréditaire et dans le mépris avoué des peuples. Les autres jetèrent les yeux sur les différents systèmes de gouvernement qui régissaient l'Europe ; et, adoptant de chacun de ces gouvernements ce qui leur paraissait analogue à leurs pensées, confondirent ces principes en une sorte de conciliation générale des intérêts et des castes, et présentèrent la monarchie aristocratique, démocratique et représentative de l'Angleterre comme le type des institutions.

Le comte de Provence, par la nature de sa situation et de son esprit, pencha tour à tour vers chacune de ces théories, selon qu'elle faisait des prosélytes ou qu'elle prêtait des arguments et des forces à sa cause ; théocrate avec les princes de l'Église, aristocrate avec sa noblesse, constitutionnel et libéral avec les partisans de la constitution anglaise. Ce prince, qui n'avait que l'étiquette de la foi, se prêtait sans effort à tous les systèmes. La seule chose à laquelle il crût profondément, c'était à lui-même, à son sang, à sa tradition, à son droit, à sa nécessité. Il adoptait tout ce qui le servait. Mais au fond son intelligence était trop prompte et son tact trop exercé pour ne pas reconnaître qu'une grande révolution s'accomplissait dans l'esprit humain, que cette révolution, après avoir transformé les idées, transformait les choses, et que le prince qui comprendrait le mieux à la fois la nature, la direction et la modération de ce mouvement en France serait l'héritier de ces tempêtes et le génie du siècle. Il se moquait tout bas de ces préjugés de l'émigration qu'il était obligé, par son rôle, d'applaudir tout haut. Il combinait déjà dans ses pensées et dans ses entretiens les plans éventuels et divers d'une restauration monarchique et constitutionnelle qu'il serait appelé un jour à tenter.

XIV

Aussi l'émigration l'aimait peu et se défiait de lui. Elle se souvenait de ses témérités populaires à l'assemblée des notables et aux états généraux. Elle ne lui rendait que des respects forcés par le rang. Son enthousiasme était pour le comte d'Artois. Ce jeune prince n'avait pas assez d'idées pour balancer entre plusieurs systèmes. Une invincible répulsion contre toutes les concessions du trône qu'il appelait des faiblesses, une parodie brillante et tout extérieure de la chevalerie antique, son âge, ses grâces, son élan, ses mots légers pleins de vide, son étourderie, ses irréflexions même, en faisaient l'idole de l'émigration. Il la représentait admirablement par ses préjugés, ses confiances, ses dédains, ses illusions. Elle s'attachait à lui comme à sa propre image.

Le comte de Provence n'avait point de jalousie contre ce jeune frère plus favorisé que lui par l'opinion de l'armée de Coblentz. Il connaissait sa loyauté, sa bonté. Il savait d'avance que l'irréflexion de son esprit percerait trop tôt sous cette surface de résolutions téméraires. Les goûts du comte de Provence, son obésité déjà gênante, ses infirmités précoces l'empêchaient de prétendre jamais au rôle héroïque de soldat de la cause des rois. Il voyait avec plus d'ombrage l'extrême popularité du prince de Condé, du duc de Bourbon, son fils, et du duc d'Enghien, son petit-fils, dans l'armée de Worms. Ces trois princes semblaient attirer toute la noblesse française dans leur camp. Ils étaient de race héroïque, ils étaient braves, ils naissaient soldats, ils étaient rapprochés du trône ; des victoires trop indépendantes et trop personnelles pouvaient livrer la France et la monarchie à leurs noms.

XV

L'Assemblée nationale ayant forcé Louis XVI à rappeler ses frères et les princes de sa famille, dont la présence au milieu des armées contre-révolutionnaires offensait et troublait la patrie, le comte de Provence répondit pour tous : « J'ai lu votre lettre, disait ce prince au roi, avec le respect que je dois à l'écriture et au seing de Votre Majesté. L'ordre qu'elle contient de me rendre auprès de la personne de Votre Majesté n'est pas l'expression libre de votre volonté ; mon honneur, mon devoir, ma tendresse même, me défendent également d'y obéir. » Il forma sa garde, il en donna le commandement au comte d'Avaray, son ami et son compagnon de fuite. L'impératrice de Russie, Catherine II, décidée à défendre la cause de la noblesse et des rois que sa faveur pour les philosophes avait tant sapée, accrédita un envoyé auprès des princes. Elle écrivit à la noblesse émigrée qu'elle allait secourir Louis XVI comme Élisabeth d'Angleterre avait assisté Henri IV. « En embrassant la cause des rois dans celle du roi de France, je ne fais, disait-elle, que suivre le devoir du rang que j'occupe sur la terre. » La France répondit à ces démonstrations et à ces menaces des princes en déclarant le comte de Provence déchu de ses droits à la régence. La guerre révolutionnaire s'ouvrit. Les princes furent écartés des opérations et relégués sur les derrières des armées pour enlever aux hostilités le caractère d'une guerre de restauration. Elle fut molle, hésitante, mêlée de succès incomplets, de revers immenses, de retraites honteuses. Les princes de Condé et leur corps y prirent seuls une part un peu active. Le comte de Provence et le comte d'Artois continuèrent à la fomenter dans les cours, ils se montrèrent à peine dans les camps. Dumouriez les arrêta aux défilés de l'Argonne. Le duc de Brunswick, commandant en chef des armées prussiennes combinées, se replia devant nos bataillons. Un cri unanime d'indignation et de trahison sortit de l'armée des émigrés et du conseil des princes français à cette retraite. Elle leur enlevait Paris, la France, la restauration. C'était le premier pas rétrograde de l'Europe devant le génie révolutionnaire de la France. Dumouriez vainqueur à Verdun par la tactique, le fut à Jemmapes par la valeur. Le comte de Provence, fuyant devant l'insurrection de la Belgique, repassa le Rhin et s'abrita à Dusseldorf. Son frère et lui avaient ouvert un emprunt de quelques millions en Hollande qui soldait leur maison, leur garde et leur cour. Ils y suivirent des yeux et du cœur le drame funèbre que la Révolution accomplissait à Paris : le 10 août, l'emprisonnement de la famille royale au Temple, la proclamation de la république, le procès et l'exécution de Louis XVI. Le comte de Provence prit alors le titre de régent, que l'émigration même lui avait disputé jusque-là. Il reconnut roi l'enfant captif et lentement immolé au Temple; il donna satisfaction aux amis de son frère, le comte d'Artois, en le nommant lieutenant général du royaume, partage pénible mais politique de cette autorité idéale que ces deux princes allaient exercer dans l'exil. Reconnu par l'armée de Condé et par l'impératrice de Russie, il s'entoura d'un conseil et nomma des ministres. Il simula tout un règne à l'étranger. Il adressa des proclamations solennelles à l'Europe et à l'armée de Condé à chaque coup tragique frappé par la Convention sur les membres de la famille royale. Il fomenta de tous ses efforts les troubles, les insurrections, les guerres civiles du Midi et de la Vendée. Il recueillit tous les négociateurs distingués, intestins, et tous les aventuriers de parti qui se jetaient entre deux causes moins pour les servir que pour se servir d'elles. Sa cour et son conseil furent un foyer perpétuel de plans, de chimères, de conspirations réelles ou supposées, de corruption des généraux, de vénanalités des tribuns, de mouvements du peuple, dont les hommes d'intrigue amusèrent l'oisiveté ou caressèrent l'importance des cours exilées. Il y prit l'habitude et le goût de ces rapports secrets, de ces confidences subalternes, de ces intrigues de diplomatie, de police, de gouvernement, de ce favoritisme domestique, de ce travail personnel, qui le suivirent depuis sur le trône. Il y conserva cette attitude royale et cette distance entre lui et la foule qu'il ne laissa violer jamais que par quelques familiers. Il connaissait le prestige du lointain pour les choses et pour les hommes. Il se recula constamment des événements et des regards pour leur rester plus imposant. Il y étudia assidûment l'histoire de son pays et de sa race, afin de personnifier en lui les règnes, les rois, les grandeurs de sa maison, et de rappeler un jour à la France en lui seul toutes les illustrations ou du moins tous les souvenirs de sa race. Il se costuma sans relâche pour le trône, ne doutant jamais qu'il y serait rappelé par les vicissitudes des choses humaines, et ne voulant pas que le règne le prît un seul jour en défaut de dignité. Peu recherché, moins aimé, mais commandant aux autres le respect par le respect qu'il affectait pour lui-même : tel fut ce prince depuis Coblentz jusqu'à la fin de son long exil.

XVI

Cet exil le porta tantôt à Vérone, tantôt à Mittau, enfin en Angleterre, chassé du continent par les victoires des Français et par la terreur des puissances à mesure que la Révolution occupait plus d'espace sur le sol de l'Europe et qu'elle y intimidait davantage les rois. Pendant ces différentes haltes de l'émigration, Louis XVIII, alors roi lui-même par la mort du dauphin, crut souvent tenir dans ses mains les fils de la contre-révolution à Paris. Ses agents, ses émissaires, ses correspondants le flattaient sans cesse tantôt de marchander Danton, tantôt de diriger Robespierre, tantôt d'influencer Tallien, tantôt de capter le comité de Clichy, et de lui remettre la république dans la main d'un nouveau Monk, Pichegru, tantôt de négocier avec Barras la trahison du Directoire et le rétablissement de la royauté, tantôt enfin de préparer Bonaparte lui-même à rappeler le monarque légitime après avoir rappelé la monarchie sous son épée. A l'exception de Mirabeau, qui vendit non sa conscience, mais ses services pour un peu d'or, et à l'exception de Pichegru, qui se laissa approcher par les négociateurs de trahison, mais qui ne pensa peut-être jamais à l'accomplir, tous ces marchés, toutes ces prétendues négociations n'avaient de réalité que dans les rêves de ces entremetteurs officieux de vénalités impossibles. Ils vendaient tous les jours ce qu'ils ne pouvaient livrer. Ils arrachaient ainsi de la confiance, des missions, des titres, de l'or au cabinet de Louis XVIII, et des subsides, la plupart frauduleux, au gouvernement anglais. Ils supposaient des trafics d'opinion et de conscience à Paris entre eux et les hommes influents de la Révolution. En pénétrant jusqu'au fond de ces négociations et de ces corruptions élevées à la proportion de trames politiques par leurs auteurs, il est évident qu'elles n'étaient que des intrigues et des supercheries d'importance ou de cupidité. Jamais Danton, Tallien, Barras, n'ont écouté sérieusement ces intermédiaires supposés entre eux et la monarchie exilée. Les révolutions ne se vendent pas comme les cours. Elles entraînent les hommes qui les marchandent, au lieu d'être entraînées par eux. Ces grands mouvements passionnés des opinions et des masses s'épuisent quelquefois, mais ne se trahissent jamais. Personne ne possède une révolution, et la révolution possède tout le monde. On peut les attendre à l'heure des lassitudes et des défaillances, on ne les corrompt jamais. Et de quoi servirait de corrompre les chefs et les meneurs? Eux-mêmes ont l'opinion régnante pour chef et sont menés par le torrent du temps. Mirabeau mort, Danton englouti, Robespierre guillotiné, Tallien écarté, Pichegru déporté, Barras déposé, la Révolution tomba-t-elle de leurs mains dans les mains de la monarchie? Non, ces hommes en la vendant n'auraient vendu à Louis XVIII que leurs têtes, leur honneur et une ombre. La Vendée seule se leva, mais se leva d'elle-même. Ce ne furent ni les émissaires de Louis XVIII, ni l'or des Anglais, qui soulevèrent les paysans bretons, ce fut le double fanatisme de leurs mœurs et de leur foi. Ils moururent pour leur Dieu et non pour des intrigants. Les mémoires de ces agents d'intrigue à cet égard ont trompé l'histoire. En approfondissant l'examen, on reste convaincu que ni d'Entragues, ni le marquis de la Maisonfort, ni Fauche-Borel, ni Brottier, ni leurs correspondants à Paris n'ont tenu dans leurs mains les défections révolutionnaires qu'ils croyaient tenir et dont ils trafiquaient avec la cour.

XVII

Le roi tenta avec plus de sens de correspondre avec Charette, le héros de la Vendée, l'Annibal de la république. Sa lettre même atteste que Charette avait soulevé son pays sans attendre ni le signal ni l'aveu de la royauté. « Enfin, monsieur, lui écrit de sa main le roi, j'ai trouvé le moyen que je désirais tant, je puis communiquer directement avec vous. Je puis vous parler de mon admiration, de ma reconnaissance, du désir ardent que j'ai de vous joindre, de partager vos périls, votre gloire. Je le remplirai, dût-il m'en coûter tout mon sang. Mais, en attendant ce moment heureux, le concert avec celui que ses exploits rendent le *second fondateur de la monarchie* et celui que sa naissance appelle à la gouverner sera de la plus grande importance. Ma voix doit se faire entendre partout où l'on est armé pour Dieu et le roi. Si cette lettre vous parvient la veille d'une bataille, donnez pour mot d'ordre : *Saint Louis!* pour ralliement : *le roi!* Je commencerai à être parmi vous le jour où mon nom sera associé à un de vos triomphes! »

Le roi, son frère et les princes n'y furent jamais que de nom. Les chefs divisés par l'absence d'une autorité supérieure qui contraignît leurs rivalités à l'unité d'action, les paysans lassés de verser leur sang pour un roi et pour des princes invisibles, se déchirèrent et succombèrent. Aucune restauration ne peut se faire par les armes qu'à la condition d'avoir un héros pour chef. Les Bourbons n'étaient que des rois.

XVIII

Louis XVIII et son frère, toujours prêts à descendre sur le champ de bataille de la Vendée où l'on mourait pour eux, n'y combattaient que de leurs manifestes et de leurs proclamations. Louis XVIII excellait à ce talent de la paix. Ses lettres aux souverains pour leur reprocher leur ingratitude et leur lâcheté envers sa race, ses déclarations à l'Europe dans les grandes crises de son exil, ses adresses à Bonaparte pour lui redemander le trône en lui garantissant la reconnaissance et la gloire, enfin ses adresses datées de l'exil à son peuple pour lui rappeler son roi, sont dignes, par le style, de son rang, de sa dignité d'âme et de son infortune. Il se complaisait à régner du moins ainsi par correspondance avec son siècle. Nul des courtisans fidèles, mais médiocres, dont il était entouré, n'était capable de rédiger ces pièces. Il les écrivait lui seul avec le double respect de son rôle devant la postérité et de son talent de lettré devant lui-même. Aucun roi depuis Denys de Syracuse et depuis Frédéric de Prusse ne parla ni n'écrivit mieux, soit de l'exil, soit du trône.

XIX

Le manifeste qu'il publia à cette époque à l'occasion de la mort du dauphin et de son propre avénement au trône témoigne de son style et de ses vues. « En vous privant, disait-il à ses peuples, d'un roi qui n'a régné que dans les fers, mais dont l'enfance promettait le digne successeur du meilleur des rois, les impénétrables décrets de la Providence nous ont transmis avec la couronne la nécessité de l'arracher des mains de la révolte et le devoir de sauver la patrie qu'une révolution désastreuse a placée sur le penchant de la ruine. Une terrible expérience ne vous a que trop éclairés sur vos malheurs et sur leurs causes. Des hommes impies et factieux, après vous avoir séduits par de mensongères déclamations et par des promesses trompeuses, vous entraînèrent dans l'irréligion et la révolte. Depuis ce moment un déluge de calamités a fondu sur vous de toutes parts. Vous fûtes infidèles au Dieu de vos pères, et ce Dieu justement irrité vous a fait sentir le poids de sa colère. Vous fûtes rebelles à l'autorité qu'il avait établie pour vous gouverner, et un despotisme sanglant, une anarchie non moins cruelle, se succédant tour à tour, vous ont sans cesse déchirés avec une fureur toujours croissante. Vos biens sont devenus la pâture des brigands à l'instant où le trône devenait la proie des usurpateurs. La servitude et la tyrannie vous ont envahis dès que l'autorité royale a cessé de vous couvrir de son égide. Propriété, sûreté, liberté, tout a disparu avec le gouvernement monarchique... Il faut revenir à cette religion sainte qui avait attiré sur la France les bénédictions du ciel; il faut rétablir ce gouvernement qui fut pendant quatorze siècles la gloire de la France et les délices des Français, qui avait fait de votre patrie le plus florissant des États, et de vous-mêmes le plus heureux des peuples. Les implacables tyrans qui vous tiennent asservis retardent seuls cet heureux instant. Après vous avoir tout ravi, ils nous peignent à vos yeux comme un vengeur irrité !... Connaissez le cœur de votre roi et reposez-vous sur lui du soin de vous sauver.

» Non-seulement nous ne verrons point de crimes dans de simples erreurs, mais les crimes mêmes que de simples erreurs auraient causés obtiendraient grâce à nos yeux. Tous les Français qui, abjurant des opinions funestes, viendront se jeter au pied du trône y seront reçus. Ceux qui dominés encore par une cruelle obstination se hâteront de revenir à la raison et au devoir, tous seront nos enfants !... Nous sommes Français !... Ce titre, les crimes de quelques scélérats ne sauraient l'avilir !... Il est cependant des forfaits (que ne peuvent-ils être effacés de notre souvenir et de la mémoire des hommes !), il est des forfaits dont l'atrocité passe les bornes de la clémence (c'étaient les régicides) ; ces monstres, la postérité ne les nommera qu'avec horreur ! La France entière appelle sur leurs têtes le glaive et la justice... Le sentiment qui nous fait restreindre la vengeance des lois dans des bornes si étroites vous est un gage assuré que nous ne souffrirons pas de vengeances particulières... Qui oserait se venger quand le roi pardonne? »

XX

Après le traité de Bâle, qui désarmait la Prusse et l'Espagne, il sollicita du gouvernement anglais des secours en hommes et en armements qui lui permissent, disait-il, de reconquérir son royaume.

Il écrivit au duc d'Harcourt, son envoyé à Londres, une lettre ostensible pleine d'adresse et d'élan à la fois, dans la double intention de s'excuser de ne pas se jeter dans la Vendée comme il l'avait promis à Charette, et de demander avec éclat à l'Angleterre une armée qu'il savait bien lui être refusée. « Ma situation, disait-il, est semblable à celle d'Henri IV, sauf qu'il avait beaucoup d'avantages que je n'ai pas. Suis-je comme lui dans mon royaume? Suis-je à la tête d'une armée docile à ma voix? Ai-je gagné la bataille de Coutras? Non; je me trouve dans un coin de l'Europe, une grande partie de ceux qui combattent pour moi ne m'ont jamais vu. Mon inactivité forcée donne à mes ennemis occasion de me calomnier. Elle m'expose même à des jugements défavorables de la part de ceux qui me sont restés fidèles... Puis-je conquérir ainsi mon royaume? On vous dira que les victoires de mon frère, le comte d'Artois, à qui l'on permet de descendre dans la Bretagne, sont décisives, on me conduira dans mes États. Dieu m'est témoin, et vous le savez, mon cher duc, vous qui connaissez le fond de mon cœur, que j'entendrai avec bonheur le cri des Israélites : « Saül a tué mille hommes, et David dix mille ! » Mais ma joie comme frère ne sauve pas ma gloire comme roi. Et, je le répète, si je n'acquiers pas une gloire personnelle, mon règne pourra être tranquille par l'effet de la lassitude générale, mais je ne pourrai pas élever un édifice durable... Ne croyez pas que ce soit le sang d'Henri IV qui coule dans mes veines qui me fait parler ainsi... Non, j'ai réfléchi... Ma vie n'est pas indispensable à la monarchie... J'ai un frère, des neveux en âge de régner après moi. Si j'étais tué, loin que ma mort décourageât mes fidèles sujets, mes vêtements teints de mon sang seraient le plus entraînant des drapeaux !... On m'écarte de l'armée de Condé, qui reste inactive en ce moment... Que me reste-t-il? La Vendée. Qui peut m'y conduire? Le roi d'Angleterre. Dites à ses ministres en mon nom que je leur demande mon trône et mon tombeau !... »

XXI

Ce langage tragique et théâtral était habilement calculé pour imprimer aux Vendéens la conviction d'un héroïque désir de combattre avec eux, et pour parer aux yeux du monde, par des paroles décentes à son rôle, une inaction qui devait paraître forcée pour ne pas paraître volontaire. Rien n'empêchait alors un prince désespéré de courir où le dernier des gentilshommes de son royaume courait sans obstacle. La Vendée était encore dans toute sa flamme, et l'Angleterre en ce moment même y jetait des subsides par millions, et y conduisait des escadres, des renforts, des munitions. Mais Louis XVIII n'avait d'Henri IV que la fine et éloquente intelligence. Il n'avait été ni créé ni élevé pour les aventures, les périls, les privations de la guerre civile. Politique consommé, le trône, l'étude, les délicatesses de la vie étaient ses camps, la plume son épée. Il s'excusait, en rejetant tout sur la fortune, d'un éloignement des champs de bataille qui convenait à la mollesse de ses goûts.

XXII

Il portait alors le titre de comte de Lille. Il restait enfermé dans sa résidence avec cinq ou six courtisans choisis à l'amitié plus qu'au mérite. Dès le matin, il était vêtu et ceint de son épée avec toute la rigueur de l'étiquette royale. Il passait ses matinées seul, occupé à lire ses nombreuses correspondances, ou à écrire à ses agents dans toutes les cours. Il se plaisait à se tromper lui-même sur l'inanité de ces occupations par l'apparence du gouvernement. Il donnait des audiences au milieu du jour; il charmait les visiteurs et surtout les hommes de lettres par la grâce et la solidité de sa conversation. Il soignait sa renommée comme sa personne. Il se dérobait dans ses retraites aux regards du peuple, il s'entourait du mystère qui prévient l'irrespectuosité de l'opinion. Il sortait rarement, toujours en voiture; il se renfermait le soir dans le cercle de sa familiarité; il se faisait lire ou il lisait lui-même les œuvres remarquables du siècle et les journaux du temps. Le comte d'Avaray, gentilhomme affectionné et désintéressé dans son attachement, gouvernait sa maison. Le roi avait perdu sa femme pendant l'exil; il avait uni sa nièce, fille de Louis XVI, à son neveu, le duc d'Angoulême; il la traitait en fille chérie. Il ornait son trône et il attendrissait son adversité de cette victime du trône et de cette orpheline du régicide. Il arrangeait même son malheur avec majesté. Il vivait d'une faible pension de vingt mille francs par mois que lui faisaient les Bourbons d'Espagne. Il en distribuait la plus large part en traitements à ses amis et à ses serviteurs. Il avait gardé l'habitude des aumônes royales, même dans cette indigence. Il ne voulait pas que la main d'un roi se montrât jamais à un peuple sans un bienfait, quelque minime que fût le don. Il gardait avec une haute susceptibilité d'attitude et de langage la dignité de son sang et de son rang.

XXIII

Venise intimidée par Bonaparte ayant fait insinuer au roi son hôte de quitter Vérone, ville des États vénitiens de terre ferme : « Je partirai, répondit-il avec une dédaigneuse indignation aux envoyés chargés de lui notifier cet ordre, je partirai, mais j'exige deux conditions : la première, c'est qu'on me présente le *livre d'or* où le nom de ma famille est inscrit, afin que j'en efface à jamais le nom de ma main; la seconde, c'est qu'on me rende l'armure dont l'amitié d'Henri IV, mon aïeul, fit présent à votre république. »

Expulsé de Venise, il parut un moment de nouveau à l'armée de Condé et passa en revue l'armée de ses gentilshommes. Il écrivit à Pichegru, général de l'armée de la république avec lequel ses agents lui avaient fait croire que des négociations pour le rallier à sa cause étaient conclues.

« L'histoire, disait-il à ce général, vous a déjà placé au rang des grands généraux, et la postérité confirmera le jugement que l'Europe a déjà porté sur vos victoires et vos vertus. Vous avez su, dès le premier jour, allier la bravoure du maréchal de Saxe au désintéressement de Turenne et à la modestie de Catinat. Vous n'êtes point séparé dans mon esprit de ces noms si glorieux dans nos fastes. Votre gloire effacera la leur, tant j'ai la confiance que vous remplirez les hautes destinées qui vous attendent. M. le prince de Condé vous a marqué à quel point j'avais été satisfait des preuves de dévouement que vous m'avez données, mais ce qu'on n'a pu vous exprimer comme je le sens, c'est l'impatience que j'éprouve de publier vos services et de vous donner des marques éclatantes de ma confiance. Si les événements vous forçaient jamais à quitter votre patrie, c'est entre le prince de Condé et moi que votre place est marquée. »

Cette négociation avec Pichegru était à peine une tentative de corruption de quelques agents intéressés à faire croire à leur importance et à exploiter les crédulités des cours exilées. Pichegru ne donna que des espérances très-vagues. Il se servit vraisemblablement lui-même de ces agents pour connaître et pour prévenir les dispositions des généraux ennemis. Il ne prit aucun engagement; il n'écrivit jamais un mot; il n'exécuta aucune des mesures combinées selon ces agents avec le prince de Condé. Les moyens de restauration qu'on lui prêtait par la défaite de ses propres troupes et par la trahison de sa propre gloire étaient aussi impuissants que ridicules. Ils ne pouvaient être conçus que par un insensé. Pichegru était hésitant, désaffectionné à la Convention, mais habile et politique. Il laissa transpercer quelques dispositions, vraies ou fausses, favorables au rétablissement de la royauté, dans ses conversations suspectes avec les intermédiaires officieux des princes. Il n'en combattit pas avec moins de vigueur ses prétendus amis et ne dispersa pas moins l'armée autrichienne et l'armée des princes. S'il rêva le rôle de Monk, il accomplit celui de général de la république. L'histoire sérieuse doit déchirer ces pages controuvées. Il y eut des intrigues, nulle trahison. Quand on va, après un certain nombre d'années, aux vrais témoignages, on finit toujours par reconnaître que la vraisemblance est en tout le meilleur symptôme de la vérité.

XXIV

Après un simulacre de campagne faite pendant peu de jours avec l'armée de Condé, campagne qui se borna à quelques marches en avant et en retraite autour de Fribourg, sur les bords du Rhin, le roi prit le prétexte de cette retraite et des dangers d'être enveloppé par Pichegru pour quitter brusquement l'armée. Arrivé à Dillingen, petite ville de l'électorat de Trèves sur le Danube, il fut, disent les écrivains de l'émigration, la victime d'un assassinat mystérieux. Un coup de carabine tiré par hasard ou par crime effleura sa tête pendant qu'il respirait la fraîcheur de la nuit sur le balcon d'une auberge, au milieu de ses courtisans. Cet attentat sans motifs, dans une ville allemande des États de son oncle où nul n'avait ni intérêt, ni passion contre un prince fugitif et remplacé en cas de mort par six autres princes de son sang, servit du moins d'occasion à un mot royal qui attestait le sang-froid du prince. Le comte d'Avaray se précipitant avec le duc de Grammont et le duc de Fleury autour du roi, et témoignant leur effroi de ce que la balle avait touché si près du siége de la vie : « Eh bien ! mes amis, dit en souriant le prince, si la balle avait touché une ligne plus bas, le roi de France s'appellerait en ce moment Charles X. » On répandit le bruit, les circonstances de ce crime trompé ; les paroles et le sang-froid du roi dans l'armée des émigrés. « Quel plaisir, écrivit le roi au prince de Condé, quel plaisir cette blessure m'aurait fait sur le champ de bataille de Frisenheim ! Dites de ma part à mes braves compagnons d'armes que je suis aussi touché qu'étonné du sentiment qu'ils ont éprouvé en apprenant mon accident. Dans tous les temps, dans tous les lieux, dans toutes les circonstances, ils auront en moi un père ! » Le roi avait trop besoin d'un prétexte, et cet assassinat était trop nécessaire à motiver son éloignement par le sentiment de ses dangers personnels pour ne pas paraître suspect. Il donnait le tragique et l'intérêt au drame toujours théâtral de la royauté.

XXV

Ce drame lui servit d'occasion pour se retirer plus avant en Allemagne, à Blankenbourg, petite ville dans les montagnes du duché de Brunswick. Là, dans la maison modeste d'un brasseur de bière, étroitement logé comme un hôte d'un jour, entouré de ses deux jeunes neveux, le duc d'Angoulême et le duc de Berri, de sa nièce, de ses ministres, de ses grands officiers, de ses courtisans, de ses amis, de son capitaine des gardes, les ducs de Villequier, de Fleury, le comte d'Avaray, le comte de Cossé, commandant de sa garde suisse, le marquis de Jaucourt, le duc de la Vauguyon, le maréchal de Castres, de ses gentilshommes, de ses aumôniers, de tout l'appareil d'église et de cour qu'il traînait à sa suite, il représentait encore en petit la grande royauté de Versailles. Différent de Denys de Syracuse, qui enseignait les enfants à Corinthe, il ne savait que le métier de roi, et il l'exerçait même parmi ces paysans du Brunswick : on eût dit que son long exil n'était que la répétition d'un règne. La même solennité présidait à chacun de ses actes et de ses pas. Les cérémonies du culte, les levers, les conseils, les repas, les cercles, le jeu, étaient distribués entre toutes ses heures avec l'uniforme étiquette des palais. Il donnait et il retirait de là les pouvoirs à ses commissaires dans toutes les provinces. Il régnait en idée sur la carte toujours ouverte de ses États. Il encourageait de loin les armées par des proclamations, les chefs par un mot. Il écrivait dans un style chargé d'allusions épiques au maréchal de Broglie en lui parlant de son fils qui s'était distingué sur le Rhin : « Les anciennes chroniques nous apprennent que le Cid était le dernier des fils de don Diègue de Bivar et qu'il le surpassa au dire de toute l'Espagne. Adieu, mon maréchal. »

XXVI

Découragé de la restauration par les armes, le roi croyait toucher à la restauration par l'intrigue. Une réaction contre-républicaine s'était faite en France. Pichegru, devenu membre de la représentation, mais toujours soldat, promettait un général contre le Directoire au comité contre-révolutionnaire de Clichy. Le roi et ses amis ne doutaient pas que le renversement du pouvoir républicain par ces conspirateurs ne fût le signal d'une restauration. Entre la France et lui, il ne voyait pas le peuple et l'armée, il ne voyait que le Directoire. Barras, par un mouvement brusque et résolu, prévint les conspirateurs et les rejeta, à l'aide des républicains, dans l'exil. Le coup d'État du 18 fructidor, absous parce qu'il était un coup d'État défensif, sauva la république et relégua dans le lointain les espérances du roi. Barras ne pouvait donner un plus violent désaveu aux ambitions et aux vénalités dont les agents menteurs de Louis XVIII prétendaient l'avoir enchaîné. Il fit saisir, juger et fusiller les plus remuants de ces meneurs. Le roi, comme s'il eût attribué ces revers nés de la force des choses à l'impéritie de son ministre, le duc de la Vauguyon, changea son ministère et donna sa confiance au maréchal de Castres et à M. de Saint-Priest. On juge combien les opinions en France, le gouvernement à Paris, et les manœuvres de nos armées sur le continent, furent influencés par le changement de deux ministres d'un règne occulte dans la maison du brasseur de Blankenbourg. Le roi n'en poursuivit pas moins sa politique idéale, affectant de jouer son rôle inaperçu de souverain de la France dans les affaires de l'Europe, qui savait à peine le lieu de sa retraite. Long songe de roi.

XXVII

Il feignit de croire que tous les députés proscrits par le 18 fructidor à Paris étaient des victimes dévouées de sa cause. « Si vous connaissez les lieux, écrivit-il à un de ses agents à Lyon, où quelques-uns de vos dignes collègues se sont retirés, soyez mon interprète auprès d'eux. Dites-leur qu'ils ont part aux sentiments que je viens de vous exprimer. Ajoutez que ce nouveau revers n'abat point mon inébranlable constance, pas plus que ma tendre affection pour eux, et que j'ai la douce et ferme confiance que leur courageux dévouement aux vrais principes de la monarchie n'en sera pas davantage ébranlé. »

Les victoires de la France en Italie et le traité de paix entre la république et l'Autriche à Campo-Formio obligèrent l'Allemagne à refuser lâchement l'hospitalité à la cour fugitive du roi. La Russie lui offrit un asile, Mittau, capitale de la Courlande. Ce prince y fut reçu en monarque. Paul Ier, alors irrité contre la France, se vengeait en couronnant seul le souverain repoussé par son peuple et trahi par l'Europe. Il solda sa garde, il l'entoura d'un respectueux cérémonial, il lui construisit un palais. Il lui jura une amitié et une alliance constantes. Le palais, situé en dehors de la ville, au bord d'une rivière, sur la route de Russie, était un asile mélancolique, mais majestueux, convenable à une royauté proscrite. Un subside de six cent mille francs offert au roi par l'hospitalité de Paul Ier, et ajouté au subside à peu près égal de la cour d'Espagne, lui permit d'élargir sa cour et de reprendre les pompes du trône. Des députations de la Vendée et des comités royalistes, vrais ou prétendus, du Midi et de Paris, vinrent prendre ses ordres. Il prit une part verbale à toutes les transactions du temps. Il affecta surtout, par égard pour le caractère religieux de ses partisans dans l'ouest de la France, de confondre sa cause avec celle de l'Église, et de revendiquer le titre et les sentiments de roi très-chrétien. Quand le pape Pie VII fut enlevé du Vatican par les Français et enfermé par eux dans la chartreuse de Florence, le roi lui écrivit une lettre qu'il fit répandre en France et en Europe. « Permettez, disait le roi au pontife persécuté, que la voix d'un fils tendre et respectueux s'élève vers vous pour vous exprimer ce que je ressens moi-même. Ma tristesse serait moins profonde si les attentats commis contre Votre Sainteté l'avaient été par d'autres que par des Français. Mais, très-saint père, ce sont des enfants égarés, ils méconnaissent leur propre père en moi; ils ont pu méconnaître aussi le père commun des fidèles. Daignez ne pas les en accuser et encore moins la France. Elle est, elle sera toujours le royaume très-chrétien, comme Votre Sainteté sera toujours le successeur de saint Pierre. Les seuls coupables sont les tyrans qui oppriment mon peuple. Ne confondez pas leurs victimes avec eux et dirigez vos prières au ciel, plus agréables que jamais à Dieu dans ces temps de douleurs et d'épreuves, en faveur de cette nation qui ressent d'une manière si terrible les effets de la colère céleste. »

C'était le moment où la France, recueillant toutes les forces nées de la Révolution dans un effort armé au dehors, subjuguait l'Italie occidentale, possédait Rome, détrônait Naples, conquérait la Belgique, la Hollande, dictait la paix à la Prusse et à l'Autriche, l'alliance à l'Espagne, victorieuse et prospère partout. Le roi seul protestait au nom du passé contre la fortune de la France.

Souwarow, en passant à Mittau pour venir combattre en Italie, se présenta à Louis XVIII, et lui jura de vaincre ou de mourir pour sa cause. La Trebia et Zurich démentirent ces promesses du sauvage lieutenant de Paul Ier.

XXVIII

Cependant tout lui échappait de nouveau en France, tout cédait en Europe à l'ascendant dont Bonaparte avait hérité de la Révolution. La Vendée se pacifiait. Georges, un de ses derniers combattants, vint à Paris et vit en secret Bonaparte. « Vous ne pouvez rester dans le Morbihan, lui dit le premier consul, mais je vous offre le grade de général dans mes armées. — Vous cesseriez de m'estimer si je l'acceptais, répondit Georges; j'ai prêté serment à la maison de Bourbon, je ne le violerai jamais. » Il était parti après ce refus pour l'Angleterre avec M. Hyde de Neuville, dont la fidélité allait jusqu'à la mort, mais non jusqu'au crime. Heureux si Georges n'en était jamais revenu pour déshonorer son dévouement par des entreprises indignes d'un soldat !

XXIX

Les plaines de Marengo étaient devenues pour Bonaparte les plaines de Pharsale. Il en était revenu, comme César, vainqueur de l'étranger, maître de son pays. Louis XVIII lui écrivit par l'abbé de Montesquiou pour le tenter du rôle de restaurateur de la royauté. Bonaparte répond par l'établissement de son propre trône et par la conquête de l'Europe. Il fait à Paul Ier un crime de l'hospitalité qu'il donne aux Bourbons. Paul Ier cède ou à l'enthousiasme pour Bonaparte, ou à la terreur de ses armes. Louis XVIII, expulsé au cœur de l'hiver de sa résidence de Mittau, souffre pendant une longue et dure fuite toutes les intempéries de ces climats glacés et toutes les sévérités du sort. Sa nièce, la duchesse d'Angoulême, fut forcée de vendre ses diamants pour soulager l'indigence de son oncle. La Prusse l'accueille à Varsovie; mais bientôt, à la sollicitation impérieuse de Bonaparte, le roi de Prusse fait proposer au roi de renoncer au trône de France en échange d'une large indemnité territoriale en Italie.

« Je ne confonds pas M. Bonaparte, répond noblement Louis XVIII, avec ceux qui l'ont précédé : j'estime sa valeur, ses talents militaires, je lui sais gré de plusieurs actes d'administration, car le bien qu'on fera à mon peuple me sera toujours cher; mais il se trompe s'il croit m'engager à transiger sur mes droits. Loin de là, ses propositions les établiraient, si ces droits pouvaient être litigieux.

» J'ignore quels sont les desseins de Dieu sur ma race et sur moi, mais je connais les obligations qu'il m'a imposées par le rang où il m'a fait naître. Chrétien, je remplirai ces obligations jusqu'à mon dernier soupir. Fils de saint Louis, je saurai à son exemple me respecter jusque dans les fers; successeur de François Ier, je veux du moins pouvoir dire comme lui : « Nous avons tout perdu, fors l'honneur. »

XXX

L'infortune ne pouvait être honorée de plus fermes paroles. Elles étaient à la fois un sentiment et une vengeance. Elles disaient aux rois qui l'abandonnaient que son adversité était moins lâche que leur puissance.

En vain le menaça-t-on de l'indigence et de la proscription européenne. « Je ne crains pas la pauvreté, répondit-il; s'il le faut, je mangerai du pain noir avec ma famille et mes fidèles serviteurs. Mais je n'en serai jamais réduit là. J'ai une autre ressource dont je ne crois pas devoir user tant que j'ai des amis puissants, c'est de faire connaître ma situation en France et de tendre la main, non au gouvernement usurpateur, cela jamais! mais à ceux qui me gardent fidélité dans leurs cœurs en France, et je serais bientôt plus riche que je ne suis ! »

Bonaparte répliqua à ces actes et à ces paroles par le meurtre du duc d'Enghien. Louis XVIII protesta contre l'empire. « Ce nouvel acte me commande de confirmer mes droits, écrivit-il dans une déclaration publique. Comptable de ma conduite à tous les rois dont les trônes sont ébranlés par les mêmes principes, comptable à la France, à ma famille, à mon propre honneur, je croirais trahir la cause commune en gardant le silence en cette occasion. »

Il renvoya à la cour d'Espagne, qui avait reconnu l'empereur, les insignes de ses ordres et le subside qu'il avait reçu jusque-là de cette partie de sa famille encore couronnée. « C'est avec regret, écrivit-il au roi d'Espagne, que je vous renvoie la *Toison d'or* que votre père de glorieuse mémoire m'avait confiée. Il ne peut y avoir rien de commun entre le grand criminel que l'audace et la fortune ont placé sur mon trône depuis qu'il a eu la barbarie de le teindre du sang innocent d'un Bourbon, le duc d'Enghien. La religion peut m'engager à pardonner à un assassin, mais le tyran de mon peuple doit toujours être mon ennemi. Dans le siècle présent, il est plus heureux de mériter un sceptre que de le porter. La Providence, par des motifs incompréhensibles à notre sagesse, peut me condamner à finir mes jours dans l'exil; mais ni la postérité ni mes contemporains ne pourront dire que dans les temps de l'adversité je me suis montré indigne d'occuper jusqu'au dernier soupir le trône de mes ancêtres. »

XXXI

Pour toute réponse à ces paroles vraiment royales, la Prusse fit emprisonner dans ses forteresses un des conseillers du roi, Imbert Colomès, et le comte de Précy, l'intrépide défenseur de Lyon contre la Convention. Le roi de Suède, seul en Europe, ne calculait pas la force, mais le droit des trônes. Louis XVIII et son frère le comte d'Artois allèrent conférer avec ce prince, vengeur chevaleresque mais impuissant des rois, dans ses États, à Calmar. Après cette entrevue, il rédigea une nouvelle déclaration à ses peuples, dans laquelle il admettait enfin une transaction politique entre le droit absolu des souverainetés légitimes et le droit de représentation des peuples. Cette déclaration avait deux buts : négocier avec l'esprit d'un siècle qui entraînait les opinions loin des préjugés du droit divin des monarchies, et capter la faveur de l'opinion en Angleterre, qui ne pouvait s'armer que pour des royautés constitutionnelles.

XXXII

L'assassinat de Paul Ier et l'avénement de l'empereur Alexandre au trône de Russie rendaient pour un moment à Louis XVIII l'asile de Mittau. De là il faisait pénétrer encore par ses agents en France les plaintes de ses infortunes et les nouveaux principes qu'il comptait donner pour âme à son gouvernement. « Que voulez-vous que je dise de plus à mes peuples? écrivait-il à ses intermédiaires occultes à Paris. On croit en Europe qu'il n'y a rien à faire pour moi. Mes amis en France m'accusent, d'un autre côté, de tout abandonner. Placé entre les deux partis, je leur parle en vain. Quelles instructions puis-je donner?... On demande que je parle de nouveau, à qui? Et en quel langage? Tout n'est-il pas renfermé dans ma déclaration de Calmar? S'agit-il des militaires à rassurer? Conservation de grades, avancement proportionné aux services, abolition du privilége de la noblesse au rang d'officiers... S'agit-il du civil? Emploi maintenu... S'agit-il du peuple? Abolition de la conscription, de l'impôt personnel... S'agit-il d'un propriétaire de biens nationaux? Je me déclare le protecteur *des droits et des intérêts* de tous... S'agit-il des coupables? Je défends les poursuites, j'annonce les amnisties, j'ouvre la porte du repentir à tous. Si je me trouve jamais, comme Henri IV, dans le cas de racheter mon royaume, je donnerai des pouvoirs alors ; mais en ce moment, que puis-je ?... »

XXXIII

Le jeune Alexandre, en partant pour la campagne d'Iéna, vint visiter son hôte à Mittau. Les deux souverains se présentèrent mutuellement leurs amis. Ils s'entretinrent longtemps seul à seul. Déjà l'âge, les infirmités de Louis XVIII, son expérience de l'infortune et sa supériorité d'esprit donnaient au roi exilé l'attitude d'un père conseillant un fils. Alexandre attendri se promettait de servir par ses armes cette cause abandonnée du monde et recueillie dans ses États. La victoire en tournant contre lui changea ses pensées et lui fit désirer d'être soulagé de l'embarras de cette hospitalité suspecte à Napoléon. Le sentiment de cet abandon pesa dès lors sur l'âme d'Alexandre. Il rougit de sa faiblesse, et le remords qu'il en éprouvait à son insu lui fit abandonner la cause des monarchies anciennes pour se jeter tout entier dans l'amitié de Napoléon. De ce jour, ce prince eut plus de répugnance que d'attrait pour une restauration par les Bourbons.

XXXIV

Le roi le comprit, et s'éloigna d'un asile où l'amitié n'honorait plus l'hospitalité. Le roi de Suède lui prêta une frégate, son dernier seuil, pour le transporter en Angleterre. Il y débarqua avec tous les siens. Le gouvernement britannique, fatigué des intrigues de l'émigration et des assistances toujours inutiles qu'il avait données à ses entreprises dans la Vendée, vit avec peine le roi descendre sur le sol anglais. Il craignait de s'engager pour sa cause au delà de ses propres intérêts et de ses vues politiques sur le continent. Il voulut le reléguer en Écosse dans le vieux palais d'Holy-Rood, ce Saint-Germain des souverains découronnés. Le roi, descendu à Yarmouth, déclara qu'il retournerait affronter tous les exils du continent plutôt que de consentir à ce séjour imposé d'Holy-Rood. Il réclamait les simples droits de tout citoyen privé sur le sol libre de l'Angleterre.

Le marquis de Buckingham lui offrit sa résidence de Gosfield-Hall dans le comté d'Essex. Il y vécut en hôte indépendant de l'aristocratie anglaise, sans que le gouvernement embrassât sa cause ou reconnût son titre de roi. L'étude, la famille, les plaisirs champêtres, y adoucirent ses aspirations au trône. Il y prit patience avec la fortune de Bonaparte. Elle décourageait l'espérance, mais elle ne lassait pas l'obstination paisible de Louis XVIII à croire à son retour. Bientôt cette fortune se brisa sous son propre poids. Le roi vit que la décadence serait aussi rapide que l'élévation. Il se rapprocha de Londres pour assister de plus près aux mouvements éventuels de la politique. Il s'établit dans le comté de Buckingham au château de Hartwell, domaine agreste et modeste d'un particulier anglais, M. Sée. La fortune de ce prince, diminuée des subsides de l'Espagne et de la Russie noblement répudiés par lui, ne dépassait plus l'aisance d'un simple gentilhomme de campagne. Cette cour presque indigente épargnait sur son luxe pour soulager les misères des compagnons de son exil en Angleterre. Elle devint le centre obscur de tous les princes proscrits de la maison de Bourbon. Inconnu en Angleterre, le roi était oublié en France. Toutes ses relations avec ses partisans étaient coupées par la guerre ou éventées par la police de Bonaparte. Son ami, le comte d'Avaray, forcé par sa mauvaise santé d'aller chercher un air plus doux à Madère, avait laissé sa place dans le cœur et dans le gouvernement du roi au comte de Blacas. Ce prince avait besoin d'un favori dans la prospérité, non parce qu'il était né sensible, mais parce qu'il était né théâtral et qu'il voulait une distance entre le public et sa personne. Il avait besoin d'un confident dans l'adversité, parce qu'il ourdissait sans cesse quelque pensée politique, et qu'il lui fallait une main pour nouer et dénouer ses négociations. Il était, du reste, fidèle et persévérant dans ses amitiés. Elles se changeaient en habitudes pour lui, elles lui devenaient chères et tendres, il les imposait à son entourage et à sa famille. Il voulait qu'on respectât et qu'on subît dans l'autorité de ses favoris sa propre autorité. Le comte d'Avaray, homme de douceur, de modestie et d'effacement, avait tempéré ce règne intérieur du favori par la grâce et par l'abnégation de son caractère. Le comte de Blacas sentait plus l'orgueil du rang auquel l'amitié du roi l'avait élevé et en faisait sentir davantage le poids.

Le rôle qu'il fut appelé à jouer dans la Restauration commande de s'arrêter à ce nom.

XXXV

C'était un gentilhomme d'une famille autrefois souveraine du Midi, mais dont le nom, oublié depuis longtemps, était confondu avec les noms des familles nobles pauvres, sans illustration rajeunie, de la Provence. Émigré, oisif en Allemagne, mis en contact avec Louis XVIII par le comte d'Avaray, son protecteur; doué d'une belle figure, avantage nécessaire auprès d'un prince qui se décidait par les yeux; implacable contre une révolution dans laquelle il ne voyait qu'une insolence du peuple contre la noblesse et un sacrilége du siècle contre les rois, le comte de Blacas fut employé par le roi dans quelques négociations confidentielles auprès des cours étrangères. A son retour, il se naturalisa dans la maison du prince exilé. Il aida M. d'Avaray dans son service et dans ses travaux auprès de son maître. La mort de M. d'Avaray qu'il remplaçait le laissa naturellement tout porté à ses fonctions et tout promu à son rang de ministre. Il avait la familiarité et obtint la confiance, il eut bientôt l'amitié sans bornes de son maître; il la méritait par son honneur et par sa fidélité. Dévoué au dedans, mais superbe au dehors, voyant tout dans le roi, rien dans la France; l'esprit suffisant, mais hermétiquement fermé aux idées qui travaillaient depuis un siècle le monde; incapable de plier par roideur de caractère, transportant dans l'exil et dans un règne de transaction tout l'orgueil et toute la hauteur des anciennes cours absolues, courtisan de Louis XIV après une révolution, présentant le sceptre à un peuple nouveau comme on présente le joug à un peuple vaincu, aussi étranger aux sentiments et aux mœurs de la France révolutionnaire, que cette France elle-même était étrangère à cette aristocratie posthume, antipathique à la famille du roi, ayant toutes les fidélités, mais tous les égoïsmes du favoritisme jaloux, ne laissant ni aimer ni approcher son maître, comblé de ses titres, de ses dons, de ses munificences, se construisant une splendide fortune de ses faveurs, la prodiguant ensuite aux nécessités du roi et rachetant tous ces vices de situation par un attachement fanatique à la monarchie et par sa constance au malheur : tel était ce favori si agréable à Louis XVIII dans sa retraite d'Hartwell, mais si funeste dans son palais.

XXXVI

Louis XVIII, suivant de l'œil à Hartwell les ébranlements et les revers de Napoléon, suspendit toute manœuvre active pendant les dernières années de l'empire, laissant agir l'ambition de Napoléon et venir le reflux du monde sur la France. Il lisait seulement les journaux français avec une intelligence que l'âge et la patience avaient aiguisée, et qui discernait, sous l'adulation des presses vendues à la police de l'empire, les symptômes de la ruine et de la désaffection. Plus il était certain de la chute, moins il semblait pressé de la précipiter. Il ne se dissimulait rien de la faiblesse de l'Europe victorieuse, disposée jusqu'au dernier moment à sacrifier la cause des Bourbons à la paix. Il ne se voilait rien non plus des difficultés de son propre règne, mais la foi qu'il avait dans la nécessité de son sang lui faisait une religion de son ambition. Le rétablissement d'un Bourbon sur le trône de France lui paraissait pour ainsi dire un devoir de Dieu lui-même. Il attendait son heure comme une justification de la Providence. Elle allait enfin sonner. Son frère, le comte d'Artois, lui disputait et lui dévorait, disait-il, ce règne avant même qu'il fût assuré.

XXXVII

Les années, l'exil, les leçons de l'expérience, les lumières de l'étude, le maniement sourd des petites affaires et des grands desseins, le séjour en Angleterre surtout, ce sol de la politique, avaient agrandi, mûri, consommé l'intelligence de Louis XVIII. On respire dans ce pays de peuple libre, d'aristocratie libérale et de monarchie discutée, la politique avec l'air. Il s'en était imprégné. Ses idées s'étaient modifiées; elles étaient revenues, après les longs détours de Coblentz, de Vérone, de Mittau, de l'absolutisme, de la théocratie, de l'émigration, à leur point de départ de 1789. Il avait compris que pour refouler la conquête et le despotisme de Napoléon il fallait le reflux de l'Europe, mais que pour éteindre la Révolution il fallait la liberté. Seulement, il la mesurait dans sa pensée à la mesure de concessions restreintes et toujours révocables, faites par une autorité royale, supérieure, antérieure, et placée comme un dogme au-dessus de la sphère des orages et des discussions.

L'Angleterre presque tout entière, à cette époque de 1813, confirmait le roi dans ces pensées. L'indignation contre la terreur, la pitié pour ses victimes, le meurtre du roi, des princes, de la reine, de la princesse, la longue anarchie, les doctrines du jacobinisme, enfin la lutte à forces désespérées contre Bonaparte, avaient jeté l'opinion de l'Angleterre dans les mains des tories, c'est-à-dire de la monarchie et de l'aristocratie liguées avec la grande masse du peuple contre les excès et les despotismes de la Révolution. L'esprit britannique était l'âme de l'Europe soulevée contre la tyrannie de la France. M. Pitt, dans son long et grand ministère, avait été le ministre de cette réaction contre-révolutionnaire, l'Annibal du patriotisme européen antifrançais. Son parti lui survivait. Les hommes d'État de l'Angleterre vivaient de son âme et de ses traditions. Le principe monarchique prévalait partout à Londres sur le principe populaire. L'opinion presque unanime encourageait les Bourbons à croire à leur sainte légitimité. Le parti whig ou populaire était répudié comme fauteur des désordres du continent et comme préparant à l'Angleterre elle-même les anarchies et les démagogies de la France. M. Fox et ses amis, liés sans choix et sans mesure avec les démocrates et même avec les démagogues de 1792 et de

1793 de Paris, avaient effrayé et scandalisé leur pays par une faveur éloquente, mais excessive, pour les hommes et pour les actes les plus réprouvés par la conscience de l'Angleterre. Ils avaient fait de la Révolution française dans ses plus sinistres périodes un moyen de tribune et un élément de popularité. Ils avaient jacobinisé le parti populaire dans la Grande-Bretagne. Par là même, ils l'avaient affaibli et rétréci. C'est souvent un caractère des orateurs et des partis anglais de s'immiscer sans les comprendre suffisamment dans les affaires nationales et politiques du continent. M. Fox en se teignant du jacobinisme de Paris avait nui pour longtemps à la cause de la révolution constitutionnelle et républicaine. Cet homme, mal jugé sur le continent, n'avait d'un homme d'État que la parole. Homme d'opposition et de popularisme avant tout, écho affaibli et déplacé de Mirabeau au parlement britannique, rival impuissant de M. Pitt, la véritable personnification des opinions et des intérêts de son pays, il l'avait fatigué sans le vaincre. Le bon sens anglais avait soutenu M. Pitt contre l'opposition de Fox, tribun de bruit, idole de club. Cette disposition passagère de l'opinion de l'Angleterre, au moment où Louis XVIII méditait son gouvernement prochain dans ses jardins d'Hartwell, était éminemment propre à le tromper sur l'esprit de l'Europe et à lui inspirer dans le principe monarchique qu'il portait en lui une foi exagérée que l'Europe ne partagerait pas longtemps.

XXXVIII

Toutefois ses idées dépassaient de loin toutes celles dont il était entouré dans sa solitude. Seul homme réfléchi et dégagé des préjugés de cour et de berceau de son frère, de ses neveux, de ses courtisans, il avait un regard à la hauteur de l'horizon qui s'ouvrait pour lui. Plus seul il eût été plus libre et plus fort; son entourage le gênait pour penser. Il était obligé de feindre par complaisance et par faiblesse pour sa maison plus de haine et plus de mépris pour la Révolution qu'il n'en ressentait. Il était au fond très-enclin à pardonner à une révolution qui lui restituerait un trône et qui s'entendrait avec lui pour le consolider par la puissance de l'esprit nouveau. Son esprit avait rajeuni par la réflexion à mesure que son corps avait vieilli par les années. C'était un roi du passé, mais c'était un homme du siècle. Disons le mot, il avait des souvenirs de routine et des pressentiments de génie. La Providence semblait l'avoir façonné et réservé à dessein pour relier le passé à l'avenir, pour concevoir une restauration et pour la manquer non par la faute de son intelligence, mais par la faute de son nom.

Il retraçait aux yeux dans son extérieur cette lutte de deux natures et de deux tendances dans son esprit. Son costume était celui de l'ancien régime, bizarrement modifié par les changements que le temps avait introduits dans l'habitude des hommes. Il portait des bottes de velours montant jusqu'au-dessus des genoux pour que le froissement du cuir ne blessât pas ses jambes souvent endolories par la goutte, et pour conserver cependant cette chaussure militaire des rois à cheval. Son épée ne le quittait pas même dans son fauteuil, signe de noblesse et de supériorité des armes qu'il voulait toujours montrer présent aux gentilshommes de son royaume. Ses ordres de chevalerie couvraient sa poitrine et se détachaient en larges cordons azurés sur son gilet blanc. Son habit de drap bleu participait par sa coupe des deux époques qu'il semblait revêtir en lui, moitié de cour, moitié de ville. Deux petites épaulettes d'or brillaient sur ses deux épaules, pour rappeler le général de naissance dans le roi. Sa chevelure, artistement relevée et contournée par le fer des coiffeurs sur les tempes, se renfermait derrière la nuque dans un ruban de soie noire flottant sur son collet. Elle était poudrée à blanc à la mode de nos pères, et cachait ainsi la blancheur de l'âge sous la neige artificielle de la toilette. Un chapeau relevé à trois angles, décoré d'une cocarde et d'un panache blanc, reposait sur ses genoux ou dans sa main. Il semblait avoir voulu conserver sur toute sa personne l'impression et l'affiche de son origine et de son temps, pour qu'en le voyant le siècle nouveau remontât par le regard comme par la pensée jusqu'au pied du trône, et pour que le cérémonial commandât le respect par l'étonnement. Il était généralement assis, il marchait peu, et toujours appuyé sur le bras d'un courtisan ou d'un serviteur.

XXXIX

Mais si le costume antique et les infirmités de la partie inférieure du corps rappelaient la vétusté du siècle écoulé et l'âge déjà avancé de l'homme, il n'en était pas de même de ses traits. La sérénité du visage étonnait; la beauté, la noblesse et la grâce des traits attachaient le regard. On eût dit que le temps, l'exil, les fatigues, les infirmités, l'obésité lourde de sa nature, ne s'étaient attachés aux pieds et au tronc que pour faire mieux ressortir l'éternelle et vigoureuse jeunesse du visage. On ne pouvait se lasser de l'admirer en l'étudiant. Le front élevé était un peu trop incliné en arrière comme une muraille qui s'affaisse, mais la lumière y jouait comme l'intelligence dans un espace large et bombé. Les yeux grands, bleu de ciel, d'une coupe d'orbite ovale aux angles et relevée au sommet, lumineux, étincelants, humides, avaient de la franchise. Le nez était aquilin comme chez tous les Bourbons, la bouche entr'ouverte, souriante et fine, le contour des joues plein, sans que la plénitude effaçât la délicatesse des contours et la souplesse des muscles. Le coloris sain et la fraîcheur vive de l'adolescence teignaient le visage. C'étaient les traits de Louis XV dans sa beauté éclairés par une intelligence plus répandue et par une réflexion plus concentrée sur la figure. La majesté même n'y manquait pas, la physionomie parlait, interrogeait, répondait, régnait. Le regard plongeait et soutirait les pensées et les sentiments de l'âme. L'impression de ces traits se gravait dans le souvenir. On n'aurait pas eu besoin de le nommer pour le faire reconnaître. A quelque regard qu'on eût montré ce visage, à la fois pensif et serein, distrait et présent, dominant et doux, sévère et attrayant, on n'aurait pas dit : « C'est un sage, c'est un philosophe, c'est un politique, c'est un pontife, c'est un législateur, c'est un conquérant, » car le repos de la nature et la majesté de la quiétude écartaient toute assimilation avec ces professions qui pâlissent et creusent les traits; on aurait dit : « C'est un roi! mais c'est un roi qui n'a pas encore éprouvé les soucis et les lassitudes du trône; c'est un roi qui se dispose à régner et qui voit en beau le trône, l'avenir et les hommes. » Tel était le roi à Hartwell, la veille du jour où la Providence allait le chercher dans un exil pour le ramener à la royauté.

LIVRE ONZIÈME

Le comte d'Artois. — Son caractère. — Sa situation à la cour et en France en 1789. — Sa fuite de Versailles. — Ses voyages en Belgique, en Italie, en Allemagne et en Russie. — Le comte d'Artois et le comte de Provence à Coblentz. — Leur situation respective au milieu de l'émigration. — Guerre contre la France. — Le comte d'Artois se retire en Angleterre. — Ses menées. — Il part pour descendre en Bretagne. — Il reste à l'île Dieu. — Son retour à Londres. — Lettre de Charette. — Tentatives de l'émigration de Londres contre le premier consul. — Mort de madame de Polastron. — Douleur du comte d'Artois. — Influence de cette mort sur le caractère et la politique du comte d'Artois. — Le duc d'Angoulême. — Le duc de Berri. — La duchesse d'Angoulême. — Sa vie au Temple. — Mort de son frère. — Elle sort de sa prison et passe en Allemagne. — Son mariage à Mittau. — Le duc d'Orléans. — Le prince de Condé. — Le duc de Bourbon. — Le duc d'Enghien. — Son caractère. — Son amour. — Sa vie à Ettenheim. — Napoléon le fait espionner. — Enlèvement du duc d'Enghien. — Il est conduit à Strasbourg. — Sa lettre à la princesse Charlotte. — Son journal. — Il est amené à Paris et enfermé à Vincennes.

I

Le comte d'Artois était plus jeune d'années que son frère Louis XVIII; mais il aurait vécu un siècle qu'il eût été toujours plus jeune d'esprit. Ce prince était de ces natures qui ne mûrissent jamais, parce qu'elles n'ont que les qualités et les défauts du premier âge. Dans son adolescence le comte d'Artois avait été l'idole de sa famille, de la cour et de Paris. Sa beauté, ses grâces, l'insouciance de son caractère, la légèreté même de son esprit, qui correspondait davantage à la médiocrité de son entourage, un cœur ouvert et bon, une libéralité prodigue, une loyauté de caractère, une fidélité de parole chevaleresques, la passion des femmes, l'apparence plus que la réalité des goûts militaires, la repartie soudaine et spirituelle, la futilité que ses flatteurs appelaient le génie français, avaient popularisé ce jeune prince dans le parti de l'aristocratie. On avait voulu faire de lui un contraste avec son frère le comte de Provence. Plus le comte de Provence s'était montré favorable aux réformes du royaume et aux intentions populaires de Louis XVI, plus le comte d'Artois s'était déclaré l'adversaire dédaigneux des concessions et le conservateur obstiné des vices et des vétustés du gouvernement. Il affectait de ne voir dans la Révolution qui montait qu'une de ces émotions passagères de plèbe avec lesquelles il faut combattre et non discuter. Aucune des idées qui remplissaient l'air n'était entrée dans son âme. Ces idées supposaient en effet l'intelligence; il ne réfléchissait jamais.

II

Gâté par la cour, adulé par un petit cercle de jeune aristocratie aussi futile et aussi irréfléchi que lui-même, présenté à l'armée et à la noblesse comme le prince qui les rallierait bientôt au drapeau de la monarchie absolue et qui déchirerait de la pointe de son épée toutes les rêveries libérales de la nation et toutes les lâches concessions du trône, ce prince ne voyait pas la Révolution. Il continuait à chasser, à représenter, à aimer, à fronder la cour, à se nourrir du vent de l'opinion contre-révolutionnaire et à prêcher à Louis XVI les coups de force ou d'audace que ses conseillers lui inspiraient. La Révolution, qui avait mesuré de loin l'impuissance de cette étourderie sénile dans un jeune prince, lui pardonnait par dédain ses antipathies contre elle. Elle ne le craignait pas assez pour le haïr beaucoup. Elle l'oubliait ou elle le confondait au second rang. Mirabeau, le duc d'Orléans, Barnave, le parti constitutionnel, le parti jacobin, étaient convaincus qu'il n'y avait dans ce jeune prince ni ressource, ni danger sérieux pour la Révolution. On lui pardonnait par indifférence. Le parti de la reine seul et sa cour intime, les Polignac, les Bezenval, les Lamballe, les Vaudreuil, les Coigny, les Adhémar, les Fersen, fomentaient secrètement les héroïsmes d'idées du comte d'Artois et de la jeunesse qui l'entourait. Le roi l'aimait sans le consulter. Le comte de Provence avait pitié de ses jactances d'opinion. Les uns et les autres désiraient qu'il s'éloignât de la cour pour emporter l'impopularité qu'il attirait sur le roi son frère. Le parti plus décidé contre les innovations le désirait plus vivement encore pour faire de ce jeune prince l'ambassadeur de la monarchie absolue et de l'aristocratie française en Europe, pour grouper autour de lui les émigrés sur les frontières, et pour le poser comme il se posait lui-même d'avance en héros libérateur du trône, en vengeur des audaces de la nation.

III

Le sentiment de l'antipathie que lui portait le peuple de Paris, les premières émotions populaires, la séance du Jeu de Paume, la prise de la Bastille, le ministère de M. Necker imposé à la couronne, la prévision des outrages et des dangers de la cour, ne tardèrent pas à le décider lui-même à ce parti désespéré de l'émigration et de la guerre à son pays. Il s'enfuit de Versailles à la fin de 1789, passa à Bruxelles, se rendit à Turin dans la famille de sa femme, sollicita des secours et des subsides de la cour de Sardaigne, groupa quelques noyaux de noblesse française mécontente autour de lui à Chambéry, sur l'extrême frontière, répandit quelques agents et quelques provocations à Lyon et dans le Midi, échoua partout, repassa les Alpes, eut des conférences à Mantoue avec l'empereur d'Autriche pour le pousser à une ligue des rois contre son pays, n'obtint que des promesses, n'aboutit qu'à des lenteurs, se rendit enfin à Pétersbourg auprès de Catherine II. Cette princesse, qui avait entrevu d'un coup d'œil la portée des principes insurrectionnels de la Révolution sur les peuples, cherchait un héros à opposer à des tribuns. Ce qu'on lui avait dit du comte d'Artois, de ses opinions, de son ardeur, de son impatience de combats, avait fait espérer à l'impératrice que le comte d'Artois serait le Machabée des trônes. Elle l'accueillit en libérateur futur de la monarchie dans l'Occident, elle lui donna des subsides, des encouragements, elle lui prépara des contingents de troupes pour la coalition dans laquelle elle cherchait à faire entrer la Prusse et l'Autriche. Elle lui fit présent avec solennité d'une épée enrichie de diamants, avec des paroles qui rehaussaient le prix de ce don et qui lui donnaient la signification d'une déclaration de guerre à la France. Elle ne tarda pas à reconnaître que le jeune prince n'avait que le cœur et l'extérieur d'un héros, et que son intelligence évaporée par la vie des cours et énervée par les adulations de ses courtisans se consumerait en mouvements sans but et en jactances stériles pour la cause commune. Catherine n'espéra plus rien de lui après l'avoir vu.

IV

Le comte d'Artois parcourut ainsi toutes les cours de l'Europe, laissant partout après lui l'impression de son charme, de sa légèreté, de sa loyauté, mais de son insuffisance. Il se replia sur les bords du Rhin et fut le héros de Coblentz. L'émigration, accrue par la terreur à chaque nouvel accès de la Révolution, se groupa avec toutes ses peurs, toutes ses menaces et toutes ses démences, autour de lui. C'était le prince qui convenait à ses illusions. Il y régnait par droit d'aveuglement et d'imprévoyance. Il y avait la popularité que donne la communauté de cause et de vertige. Il s'y entourait de toutes les impopularités et de toutes les doctrines que le sentiment de leur incompatibilité avec la nation forçait à déserter la patrie. C'était la cour de la vieillesse et de la jeunesse. Les vieux émigrés parlaient, écrivaient, intriguaient pour lui, les jeunes lui offraient avec dévouement leurs bras et leurs vies. Cette petite France fugitive à l'étranger se croyait assez forte pour lutter corps à corps avec la Révolution et pour soumettre la France de l'intérieur à ce jeune Coriolan.

V

Les intrigues et les menaces du comte d'Artois compromettaient Louis XVI vis-à-vis de son peuple et aggravaient immensément ses embarras et ses périls à Paris. Le jeune prince provoquait toutes les puissances du Nord et de l'empire germanique à la guerre, pendant que le roi, otage de la France aux Tuileries, négociait la paix. Ce malheureux monarque ne se dissimulait pas que la guerre, demandée avec une habile obstination par les Jacobins et par les Girondins, donnerait un accès plus décisif à la Révolution assoupie, et que les premiers revers de la France seraient le texte de toutes les accusations et de tous les outrages contre sa famille et contre lui. Robespierre seul alors, plus politique que les Jacobins et les Girondins, résistait à l'entraînement universel vers la guerre, et semblait seconder le roi dans sa passion de conserver la paix. C'est que Robespierre avait une théorie et que les Jacobins et les Girondins n'avaient que des intérêts et des ambitions. Le tribun obstiné qui devait plus tard employer si criminellement la hache avait peur en ce moment de l'épée. Il sentait avec la justesse de l'instinct que si la guerre était malheureuse, elle anéantirait la Révolution, et que si elle était heureuse, elle retournerait promptement l'armée contre l'Assemblée nationale, elle créerait ces popularités militaires les plus dangereuses de toutes pour une démocratie, et elle ferait dominer les armes sur les idées. Mais le roi et Robespierre ne pouvaient entraver à eux seuls le comte d'Artois, les émigrés, les Jacobins et les Girondins, qui tous croyaient avoir un intérêt à la guerre et qui tous y sacrifiaient le roi. Elle éclata.

VI

Le comte d'Artois la laissa faire au prince de Condé, au duc de Bourbon et au jeune duc d'Enghien, né soldat. Il avait été rejoint à Coblentz par le comte de Provence, plus âgé, plus sérieux, plus réfléchi que lui. Ces deux princes, qui se faisaient ombrage l'un à l'autre, et qui ne voulaient ni l'un ni l'autre consentir à s'effacer devant leurs partisans, se partagèrent à parts à peu près égales les prétentions et l'autorité qu'ils s'arrogeaient au nom de Louis XVI à l'étranger. Chacun d'eux eut sa cour, sa politique quelquefois commune, plus souvent séparée, ses agents et ses intrigues en France et dans les cours. Dès cette époque, où la Restauration n'était qu'un rêve à distance, les familiers, les publicistes, les envoyés du comte d'Artois se distinguaient de ceux du comte de Provence par une affiche d'inintelligence du temps plus incurable et de haine plus irréconciliable contre tous les principes populaires et contre toutes les concessions à la Révolution.

VII

La guerre fut molle.

Après la tentative d'invasion de la Prusse en France, la retraite du duc de Brunswick, les victoires de Dumouriez, le 10 août, l'emprisonnement et la mort de Louis XVI, le comte d'Artois fut découragé du continent. Ne voulant pas rester subordonné à son frère, il continua à errer en Europe. Il se retira enfin en Angleterre avec le vain titre de lieutenant général du royaume, que Louis XVIII lui avait donné pour satisfaire son ambition et son besoin d'apparente activité dans les affaires. De là, entouré des mêmes amitiés qui avaient si mal conseillé sa jeunesse, il ne cessa d'ourdir des trames de restauration royaliste dans la Vendée, dans la Bretagne, dans la Normandie. Mais ses familiers ne l'y laissèrent jamais descendre lui-même. Témoin rapproché des insurrections, des dévouements, des prodiges de Charette, de la La Rochejaquelein, de Lescure et de leurs intrépides soldats, il se borna à leur faire passer de temps en temps des armes, des subsides, des proclamations, des émissaires. Un Henri IV ou un Gustave Vasa français pouvait alors donner une telle unité, un tel élan et un tel enthousiasme à la guerre contre la Convention usée et lassée, que si la Restauration n'avait pas vaincu, la monarchie du moins aurait succombé dans sa gloire.

VIII

Enfin le gouvernement anglais, odieusement calomnié par l'émigration dans les secours qu'il lui prêtait sans mesure, consentit à porter le comte d'Artois sur les côtes de France avec une escadre et avec des forces régulières dignes d'un prétendant. La valeur et le génie du général Hoche déconcertèrent et anéantirent le débarquement de l'expédition d'avant-garde à Quiberon.

Le comte d'Artois, invoqué par les armées royalistes de Bretagne, après avoir passé plusieurs semaines en vue des côtes ou à l'île Dieu, parut redouter le sol qui l'appelait. Il se laissa ramener, avec une apparence de violence feinte faite à son courage par l'amiral anglais, à Londres, sans avoir touché du pied la terre française qu'il menaçait depuis tant d'années de sa présence.

Les émigrés se livrèrent au retour à des invectives contre le gouvernement anglais, qu'ils accusèrent d'avoir voulu les livrer aux républicains. L'ingratitude obscurcit quelque temps la vérité. Elle apparut enfin : le prince avait manqué ou de prudence en sollicitant une expédition de débarquement, ou de résolution en ne débarquant pas pour rejoindre Charette et les armées vendéennes.

Charette, indigné, dédaigna de cacher sa colère. Il écrivit qu'il saurait mourir pour ceux qui ne savaient pas combattre.

Voici la lettre dans laquelle il fit rougir les timides conseillers du comte d'Artois de leur abandon. Dans la guerre civile la lâcheté est un crime de plus.

« Sire,

» La lâcheté de votre frère a tout perdu. Il ne pouvait paraître à la côte que pour tout perdre ou tout sauver. Son retour en Angleterre a décidé de notre sort. Sous peu, il ne me restera plus qu'à périr inutilement pour votre service.

» Je suis avec respect de Votre Majesté, etc. »

IX

D'autres tentatives également malheureuses furent faites par l'instigation de cette petite cour après la chute du Directoire et l'avénement de Bonaparte au pouvoir. Ces tentatives, dans lesquelles prirent part Georges et ses amis, Pichegru et les siens, et qui coûtèrent la liberté aux jeunes Polignac, n'avaient plus que le caractère désespéré et isolé des coups de main. L'honneur et la piété du comte d'Artois écartent loin de lui l'ombre même de complicité dans la composition de la machine infernale et dans l'enlèvement à main armée du premier consul que Georges préméditait à Paris. Mais si l'entourage du comte d'Artois n'avait aucun contact avec des assassins, il en avait avec les aventuriers courageux de restauration qui tentaient de surprendre la France n'ayant pu la conquérir.

X

Ce prince, lassé d'espérances trompées ici-bas, s'était depuis quelque temps réfugié dans les espérances d'en haut. Une perte cruelle et vivement sentie l'avait tout à coup détaché de la terre. Le motif, l'énergie et la persévérance de son changement de vie découvrirent en lui une puissance d'aimer et une constance de résolution que le monde ne soupçonnait pas sous la mollesse et sous l'inconstance de ses habitudes. Il prouva que, s'il eût été mieux inspiré par ses alentours, il aurait pu montrer l'héroïsme de la politique comme il montra l'héroïsme de l'amour et de la piété.

Le jeune prince s'était attaché dans la société de la reine à une belle-sœur de la comtesse Jules de Polignac, favorite de cette princesse. Cette jeune femme, d'une beauté rivale de celle de la comtesse de Polignac, avait épousé le comte de Polastron. Les amours du comte d'Artois et de la comtesse de Polastron, commencés dans les fêtes de Trianon, s'étaient retrouvés et continués sur la terre étrangère. Le comte d'Artois, consolé et enivré par la tendresse et par les charmes de cette femme accomplie, avait renoncé par attrait et par fidélité pour elle à toutes les passions légères que sa beauté personnelle avait nouées et dénouées autour de lui dans son adolescence. Il ne vivait plus que pour madame de Polastron. Elle était pour lui la tendresse vivante et le souvenir adoré de la jeunesse, de la cour et de la patrie. Une maladie de langueur aggravée par le climat brumeux de l'Angleterre atteignit madame de Polastron. Elle vit lentement venir la mort dans toute la fraîcheur de ses charmes et dans tous les délices d'une passion partagée. La religion la consola comme elle avait consolé La Vallière. Elle voulut en faire partager les consolations et les immortalités à son amant. Il se convertit à la voix de ce même amour qui l'avait si souvent et si délicieusement égaré des pensées graves. Un de ses aumôniers, qui fut depuis le cardinal de Latil, reçut dans la chambre même de la beauté repentie les aveux et les remords des deux amants. « Jurez-moi, dit madame de Polastron au jeune prince, que je serai votre dernière faute et votre dernier amour sur la terre, et qu'après moi vous n'aimerez plus que le seul objet dont je ne puisse pas être jalouse, Dieu. » Le prince jura du cœur et des lèvres. Madame de Polastron consolée emporta son serment au ciel. Le comte d'Artois, à genoux au pied du lit de sa maîtresse, répéta ce serment à son ombre, et il le garda, quoique jeune, beau, prince, roi aimé encore, à travers une longue vie jusqu'au tombeau.

De ce jour ce fut un autre homme.

XI

Mais cette probité du cœur qu'il trouva dans l'amour et cette piété qu'il puisa dans la mort ne firent que changer de nature à ses faiblesses. Ses nouvelles vertus eurent de ce jour-là pour lui l'effet de ses anciennes fautes. Elles rétrécirent son intelligence sans élever son courage. Elles le livrèrent tout entier à des influences ecclésiastiques qui exploitèrent pieusement sa conscience, comme d'autres avaient exploité ses légèretés. Sa politique ne fut plus qu'un dévouement aveugle à l'Église, aux yeux de laquelle la Révolution n'était pas moins coupable qu'aux yeux du trône et de l'aristocratie. Il voulut racheter les incrédulités de sa jeunesse par les services à la foi de son âge mûr. Il voua du cœur son règne futur à cette pensée. Il garda auprès de lui comme conseillers pratiques les évêques émigrés de sa cour, qui avaient été les témoins de sa douleur et qui avaient béni ses adieux à la femme qu'il leur avait donnée. M. de Latil et M. de Couzée, l'un futur cardinal, l'autre déjà évêque d'Amiens, l'abbé de Bouvans et d'autres membres du clergé réfugiés à Londres, inspirèrent de plus en plus sa politique. Son intimité rappelait la cour exilée et dévote de Jacques II à Saint-Germain. Le trône et l'autel furent les deux mots d'ordre de ses conseils et de ses agents. Il crut que la protection divine, que la sincérité de sa foi et la sainteté de ses desseins assuraient d'en haut à sa cause, le dispensait de toute sagesse humaine et ferait triompher par les miracles la politique du roi confondue dans la politique de Dieu. Les pensées toutes mondaines et la politique toute terrestre de son frère Louis XVIII lui parurent presque une concession à l'impiété du temps et une acceptation funeste des doctrines philosophiques et révolutionnaires du dix-huitième siècle. Il s'en éloigna de plus en plus. Il vécut à Londres dans une sphère à part d'amitiés, de pratiques pieuses et d'opposition anticipée au règne futur. Il épiait de l'œil le moment où l'empire s'écroulerait assez complétement pour entrer le premier en France par la brèche des armées étrangères, pour y devancer son frère, pour y justifier sa réputation de prince militaire et aventureux, et pour y prendre sous le nom de lieutenant général du royaume une initiative, un rôle et un parti qui lui assureraient une grande influence sur la restauration. Le caractère circonspect et solennel de son frère, les infirmités qui le condamnaient à l'inaction, le titre de roi qui lui défendait de s'aventurer dans les camps, laissaient au comte d'Artois et à ses fils cette avance qu'ils voulaient prendre sur la cour d'Hartwell. Sa jeunesse prolongée, sa taille noble et élancée, sa physionomie royale rappelant à la fois François Ier, Henri IV et Louis XIV, son beau regard, sa main tendue, son accent martial et franc, sa grâce à cheval, le rendaient éminemment propre à capter les regards du peuple et à être le programme vivant d'une restauration.

XII

Ce prince avait deux fils, le duc d'Angoulême et le duc de Berri. Le duc d'Angoulême était un de ces hommes médiocres d'esprit, excellents de cœur, modestes de prétentions, braves de sang-froid, dont on n'aurait jamais remarqué que les vertus s'ils n'étaient pas mis en scène par leur naissance dans des rôles trop élevés pour leurs qualités obscures. Il n'avait jamais eu de jeunesse. Rappelé des camps de l'émigration par son oncle Louis XVIII pour épouser la fille de Louis XVI, il avait presque toujours vécu sous les yeux du comte de Provence et sous l'empire de sa femme, plus intelligente mais plus impérieuse que lui. Il avait accepté de bonne heure ces deux supériorités. Subordonné de cœur à la sagesse magistrale du roi et à la piété ardente de sa femme, il avait pensé par l'un et agi par l'autre. Il n'était propre par sa nature qu'à ce rôle de disciple obéissant d'un maître qu'il admirait, et d'époux fidèle d'une femme qui avait été son seul et premier amour. Louis XVIII se plaisait à le former pour le trône qu'il devait occuper un jour. C'était le Télémaque donné par l'exil à ce sage et dans lequel il voulait façonner un roi. Mais la nature ne s'y prêtait pas. Elle n'avait mis dans le duc d'Angoulême que la matière d'un honnête homme. Son extérieur même démentait malheureusement son rôle de prince héréditaire destiné à fasciner les espérances du peuple autour du trône d'un vieillard. Fils d'une princesse de la maison de Savoie, il portait dans les traits du visage et dans la contenance du corps je ne sais quelle empreinte de ces natures ébauchées et inintelligentes qu'on rencontre dans les hautes vallées de ces Alpes. Cette fausse empreinte n'était nullement l'expression de son esprit, qui était au contraire sain, réfléchi, studieux; mais elle était le malheur de sa physionomie. Ses yeux clignotaient en regardant comme un regard qui craint la lumière. Sa bouche avait des sourires convulsifs et à contre-sens des pensées. Sa tête branlait comme mal attachée sur le buste. Il marchait en se dandinant et en fixant ses yeux sur la pointe de ses pieds. Il balbutiait en parlant, il s'intimidait de tout hors d'une épée, car il était brave comme un soldat de naissance. Il aimait les camps, mais les camps ne pouvaient l'aimer qu'à force de le connaître et de l'estimer. Il vivait à Hartwell, docile à sa femme et au roi. Ses opinions étaient constitutionnelles.

XIII

Le duc de Berri, son frère, avait le caractère, la nature et les goûts les plus opposés. C'était la fougue, la turbulence et la brusquerie d'une séve de prince abandonné à son exubérance et à ses égarements; toutes les vivacités et toutes les qualités de la jeunesse accrues par l'indépendance précoce et par la flatterie des courtisans de son père. Il s'était signalé presque enfant à l'armée des princes par une bravoure téméraire et emportée qui l'avait fait aimer de la jeune noblesse émigrée. L'oisiveté l'avait rejeté à Londres. Il y vivait dans les plaisirs et dans les amours de sa race et de son âge. Il n'avait rien de la réflexion du duc d'Angoulême, rien des doctrines politiques de son oncle, rien de la dévotion de son père. Entouré d'amis et de maîtresses, il rappelait plutôt la jeunesse de Charles II mêlant les frivolités et les voluptés aux aventures de l'exil. Mais il n'avait de ce prince ni les séductions ni les grâces. Petit de taille, replet de corps, large d'épaules comme du Guesclin, court de nuque, gros de tête, saccadé de mouvements, ses yeux bleus larges, intelligents, rappelaient seuls la race des Bourbons, et son sourire leur bonté. On le disait doué d'un esprit inculte mais prompt en saillies, ces éclairs de l'âme. Sa générosité réparait ses emportements et ses rudesses. Il blessait et il guérissait vite ses blessures. Il était né soldat, il aimait à manier les armes, les chevaux, les troupes, sans savoir les séduire. Sa main en tout était, comme son esprit, trop brusque et trop rude, mais sa bravoure était impétueuse. Il était né pour verser son sang pour un trône et pour une patrie ailleurs que sous le porche d'un théâtre et sous le poignard d'un assassin.

XIV

La duchesse d'Angoulême était le lien entre la cour du comte d'Artois et la cour sévère d'Hartwell. Elle était la fille de Louis XVI, l'orpheline abandonnée dans les cachots du Temple après le meurtre de toute sa famille et après la longue agonie de son jeune frère, l'enfant roi et martyrisé Louis XVII. Il n'y eut jamais depuis l'antiquité ni dans les temps modernes de destinée tragique comparable à la vie de cette princesse. Je l'ai suivie, dans l'*Histoire des Girondins*, depuis son berceau à Versailles jusqu'au supplice de sa tante, Madame Élisabeth, à qui sa mère, Marie-Antoinette, l'avait léguée en quittant sa prison pour monter à l'échafaud. Je remonte à ce moment pour la suivre rapidement jusqu'à l'époque où elle allait se rapprocher du trône. La pitié de la France et de l'Europe ne l'avait pas perdue de vue depuis son éloignement. Les malheurs, les cachots, les deuils, les supplices, les larmes de cette jeune fille payant pour sa race des torts dont elle était pure, victime d'une révolution qui dévorait son père, sa mère, sa tante, son frère, et qui la laissait seule sous les voûtes d'une prison pleine de leurs ombres, étaient pour beaucoup dans les souvenirs et dans l'intérêt qui rattachaient l'imagination de la France aux Bourbons absents. Il semblait à tous les cœurs généreux qu'un remords pesait à son nom sur la patrie et que le peuple français lui devait une expiation. Quand la nature outragée parle si haut dans les âmes des hommes, des femmes, des mères, des filles, des jeunes générations, la nature prend sa place dans la politique. La duchesse d'Angoulême était le sentiment dans la cause de la Restauration.

XV

Le lendemain du jour où sa tante, Madame Élisabeth, jeune sœur de Louis XVI, était montée à vingt-neuf ans sur l'échafaud, au milieu des marques de respect de ses quarante compagnes de supplice qui lui baisaient les mains avant de tendre le cou au bourreau, la jeune princesse, âgée de moins de quinze ans, redemandait sa tante et sa mère à tous les geôliers, sans soupçonner même qu'elle en fût séparée par la mort. Elle les croyait dans une autre prison ou retenues par les interrogatoires d'un tribunal. Elle espérait que la porte de la tour du Temple en se rouvrant allait les rendre à sa solitude et à sa tendresse. Les geôliers ne furent pas assez cruels pour la détromper. Le temps seul, et l'absence en se prolongeant, la détrompa. Elle demanda à leur faire parvenir les vêtements et le linge que ces deux victimes avaient laissés dans l'armoire de leurs chambres. Les geôliers se troublèrent et se turent. L'enfant s'étonna et commença à soupçonner que sa mère et sa tante n'avaient plus besoin de leurs robes de prisonnières sur la terre. Elle fondit en larmes, sans désespérer cependant tout à fait de leur retour. Cette espérance en s'amortissant tous les jours et tous les mois, et la physionomie en deuil des geôliers, achevèrent seules la révélation.

Sa mère et sa tante en sortant de la prison lui avaient dit : « Si nous ne revenons pas, tu demanderas à la commune de Paris une femme pour t'assister dans le cachot, afin de ne pas rester seule au milieu des hommes. » Elle leur obéit par déférence, dit-elle, et sans aucun espoir que sa requête lui fût accordée par la dureté des gardiens. On lui répondit en effet qu'elle n'avait pas besoin de femme pour se parer devant ces murailles. On feignit de craindre que l'isolement et le désespoir ne la portassent au suicide, que sa tendre piété regardait comme le plus grand des crimes. On lui enleva ces petits couteaux dont on se servait alors pour relever la poudre sur le front des femmes, ses ciseaux, ses aiguilles à tricoter, et jusqu'aux plus innocents ustensiles de fer ou d'acier nécessaires aux ouvrages de femme, par lesquels elle aurait pu distraire au moins l'oisiveté de sa solitude ou raccommoder ses vêtements en lambeaux. On lui enleva jusqu'au briquet à l'aide duquel elle pouvait éclairer la longueur de ses nuits et de ses insomnies ; la lumière même parut une douceur du ciel trop indulgente à la jeune captive. On lui défendit d'allumer le poêle qui chauffait sa prison.

XVI

Elle n'avait pour consolation que le sommeil, la vue du ciel, le jour à travers les grilles, et quelques visites au dauphin son frère, captif dans une chambre voisine et déjà dégradé par la maladie et par la férocité de ses gardiens. Les gardiens qui la conduisaient ou la ramenaient étaient quelquefois cléments et attendris, souvent ivres et brutaux. La vue et l'entretien de son frère ne faisaient qu'accroître sa consternation.

Cet enfant de onze ans heureusement né, et beau en entrant dans la prison comme sa mère, s'était assombri, amaigri et prématurément flétri depuis qu'il était tombé trop jeune du sein de Marie-Antoinette et des genoux de Louis XVI entre les mains de fanatiques soldés pour tuer en lui ce qu'ils appelaient le *louveteau* du trône. On lui avait enseigné les chansons obscènes et les outrages populaires contre sa propre famille, on avait forcé sa main innocente à signer contre sa mère une déposition dont il ne comprenait pas la signification impie, on l'avait abruti pour le découronner même de sa naïveté d'enfant et de son intelligence.

« Ce pauvre enfant, écrivait sa sœur, croupissait dans sa chambre infecte au milieu des souillures et des haillons. On ne la balayait que de mois en mois. L'enfant, oblitéré dans ses sens, avait horreur du lieu, et vivait comme un être immonde dans un égout. On n'y entrait qu'à l'heure où on lui apportait sa nourriture. Du pain, des lentilles et un morceau de viande desséchée dans une écuelle de terre, jamais de vin ni de fruits, telle était la table de l'enfant enfermé avec lui-même. Après la mort de Robespierre, ces brutalités s'adoucirent, néanmoins elles étaient encore mortelles. »

XVII

« Nous le trouvâmes, dit Harmand, représentant de la Meuse, dans une petite chambre, sans autre meuble qu'un poêle de faïence qui communiquait dans la pièce voisine. Dans cette chambre était son lit. Le prince était assis devant une petite table carrée sur laquelle étaient éparses des cartes à jouer, les unes pliées en forme de boîtes et de petites caisses, les autres élevées en châteaux. Il était occupé de ses cartes lorsque nous entrâmes. Il ne quitta pas son jeu. Son habit était un habit de matelot en drap couleur d'ardoise; sa tête était nue. Un grabat était aux pieds de son lit. C'était le lit d'un savetier nommé Simon, que la municipalité de Paris, avant la mort de Robespierre, avait établi auprès de l'enfant. On sait que ce Simon se jouait cruellement du sommeil de son prisonnier; sans égard envers un âge pour lequel le sommeil est un besoin si impérieux, il l'appelait à diverses reprises pendant la nuit. « Me » voilà, citoyen, répondait l'enfant, mouillé de sueur ou » transi de froid. — Approche que je te touche, » répliquait Simon. Le pauvre enfant s'approchait, le geôlier brutal lui donnait quelquefois un coup de pied qui l'étendait à terre, en lui disant : « Va te recoucher, louveteau... » Je m'approchai du prince. Nos mouvements ne paraissaient faire aucune impression sur lui. Nous l'engageâmes à marcher, à parler, à se distraire, à répondre au médecin que la Convention allait lui envoyer. Il écoutait avec indifférence, il semblait comprendre, il ne répondait rien. On nous dit que,

depuis le jour où les commissaires de la commune avaient obtenu de son ignorance d'infâmes dépositions contre ses parents et où il avait compris les malheurs et les crimes dont on l'avait fait ainsi l'instrument, il avait pris avec lui-même la résolution de ne plus proférer un mot, de peur qu'on n'en abusât encore... « J'ai l'honneur de vous de-
» mander, monsieur, lui répéta Harmand, si vous désirez
». un chien, un cheval, des oiseaux, un ou plusieurs compa-
» gnons de votre âge que nous installerions près de vous?
» Voulez-vous en ce moment descendre au jardin ou monter
» sur les tours? » Pas un mot, pas un signe, pas un geste, bien qu'il eût la tête tournée vers moi et qu'il me regardât avec une étonnante fixité... Ce regard, ajoute le commissaire, avait un tel caractère de résignation et d'indifférence qu'il semblait nous dire : « Après m'avoir fait déposer
» contre ma mère, vous venez sans doute me tenter de dé-
» poser contre ma sœur. Vous me faites mourir depuis deux
» ans, ma vie est éteinte, que m'importent aujourd'hui vos
» caresses! achevez votre victime... » Nous le priâmes de se tenir debout. Ses jambes étaient longues et menues, les bras grêles, le buste court, la poitrine enfoncée, les épaules hautes et serrées, la tête seule très-belle dans tous ses détails, la peau blanche, mais sans vigueur, les cheveux longs, blonds, bouclés. Il avait peine à marcher. Il s'assit après avoir fait quelques pas, et resta sur sa chaise les coudes appuyés sur la table. Le dîner qu'on lui apporta dans une écuelle de terre rouge consistait en quelques lentilles et six châtaignes grillées, un couvert d'étain, point de couteau, point de vin. Nous ordonnâmes qu'on le traitât mieux, nous fîmes apporter quelques fruits pour ajouter à son repas. Nous lui demandâmes s'il était content de ces fruits, s'il

aimait le raisin. Point de réponse. Il le mangea sans rien dire. Après qu'il eut mangé le raisin, nous lui demandâmes s'il en désirerait encore ; même silence. Nous demandâmes si ce silence obstiné datait réellement du jour où on lui avait arraché par violence cette monstrueuse déposition contre sa mère. Ils nous affirmèrent que depuis ce jour seulement l'enfant avait cessé de parler. Le remords avait précédé l'intelligence. »

XVIII

La jeune princesse, dont la prison touchait à celle de son frère, l'entrevoyait quelquefois par l'indulgence de ses geôliers. Elle le voyait dépérir et mourait ainsi elle-même de deux agonies. Bientôt l'enfant s'achemina lentement vers la mort comme une plante sans air et sans soleil.

« La Convention, dit-elle, envoya, en apprenant sa fin prochaine, une députation pour constater son état. Les commissaires en eurent pitié, et ils ordonnèrent un meilleur traitement. Laurent, homme de nature plus humaine qui avait remplacé le savetier Simon, fit descendre de ma chambre un lit dans le réduit occupé par mon frère. Le sien était rempli d'insectes. On baigna l'enfant, on le purifia de la vermine dont il était couvert, mais on le laissa encore complétement solitaire. Je demandai à Laurent de m'éclairer sur le sort de ma mère et de ma tante, dont je ne savais pas la mort, et sur notre réunion à elles. Il me répondit avec un air de compassion et de mystère qu'il n'avait aucun éclaircissement à me donner sur cela.

» Le lendemain des hommes en écharpe qui vinrent me visiter et à qui je fis la même demande me répondirent par le même silence. Ils ajoutèrent que j'avais tort de réclamer ma réunion à mes parents, puisque j'étais bien là. « N'est-il
» pas affreux, leur dis-je, d'être séparée depuis un an de
» sa mère et de sa tante sans savoir de leurs nouvelles?
» — Vous n'êtes pas malade? dirent ces hommes. — Non,
» répliquai-je, mais y a-t-il une pire maladie que celle du
» cœur? — Espérez, me dirent-ils en se retirant, dans la
» justice et dans la bonté du peuple français! »

Était-ce pitié, était-ce ironie?

XIX

Ainsi s'écoulaient les jours, les mois, les années pour la captive de seize ans dans la tour du temple.

Au commencement de novembre, la Convention, plus clémente, envoya un homme au cœur tendre à Laurent pour soigner l'enfant. Cet homme, nommé Gonin, en prit des soins paternels. On permit enfin à l'enfant d'avoir de la lumière le soir dans sa prison. Gonin passait des heures entières avec lui pour le distraire. Il le fit descendre quelquefois dans un salon du premier étage de la tour dont les fenêtres sans abat-jour laissaient entrer le soleil et voir les feuilles, puis dans le jardin pour dénouer un peu ses pas. Mais le coup de la mort était porté. Gonin pouvait ralentir la mort, non rallumer la vie dans cette victime de quatre ans de solitude et de dénûment.

L'hiver s'écoula ainsi assez uniformément. On permit à

la princesse de faire du feu à discrétion dans sa prison, on lui apporta les livres qu'elle avait désignés pour s'entretenir au moins avec les hommes et avec Dieu. On lui refusait seulement toute réponse à ses questions sur ses parents.

Au commencement du printemps, on l'autorisa à monter de temps en temps sur la plate-forme de sa tour, d'où son regard pouvait voir l'horizon de Paris et s'emparer de la liberté des campagnes voisines. Quelles étaient ses pensées en apercevant les toits du Louvre, des Tuileries, des cathédrales et des palais de ses pères? Le dépérissement de son malheureux frère le dauphin allait en s'aggravant. Il n'était pas même permis à la jeune princesse de le voir et de le soigner elle-même. Elle n'apprenait que par ses geôliers la langueur et le progrès du mal dans ce pauvre enfant dont un plancher la séparait.

XX

Il expira enfin sans agonie, mais sans avoir proféré une parole, le 9 juin 1795 au milieu du jour. Les médecins qui le soignèrent pendant ses derniers moments ne l'avaient jamais vu avant l'heure suprême. Ils ne purent attester dans leurs rapports à la Convention qu'une chose : c'est qu'on leur avait présenté un enfant malade sous le nom du fils de Louis XVI et que cet enfant était mort sous leurs yeux. Il ne paraît pas que la jeune princesse ait été admise à voir son frère dans les derniers mois de son existence, ni pendant la maladie, ni après sa mort. De là des suppositions et des conjectures qui n'ont été ni justifiées ni démenties sur la substitution d'un enfant muet et malade à un autre enfant dans la tour du Temple, sur l'évasion du véritable enfant de Louis XVI et sur l'existence d'un roi légitime mais inconnu qui a longtemps passionné les imaginations amoureuses de merveilles. Bien que ces suppositions fussent invraisemblables, elles n'étaient pas néanmoins assez impossibles pour décourager les crédulités ou les fictions. On pourrait admettre que des conventionnels puissants voulant se ménager un jour un titre à la reconnaissance des trônes, ou que des partisans dévoués de la famille royale cachés sous l'uniforme des gardiens du Temple fussent parvenus à remplacer dans le cachot un enfant par un autre et à renfermer leur pieuse substitution dans le secret du cercueil. Mais que cet enfant ainsi délivré des fers à l'âge où les souvenirs sont déjà invétérés dans le cœur n'eût jamais rappelé les circonstances de ses premières années et de son évasion, que les agents de cette substitution de personne n'eussent jamais revendiqué le mérite de leur dévouement, que la jeune princesse à qui ce frère retrouvé aurait donné mille témoignages irrécusables de son identité par ses traits, par sa mémoire, par les confidences d'une vie de onze ans confondue dans la vie de sa sœur, n'eût jamais parlé, ce seraient là des miracles de silence, de discrétion, d'impossibilité morale, plus étonnants que le miracle même de l'évasion. Le silence de tant d'agents de cette délivrance, le silence de l'enfant délivré lui-même, démentent cette supposition. Il faudrait pour l'admettre admettre d'autres invraisemblances plus improbables que la délivrance même. Il faudrait que les instruments de cette substitution fussent tous morts avant que l'heure de la révéler eût sonné pour eux. Il faudrait qu'ils n'eussent confié en mourant leur précieux secret à aucun membre de leur famille ou à aucun ami. Il faudrait que l'enfant délivré fût mort lui-même avant d'avoir proféré un mot sur son existence antérieure. Il faudrait que les personnes à qui cet enfant aurait été remis, soit en France, soit à l'étranger, n'eussent jamais elles-mêmes entretenu le monde de ce dépôt mystérieux. Tout cela est possible, sans doute, mais d'une possibilité si extrême et si contre nature, que l'existence de Louis XVII peut servir d'aliment à des imaginations et de texte à des rêves, jamais aux recherches sérieuses de l'histoire. C'est une de ces énigmes que les hommes se posent éternellement, et qui ne sont résolues que par la probabilité ou par Dieu.

XXI

La princesse bénit cette mort en la pleurant. Dieu enlevait enfin son frère et son roi à son long supplice. Elle acheva en silence le sien. Du jour où la Convention ne craignit plus un prétendant au Temple, elle permit à la pitié publique d'en approcher. Neuf jours après la mort de Louis XVII, la ville d'Orléans, sauvée jadis par une jeune fille héroïque, osa intercéder pour la jeune fille innocente de Louis XVI. Cette ville envoya des députés à la Convention pour réclamer la délivrance de la jeune princesse et sa translation au sein de sa famille. « Car qui d'entre nous, dirent les députés d'Orléans, voudrait la condamner à habiter des lieux encore fumants du sang de sa famille? »

Nantes imita cet exemple. Charette avait demandé aussi, au nom de la Vendée, comme condition de la pacification de ces provinces, que la fille de Louis XVI fût remise à ses parents. Le comité de sûreté générale, composé depuis la chute de Robespierre d'hommes assouvis ou indignés de proscriptions, permit aux gardiens du Temple de la faire descendre pour la première fois dans le jardin. Elle s'y promenait suivie du seul campagnon de ses quatre années de solitude, le chien de Louis XVI son père, que ce prince avait laissé à ses soins en partant pour l'échafaud. Des femmes de l'ancienne cour attachées à la princesse avant ses infortunes, et échappées elles-mêmes aux échafauds et aux cachots de la Révolution, madame de Chantereine, madame de Mackau, madame de Tourzel et sa fille mademoiselle Pauline de Tourzel, compagne des premiers jeux de la princesse, furent autorisées à la visiter. L'infortune n'avait dans ces âmes tendres de femme qu'ajouté au respect par la pitié. Les fenêtres des maisons qui bordaient le jardin de la prison se rouvraient comme aux premiers jours de la captivité du roi, se couronnaient de visages amis et laissaient pleuvoir des fleurs et des vers sur les pas de la jeune captive. Les brochures et les journaux en entretenaient l'opinion publique adoucie ou repentante. « La fille de Louis XVI a enfin la liberté, disaient ces feuilles, de se promener dans les cours du Temple. Deux commissaires veillent sur ses pas. Ils ne l'approchent qu'avec convenance; ils la traitent avec les respects qu'inspirent le souvenir de ce qu'elle fut et le triste spectacle de ce qu'elle est aujourd'hui. Une chèvre qu'on lui permet de nourrir auprès d'elle occupe ses soins. L'animal apprivoisé la suit avec fidélité. Un chien est surtout l'inséparable compagnon de la jeune prisonnière et paraît lui être très-attaché. C'est le chien du roi, aujourd'hui sans maître, et qui l'aime encore dans son enfant. »

XXII

M. Hue, l'ancien serviteur du roi, loua une des fenêtres qui plongeaient sur le jardin. Il chanta, comme Blondel, serviteur d'un autre roi captif, des paroles consolatrices à la fille de son maître. Il parvint au moyen de signaux à lui faire parvenir une lettre de son oncle Louis XVIII. La princesse put répondre avec la connivence des commissaires qui fermaient les yeux. Charette lui transmit par cet intermédiaire les vœux et le dévouement de son armée. Tout annonçait la fin de sa captivité. Le 30 juillet, la Convention, sur le rapport de son comité de salut public et de sûreté générale, décréta que la fille de Louis XVI serait échangée avec l'Autriche contre les représentants et les ministres que Dumouriez avait livrés au prince de Cobourg, au moment de sa défection : Drouet, Semonville, Maret, et d'autres prisonniers importants de l'Autriche. Elle ne laissa d'autre trace de sa captivité et de ses larmes dans sa prison que ces deux lignes gravées par elle sur la pierre de sa fenêtre pendant les longues oisivetés de la reclusion : « O mon père, veille sur moi du haut du ciel! O mon Dieu, pardonnez à ceux qui ont fait mourir mon père! »

XXIII

Le 19 décembre 1795, à minuit, jour de sa naissance, elle sortit de sa prison. Le ministre de l'intérieur, Benesech, pour éviter toute émotion du peuple, la conduisit à pied du Temple à une rue voisine où la voiture du ministre l'attendait. La voiture suivit par des sentiers déserts et à peine bâtis alors les alentours du boulevard, et s'arrêta dans un terrain vide, derrière la porte Saint-Martin. Là, une berline de poste, occupée par madame de Soucy, sous-gouvernante des enfants de France, et par un officier de gendarmerie, reçut la princesse. Le ministre ajouta au prix de la liberté rendue par le respect et par la pitié qu'il témoigna dans ses paroles et dans ses préparatifs. La jeune princesse ne put répondre que par ses larmes. Elle laissait derrière elle, avec ses quatre ans de jeunesse écoulés à l'ombre d'un cachot, les cadavres de son père, de sa mère, de sa tante, de la princesse de Lamballe, de son frère, de princesses de sa cour, de tout ce qu'elle avait connu et aimé au berceau. Les roues de la voiture ne lui paraissaient jamais assez rapides pour fuir une terre qui avait bu tant de sang et dévoré tant de victimes, de veuves, de femmes, d'enfants, d'innocence, de vertu, pour le crime de la royauté. L'agonie du fils de Louis XVI, les supplices de sa sœur, les captivités de sa fille, seront de longs remords sur le cœur du peuple, et de funèbres taches sur la Révolution. Il a fallu cinquante ans et une révolution plus pure pour rendre son innocence à la liberté. Ces supplices immérités, ces décapitations de femmes, ces immolations lentes d'enfant et de jeune fille dans des agonies de quatre ans pires que la hache, sous les yeux d'une nation renommée pour sa générosité, font trembler la main qui les raconte. Serait-il vrai que l'extrême civilisation se confonde dans ces sacrifices humains avec l'extrême barbarie? Non, sans doute; ce peuple sortait d'une longue ignorance, il se vengeait sur des innocents. Il n'avait pas encore appris que les vengeances sortent des vengeances, et que Dieu n'accorde la liberté durable qu'à la justice et à la magnanimité du peuple.

XXIV

Le nom de Sophie cachait son vrai nom, mais ne cachait pas son visage. La ressemblance de cette jeune fille avec les images de Marie-Antoinette gravées dans les regards du peuple la fit trois fois soupçonner ou reconnaître sur la route. Mais il n'y avait plus, comme à Varennes, de gardes nationaux pour la ramener à la captivité, il n'y avait que des regards humides pour l'admirer et des mains amies pour applaudir à sa délivrance.

XXV

La beauté avait triomphé de la douleur et de la réclusion. La séve forte des Bourbons avait développé ses charmes à l'ombre du Temple. Des cheveux ondoyants, un cou flexible, une taille élancée, des yeux bleus, des traits à la fois majestueux et délicats, le coloris de l'adolescence sur un visage mûri avant les années par la solitude, cette fierté que donne le sang, cette tristesse que donne le souvenir, cette âme en deuil sur un visage rayonnant de jeunesse, enchantaient et retenaient les regards. On ne pouvait la voir sans voir en elle tout ce qui avait traversé cette destinée et tout ce qui l'attendait encore. C'était l'apparition tragique de la Révolution échappant à la hache des bourreaux les pieds dans le sang des siens, et se réfugiant de la mort dans l'exil. On la reçut partout avec cette impression. On s'agenouillait en Allemagne sur son passage ; on croyait voir une résurrection de tous ces tombeaux.

L'empereur d'Autriche, son oncle, lui avait préparé un appartement. Toute la famille impériale vint la recevoir au seuil du palais. Elle y fut traitée en archiduchesse. Elle avait dix-sept ans. L'intention de l'empereur était de la faire épouser à son frère l'archiduc Charles, le héros de l'Autriche. Elle se souvint que son père Louis XVI l'avait destinée à son cousin le duc d'Angoulême, fils aîné du comte d'Artois. Elle voulut obéir à sa dernière volonté. Elle partit pour Mittau, où le roi son oncle l'appelait pour cette union de famille. Elle se jeta à ses pieds et les embrassa, comme si elle eût retrouvé en lui son père. Ce prince lui présenta le duc d'Angoulême comme un fiancé à elle dans le ciel. Il la mena ensuite à l'abbé Edgeworth, qui avait reçu les dernières prières et les derniers repentirs de Louis XVI, et qui ne l'avait quitté qu'au seuil sanglant de l'échafaud. Peu de jours après, ce vénérable prêtre, sanctifié à ses yeux par le souvenir qu'il lui rappelait, bénit son mariage avec le jeune duc. Ce mariage resta stérile. La hache par son effroi, la captivité par ses tortures, avaient frappé la postérité du trône jusque dans ce dernier rameau.

La duchesse d'Angoulême suivit dans toutes ses vicissitudes les exils, les changements de patrie et de fortune de son oncle. Ce prince l'aimait par sentiment et par politique, il se parait de cette beauté, de cette jeunesse et de cette pitié aux yeux de l'Europe. Il l'appelait son Antigone. Il se montrait appuyé sur le bras de cette nièce comme une royauté protégée d'en haut par l'ange du deuil. Elle vivait auprès de lui dans le château d'Hartwell, se souvenant de la France avec amertume, mais du trône et de la patrie avec l'orgueil et la majesté innée de son sang.

XXVI

Le duc d'Orléans, fils de Philippe-Égalité, avait séparé sa cause et sa vie des Bourbons de la branche aînée. Dévoué à la Révolution par son père, élevé et aguerri par Dumouriez, il avait combattu avec ce général à Jemmapes contre les émigrés. Il avait suivi son chef dans sa défection et dans sa trahison contre la Convention. Il avait passé avec Dumouriez et son état-major à l'ennemi. Émigré à son tour, son nom et ses opinions présumées l'avaient empêché de chercher un asile au camp des princes ou à la cour des souverains. Il avait végété en Suisse et en Amérique sous un nom d'emprunt. Son esprit sagace s'était aiguisé aux difficultés de la vie. Il avait vaincu les obstacles que sa naissance et ses antécédents opposaient à sa fortune à force de réserve et de temporisation ; tantôt prince, tantôt citoyen, selon l'heure et le pays, il s'était rendu aussi acceptable à la liberté qu'à la couronne. Il était venu, pendant le règne de Bonaparte, se réconcilier avec les Bourbons et désavouer les défections et les votes de son père. Il avait passé en Espagne pendant la guerre de l'indépendance, offrant, comme Moreau, son épée contre Napoléon. Les Bourbons et les cortès d'Espagne avaient craint d'accepter le secours d'un prince de leur sang qui les aurait engagés à trop de reconnaissance envers un prétendant éventuel à la couronne. Le duc d'Orléans était allé en Sicile, où la protection des Anglais et la parenté du roi lui avaient fait obtenir la main d'une princesse de la maison de Naples. Une jeune famille croissait autour de lui ; il semblait avoir oublié la France. La chute de Bonaparte et les espérances confuses de rôle dans une restauration le rapprochèrent. Ses opinions voilées comme son âme et son origine ambiguë le rendaient aussi propre à servir qu'à rivaliser une restauration. Louis XVIII et le comte d'Artois, depuis sa visite à Londres, ne voyaient dans le duc d'Orléans qu'un prince honnête homme exclusivement adonné à ses sollicitudes de famille. Ils pensaient qu'en lui rendant son rang de premier prince du sang et son immense fortune, on le rattacherait sans danger à une monarchie qui avait tout à pardonner à son nom. L'apparence trompait la finesse de Louis XVIII lui-même. Le duc d'Orléans était probe dans ses actes plus qu'il n'était vrai dans son abnégation. Il ne devait pas conspirer, mais attendre. Attendre dans certaines situations, c'est conspirer.

XXVII

Le prince de Condé et le duc de Bourbon son fils, quoique éloignés de la faveur de Louis XVIII, et plus chers aux camps qu'à la cour, vivaient à Londres dans l'attitude de premiers soldats de la monarchie.

Depuis le grand Condé et Rocroy, l'héroïsme du sang des Bourbons semblait s'être perpétué dans cette race. C'était la seule main de la famille qui ne voulût tenir que l'épée. La gloire militaire de leur aïeul était pour eux une seconde noblesse qu'ils préféraient même à leur parenté avec le trône.

Le prince de Condé, vieux guerrier de l'école de Frédéric II, s'était formé contre ce prince dans la guerre savante de Sept ans. Nos revers mêmes lui avaient tourné en gloire. Nos canons sauvés par lui à Rosbach ornaient ses magnifiques jardins de Chantilly. Louis XV passait pour avoir aimé entre tant de femmes la princesse de Hesse, mère du prince de Condé. La faveur qu'il ne cessa de montrer pour le fils faisait croire à une parenté plus rapprochée et plus chère que la parenté de famille. Ce prince avait mis de bonne heure sa fidélité et son orgueil à ne rien concéder aux idées de la Révolution. Il lui semblait au-dessous de sa race de parler à un peuple autrement que l'épée à la main. Dès 1789, il avait émigré avec son fils, le duc de Bourbon, et son petit-fils, le duc d'Enghien, et il avait planté le drapeau de la monarchie sur les bords du Rhin. La noblesse française l'avait rejoint comme son chef, l'Allemagne l'avait adopté, son armée avait pris son nom, elle était devenue le camp de l'aristocratie armée sur la terre étrangère, cherchant à reconquérir sa patrie à côté des armées de la Prusse et de l'Autriche. Après les campagnes malheureuses pour la coalition de 1792 et de 1793, l'armée des princes de Condé avait passé à la solde de l'Angleterre. Elle était restée réunie mais inactive en face des armées de la république, épiant la guerre civile pour s'y mêler, la guerre étrangère pour s'en servir. Pleine de courage, d'indiscipline et d'inexpérience sous trois chefs intrépides, l'armée de Condé n'avait pu obtenir des résultats décisifs. Le nom des Condé y avait grandi, la contre-révolution n'y avait pas conquis un pas sur nos frontières. Cette existence était grande pour le prince de Condé. Il traitait avec les cours de l'Allemagne, il essayait de tramer avec Pichegru, il parlait à la république d'égal à égal, il contre-balançait, par sa renommée et par sa popularité dans l'émigration, le rang et le titre du comte de Provence et du comte d'Artois. Il passait pour soutenir largement sa noble représentation militaire avec les subsides que la Russie, l'Espagne, l'Allemagne et l'Angleterre fournissaient à la solde de son corps d'armée.

L'Allemagne une fois conquise, cette armée passa à la solde du gouvernement britannique, se dispersa en Espagne, en Vendée, en Russie, partout, où rentra indigente et expropriée en France. Le prince de Condé et son fils se retirèrent en Angleterre dans une magnifique retraite champêtre où ils se livrèrent à leur passion de famille pour la chasse. Là, le prince épousa enfin la belle princesse de Monaco, qu'il avait aimée et enlevée de force avant l'émigration, mêlant ainsi l'amour à la guerre et à l'exil comme le grand Condé.

XXVIII

Le duc de Bourbon, son fils et son lieutenant à l'armée, l'égalait en intrépidité. Ce prince, amoureux à quinze ans de sa cousine, sœur du duc d'Orléans, l'avait enlevée du couvent où cette princesse était enfermée. Le duc d'Enghien, son fils, était le fruit de ces amours précoces. La duchesse de Bourbon, sa femme, s'était depuis séparée de lui, et vivait en Angleterre dans une liberté profane mêlée d'illuminisme pieux. Le duc de Bourbon avait étonné l'armée républicaine dans la campagne de 1792 par des témérités et des exploits d'avant-garde qui avaient fait de lui le Roland ou le Murat de l'émigration. Depuis l'assassinat de son fils le duc d'Enghien, ce prince, sans avenir pour sa maison, s'était abandonné à une mélancolie qui ne se ranimait qu'aux sons du cor dans les forêts de l'Angleterre. La gloire même ne lui paraissait plus digne d'un effort, depuis que cette gloire devait mourir avec son nom.

Ce qui manquait à ces deux Condé, c'était le duc d'Enghien, leur fils et leur petit-fils, leur souvenir et leur avenir. Il y avait dans la perte de ce jeune prince de quoi pleurer pour deux générations. La Révolution et le champ de bataille l'avaient épargné, l'ambition l'avait immolé.

Il faut dire par quel événement ce prince manquait au retour presque complet des Bourbons absents depuis 1789, car son absence était plus sensible à l'imagination et au cœur de l'Europe que ne l'eût été sa présence. Le sentiment du crime où cette victime avait disparu était pour une grande part dans l'intérêt qui s'attachait à sa famille et dans l'antipathie qui rejaillissait contre son meurtrier. Dieu a fait ainsi le cœur de l'homme, qu'une seule tache de crime y offusque tout un disque de gloire, et que la justice s'y venge à jamais par une implacable pitié.

XXIX

Le duc d'Enghien, comme nous venons de le dire, était le premier et unique fruit des amours du duc de Bourbon, âgé de quinze ans, et de sa cousine, Bathilde d'Orléans. Cette princesse avait été enlevée par lui du couvent après le mariage, malgré les deux familles qui voulaient séparer les deux amants. La poésie s'était emparée dans le temps de ce drame de cour et l'avait popularisé sur la scène par la musique et par les vers. Cette union trop prématurée n'avait pas été longtemps heureuse. La duchesse de Bourbon avait été l'objet de nouvelles tendresses à l'occasion d'un duel respectueux entre son mari et le comte d'Artois, pour une inconvenance de bal masqué. Le duc de Bourbon adorait son fils et l'élevait à la guerre avant l'âge, comme un enfant des camps, sous les tentes et dans les campagnes de l'émigration. La nature avait devancé dans ce jeune prince la mâle vocation des combats. Il était né soldat, il ne respirait que l'héroïsme, il ne voulait devoir qu'à son épée et à son sang répandu ses grades dans l'armée de son grand-père dont il était aide de camp, et le respect de ses compagnons d'armes et d'exil. Sa belle figure, mélange de la grâce féminine des d'Orléans et de l'enthousiasme martial des Condé, ses yeux bleus, son nez d'aigle, l'ovale espagnol de son visage, la franchise des lèvres et du geste, le coloris juvénile de ses traits, son cœur d'égal et d'ami avec la jeunesse de son âge, sa grâce à cheval, sa stature à pied, son élan au feu, son ardeur au plaisir, en avaient fait le favori de l'armée. Son grand-père et son père le recommandaient en vain dans les affaires d'avant-poste à la prudence des vétérans, ils ne pouvaient le contenir. Son sang était impatient de se répandre pour la cause dans laquelle il avait été nourri ; il avait coulé déjà trois fois sous les balles et sous le sabre des républicains. A vingt-deux ans, le duc d'Enghien avait l'instinct déjà exercé de la guerre et le coup d'œil d'un général. Il commandait la cavalerie de l'armée.

XXX

Au licenciement de l'armée de Condé, il en conduisit un détachement en Russie. La jeune princesse Charlotte de Rohan, qu'il aimait et qu'il enchaînait volontairement à ses hasards sur le champ de bataille, le suivit dans ce voyage et au retour. L'amour qu'il nourrissait pour elle et la passion des combats l'empêchèrent de suivre son grand-père et son père dans leur retraite de Londres. Il voulut rester isolé, loin des cours, mais toujours en vue de la France, et près du théâtre de la guerre, si elle venait à se rallumer. Il parcourut la Suisse avec la compagne de sa jeunesse, il revint se fixer avec elle à Ettenheim, village du pays de Bade. Il s'y reposait dans l'obscurité, dans l'amour et dans les travaux rustiques des sept années de combats et d'activité qui l'avaient mûri avant le temps. Quelques amis de sa maison laissés par son père et quelques aides de camp de ses guerres vivaient retirés dans le même village et partageaient ses simples et innocents délassements.

XXXI

Rougissant de son inactivité, il eut un moment l'idée de prendre du service dans une des armées des puissances. Son père lui écrivit pour le rappeler à son sang : « Cela n'est pas fait pour vous, mon cher enfant, lui disait le duc de Bourbon, jamais aucun des Bourbons n'a pris ce parti. Toutes les révolutions du monde n'empêcheront pas que vous soyez jusqu'à la fin de vos jours ce que vous êtes, ce que Dieu vous a fait. Pénétrez-vous de cette idée. Au commencement de la guerre, que j'ose croire avoir faite comme un autre, j'ai refusé d'accepter aucun grade au service de l'étranger. C'est ainsi que vous devez faire vous-même. Toute autre conduite vous rendrait peut-être l'allié des rebelles de la France, et pourrait vous exposer à combattre la cause de votre roi !... Ici vous mènerez une vie obscure dans votre intérieur en attendant l'achèvement de votre gloire. Adieu, je vous embrasse. »

XXXII

Le prince avait obéi à son père. Étranger à toute intrigue, se croyant à l'abri de tout danger dans les États du grand-duc de Bade, il se livrait dans les forêts de ce prince à la chasse, son plaisir de prédilection. On dit qu'emporté par l'imprudence de son âge, par le sentiment de son innocence et par l'instinct de l'exilé qui fait jouir du danger même avec lequel on foule le sol de la patrie, il passait quelquefois le Rhin et venait assister inconnu aux représentations du théâtre de Strasbourg. Mais ce bruit semé sans preuves par ses meurtriers comme une excuse est démenti depuis l'événement par les amis qui ne le quittaient pas.

Quoi qu'il en soit, son grand-père, le prince de Condé, s'alarma de cette étourderie, dont la rumeur était venue jusqu'à lui à Londres. « On assure, écrivit-il à son petit-fils, que vous avez été faire une course à Paris, d'autres disent à Strasbourg seulement. Il faut convenir que c'était un peu inutilement risquer votre vie ou votre liberté, car pour vos principes je suis tranquille de ce côté-là, ils sont aussi profondément gravés dans votre cœur que dans les nôtres. Il me semble qu'à présent vous pourriez nous confier le passé et nous dire, si la chose est vraie, ce que vous avez observé dans votre voyage... A propos de votre sûreté, qui nous est si chère à tous, vous êtes bien près de la France, prenez garde, ne négligez aucune précaution pour être averti à temps et faire votre retraite à propos, en cas

qu'il passât par la tête du consul de vous faire enlever !...
N'allez pas croire qu'il y ait du courage à tout braver à cet
égard... Ce ne serait qu'une imprudence impardonnable
aux yeux de l'univers, et qui aurait des conséquences affreuses... Ainsi, je vous le répète, prenez garde à vous, et
rassurez-nous en nous répondant que vous sentez parfaitement la nécessité des précautions que nous vous conjurons
de prendre, et que nous pouvons être tranquilles sur votre
compte. »

XXXIII

« Assurément, mon cher papa, répondit le duc d'Enghien ; il faut me connaître bien peu pour avoir pu dire ou
chercher à faire croire que j'ai mis le pied sur le sol républicain autrement qu'avec le rang et à la place où le *hasard*
m'a fait naître. Je suis trop fier pour courber bassement la
tête ; le premier consul pourra peut-être parvenir à me tuer,
mais il ne me fera jamais m'humilier. On peut voyager
inconnu dans les glaciers de la Suisse comme je l'ai fait la
saison dernière ; mais en France, quand j'y rentrerai, je
n'aurai pas besoin de m'y cacher. Je puis donc vous donner
ma parole d'honneur la plus sacrée que jamais pareille idée
ne m'entra ni ne m'entrera dans la tête. Je vous embrasse,
mon cher papa, et je vous prie de ne jamais douter de moi
et de ma tendresse. »

XXXIV

Peu de temps après, les complots de Georges, de Pichegru et le procès de Moreau semèrent de soupçons et de sang les premiers pas de Napoléon vers l'empire. Sa vie lui semblait menacée par la triple complicité des Jacobins, des émigrés et de ses rivaux de gloire, Moreau et Pichegru, portés au crime par la jalousie de sa toute-puissance. Ce fut le temps où des hommes de police vendus et traîtres à la fois aux deux partis entraient à Londres dans des conspirations occultes et les grossissaient de mensonges pour les revendre plus cher à Paris. Tout était rumeur sourde, piéges cachés ou soupçonnés, ombrages, arrestations, jugements à mort, exécutions autour du futur empereur. Ce règne usurpé sur la monarchie et sur la liberté à la fois allait s'entourer des terreurs qu'il ressentait lui-même, et voulait prévenir l'assassinat par le supplice. L'âme de Napoléon, qui n'avait pas montré à Saint-Cloud le courage civil au même degré que le courage militaire sur les ponts de Lodi ou d'Arcole, affectait la férocité de son ambition. Il voulait évidemment creuser derrière lui un tel abîme entre le pouvoir suprême et la déchéance, que ni le peuple ni l'Europe ne pussent douter de son obstination à régner ou à mourir. Sa résolution prenait en lui le caractère de l'irrévocable fatalité. Il voulait que le monde en fût convaincu à tout prix, pour décourager ses ennemis et ses rivaux de la pensée d'attenter jamais à sa future dynastie. Voilà quel était l'état vrai de son âme quand des rapports de police mal rédigés et mal interprétés lui firent présumer que le duc d'Enghien et le général Dumouriez renouvelaient contre lui à Ettenheim les conférences de Georges, de Pichegru et de Moreau à Paris, et que la paisible demeure du prince était un foyer de trames et de meurtres prémédités contre lui. Il prescrivit à l'instant à sa police d'éclairer par un espionnage sur les lieux ces soupçons que rien ne justifiait. Il semblait pressé de surprendre le nom d'un Bourbon dans un crime et de déshonorer la maison dont il voulait prendre la place et l'héritage sur le trône de son pays. De tous ces princes réfugiés sur la terre étrangère, peut-être n'y en avait-il qu'un seul qui par sa passion des armes, sa popularité dans les camps, sa nature et sa filiation de héros, pût lui faire redouter dans l'avenir un compétiteur ou un vengeur. La fortune en le lui désignant dans cette circonstance semblait s'entendre avec ses intérêts, ses prévoyances et ses soupçons. Ces dispositions qui l'aidaient à trouver un coupable le pressaient peut-être aussi de frapper. On dit, et rien ne le dément ni ne l'atteste, que M. de Talleyrand, alors son ministre des affaires étrangères, flattant ses terreurs comme il avait flatté son audace, l'encouragea non à sévir, mais à surprendre la prétendue conspiration et à violer hardiment le droit des nations et de la paix en faisant enlever le prince sur un territoire étranger. M. de Talleyrand n'a jamais montré dans sa longue vie l'exécrable indifférence du sang, encore moins des passions cruelles. Ses vices étaient d'une autre nature. Trop souple pour être inflexible, on peut croire qu'il témoigna pour la sûreté du premier consul un zèle qui ne connaissait pas de scrupules. On ne peut admettre qu'il insinua le crime et la mort. Seulement, irréconciliable avec l'Église par ses mœurs et par son mariage, irréconciliable avec les Bourbons par ses services à leurs ennemis, il devait pousser naturellement son maître à rompre irrévocablement avec des princes dont il n'espérait lui-même aucun pardon. Là se borne sans doute toute sa complicité. Napoléon à Sainte-Hélène la lui a rejetée tout entière, puis il l'a décernée à d'autres, puis il l'a revendiquée pour lui-même dans un codicille plus cruel que l'assassinat. Mais l'aberration est le caractère du remords. Quand le crime pèse, on le rejette au hasard sur d'autres mains, et quand la vérité vous le restitue enfin et qu'on est forcé de le reprendre, on le revendique, on s'en fait un orgueil. C'est le dernier subterfuge de la conscience, la dernière forme du forfait.

XXXV

Le consul commença de ce jour-là à faire tracer par sa police autour du séjour du prince le cercle d'information, de surveillance et d'embûches dans lequel il méditait de l'enserrer. Le 4 mars 1804, le préfet de Strasbourg, par l'ordre de Réal, préfet de police à Paris, conféra avec le colonel Charlot, commandant de la gendarmerie. Ils cherchèrent ensemble quels étaient les moyens de percer l'obscurité qui planait encore sur l'entourage du prince à Ettenheim. Ces deux fonctionnaires jetèrent les yeux sur un sous-officier intelligent et rompu à ces sortes d'explorations par l'habitude de poursuivre et d'épier les criminels. Il se nommait Lamothe.

Lamothe, né dans l'Alsace, parlait allemand. Il se rendit à Ettenheim sous prétexte d'un trafic quelconque; il reconnut les routes, les lieux, le petit château gothique qu'habitait le prince, la maison retirée dans le village où résidaient la princesse Charlotte et le prince de Rohan, son père. Après avoir lié conversation avec les habitants du pays et parlé de son prétendu commerce, il interrogea avec une apparente indifférence les paysans sur le duc d'Enghien, sur sa suite, sur le genre de vie qu'il menait dans cette retraite, sur les réfugiés français qui habitaient avec lui ou autour de lui, enfin sur les rapports plus ou moins fréquents qu'il avait avec des personnages étrangers au pays.

XXXVI

Lamothe revint le lendemain à Strasbourg et fit son rapport au colonel Charlot. Ce rapport disait : « Je me suis rendu d'abord au village de Capel, à une certaine distance d'Ettenheim. Là, en causant avec le maître de poste, j'ai appris que le duc d'Enghien était toujours à Etteinhem avec le général Dumouriez et le colonel Granstein récemment arrivés de Londres. Arrivé à Etteinhem, on m'a confirmé la présence dans le village du prince et du général Dumouriez. On m'a dit que le prince logeait dans le château voisin du village; qu'il passait sa vie à la chasse; qu'il n'avait près de lui qu'un secrétaire; que Dumouriez et le colonel Granstein logeaient séparément dans des maisons différentes; que la correspondance du prince était plus active qu'à l'ordinaire; qu'il était adoré dans le pays; qu'il n'était nullement question de son départ pour Londres, ni d'un voyage que le prince avait fait à Londres. La nuit s'approchait, ma mission était terminée. » Le reste du rapport concerne d'autres renseignements que Lamothe était chargé de recueillir en passant sur la baronne de Reisch et sur les émigrés de la petite ville voisine d'Offenbourg, foyer d'intrigues et de correspondance des réfugiés français sur les bords du Rhin.

XXXVII

Ce rapport exact sur les détails de la vie et de la résidence du prince était inexact sur les noms. L'accent allemand du paysan d'Ettenheim avait dénaturé la prononciation du nom du colonel de Thomery, émigré français, aide de camp du prince, et en avait dérivé le nom du général Dumouriez. Dumouriez était alors à Hambourg, et le prince n'avait jamais eu le moindre rapport avec ce général réfugié à Londres, et qu'il regardait comme un traître à sa maison autant que comme un traître à la république. Le colonel Charlot se hâta d'expédier le rapport de son espion au général Moncey, commandant supérieur de la gendarmerie à Paris, par la correspondance de ce corps. Cette correspondance avait lieu de brigade en brigade avec une rapidité supérieure alors à la rapidité des courriers de la poste.

Moncey apporta ce rapport au premier consul avant que le préfet de police Réal eût reçu lui-même les lettres du préfet de Strasbourg contenant les mêmes renseignements.

Bonaparte en voyant le nom de Dumouriez s'écria. Il crut tenir le nœud de la trame dont il se sentait enveloppé. Il fit appeler Réal, le chef de sa police : « Eh quoi, dit-il d'un ton de reproche en le voyant entrer, vous me laissez ignorer que Dumouriez est à Ettenheim avec le duc d'Enghien et que tous deux y organisent des complots militaires à quatre lieues de la frontière ? »

Réal s'excusa sur le retard de la correspondance du préfet de Strasbourg. Il reçut le soir la lettre confirmant le rapport de Charlot. Il la communiqua au premier consul et à M. de Talleyrand, présent à l'entretien. Tous les trois convaincus de la réalité du renseignement, connaissant l'importance, l'audace et le génie agitateur de Dumouriez, s'étonnèrent et s'indignèrent du silence des autorités voisines du Rhin et de l'envoyé de la république à Bade, Massias. « Il faut, dit M. de Talleyrand, laisser les émigrés conspirateurs se concentrer dans ce foyer du Rhin et les y prendre. »

L'opinion de la complicité du duc d'Enghien dans les conspirations qui agitaient alors sourdement Paris se confirma ainsi de plus en plus dans l'esprit du premier consul, de son ministre et de sa police. Mille coïncidences contribuèrent à la fortifier et à l'irriter davantage.

XXXVIII

Georges, qu'on cherchait vainement depuis trois semaines dans Paris, fut épié et surpris dans la soirée du 9 mars. Sorti de sa retraite et monté dans le cabriolet de Léridant, un de ses complices, il s'aperçut qu'il était suivi par quatre agents de police. Il prend les rênes des mains de Léridant et lance son cheval au galop dans les rues qui descendent du Luxembourg vers la Seine. Les agents essoufflés s'acharnent à sa poursuite. Il regarde par l'œil de la capote du cabriolet, se voit près d'être atteint, rend les rênes, arme ses pistolets et fait feu sur les deux premiers agents qui se présentent. Il en tue un et blesse l'autre à mort, il se défend le poignard à la main contre les deux autres et contre les auxiliaires qui se joignent à eux pour le désarmer. Abattu enfin par un chapelier nommé Thomas et entouré par la foule, il est garrotté et conduit au dépôt des criminels. Interrogé par Réal, il avoue qu'il est venu à Paris pour enlever le premier consul de vive force, nullement pour l'assassiner, qu'il a eu des rapports avec Saint-Réjant, le machinateur de l'attentat de la rue Saint-Nicaise, mais que Saint-Réjant en fabriquant la machine infernale avait outre-passé ses instructions, qui ne consistaient qu'à recruter un nombre d'hommes à cheval résolus pour attaquer l'escorte de Bonaparte dans une de ses courses hors de la ville, et pour amener ce dictateur prisonnier à Londres; que rien n'était prêt encore pour cette entreprise et qu'on attendait pour la consommer l'arrivée prochaine d'un prince à Paris.

XXXIX

Ce prince dans l'esprit de Bonaparte et de la police ne pouvait être que le duc d'Enghien. Une autre déposition de

Léridant confirmait cette fausse apparence. Ce conspirateur, ami de Georges, disait avoir vu venir à Chaillot, dans la maison où Georges vivait inconnu, un jeune homme dont on taisait le nom, élégamment vêtu, d'une figure belle, de manières aristocratiques, et qu'il avait pensé que ce jeune homme était le prince attendu par les conjurés. On ne sut que plus tard que ce jeune homme, dont l'extérieur et le mystère avaient frappé Léridant, était le comte Jules de Polignac, confident du comte d'Artois, le même dont le dévouement fatal à son maître entraîna depuis la ruine de la monarchie.

Les confidents et les ministres du premier consul flattèrent sa colère à ces révélations mal éclaircies et le poussèrent à répliquer à une guerre d'embûches par une guerre d'embûches aussi, et au meurtre par le meurtre. C'était devancer son indignation et servir sa pensée. Il prit ses conseillers au mot.

XL

Il convoqua le 10 mars un conseil intime où furent appelés Cambacérès, Lebrun, ses deux collègues au consulat, M. de Talleyrand, Fouché, et Regnier, ministre de la justice.

Regnier exposa l'affaire en parlant toujours de la fausse supposition d'une complicité du duc d'Enghien dans les complots entièrement distincts de Georges, de Pichegru, de Moreau, de Saint-Réjant, du comte Jules de Polignac, des correspondants des princes de Londres, et de la supposition également controuvée de la présence du général Dumouriez à Ettenheim. Tout est soupçon à la peur, et tout est preuve au soupçon.

« On prête, disait l'exposé des faits, au premier consul la pensée d'une complicité personnelle dans ces trames ourdies contre lui, on lui attribue la préméditation du rôle de Monk, il faut qu'il s'en lave par un démenti éclatant donné à ces conjurés. On joue au meurtre contre lui et contre la république, il faut que le gouvernement déjoue ces conspirations, il faut les atteindre où elles sont. Le grand-duc de Bade ne pourra se plaindre de la violation de son territoire s'il le prête sciemment à des attentats contre la France ; et s'il en est autrement il ne pourra qu'applaudir à une justice qui prévient un crime tramé chez lui. »

Cambacérès, plus formaliste, répugnait à la violation du territoire étranger. « S'il est vrai que le prince vienne souvent à Strasbourg, pourquoi ne pas le faire observer et l'arrêter en flagrante violation de son bannissement et sans attenter au droit des nations ? » Regnier, ministre de la justice, quoiqu'il eût fait lecture du rapport, appuya contre le rapport l'avis légal et modéré de Cambacérès. M. de Talleyrand répondit que ce parti aurait deux inconvénients graves : le premier, de donner le temps à la résolution du gouvernement de s'ébruiter et de prémunir ainsi les conspirateurs contre le danger de revenir à Strasbourg ; le second, de ne pas faire saisir à Ettenheim leurs papiers, plus importants à saisir que leurs personnes, puisque ces papiers devaient donner la clef des complots les plus dangereux et les plus secrets contre la France. Cet avis rallia tous les avis ; l'expédition d'Ettenheim fut résolue. On y concerta une autre expédition simultanée et de même nature à Offenbourg, autre foyer présumé des mêmes complots aux bords du Rhin.

XLI

Bonaparte rentré dans ses appartements jeta les yeux sur les deux hommes de tête et de main de son entourage auxquels il pût confier avec certitude de dévouement et d'intrépidité cette double expédition. Il choisit pour l'expédition d'Offenbourg le général Caulaincourt, son aide de camp, et pour l'expédition d'Ettenheim le général Ordener, commandant des grenadiers à cheval de la garde des consuls.

Caulaincourt, gentilhomme de Picardie, était fils du marquis de Caulaincourt, lieutenant général des armées du roi avant la Révolution. Sa mère était attachée à la cour de madame la comtesse d'Artois. Le jeune Caulaincourt, destitué comme noble de ses premiers grades à seize ans dans l'armée républicaine, s'était fait soldat pour continuer le métier des armes. Ce dévouement aux armes et à la patrie ne l'avait pas soustrait aux persécutions de la terreur contre l'aristocratie même obscure. Il avait langui quelques mois dans les cachots. Un geôlier, ancien serviteur de sa famille, l'avait aidé à s'évader. Il devait mieux qu'un autre connaître le prix de la liberté et répugner à la mission qu'une fatale confiance allait faire peser sur lui. Brave et diplomate à la fois, il avait promptement reconquis ses grades sur les champs de bataille de l'Allemagne et de l'Italie. Bonaparte avait distingué son nom, son courage, son esprit. Il l'avait enlevé un moment aux camps pour l'envoyer en mission en Russie. A son retour il l'avait nommé un de ses aides de camp.

Ordener n'était qu'un de ces simples soldats de 1792 montés, de grade en grade et d'exploit en exploits, de l'obscurité de leurs familles jusqu'au rang le plus élevé de l'armée. Bonaparte, témoin d'un de ses actes de résolution et d'énergie dans une affaire, lui avait donné le commandement des grenadiers à cheval de son escorte personnelle. C'était un de ces hommes que la discipline plie à tout ordre où ils voient un devoir militaire et qui ne raisonnent pas l'obéissance. Aucun des souvenirs de sa famille ou des préjugés de son enfance ne pouvait le faire hésiter à mettre la main sur un Bourbon.

XLII

A dix heures du soir, après ce conseil, Bonaparte envoya chercher Caulaincourt et Ordener. Pendant qu'on les attendait, il fit appeler également son secrétaire intime, Menneval. Ce jeune homme était incorporé à toutes ses pensées. D'une âme douce, d'un cœur honnête, d'une main sûre, Menneval a donné lui-même avec le scrupule de la conscience le récit circonstancié de cette nuit où chaque personnage présent ou absent, chaque syllabe et chaque heure sur le cadran de la pendule, portent témoignage pour ou contre les acteurs du drame obscur qui allait s'ouvrir pour la postérité.

« On vint me chercher à dix heures du soir, dit Menneval, de la part du premier consul. Je le trouvai en entrant dans une pièce attenante à son cabinet, ayant à ses pieds plusieurs cartes qu'il avait jetées sur le parquet et cherchant une autre carte du cours du Rhin. Après l'avoir trouvée, il l'étendit ouverte sur une table, et il commença à me dicter des instructions pour le ministre de la guerre Berthier. Pendant que j'écrivais, on annonça Berthier lui-même, et bientôt après le général Caulaincourt. Le premier consul fit prendre la plume à Berthier, et, tout en suivant sur la carte la route qu'il fallait prendre pour arriver à Offenbourg et à Ettenheim, il acheva de lui dicter ses instructions. Elles portaient :

« Paris, 10 mars 1804.

» *Au ministre de la guerre.*

» Vous voudrez bien, citoyen général, donner ordre au
» général Ordener, que je mets à votre disposition, de se
» rendre dans la nuit en poste à Strasbourg. Il voyagera
» sous un autre nom que le sien...
» Le but de sa mission est de se porter sur Ettenheim,
» de cerner la ville, d'y enlever le duc d'Enghien, Dumou-
» riez, un colonel anglais. Le général de division de Stras-
» bourg, le maréchal des logis qui a été reconnaître Etten-
» heim, ainsi que le commissaire de police, lui donneront
» tous les renseignements nécessaires... Il fera partir de
» Schelestadt trois cents dragons du 26e régiment. Ils se
» rendront à Rheinau en poste. Indépendamment du bac,
» ils s'assureront qu'il y aura là cinq grands bateaux capa-
» bles de passer en une seule fois les trois cents chevaux...

» Les troupes prendront du pain pour quatre jours et se
» muniront de cartouches... Il s'adjoindra trente gen-
» darmes...

» Dès que le général Ordener aura passé le Rhin, il se
» dirigera droit sur Ettenheim, il marchera droit à la mai-
» son du duc et à celle de Dumouriez... Après son expédi-
» tion il reviendra à Strasbourg... »

Bonaparte dicte ici les instructions les plus minutieuses relativement aux moyens que prendra le général Ordener pour ne pas manquer sa proie et pour l'amener sûrement et secrètement à Paris, puis il revient à Caulaincourt.

XLIII

« Vous donnerez ordre, écrit-il au ministre de la guerre, pour que le même jour, à la même heure, deux cents hommes du 26ᵉ régiment de dragons sous les ordres du général Caulaincourt se rendent à Offenbourg pour y cerner la ville et y enlever la baronne de Reisch et autres agents du gouvernement anglais.

» D'Offenbourg le général Caulaincourt dirigera des patrouilles sur Ettenheim, jusqu'à ce qu'il ait appris que le général Ordener a réussi... Ils se prêteront des secours mutuels.

» Dans le même temps le général qui commande Strasbourg fera passer le Rhin à trois cents hommes de cavalerie et à quatre pièces d'artillerie légère qui occuperont l'espace intermédiaire entre les deux routes d'Offenbourg et d'Ettenheim...

» Le général Caulaincourt aura avec lui trente gendarmes. Du reste, le général de la division, le général Ordener et le général Caulaincourt tiendront un conseil... »

Ainsi les deux expéditions quoique distinctes étaient simultanées et combinées de manière que chacun des deux généraux chargés de les exécuter avait connaissance de l'expédition de son collègue et lui prêtait appui et concours au besoin.

Ces instructions écrites, Ordener arriva. Bonaparte lui fit lire ces dispositions générales afin de bien le pénétrer du sens de sa mission, puis il lui remit les lettres pour le général Leval de la division de Strasbourg, un passe-port sous un faux nom et un bon de douze mille francs sur son trésorier. La lettre au général Leval n'était que la répétition plus explicite des instructions qu'on vient de lire. Elle insistait sur le conseil qu'auraient à tenir ensemble les trois généraux pour mieux combiner leur expédition à la fois diverse et commune. « Le général Ordener, dit cette lettre, est prévenu que le général Caulaincourt doit partir avec lui pour agir de son côté. Je lui remets douze mille francs, ajoute Bonaparte, pour lui et pour le général Caulaincourt. »

XLIV

Ordener partit dans la nuit même du 10 au 11 mars. Il arriva le 12 à Strasbourg. Il tint conseil en arrivant avec le général Leval, le colonel de gendarmes Charlot et le commissaire de police. Ils résolurent de faire précéder et éclairer l'expédition nocturne par une reconnaissance circonstanciée des lieux. Un agent de police nommé Stahl et un sous-officier de gendarmerie nommé Pfersdoff, nés l'un et l'autre sur la rive allemande du Rhin et exercés aux routes et aux mœurs, partirent à l'instant, marchèrent toute la nuit et arrivèrent à huit heures du matin à Ettenheim.

Ils rôdèrent avec une indifférence affectée, mais qui cachait mal leur curiosité, autour de la maison du prince pour bien en étudier les abords. Leur visage inconnu des domestiques du duc, leurs pas sans but, leurs regards scrutateurs, éveillèrent comme par pressentiment les soupçons. Le valet de chambre du prince, à demi caché derrière une fenêtre, remarqua ces deux étrangers qui faisaient le tour des murs et qui paraissaient noter les lieux dans leur mission. Il appela un autre des serviteurs de la maison nommé Cannone pour lui communiquer ses inquiétudes. Cannone était un ancien soldat, compagnon du prince depuis sa première enfance, qui avait combattu avec lui dans toutes ses campagnes et qui lui avait sauvé la vie en le couvrant de son sabre et de son corps en Pologne. Il crut se souvenir d'avoir vu quelque part le visage de Pfersdoff et reconnaître en lui un gendarme déguisé. Cannone courut avertir le prince de la présence suspecte de ces deux observateurs et des conjectures qu'il formait sur la physionomie de Pfersdoff. Le prince, avec l'insouciance de son âge, dédaigna de faire attention à ces symptômes d'espionnage. Cependant un officier de son armée nommé Schmidt, qui était en ce moment auprès de lui, sortit, aborda Stahl et Pfersdoff, les interrogea sans affectation en feignant de suivre le même chemin qu'eux, les accompagna pendant plus d'une lieue; mais les voyant prendre enfin une route qui s'enfonçait dans l'intérieur de l'Allemagne au lieu de revenir vers le Rhin, Schmidt se rassura et revint rassurer les serviteurs d'Ettenheim.

Mais l'amour ne se rassure pas si facilement que l'amitié. La princesse Charlotte de Rohan, instruite dans la matinée de l'apparition suspecte de ces rôdeurs autour de la maison du prince, conçut des pressentiments, le supplia de prendre note de ces indices et de s'éloigner pendant quelques jours d'une demeure où il était si visiblement et peut-être si criminellement épié. Par tendresse pour elle plus que par inquiétude pour lui, le duc consentit à s'absenter deux ou trois jours. Il fut convenu qu'il partirait le surlendemain pour une longue chasse dans les forêts du grand-duc de Bade, pendant laquelle les soupçons de sa fiancée se démentiraient ou se vérifieraient. Mais ce surlendemain ne devait pas se lever en Allemagne pour lui.

XLV

Caulaincourt, parti de Paris quelques heures après Ordener, était arrivé à Strasbourg le 14 mars. On ne sait ce qui se passa entre Ordener, Leval et lui dans cette ville, ni si le conseil ordonné dans les instructions du premier consul eut lieu. Quoi qu'il en soit, toutes les dispositions relatives à la mission séparée des deux généraux envoyés de Paris s'accomplirent avec la simultanéité et avec l'exactitude de mesures administratives ou militaires qui devaient en assurer l'exécution.

Le soir du 14, le général Ordener, accompagné du général Fririon, chef d'état-major du général Leval, et du colonel de gendarmes Charlot, se dirigea dans l'ombre vers le bac de Rheinau sur le Rhin. Il y trouva à heure fixe les trois cents dragons du 26ᵉ, les quinze pontonniers, les cinq grandes barques, enfin les trente gendarmes à cheval destinés aux violations du domicile et aux mains portées sur les personnes, dans une expédition moins de soldats que de licteurs. Le Rhin fut franchi en silence au milieu de la nuit. La colonne, inaperçue pendant le sommeil des paysans allemands de la rive droite, et guidée par des routes diverses, arriva au jour naissant à Ettenheim. Les espions qu'Ordener et Charlot avaient amenés avec eux montrèrent du doigt aux gendarmes les maisons qu'il fallait investir. Le colonel Charlot fit entourer d'abord celle que l'on supposait habitée par Dumouriez, et qu'habitait en effet le général émigré de Thomery; puis il courut, avec un autre détachement de troupes, cerner et assaillir la maison qui renfermait la principale proie désignée à Paris. Ordener, avec ses dragons, avait fait une ceinture de cavalerie autour de la ville et des sentiers qui l'environnaient, pour qu'aucune évasion ou qu'aucune résistance ne pût tromper la vengeance du premier consul.

XLVI

Le duc d'Enghien, qui avait passé la soirée de la veille chez le prince de Rohan-Rochefort, auprès de la princesse Charlotte, et qui lui avait promis de s'absenter quelques jours, pour laisser le temps aux complots qu'elle redoutait contre sa sûreté de s'évaporer ou de s'éclaircir, se préparait à lui tenir sa promesse. Il allait partir, aussitôt que le soleil se lèverait, avec le colonel Grunstein, un de ses amis, pour cette chasse de quelques jours. Déjà il avait quitté son lit; il s'habillait et préparait ses armes. Grunstein avait, contre son habitude, couché sous le toit du prince, afin d'être plus tôt prêt à l'escorter. Ce compagnon de ses guerres et de ses chasses était à demi vêtu aussi, quand le bruit des chevaux, la vue des dragons et des gendarmes, éveillèrent en sursaut le reste de la maison.

Féron, le serviteur le plus familier du prince, s'élance dans la chambre de son jeune maître. Il lui annonce que les cours et le jardin sont cernés à toutes les issues par des soldats français, et que le commandant somme à haute voix les domestiques d'ouvrir les portes, déclarant qu'en cas de refus il va les faire enfoncer à coups de hache. « Eh bien, il faut nous défendre! » s'écrie en se levant à demi vêtu l'intrépide jeune homme. En disant ces mots, il se précipite sur son fusil à deux coups, déjà chargé à balles pour la chasse, pendant que Cannone, son autre domestique, animé de la même résolution que son maître, lui tend un second fusil armé. Grunstein, armé de même, entre au même instant dans la chambre. Tous trois s'élancent vers les fenêtres pour faire feu. Le prince couchait en joue le colonel Charlot, qui menaçait la porte, et allait l'étendre mort sur le seuil, quand Grunstein, apercevant de tous les côtés une nuée de casques et de sabres, et voyant un autre détachement de gendarmes déjà maître d'une des ailes du château, mit la main sur le canon du fusil du prince, releva l'arme, et montrant du geste au duc d'Enghien l'inutilité

de la résistance contre une pareille masse, l'empêcha de tirer. « Monseigneur, lui dit-il, vous êtes-vous compromis?
— Non, répond le duc. — Eh bien, alors, ne tentez pas une lutte impossible. Nous sommes enveloppés par un rideau de troupes ; voyez luire partout ces baïonnettes. »

XLVII

A ces mots, le prince, en se retournant pour répondre, voit Pfersdoff, qu'il reconnaît pour l'espion de l'avant-veille, accompagné de gendarmes la carabine à la main, se précipiter dans sa chambre. Le colonel Charlot s'élance sur leurs pas. Charlot et ses soldats arrêtent et désarment le prince, Grunstein, Féron et Cannone. Le duc, prêt à partir, comme on l'a vu, et perdu seulement pour quelques minutes, était vêtu d'un costume de chasseur tyrolien, coiffé d'un bonnet à double galon d'or et chaussé de longues guêtres de chamois bouclées sur les genoux. Sa mâle beauté et l'expression intrépide de ses traits, redoublées par l'émotion de la surprise et par la résolution de la lutte, étonnaient les soldats.

Au milieu du tumulte d'une pareille scène et du bruit des pas et des armes dans la maison, un bruit du dehors vint rendre un instant d'espoir au prince et à ses serviteurs. Des cris : « Au feu ! » partent du village ; ces cris se répercutent de maison en maison comme un tocsin de voix humaines ; les fenêtres s'ouvrent, les seuils se couvrent d'habitants éveillés par l'envahissement des Français ; on voit courir des artisans demi-nus, volant au clocher pour sonner les cloches et appeler les paysans à la vengeance. Le colonel Charlot les fait saisir ; il arrête également le grand veneur du duc de Bade, qui accourait au bruit vers la maison du prince. Charlot lui dit que tout cela est convenu entre le premier consul et son souverain. A ce mensonge, l'émotion des habitants se calme ; ils se résignent, la tristesse sur le visage et avec des gestes de désespoir, au malheur d'un jeune homme qui s'était fait adorer d'eux.

XLVIII

Ces cris étaient partis des habitants de la maison où la gendarmerie avait cherché Dumouriez et n'avait trouvé que le général de Thomery, aide de camp du prince. Le colonel Charlot, convaincu désormais de l'erreur motivée de personne par une conformité de noms, alla interroger les hôtes de M. de Thomery pour savoir si le général Dumouriez était en effet venu à une époque quelconque dans le pays. Il fut unanimement détrompé. Dumouriez était inconnu de tout le monde comme du prince lui-même dont on le prétendait le complice sur la rive allemande du Rhin.

Charlot rentra au château avec M. de Thomery. Il arrêta également le chevalier Jacques, secrétaire du prince, quoique l'ordre ne fît pas mention de lui. Il saisit, emballa et cacheta tous les papiers qui se trouvaient dans les différentes pièces, et envoya avertir le général Ordener que tout était accompli, et qu'il ne restait plus qu'à relever les dragons de leurs postes d'observation autour d'Ettenheim et à reformer la colonne pour regagner le bac du Rhin.

XLIX

On arracha le prince à sa demeure sans lui permettre un suprême adieu à celle qu'il laissait dans l'évanouissement et dans les larmes. Pendant qu'Ordener repliait et rassemblait ses dragons, on déposa le duc d'Enghien et ses compagnons de captivité à quelques pas du village dans un moulin appelé la Tuilerie, derrière lequel coulait un ruisseau profond, large et rapide. Le secrétaire du duc, le chevalier Jacques, s'était quelquefois abrité de la pluie dans ce moulin; il se souvint qu'une porte, inaperçue de la chambre où étaient les prisonniers pêle-mêle avec les gendarmes, ouvrait sur l'écluse du moulin qui séparait la maison d'une prairie et d'une forêt voisines. D'un clin d'œil il appela son maître auprès de lui, et se penchant sans affectation à son oreille : « Ouvrez cette porte, lui dit-il à voix basse, traversez le torrent, retirez la planche, je barrerai la porte de mon corps pendant que vous fuirez, vous êtes sauvé. »

Le prince se rapproche en effet insensiblement de la porte indiquée, il porte vivement la main sur le loquet et pousse le battant du côté où il entend le bruit de la roue et de l'eau. Mais, ô piége de la Providence ! l'enfant du meunier, effrayé à la vue des soldats qui entraient chez son père, s'était enfui un moment auparavant par cette porte, et de peur que les gendarmes ne courussent sur ses pas il l'avait fermée au verrou. Averti par le mouvement du prince, le commandant y fit placer à l'instant deux sentinelles.

L

Le duc, s'asseyant tristement alors dans la chaumière, demanda à renvoyer un de ses gens au château pour chercher son chien, des habits et du linge. On lui accorda cette demande. On autorisa même ceux de ses domestiques qui voudraient le quitter à retourner libres à Ettenheim. Tous supplièrent les gendarmes de les laisser partager le sort, quel qu'il fût, de leur maître. Charlot et Ordener, pressés de repasser le Rhin avec leur proie avant que le pays, informé du rapt, ne s'émût et ne se soulevât sur leurs traces, ne donnèrent pas le temps aux gens d'Ettenheim de procurer une voiture au prince. Ils jetèrent le duc d'Enghien et ses deux officiers dans une charrette de paysan entourée d'un peloton de gendarmes, et leur firent prendre les devants sur les dragons, qui les rejoindraient au galop sur la route. Pendant le trajet, les amis du prisonnier aperçurent des signes d'intelligence sur la physionomie d'un des officiers de leur escorte. Ils crurent comprendre qu'on leur indiquait la traversée en bateau du Rhin comme une occasion de fuite en se jetant à la nage dans le courant du fleuve. Mais l'occasion et l'audace manquèrent à cet ami inconnu.

LI

Arrivé au fleuve, on plaça le duc d'Enghien dans le bateau qu'occupait le général Ordener. Le prince, informé par un des passagers que ce général était le chef de l'expédition, chercha à lier entretien avec lui pour connaître les motifs de son enlèvement. Il lui rappela même, pour intéresser à lui la loyauté du soldat par la conformité du métier des armes, qu'ils avaient combattu l'un contre l'autre dans le temps où Ordener n'était que colonel du 10° régiment de chasseurs à cheval. Le général, embarrassé d'une situation si différente, ou craignant de s'émouvoir par de pareils souvenirs, affecta de n'avoir nul souvenir de cette circonstance, et coupa l'entretien par le silence.

LII

Ce général, en sortant de la barque, laissa le prince sous la garde du colonel Charlot et partit seul pour Strasbourg, où il vint annoncer lui-même au général Leval et au préfet le succès de l'expédition de la nuit. Le duc d'Enghien le suivit à pied au milieu des gendarmes, comme un criminel vulgaire qu'attend le geôlier. On le fit arrêter au village de Pfosheim, où il déjeuna. Pendant le repas on attela une voiture amenée et préparée d'avance à cette halte. Le colonel Charlot et le sous-officier Pfersdoff, les deux mauvais génies du duc, l'un l'œil, l'autre la main de sa perte, y montèrent avec lui et l'entraînèrent rapidement vers Strasbourg.

Le prince tenta de relier en route l'entretien qu'avait rompu le silence d'Ordener. Il chercha à pressentir les motifs de son enlèvement. Le colonel Charlot lui répondit que, dans son opinion, le premier consul voyait en lui un complice des trames de Georges, de Pichegru et de Moreau : « Quelle odieuse supposition, s'écria le prince, et combien de tels complots sont contraires à ma façon de sentir et de penser ! Personne n'a plus d'horreur des moyens de cette nature ; j'admire personnellement le génie et la gloire du général Bonaparte, quoique en qualité de prince de la maison de Bourbon mon devoir et mon honneur soient de combattre à armes loyales contre lui.

» Que pensez-vous qu'on veuille faire de moi ? ajouta-t-il en s'adressant au colonel de gendarmerie. Si c'est à la prison qu'on me destine, je préfère mille fois une mort prompte. » Et rappelant au colonel qu'il avait été sur le point de faire feu sur lui au moment où les soldats allaient le saisir : « Si j'étais condamné à une longue captivité, dit-il, je regretterais de ne m'être pas défendu et de n'avoir pas décidé de mon sort les armes à la main. » La conversation étant tombée sur Dumouriez, et l'officier ayant demandé à son prisonnier s'il était vrai qu'il eût eu ou qu'il dût avoir des relations avec ce général : « Jamais Dumouriez n'a mis le pied à Ettenheim, dit le prince. Comme l'Angleterre devait d'un moment à l'autre me faire parvenir des communications, il serait possible que le gouvernement britannique eût choisi Dumouriez, à mon insu, pour me les apporter. Mais, dans tous les cas, je ne l'aurais pas reçu, car il est au-dessous de mon sang et de mon caractère d'avoir affaire avec de telles gens ! »

LIII

Le colonel Charlot arriva avec son prisonnier à cinq heures de l'après-midi à Strasbourg. En attendant que les ordres supérieurs eussent décidé de la destination qu'on donnerait au prince et qu'on lui eût préparé une chambre à la citadelle, il reçut le duc d'Enghien dans son propre logement. Le duc profitant d'un moment où il était seul avec son hôte lui insinua quelques mots propres à lui inspirer la pensée de favoriser son évasion. Charlot feignit de ne pas comprendre et ferma l'oreille et le cœur aux prières du prince. Un instant après, une voiture de place s'arrêta à la porte et conduisit le duc à la citadelle.

Caulaincourt et Ordener, l'un et l'autre de retour aussi à Strasbourg, donnèrent avis au ministre de la guerre et des affaires étrangères des circonstances et du succès de leurs deux opérations. Caulaincourt, aussitôt qu'il fut informé de l'arrestation du duc d'Enghien, adressa au grand duc de Bade la demande tardive d'extradition que M. de Talleyrand lui avait remise, afin que la violation du territoire de ce prince parût seulement un effet de la précipitation et non une préméditation d'hostilité et de mépris pour l'Allemagne.

LIV

Le duc d'Enghien entra à sept heures du soir dans la citadelle. Un journal de ses actes et de ses pensées, tenu ponctuellement par ce jeune homme et retrouvé sur lui au moment de sa mort, anéanti ensuite, mais copié par les dépositaires, fait lire heure par heure depuis ce moment dans les secrets de sa prison. Le major Méchin, commandant de la citadelle, le reçut, dit-il, avec les égards dus au malheur et au rang. C'était, ajoute-t-il, un militaire de formes décentes et douces. Le major, n'ayant pas le temps de préparer au duc un logement convenable lui offrit son propre salon, et fit étendre des matelas sur le parquet pour son prisonnier et pour sa suite. Le prisonnier, accablé de la lassitude et des émotions de la journée, écrivit quelques lignes sur son journal et se jeta ensuite tout vêtu sur un de ces lits. Son ami Grunstein se plaça sur le matelas le plus rapproché, et, toujours préoccupé de la crainte que l'accusation ne trouvât quelque fondement dans ses papiers saisis à Ettenheim, il demanda à voix basse au prince s'il n'y avait rien dans ces papiers dont on pût s'armer contre lui : « Non, lui répondit à haute voix le prisonnier, ces papiers ne renferment que ce que tout le monde sait de mon nom et de ma situation. Ils montrent que je me suis bien battu depuis huit ans et que je suis prêt à me battre encore. Je ne pense pas qu'ils veuillent ma mort. Ils me jetteront dans quelque forteresse comme un otage. J'aurai de la peine, après la vie de liberté que j'ai menée, de m'accoutumer à cette vie-là ! »

LV

Le sommeil vint assoupir cet entretien et ces pensées. Il dormit avec le calme de la jeunesse et la sécurité du courage. Le lendemain, 16 mars, au lever du soleil, le commandant vint s'informer des nouvelles de son prisonnier et s'entretenir avec lui. Le prince protesta de nouveau à son hôte qu'il était entièrement étranger à toute conjuration contre la vie du premier consul, et que des projets de cette nature avaient toujours fait horreur à sa conscience et à son honneur. « Des soldats de mon sang se battent et n'assassinent pas, » dit-il. Le commandant, qui semblait jouir de l'innocence de son jeune captif, lui assura que, d'après cette certitude, il ne doutait pas que sa captivité ne fût l'affaire de quelques jours.

Le duc d'Enghien, encouragé par la bonté de cet officier, et songeant aux inquiétudes que la jeune fille dont il était aimé devait avoir sur son sort, sollicita du commandant Méchin la permission d'écrire à la princesse Charlotte de Rohan à Ettenheim. Le major lui répondit qu'il ne pouvait pas lui promettre de faire parvenir lui-même la lettre à son adresse, mais qu'il la remettrait au général Leval, commandant de la division, son chef, et que, si cette lettre ne contenait que des nouvelles de son voyage et des communications d'affection, il ne doutait pas que le général Leval ne fît parvenir l'écrit à sa destination. Sur cette espérance, le prince écrivit cette longue lettre, où il répandait et contenait à la fois à mots couverts, et pour des regards ennemis ou indifférents, les secrètes tendresses qui remplissaient son cœur depuis son enlèvement plus que les craintes sur son propre sort.

LVI

« A la citadelle de Strasbourg, ce vendredi 16 mars 1804.

» On me promet que cette lettre vous sera fidèlement remise. Ce n'est qu'en ce moment que j'ai pu obtenir la faculté de vous rassurer sur mon sort. Je ne perds pas un instant pour le faire, vous priant de rassurer aussi tous ceux qui me sont attachés dans vos environs. Toute ma crainte est que cette lettre ne vous trouve plus à Ettenheim et que vous ne soyez en marche pour venir ici ; le bonheur que j'aurais de vous voir n'égalerait pas à beaucoup près la crainte que j'aurais de vous faire partager mon sort. Conservez-moi votre amitié, votre intérêt ; il peut m'être fort utile, car vous pouvez intéresser à mon malheur des personnes de poids. J'ai déjà pensé que peut-être vous étiez partie. Vous avez su par le bon baron d'Ischterlzheim la manière dont j'ai été enlevé, et vous avez pu juger, à la quantité de monde que l'on avait employé, que toute résistance eût été inutile ; on ne peut rien contre la force. J'ai été conduit par Rheinau et la route du Rhin. On me témoigne égards et politesse ; je puis dire qu'à la liberté près, car je ne puis sortir de ma chambre, je suis aussi bien que possible ; tous ces messieurs ont couché avec moi parce que je l'ai désiré ; nous occupons une partie de l'appartement du commandant, et l'on m'en fait préparer un autre dans lequel j'entrerai ce matin et où je serai encore mieux. On doit examiner les papiers que l'on m'a pris, et qui ont été cachetés sur-le-champ avec mon cachet, ce matin, en ma présence. D'après ce que j'ai vu, on trouvera des lettres de mes parents, du roi et quelques copies des miennes. Tout cela, comme vous le savez, ne peut me compromettre en rien de plus que mon nom et ma façon de penser ne l'ont pu faire pendant le cours de la Révolution. Je crois que l'on enverra tout cela à Paris, et l'on m'a assuré que d'après ce que je disais on pensait que je serais libre sous peu de temps. Dieu le veuille ! On cherchait Dumouriez qui devait être dans nos environs. On croyait apparemment que nous avions eu des conférences ensemble, et apparemment il est impliqué dans la conjuration contre la vie du premier consul. Mon ignorance de tout cela me fait espérer que je pourrai obtenir ma liberté ; mais cependant ne nous flattons pas encore. Si quelques-uns de ces messieurs sont libres avant moi, j'aurai un bien grand bonheur de vous les renvoyer, en attendant le plus grand. L'attachement de mes gens me tire à chaque instant des larmes des yeux ; ils pouvaient s'échapper ; on ne les forçait point à me suivre ; ils l'ont voulu. J'ai Féron, Joseph et Poulaix ; le bon Mylof ne m'a pas quitté d'un pas. Je n'ai encore vu ce matin que le commandant, homme qui me paraît honnête et charitable, en même temps que strict à remplir ses devoirs. J'attends le colonel de la gendarmerie qui m'a arrêté, et qui doit ouvrir mes papiers devant moi. Je vous prie de faire veiller le baron à la conservation de mes effets ; si je dois demeurer plus longtemps, j'en ferai venir plus que je n'en ai ; j'espère que les hôtes de ces messieurs auront soin aussi de leurs effets. Le pauvre abbé Wembern et Michel sont de notre conscription et ont fait route avec nous. Mes tendres hommages à votre père, je vous prie. Si j'obtiens un de ces jours d'envoyer un de mes gens, ce que je désire beaucoup et ce que je solliciterai, il vous fera tenir tous les détails de notre triste position. Il faut espérer et attendre. Vous, si vous êtes assez bonne pour me venir voir, ne venez qu'après avoir été, comme vous le disiez, à Carlsruhe. Hélas ! outre toutes vos affaires et les longueurs insupportables qu'elles entraînent, vous aurez à présent à parler aussi des miennes ; l'électeur y aura sans doute pris intérêt, mais pour cela, je vous en prie en grâce, ne négligez pas les vôtres.

» Adieu, princesse, vous connaissez depuis longtemps mon tendre et sincère attachement pour vous : libre ou prisonnier, il sera toujours le même.

» Avez-vous mandé notre désastre à madame d'Ecquevilly ?

» *Signé* : L. A. H. DE BOURBON. »

LVII

Le prince remit cette lettre ouverte au commandant. Peu d'instants après, le général Leval, commandant la division, et le général Fririon, son chef d'état-major, entrèrent. Fririon, qui avait concouru de sa personne à l'enlèvement d'Ettenheim, fut reconnu du prisonnier. On annonça au duc qu'on lui préparait un autre logement dans la citadelle. La conversation fut courte, sobre, sévère ; la contenance froide des généraux empêcha le prince de leur parler de la lettre qu'il venait d'écrire et qu'il désirait tant faire parvenir au cœur qui l'aimait.

On le conduisit, avec ses compagnons, dans la partie de la citadelle qu'on venait d'approprier pour lui. Sa nouvelle chambre communiquait à celle de MM. de Thomery, Jacques et Schmidt. On éloigna Grunstein, son ami particulier, dont on parut redouter davantage l'énergie et les entreprises. Il fut logé dans une autre aile des bâtiments, séparée de celle où logeait le prisonnier.

Le colonel Charlot et le commissaire général de police visitèrent ses papiers, les classèrent et les envoyèrent à Paris par un courrier extraordinaire. Si on eût lu seulement ces témoignages de sa vie, et si on eût cherché son innocence, on l'aurait trouvée là.

Après cette opération, il resta seul et il écrivit sur son journal :

« Il me faudra donc languir ici des semaines et peut-être des mois! Mon chagrin augmente à mesure que je réfléchis sur cette cruelle situation. Si cela dure, je crois que le désespoir s'emparera de moi!... Il est onze heures!... Je me couche; mais je suis agité et je ne pourrai dormir. Le major Méchin vient me voir après que je suis couché, et cherche à me consoler par des mots obligeants. »

« Vendredi 16 mars.

» . . . .
. . . . . Descendu chez le commandant; logé dans son salon pour la nuit, sur des matelas, à terre. Les gendarmes dans la pièce avant. Deux sentinelles dans la chambre... un à la porte... Mal dormi.

» On va me changer de logement. Je serai à mes frais pour la nourriture et probablement pour le feu et la lumière. Le général Leval et le général Fririon viennent me voir. Leur abord très-froid. Je suis transféré dans un autre pavillon à droite sur la place, en venant de la ville. Je puis communiquer avec Thomery, Jacques et Schmidt; mais je ne puis sortir, ni moi, ni mes gens. On m'assure pourtant que j'aurai la permission de me promener dans un petit jardin qui se trouve dans une cour derrière mon pavillon. Une garde de douze hommes et un officier est à ma porte. Après le dîner, on me sépare de Grunstein, à qui on donne un logement seul de l'autre côté de la cour. Cette séparation ajoute encore à mon malheur… J'ai écrit ce matin à la princesse… J'ai envoyé ma lettre par le commandant au général Leval. Je n'ai point de réponse. Je lui demandais d'envoyer un de mes gens à Ettenheim. Sans doute, tout me sera refusé. Les précautions sont extrêmes de tous côtés pour que je ne puisse communiquer avec qui que ce soit. Si cela dure, je crois que le désespoir s'emparera de moi. A quatre heures et demie, on vient visiter mes papiers ; on les lit superficiellement ; on en fait des liasses séparées. On me laisse entendre qu'ils seront envoyés à Paris… Il faudra donc languir des semaines, peut-être des mois !… Plus je réfléchis à ma situation, plus le chagrin augmente. . . . »

Le samedi, 17 mars, il écrit à son réveil, toujours s'endormant et s'éveillant dans la même pensée de celle qui le suit du cœur à Ettenheim :

. . . .

» Je ne sais rien de ma lettre… Je tremble pour la santé de la princesse ; un mot de ma main lui rendrait le calme. Ah ! que je suis malheureux ! On vient de me faire signer le procès-verbal d'ouverture de mes papiers… Je demande et j'obtiens d'y ajouter une note qui prouve que je n'ai jamais eu d'autre intention que de servir et de faire loyalement la guerre. »

Cette note, rappelée depuis par ceux qui la lurent, disait qu'il n'avait jamais été mis, ce qui était vrai, dans la confidence d'un complot contre la vie de Bonaparte ; qu'il adorait la France et qu'il admirait le génie du premier consul ; qu'il ne pouvait croire qu'on lui fît un crime, à lui, prince sorti de France à quatorze ans avec son grand-père et son père, et ne connaissant que ses devoirs de fils, de petit-fils, de soldat, de membre de la famille de Bourbon, d'avoir soutenu, les armes à la main, les droits de sa race et de son sang.

LVIII

Pendant que le prince écrivait ces nobles lignes, le commissaire général de police Popp, qui venait d'ouvrir ses papiers, écrivait au gouvernement de son côté pour réclamer en avancements et en grades le prix du zèle et de l'attentat pour Charlot et pour Pfersdoff, en faisant valoir les périls qu'ils avaient courus sous le feu du duc d'Enghien dirigé sur eux au moment où ils enfonçaient ses portes à Ettenheim.

Le général Ordener, de son côté, écrivait au premier consul : « Je vous transmets le procès-verbal et les papiers du duc d'Enghien. A mesure que ceux des autres individus seront vérifiés, le général Caulaincourt vous les fera parvenir. Quoique ma mission soit remplie, j'attendrai vos ordres pour mon retour à Paris. »

Le prince, satisfait de savoir que ses papiers, qui ne contiennent l'indice d'aucun crime, le précèdent enfin à Paris, écrit le soir du 17 dans son journal : « Ce soir on me promet que j'aurai la permission de me promener dans le jardin et même dans la cour avec l'officier de garde et mes compagnons d'infortune, et que mes papiers sont expédiés à Paris par courrier extraordinaire. Je soupe et me couche plus content !... »

Pendant que son cœur s'ouvrait ainsi à la confiance, le

télégraphe de Paris répondait au télégraphe de Strasbourg qui avait annoncé l'enlèvement accompli à Bonaparte, et un courrier extraordinaire parti des Tuileries ordonnait aux généraux Leval et Caulaincourt de faire partir immédiatement en poste le principal prisonnier pour Paris; les autres devaient y être dirigés successivement par les voitures publiques.

LIX

L'exécuteur de cet ordre, le colonel Charlot, se présenta avec une voiture de poste au milieu de la nuit à la citadelle. Le prince, éveillé en sursaut à une heure du matin et entraîné seul dans la voiture, s'étonne et s'alarme de ce départ subit dont on ne lui désigne pas même le but. Il consigna dans la journée cette impression sur ses notes.

« Dimanche 18 mars.

» On vient m'enlever à une heure du matin. On ne me laisse que le temps de m'habiller. J'embrasse mes malheureux compagnons, mes gens. Je pars seul avec deux officiers de gendarmerie et deux gendarmes. Le colonel Charlot me dit que nous allons chez le général de division Leval, qui a reçu des ordres de Paris. Au delà je trouve une voiture à six chevaux de poste sur la place de l'Église. On me jette dedans; le lieutenant *Peterman* monte à côté de moi, le maréchal des logis Blitendoff sur le siége, deux gendarmes, un dedans, l'autre dehors. »

Il ne connaissait pas la France, il ignorait le nom des portes de Strasbourg et la direction des routes par lesquelles on l'entraînait. Ses gardiens étaient muets. Le matin, le lieutenant Peterman lui annonça enfin qu'on le dirigeait sur Paris. Il en eut un accès de joie : « Ah! dit-il au lieutenant, je ne doute pas que le premier consul ne veuille me voir. Un quart d'heure de conversation avec lui, et tout sera bientôt éclairci ! » Il revint plusieurs fois sur cette idée. Il se sentait si pur des crimes dont on le soupçonnait, qu'il ne doutait pas que le sentiment de son innocence ne se communiquât à l'instant à tout esprit qui lirait dans son âme; d'ailleurs, jeune, aimant, soldat, il supposait à tout le monde la générosité qu'il sentait en lui. Ses regards erraient avec délices sur la route. Il semblait ne pouvoir les rassasier de l'aspect de sa patrie. Sa joie et sa reconnaissance pour Peterman étaient si vives qu'il détacha de son doigt une des bagues qu'il portait, et pria son gardien de la conserver en souvenir de ce voyage. Peterman n'osa pas l'affliger en la refusant.

Escortée de relais en relais par des gendarmes au galop, la voiture, courant jour et nuit, arriva le 20 mars à trois heures après midi aux portes de Paris, près de la barrière de la Villette. De peur d'une émotion dans la ville à l'aspect de cette voiture escortée et mystérieuse, on lui fit prendre les boulevards déserts qui contournent extérieurement Paris; puis par la rue de Sèvres on la conduisit, à travers le faubourg Saint-Germain, dans la cour du ministère des affaires étrangères, qui était alors situé à l'hôtel Galefoy, au coin de la rue du Bac et de la rue de Grenelle. La portière s'ouvrit, et le prisonnier allait s'élancer dans la cour, quand un contre-ordre l'arrêta sur le marchepied. On le fit rentrer dans la voiture, on referma la portière, le postillon reçut l'ordre de ne pas dételer ses chevaux et d'attendre des ordres qu'on était allé chercher on ne sait où. Sans doute M. de Talleyrand alla lui-même aux Tuileries annoncer l'arrivée du prisonnier et chercher ces ordres, car une voiture de ville fut amenée devant la porte de l'hôtel, et sortit en emmenant quelqu'un descendu des marches du perron. Après une demi-heure d'attente et de silence, les postillons, qui étaient restés à cheval, reçurent l'ordre de se diriger, toujours par les boulevards extérieurs, sur Vincennes. La voiture, attendue, franchit le pont-levis de la forteresse et s'arrêta dans la cour à la porte du chef de bataillon Harel, commandant du château de Vincennes.

LX

Le commandant Harel, ancien sergent aux gardes-françaises, ancien protégé des Jacobins qui l'avaient fait monter en grade, destitué au 18 brumaire par le premier consul, mécontent du gouvernement consulaire, provoqué à ce titre par les conspirateurs Cerachi, Arena et Demerville, dont il avait repoussé les insinuations et dénoncé les projets, avait reçu comme réparation le commandement de cette prison d'État.

Le premier consul, dans la prévision du drame dont Vincennes allait être le théâtre, avait voulu s'assurer par lui-même de la sûreté des murs et des geôliers. Une note écrite par son ordre à Harel, le 16 mars, aussitôt après l'enlèvement d'Ettenheim connu à Paris, avec ces deux mots en marge, *pressé* et *secret*, lui avait demandé l'état des logements, des troupes, des ouvriers, des habitants libres du château et même des domestiques, et des renseignements précis sur chacun d'eux. Réal avait écrit de plus à Harel le 20 : « Le duc d'Enghien arrivera cette nuit, le premier consul a ordonné que son nom et tout ce qui lui serait relatif fût tenu très-secret... » Enfin le même jour, quelques instants plus tard, Réal, dans une autre instruction, disait à Harel : « Un individu dont le nom ne doit pas être connu doit être conduit dans le château... L'intention du gouvernement est qu'il ne lui soit fait aucune question ni sur ce qu'il est, ni sur les motifs de sa détention ; vous-même vous devez ignorer ce qu'il est... Vous seul devez communiquer avec lui, et vous ne le laisserez voir à qui que ce soit. Il est probable qu'il arrivera cette nuit. »

LXI

Harel venait à peine de lire cette dernière lettre, lorsque la voiture qu'il n'attendait que dans la nuit, ayant devancé par sa rapidité l'heure nocturne où on avait désiré qu'elle dérobât son entrée à Vincennes, s'arrêta devant le logement du commandant. Le prince en descendit. Il était transi du froid et de la pluie du jour. Harel, touché de ses frissons, l'engagea à monter dans son appartement, où il se réchaufferait un moment à son foyer. « Volontiers, dit le prince en le remerciant, je verrai du feu avec plaisir, et je prendrai avec plaisir aussi quelque nourriture, car je n'ai rien pris de toute la journée. » Une pauvre religieuse, qui élevait les enfants de madame Harel et qui logeait hors du château, descendait l'escalier du commandant au moment où le prisonnier montait sur les pas de son gardien. Elle entendit le dialogue et se rangea pour laisser passer le jeune homme. Il était pâle, dit-elle, et paraissait très-fatigué; sa taille était élevée, et sa tournure noble et distinguée. Il était vêtu d'une longue redingote d'uniforme en drap bleu, coiffé d'un bonnet de drap orné d'un double galon d'or.

Harel laissa le prince se réchauffer devant sa cheminée. Un de ses anciens camarades des gardes-françaises nommé Aufort, et qui commandait maintenant la brigade de gendarmerie du village de Vincennes, vivait dans une familiarité ancienne avec Harel. Il entra, il vit le prince, il aida Harel à préparer le logement, il alla dans une hôtellerie du village commander le souper du prisonnier. Ces préparatifs achevés, et le prince ranimé par la flamme du foyer du commandant, Harel le conduisit à son logement définitif. C'était une chambre du pavillon appelé Pavillon du roi. On y avait allumé du feu et porté à la hâte quelques meubles : un lit, une table, des chaises. Les murs nus et quelques carreaux de vitres brisés par les hirondelles des tours attestaient seuls la précipitation d'un ameublement qu'on n'avait pas eu le temps d'achever.

LXII

Le prince, traité avec politesse et bonté par Harel, ne parut nullement saisi de tristesse ou de pressentiments en s'établissant dans son logement. Il montra plutôt une sérénité vive et presque joyeuse. Il causa avec le commandant dans toute sa liberté d'esprit. Il lui dit que dans son enfance, peu de temps avant la Révolution, il était venu avec le prince de Condé, son grand-père, visiter le château de Vincennes; qu'il ne se doutait pas alors qu'il y serait un jour au nombre de ces pauvres prisonniers qu'il plaignait tant; qu'il croyait même se rappeler cette chambre et la reconnaître pour une des pièces qu'il avait parcourues. Puis, regardant par la fenêtre les cimes des chênes et les routes à perte de vue de la forêt qui entoure la forteresse, il s'extasia sur ce beau site. Il parla de sa passion pour la chasse, et dit que si on voulait lui permettre de chasser librement pendant sa captivité dans ces bois, il donnerait sa parole de ne point s'évader. Du reste, il ne parut nullement préoccupé du résultat de son enlèvement, et répéta à Harel ce qu'il avait dit à Peterman : « Ce ne peut être que l'affaire de quelques jours de détention, le temps seulement de reconnaître une erreur et mon innocence ! »

LXIII

Pendant ces conversations du voyageur qui se repose plutôt que du prisonnier qui gémit, un jeune enfant nommé Turquin, qui servait dans l'hôtellerie de Vincennes, apporta le souper commandé par Aufort. Le prince s'approcha de la table et allait s'asseoir, quand, apercevant sur la nappe des couverts d'étain grossiers et ternes au lieu de l'argenterie, il parut saisi d'une répugnance involontaire, et, sans faire une observation, il revint vers la fenêtre et se promena en long et en large dans la chambre sans regarder le souper. Harel aperçut ce geste et s'empressa d'envoyer chercher chez lui ses propres couverts. Le duc s'assit alors et parut reprendre son appétit. Son chien, qu'il avait tenu à ses pieds ou à côté de lui pendant toute la route, posa sa tête sur ses genoux. Il donna au pauvre animal une partie du souper qui était sur la table, et regardant Harel : « Je présume, lui dit-il, qu'il n'y a pas d'indiscrétion à ce que je donne ma part de mon repas à mon chien. »

Le repas terminé, le prince écrivit une lettre à la princesse Charlotte et la cacha dans son habit à tout événement.

Puis il se coucha et s'endormit d'un profond sommeil, comme un homme dont le réveil est assuré et se fie à un heureux lendemain.

FIN DU PREMIER VOLUME DE L'HISTOIRE DE LA RESTAURATION.

TABLE DES SOMMAIRES

Préambule.. 3

LIVRE PREMIER.

Coup d'œil rétrospectif sur le règne de Napoléon.—Napoléon en 1813.— Son retour à Paris. — Les armées coalisées sur le Rhin. — Convocation du Conseil d'État le 11 novembre.—Le Conseil d'État décrète une levée de trois cent mille hommes. — État de la France militaire. — Ouverture du Corps législatif.—Discours de l'empereur au Corps législatif.—Propositions de Francfort.—Fixation d'un congrès à Manheim. — Choix des commissaires chargés par le Sénat et le Corps législatif de l'examen et du rapport des négociations. — Choix hostiles et opposition du Corps législatif. — M. Lainé. — M. Raynouard. — Adresse de M. de Fontanes. — Cambacérès. — Adresse de M. Lainé. — Indignation de Napoléon. — Savary. — Suppression de l'adresse du Corps législatif. — Sa dissolution. — Réception du 1ᵉʳ janvier 1814. — Discours de l'empereur au Corps législatif. — Reconstitution de la garde nationale de Paris. — Présentation de Marie-Louise et de son fils aux officiers de la garde nationale. — Allocution de Napoléon. — Marie-Louise. — Départ de Napoléon pour l'armée le 23 janvier. — Schwartzenberg et Blücher passent le Rhin le 31 décembre. — Situation respective des alliés et de l'empereur. — Lassitude de la France. — Arrivée de Napoléon à Châlons le 25 janvier.................. 15

LIVRE DEUXIÈME.

Campagne de 1814. — Plan de Napoléon. — Marche de l'empereur sur Saint-Dizier à la rencontre des alliés. — Napoléon se replie sur Brienne. — Combat de Brienne. — Jonction de Blücher et de Schwartzenberg. — Bataille de la Rothierre. — Combat de Marmont à Rosnay. — Napoléon se rend à Troyes. — Son séjour et ses hésitations à Troyes. — Congrès de Châtillon. — Caulaincourt. — Ultimatum des souverains alliés le 8 janvier. — Correspondance de l'empereur et de Joseph. — Blücher se replie sur Châlons et marche sur Paris. — Napoléon se porte sur Champaubert pour arrêter Blücher. — Combat de Champaubert. — Bataille de Montmirail. — Bataille de Vauchamp. — Napoléon retire à Caulaincourt l'autorisation de signer la paix. — Schwartzenberg menace Paris et descend par la vallée de la Seine. — Napoléon court à lui. — Bataille de Montereau. — Napoléon rentre à Troyes le 23 janvier. — Manifestation royaliste. — Exécution du chevalier de Gouault... 63

LIVRE TROISIÈME.

Demande de suspension d'armes par les alliés. — Conférences de Lusigny. — Prise de Soissons par les alliés. — Blücher réunit tous ses corps d'armée. — Il marche sur Troyes vers Schwartzenberg. — Rencontre de Napoléon et de Blücher. — Combat de Méry-sur-Seine. — Blücher abandonne la vallée de la Seine et s'élance sur Paris par la vallée de la Marne. — Mortier et Marmont se replient sur Paris. — Soissons repris par Mortier. — Napoléon quitte Schwartzenberg et court sur Blücher. — Il l'atteint à la Ferté-sous-Jouarre. — Blücher passe la Marne poursuivi par Napoléon. — Blücher, cerné par l'empe-

reur, Mortier et Marmont, s'échappe par Soissons, abandonne l'Aisne
et se retire sur Laon. — Napoléon franchit l'Aisne à Béry-au-Bac, et
rencontre à Craonne les corps russes et prussiens qui viennent couvrir
Blücher. — Bataille de Craonne. — Bataille de Laon. — Halte de
Napoléon à Reims. — Schwartzenberg marche sur Paris et s'avance
jusqu'à Provins. — Tactique de l'empereur. — Il retourne à Troyes
pour agir sur les derrières de l'ennemi. — Panique des alliés. —
Schwartzenberg recule jusqu'à Troyes et Dijon. — Bataille d'Arcis-
sur-Aube. — Nouveau plan de campagne de l'empereur. — Décret de
levée en masse. — Lassitude de la France. — Marche de Napoléon
vers Saint-Dizier. — Traité de Chaumont. — Concentration des armées
alliées à Châlons. — Leurs hésitations. — Elles marchent sur Paris.
— Situation de Paris et de la France. — Fuite de Marie-Louise... 95

LIVRE QUATRIÈME.

Course de Napoléon sur Paris. — Il traverse Troyes et Sens. — Arrivée
des armées coalisées devant Paris. — Bataille de Paris. — Joseph ordonne à Marmont de capituler. — Proclamation de Joseph. — Fuite de
Joseph, de Jérôme et du gouvernement. — Mortier offre une suspension d'armes. — Dernière résistance de Marmont. — Il propose une
suspension d'armes. — Députation du conseil municipal près de Marmont. — Capitulation de Marmont le 30 mars. — MM. de Chabrol et
Pasquier au quartier général d'Alexandre. — Alexandre. — Il reçoit
une députation des Parisiens. — Discours d'Alexandre. — Entrée des
armées alliées dans Paris. — Physionomie de Paris. — Pétition des
maires de Paris à Alexandre. — Manifestation royaliste sur le passage
des souverains 119

LIVRE CINQUIÈME.

Napoléon au village de la Cour-de-France, près de Paris, le 30 mars au
soir. — Rencontre des troupes françaises en retraite, du général Belliard et de l'empereur. — L'empereur apprend la capitulation de Paris. — Indignation de Napoléon. — Il envoie Caulaincourt à Paris. —

Vaine tentative de Caulaincourt pour entrer dans Paris. — Son retour près de l'empereur. — Il est renvoyé une seconde fois près des alliés. — Napoléon se rend à Fontainebleau. — Rencontre du grand-duc Constantin et de Caulaincourt aux barrières. — Il fait entrer Caulaincourt dans Paris. — Alexandre le reçoit. — Entrevue d'Alexandre et de Caulaincourt.................................... 147

LIVRE SIXIÈME.

Alexandre chez M. de Talleyrand. — M. de Talleyrand. — Conférence de nuit des alliés. — Délibération. — Alexandre. — Le duc d'Alberg. — Pozzo di Borgo. — M. de Talleyrand. — Déclaration des souverains. — Députation royaliste à Alexandre. — Réponse de M. de Nesselrode. — Propagande royaliste. — La presse. — Brochure de M. de Chateaubriand : *Bonaparte et les Bourbons.* — Situation des esprits. — Convocation du Sénat. — Séance du 1er avril. — Formation du gouvernement provisoire. — M. de Talleyrand. — Le duc d'Alberg. — M. de Jaucourt. — Le général Beurnonville. — L'abbé de Montesquiou. — Le conseil municipal. — Manifeste de M. Bellart.............. 163

LIVRE SEPTIÈME.

Séance du Sénat le 2 avril. — Déclaration de déchéance. — Séance du Sénat du 3 avril. — Texte du décret de déchéance. — Adhésion du Corps législatif. — Manifestations de Paris contre l'empereur. — Ministère. — Progrès de l'opinion. — Adhésion des autres corps constitués. — Manifeste du gouvernement provisoire. — Situation de l'empereur et des alliés. — Napoléon à Fontainebleau. — Retour de Caulaincourt à Fontainebleau dans la nuit du 2 avril. — Proclamation de Napoléon à sa garde le 3 avril. — Ordre du jour pour la marche de l'armée sur Paris. — Opposition des maréchaux. — Entrevue de Napoléon et de Marmont. — Adhésion de Marmont à la déchéance de l'empereur. — Lettre de Marmont au prince de Schwartzenberg. — Réponse du prince de Schwartzenberg....................... 205

LIVRE HUITIÈME.

Abdication de Napoléon. — Il envoie Caulaincourt et Macdonald comme plénipotentiaires à Paris. — Conseil des maréchaux et des souverains alliés le 4 avril. — Rejet de la régence. — Défection du corps d'armée de Marmont. — Repas de nuit des généraux et des officiers. — Marche du 6ᵉ corps entre les lignes ennemies. — Son soulèvement à son arrivée à Versailles. — Sa marche vers Rambouillet. — Marmont, accouru à Versailles, arrête et apaise le 6ᵉ corps. — Ovation de Marmont à son retour à l'hôtel de M. de Talleyrand. — Ordre du jour de Napoléon le 5 avril. — Retour des plénipotentiaires à Fontainebleau. — Napoléon veut recommencer la guerre. — Il y renonce. — Départ de Caulaincourt pour Paris.................................... 239

LIVRE NEUVIÈME.

Traité de Fontainebleau du 11 avril. — Retour de Caulaincourt et de Macdonald. — Napoléon refuse de signer le traité. — Bruits d'empoisonnement. — Ratification du traité. — Vie de Napoléon à Fontainebleau. — Voyage de Marie-Louise. — Son séjour à Blois. — Lutte de Marie-Louise contre les frères de l'empereur. — Son départ de Blois le 16 avril. — Elle retourne vers son père. — Dernières journées de Napoléon à Fontainebleau. — Adieux et allocution de Napoléon à sa garde. — Jugement sur Napoléon................. 277

LIVRE DIXIÈME.

Les Bourbons. — Louis XVIII. — Sa vie à la cour de Louis XVI. — Sa nature. — Son esprit. — Sa conduite pendant la Révolution. — Sa fuite de Paris. — Son séjour à Coblentz. — Traité de Pilnitz. — Manifeste des princes français. — Physionomie de la cour du comte de Provence dans l'émigration. — Ses opinions. — Son impopularité dans l'émigration. — Popularité de son frère le comte d'Artois. — Lettre du comte de

Provence à Louis XVI. — Guerre contre la république. — Le comte de Provence régent. — Ses intrigues en France et en Vendée. — Son manifeste à la mort de Louis XVII. — Sa vie à Vérone. — Il quitte Vérone et se rend à l'armée de Condé. — Ses négociations avec Pichegru. — Il abandonne l'armée de Condé. — Ses aventures et sa vie en Allemagne. — Il se retire à Mittau. — Il est forcé de le quitter. — Son retour à Mittau. — Il passe en Angleterre. — Il est recueilli par le duc de Buckingham. — Il se retire à Hartwell. — M. de Blacas. — Vie et méditations de Louis XVIII à Hartwell. — L'Angleterre et Louis XVIII en 1813.. 341

LIVRE ONZIÈME.

Le comte d'Artois. — Son caractère. — Sa situation à la cour et en France en 1789. — Sa fuite de Versailles. — Ses voyages en Belgique, en Italie, en Allemagne et en Russie. — Le comte d'Artois et le comte de Provence à Coblentz. — Leur situation respective au milieu de l'émigration. — Guerre contre la France. — Le comte d'Artois se retire en Angleterre. — Ses menées. — Il part pour descendre en Bretagne. — Il reste à l'île Dieu. — Son retour à Londres. — Lettre de Charette. — Tentatives de l'émigration de Londres contre le premier consul. — Mort de madame de Polastron. — Douleur du comte d'Artois. — Influence de cette mort sur le caractère et la politique du comte d'Artois. — Le duc d'Angoulême. — Le duc de Berri. — La duchesse d'Angoulême. — Sa vie au Temple. — Mort de son frère. — Elle sort de sa prison et passe en Allemagne. — Son mariage à Mittau. — Le duc d'Orléans. — Le prince de Condé. — Le duc de Bourbon. — Le duc d'Enghien. — Son caractère. — Son amour. — Sa vie à Ettenheim. — Napoléon le fait espionner. — Enlèvement du duc d'Enghien. — Il est conduit à Strasbourg. — Sa lettre à la princesse Charlotte. — Son journal. — Il est amené à Paris et enfermé à Vincennes........... 397

FIN DU DIX-SEPTIÈME VOLUME

 www.ingramcontent.com/pod-product-compliance
Lightning Source LLC
Chambersburg PA
CBHW050246230426
43664CB00012B/1847